Qianmiji Xielaqiao Shigong Guanjian Jishu Yanjiu yu Shijian

千米级斜拉桥施工关键技术研究与实践

张　鸿　著

人民交通出版社股份有限公司
China Communications Press Co.,Ltd.

内 容 提 要

本书全面系统介绍了苏通大桥施工技术及控制理论研究和工程实践过程,内容涵盖基础、索塔、上部结构施工、施工控制等。结合苏通大桥施工过程中大量的理论分析、工艺试验以及现场测试数据,本书向读者披露了世界上首座千米级斜拉桥建设中各项重大方案决策背后所做的大量细致研究工作,也展示了苏通大桥现场实施情况和成就。

本书可供土木工程专业广大师生、学者、工程师及对大跨度斜拉桥感兴趣的人士参考阅读。

图书在版编目(CIP)数据

千米级斜拉桥施工关键技术研究与实践/张鸿著
北京 :人民交通出版社股份有限公司, 2015.5
ISBN 978-7-114-12207-1

Ⅰ.①千… Ⅱ.①张… Ⅲ.①大跨度结构－斜拉桥－桥梁施工－研究 Ⅳ.①U448.27

中国版本图书馆 CIP 数据核字(2015)第 083119 号

书　　名:千米级斜拉桥施工关键技术研究与实践
著 作 者:张　鸿
责任编辑:赵瑞琴
出版发行:人民交通出版社股份有限公司
地　　址:(100011)北京市朝阳区安定门外外馆斜街 3 号
网　　址:http://www.ccpress.com.cn
销售电话:(010)59757973
总 经 销:人民交通出版社股份有限公司发行部
经　　销:各地新华书店
印　　刷:北京鑫正大印刷有限公司
开　　本:787×1092　1/16
印　　张:13.75
字　　数:320 千
版　　次:2015 年 5 月　第 1 版
印　　次:2015 年 5 月　第 1 次印刷
书　　号:ISBN 978-7-114-12207-1
定　　价:48.00 元

前　　言

大跨径桥梁作为国民经济和社会发展的重要基础设施，综合体现了交通行业新技术集中应用与创新。根据国务院发布的《国家高速公路网规划》，沈阳—海口沿海高速公路大通道将要修建跨越渤海湾、长江、杭州湾、台湾海峡等大型桥梁（隧道）工程。针对建设条件的复杂性和高标准的技术需求，超大跨径桥梁建设技术的成功研发，将为我国桥梁以及土木工程技术提供广阔的发展前景。

苏通长江公路大桥（以下简称苏通大桥）位于江苏省东部的南通市和苏州（常熟）市之间，主桥采用主跨为 1 088m 的双塔双索面钢箱梁斜拉桥，桥长达到 8 146m。2008 年 6 月苏通大桥正式通车，它的建成不仅是中国也是世界斜拉桥历史上的一个里程碑，标志着斜拉桥由大跨径和特大跨径向超大跨径的发展趋势。

本书是作者从事大跨径斜拉桥施工技术理论研究和工程实践的成果总结，针对苏通大桥具有的跨径大，桥面宽，架设高及水文、气象条件恶劣等特点，重点讨论了苏通大桥建造过程中所面临的技术问题及所取得的科技成果，这些成果在大桥建造中得到了成功的应用。本书第 1 章对大跨径斜拉桥发展现状和建造技术问题进行了概述；第 2 章着重介绍了大型深水群桩基础施工技术；第 3 章阐述了超高混凝土索塔施工技术，涉及索塔总体施工和控制技术、钢锚箱安装和自动监测系统等方面；第 4 章阐述了千米级斜拉桥上部结构架设关键技术，包括了施工期结构体系、塔梁临时固结设计、主梁架设技术和斜拉索架设技术；第 5 章概述了千米级斜拉桥施工控制技术，包括了千米级斜拉桥几何控制体系、精度控制指标、现场安装控制体系等内容；第 6 章系统总结了千米级斜拉桥建造关键技术的创新之处。

在本书编写过程中，罗承斌、张永涛、吴启和、田唯、游新鹏、黄灿等参加了部分内容的编写工作。

衷心感谢江苏省苏通大桥建设指挥部、中交公路规划设计院有限公司、科威公司、茂盛公司、中铁山桥集团有限公司、同济大学、西南交通大学、南京水利科学研究院等单位在理论研究与工程项目实施中所提供的支持。本书中用到上述单位提供的部分图、表和照片,在此一并致谢。

由于时间仓促,书中存在不妥之处在所难免,望读者见谅。

著　者

2014 年 6 月

目　录

第1章 绪　　论

1.1 引言

交通运输基础设施不仅作为保证社会经济正常运行的公共服务系统的重要组成部分,也对国民经济的健康快速持续发展起着至关重要的作用。改革开放30年来,大跨径桥梁的修建规模和数量与日俱增,与此同时,大跨径桥梁综合体现了交通行业新技术集中应用与创新。斜拉桥作为大跨径桥梁最为重要的形式之一,发展势头迅猛。据统计,目前国内斜拉桥数目已超过200座,数量约占全世界斜拉桥总数的35%,并表现出向大跨径和特大跨径发展的趋势,其中世界首座主跨超过千米的斜拉桥——苏通大桥(主跨1 088m)已经建成通车。

苏通大桥的建成,标志着斜拉桥开始由大跨径向超大跨径发展的进程。作为斜拉桥发展史上具有里程碑意义的超大跨径桥梁,大桥具有结构体系复杂、施工工序繁多、施工控制难度大、施工过程结构安全性问题突出等特点,因而研发先进的成套施工技术是保障其高质量建成的关键,也是大桥顺利建成最为重要的前提条件之一。为此,本书以苏通大桥建造为研究对象,对千米级斜拉桥建造关键技术进行了系统研究,结合成功实施的多座大跨径斜拉桥施工与控制技术,提出并形成千米级钢箱梁斜拉桥建造关键技术。

1.2 现代斜拉桥发展现状

斜拉桥的上部结构由梁、索、塔三类构件组成,它是一种桥面体系以加劲梁受压(密索)或受弯(稀索)为主、支承体系以斜索受拉及桥塔受压的桥梁。

斜拉桥的构思可以追溯到1617年意大利人Faustus Verantius设计的九根平行拉链悬桥的略图。限于当时的材料性能及桥梁理论水平,18世纪初期世界上发生过几座桥梁坍塌事故,法国工程师纳维(Navier)调查事故原因后,得出悬索桥比斜拉桥在力学上具有优势的结论,之后斜拉桥发展处于停滞状态。1949年德国工程师迪辛格(F. Dischinger)发表了斜拉桥的研究成果,对德国乃至整个桥梁界影响深远。具有真正意义的现代第一座斜拉桥——瑞典的斯特洛姆桑特(Strömsund)桥于1956年建成通车。

随着桥梁结构分析理论的完善、各种新材料和新设备的涌现、电子计算机计算技术的发展,斜拉桥技术从20世纪70年代至今,得到了快速发展。斜拉桥技术发展经历了四个时代:第一个时代的斜拉桥为稀索体系;第二个时代的斜拉桥为密索体系;第三个时代的斜拉桥以主梁柔薄化为主要特征;第四个时代的斜拉桥以向大跨径和特大跨径进军为特征。在跨径为200~600m范围内,斜拉桥是最具竞争力的桥型,在600~1 000m的跨径范围内,钢梁、结合梁和混合梁斜拉桥有相当的竞争优势，在这一跨径范围内，梁桥和拱桥是难以修建的，悬索桥有时会因锚碇难以修建或其他特殊原因也不得不让位于斜拉桥。其次，由于斜拉索材料性能的改进、设计理论与计算分析技术的进步、施工技术的提升、柔轻美观多变的造型，使得斜拉桥在现代大跨径桥梁中脱颖而出。

截至 2013 年，世界前十大跨径斜拉桥如表 1.2-1 所示，其中，前三大跨径斜拉桥如图 1.2-1 ~ 图 1.2-3 所示。

世界前十大跨斜拉桥（截至 2013 年） 表 1.2-1

桥梁名称	国　家	主跨（m）	塔形与塔高	主梁形式	拉索种类	建成时间（年）
俄罗斯岛大桥	俄罗斯	1 104	倒 Y 形混凝土塔 320m	钢箱梁	钢绞线	2012
苏通大桥	中国	1 088	倒 Y 形混凝土塔 300.4m	钢箱梁	平行钢丝	2008
昂船洲大桥	中国	1 018	独柱形混凝土塔 298m	分离式 混合梁	平行钢丝	2008
鄂东长江大桥	中国	926	A 形混凝土塔 242.5m	分离式 混合梁	平行钢丝	2010
多多罗大桥	日本	890	倒 Y 形钢塔 220m	混合梁	平行钢丝	1999
诺曼底大桥	法国	856	倒 Y 形混凝土塔 202.7m	混合梁	钢绞线	1995
九江长江大桥	中国	818	H 形混凝土塔 242.308m	混合梁	平行钢丝	2013
荆岳长江大桥	中国	816	H 形混凝土塔 265.5m	混合梁	平行钢丝	2010
上海长江大桥	中国	730	独柱形混凝土塔 209.32m	钢箱梁	平行钢丝	2009
上海闵浦大桥	中国	708	H 形混凝土塔 210m	钢桁梁	平行钢丝	2010

图 1.2-1　俄罗斯岛大桥（俄罗斯，主跨 1 104m）

图 1.2-2　苏通长江公路大桥（中国，主跨 1 088m）

图 1.2-3 昂船洲大桥(中国香港,主跨 1 018m)

1.3 千米级的跨越——苏通长江公路大桥

1.3.1 工程概述

苏通长江公路大桥位于江苏省东部的苏州(常熟)市和南通市之间,东距长江入海口 108km,西距江阴长江大桥 82km,是国家"十一五"期间的重点工程建设项目,是《国家高速公路网规划》中沈阳至海口高速公路沿海大通道跨越长江天堑的重点工程。大桥由北接线、跨江大桥和南接线组成,其中跨江大桥长8 146m,桥型采用主跨为1 088m的七跨双塔双索面钢箱梁斜拉桥。

大桥主桥总体布置如图 1.3-1 所示,主桥钢箱梁共分为 17 种类型,共 141 个梁段,节段标准长度为 16m,边跨尾索区长度为 12m。桥面按双向六车道布置,桥面纵坡为 1.5%。主跨和边跨标准梁段最大起吊重量达到 450t,最大起吊高度达到 80m,钢箱梁全宽 41m(包括风嘴),不含风嘴的情况下顶板宽 35.4m,中心线处梁高 4m,桥面横坡为 2%。标准钢箱梁横断面如图 1.3-2 所示。

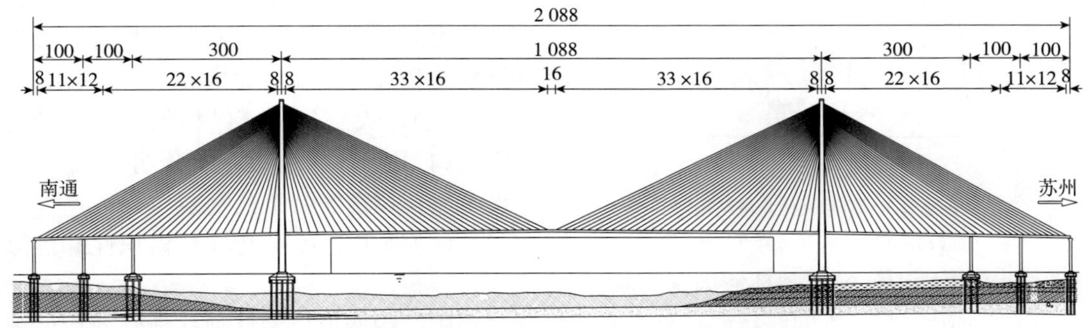

图 1.3-1 苏通大桥总体布置图(尺寸单位:m)

索塔塔柱采用倒 Y 形结构,其塔柱结构分为下塔肢、中塔肢、横梁和上塔肢四部分。索塔中塔肢和下塔肢结构为钢筋混凝土结构,索塔上塔肢为钢锚箱—混凝土的钢混组合结构;钢锚箱分为 A、B、C 三种类型,共 30 节;索塔基础为 131 根直径 2.85/2.5m 的钻孔灌注桩群桩基础;斜拉索采用 $\phi7$ 平行钢丝体系,全桥共 $34 \times 8 = 272$ 根斜拉索。索塔结构形式如图 1.3-3所示。

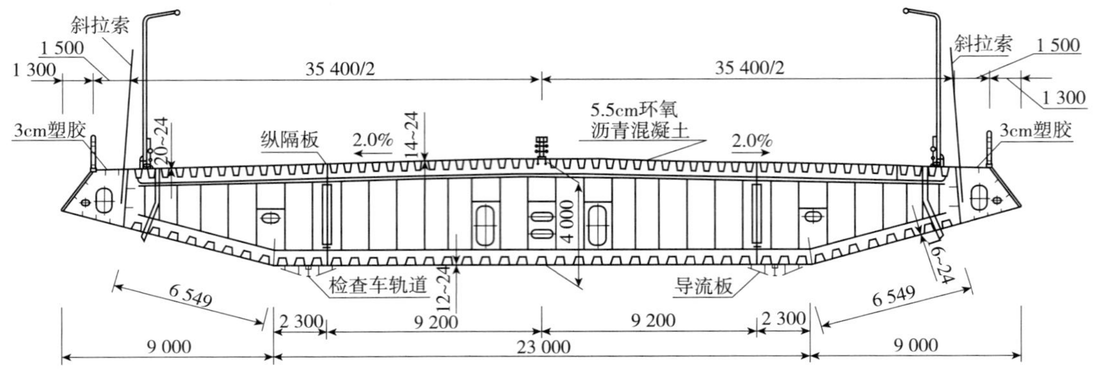

图 1. 3-2　苏通大桥主桥标准钢箱梁截面图（尺寸单位：mm）

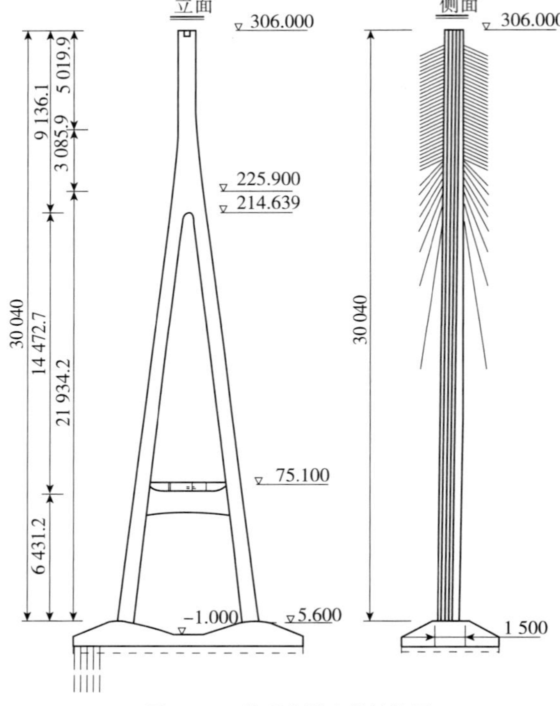

图 1. 3-3　苏通大桥索塔结构图
（高程单位：m；尺寸单位：cm）

大桥建设条件方面存在四大特点和难点，即气象条件差、水文条件复杂、基岩埋藏深和通航要求高。同时，工程中的超大规模群桩基础、300m 超高索塔、超长斜拉索和超大跨径悬臂施工是设计、施工、监控将面临的关键技术难题。

1. 3. 2　千米级斜拉桥建造特性

作为最为复杂的桥型之一，千米级斜拉桥建造具有如下鲜明特点：

（1）桥址处水文条件极为复杂，深水基础施工难度突出。

（2）超高索塔的柔性特征表现明显，根部超大面积混凝土温控和上塔柱几何线形精确定位等均面临巨大挑战。

（3）超大跨径上部结构属于高次超静定结构，几何非线性效应十分明显，主梁架设及超长拉索安装工艺复杂。

（4）施工过程误差具有累积性和延续性，结构响应易受到施工和环境因素影响。

通过对国内 5 座不同跨径斜拉桥在悬臂施工过程中结构变形以及几何非线性效应的分析研究，得到非线性效应随跨径的变化情况，如图 1. 3-4 所示。图中Ⅰ对应线性分析结果，Ⅱ对应部分非线性分析结果（只考虑垂度效应），Ⅲ对应完全非线性分析结果。

由图 1. 3-4 可以得知，随着悬臂长度的不断增大，主梁的变形不断地增大，几何非线性的影响效应随之增加，其中斜拉索垂度效应的影响也逐渐变大。主跨为 180m 的沙溪庙桥最大悬臂状态时完全非线性的影响量为 22mm，其中垂度效应的影响量为 11mm，占整个几何非线性影响效应的 50%；主跨达到1 088m苏通大桥最大悬臂状态时，几何非线性的影响量已达到415mm,其中垂度效应的影响量为302mm,占整个几何非线性影响效应的72.8%。可见,对于不同跨径的斜拉桥,随着跨径的增大,几何非线性的影响效应不断增大,而且增大的趋势逐渐显著,垂度效应在整个几何非线性中所占的比重也随着跨径的不断增大而变大,跨径超过千米的斜拉桥,垂度效应所占的比重超过70%。因而,对于千米级斜拉桥而言,非线性效应不容忽视。相对于大跨径斜拉桥($l=600\sim800$m)而言,跨径的增加导致超大跨径斜拉桥的力学行为经历了从量变到质变的过程。

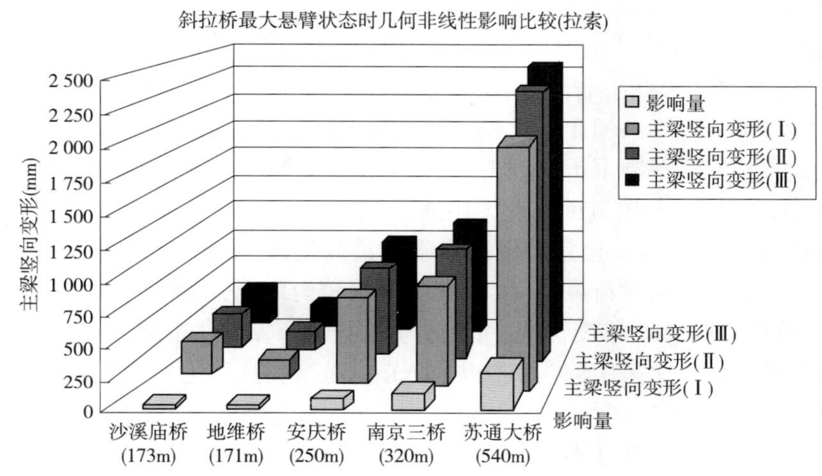

	沙溪庙桥 (173m)	地维桥 (171m)	安庆桥 (250m)	南京三桥 (320m)	苏通桥 (540m)
□影响量	24	27	83	137	415
▨主梁竖向变形(Ⅰ)	271	153	688	831	1 954
▩主梁竖向变形(Ⅱ)	282	282	735	917	2 256
■主梁竖向变形(Ⅲ)	293	293	774	968	2 369

图1.3-4 不同跨径斜拉桥最大悬臂状态时几何非线性比较

同时,随着斜拉桥跨度的不断增大,斜拉桥结构形式逐渐向“深基高塔超大跨”、箱梁薄壁化及轻柔化的方向发展。超长斜拉索的非线性效应突出,柔性结构变形量大,大位移效应显著,同时大跨密索引起的索塔及主梁轴向压力大、结构几何刚度在总刚度中所占比例更大,这些因素效应都要求在千米级斜拉桥在建造过程必须予以重视。

1.3.3 工程特点及挑战

苏通大桥临近长江入海口,是世界上首座超千米斜拉桥,具有跨径大、桥面宽、架设高度高及水文、气象条件恶劣等特点。作为典型的超大跨径斜拉桥,大桥施工不仅具备大跨径斜拉桥的普遍特点,又有其鲜明的技术特色,面临更多的困难与挑战。概括而言,苏通大桥施工面临的困难与挑战主要包括以下方面。

(1)桥位地处长江风口,气象、水文条件恶劣

桥区气象条件的长期监测研究表明,桥位处一年中有将近200d有6级以上的大风,实测桥位江面10min平均风速大于10m/s的天数每年超过170d,约占全年的48%,桥梁结构风致振动和抗风安全问题突出。一年中降雨天气达4个月,大雾天气31d,施工过程中构件

几何状态及结构力学状态等测试困难，测试数据的可靠性和准确性难以得到有效保障。

(2)桥位处为黄金航道，对施工进度及施工期安全性提出了更高要求

桥位处航道为亚洲最繁忙的黄金航道之一，桥区通航密度高，大吨位船舶平均日通过船只2 300多艘，高峰期日通过船只接近5 000艘。航运与施工的安全矛盾突出。主跨标准梁段悬臂拼装时需封航，受封航时间限制，需在尽量短的时间内高质量、高效率地完成预定的施工是大桥上部结构施工的客观要求。

(3)大型深水群桩基础施工难度大

主塔墩基础采用131 根直径2. 8/2. 5m、长117m 和114m 的钻孔灌注桩群桩基础，为世界上最大规模的深水群桩基础，桥位处潮差大2 ~4m，波浪高1 ~3m，水深35m，流急(一般2. 0m/s，最大达4. 47m/s)，河床松软、易冲刷，深水潮汐河段钻孔平台搭设、超长大直径钻孔灌注桩施工、大型钢筋混凝土承台施工、河床冲刷防护等存在前所未有的困难和挑战。

(4)超高索塔施工与监测面临巨大挑战

索塔高度达到300. 4m，已远超出国内索塔最高纪录。随着索塔高度增大，其柔性特征表现尤为突出，对施工临时荷载、环境因素的变化较为敏感，风振效应显著；同时，宽阔水面大大限制了放样基准点的布设，水面大气折光影响严重，不利于施工定位工作的开展。此外，大桥索塔锚固区首次采用钢锚箱结构，首节钢锚箱底高程为+225. 9m，高空条件下的钢锚箱安装精度控制和测量面临巨大挑战。

(5)主梁及拉索架设施工难度大

由于苏通大桥为超大跨径斜拉桥，主梁构件数量多、重量大，斜拉索最大长度达577m，施工架设难度大；主梁悬臂长度大、施工周期长、施工工序多，施工调控困难，施工误差累计易导致更为严重的施工质量风险和施工过程安全风险。

(6)施工控制面临前所未有的挑战

大跨径斜拉桥施工控制难度大，施工误差更易于导致发散的控制结果，会对结构运营带来隐患，甚至导致施工过程重大安全事故。超大跨径斜拉桥架设精度与全过程安全管控，对施工控制方法的科学性、有效性、合理性、完备性也提出了全面挑战。由于施工控制对于斜拉桥建设的极端重要性，斜拉桥从大跨径向超大跨径推进的发展趋势客观要求在传统控制方法的基础上发展更为有效的施工控制成套技术。

(7)施工过程安全性问题突出

由于千米级跨径斜拉桥变形大，结构更为纤柔，施工过程的稳定性问题、抗风安全性问题极为突出。因此，客观上要求建立完备的施工过程安全保障系统以规避施工过程风险，保障施工过程的安全性。

1.4 千米级斜拉桥适宜的施工方法

1.4.1 索塔基础施工方法

处于深水区域的大跨度缆索承重桥梁索塔基础，主要有沉(箱)井基础和钻孔灌注桩基础两种形式。国外处于深水区域的缆索承载桥梁索塔大多采用预制沉放的沉井或沉箱基础，而国内大多数采用钻孔桩群桩基础。

(1)沉井、沉箱基础

水中沉井基础和沉箱基础施工略有不同,沉井基础一般采用在岸上进行首节段或整体预制,然后采用浮运、驳船运输或浮吊吊运等方式运至设计位置,利用事前施工完成的定位系统进行定位下沉。首节沉井下沉至稳定深度后,进行余下节段拼接(钢沉井)或现浇接高(混凝土沉井),然后进行吸泥下沉,再接高,依次循环施工,直至沉井下沉至设计高程,最后进行沉井封底施工,浇筑井内结构物,直至基础施工完成。泰州长江公路大桥中塔沉井基础如图1.4-1所示。

水中沉箱基础一般先对河(海)床进行开挖,必要时还需对基床进行地基处理(如希腊里翁—安蒂里翁大桥),再进行抛填垫层和整平,形成沉箱基础,然后将在陆上预制好的沉箱结构采用浮运、驳船托运或浮吊吊运等方式运至设计位置,利用事先实施好的定位系统进行定位沉放,直接将沉箱基础放置于处理好的地基上,形成索塔基础,如日本的明石海峡大桥主塔基础,见图1.4-2。

图1.4-1 泰州公路大桥中塔沉井基础

图1.4-2 明石海峡大桥沉箱基础

(2)钻孔桩群桩基础

钻孔灌注桩基础施工关键技术主要包括钻孔平台搭设、成孔技术和承台围堰施工三个方面。

目前,钻孔平台搭设技术主要有:以钢管桩为支撑的钻孔平台施工技术,国内大多数水中大型钻孔桩基础均采用该方法进行钻孔平台搭设,如鄂黄长江公路大桥、南京长江第三大桥(以下简称:南京三桥);以钢围堰为支撑的钻孔平台施工技术,如黄石长江大桥、重庆忠县长江大桥等;还有采用驳船或浮箱拼装成浮式平台,进行钻孔桩施工,该类平台一般用于水深较深且无覆盖层的情况,如泰和赣江特大桥、女姑山特大桥等。

水中钻孔灌注桩的成孔主要采用机械成孔,先后发展了冲击成孔、螺旋钻成孔、旋转式钻机成孔、冲抓式成孔、取土斗成孔等成孔工艺;在成孔过程中,钻孔护壁也形成了泥浆护壁和全护筒护壁等工艺方法,而泥浆护壁又分为正循环、反循环和非循环等形式,上述钻孔灌注桩成孔工艺在国内外的桥梁工程中均有应用。

在承台施工方面,先后发展了钢套箱、钢吊箱、混凝土套箱、混凝土吊箱等施工方法,并形成了以钢护筒为支撑导向的钢围堰沉放施工方法、以上下游拉靠墩为定位系统的钢围堰施工方法、以定位船与重力锚组合定位系统的钢围堰施工方法等。

1.4.2 索塔施工方法

索塔是大跨径斜拉桥的重要组成部分，主要由塔座、塔肢和横梁组成，按照建造材料可以分为两大类，一类为钢筋混凝土索塔，另一类为钢塔。国内大跨径斜拉桥大多采用钢筋混凝土索塔，而南京三桥采用了钢索塔；国外大多采用钢塔，也在一些大跨径斜拉桥中采用混凝土索塔，如法国诺曼底大桥。

(1)钢索塔

钢索塔一般采用工厂预制加工，现场拼装的施工方法。有成桥后对维护保养要求高，施工过程中对起重设备能力及施工精度要求高等特点。

钢索塔施工一般包括工厂分段预制加工和现场吊装两个施工阶段。在制订施工方案时，应对水平运输就位、垂直运输、超重设备吊装高度、起吊吨位大小等施工因素进行充分的考虑。钢索塔现场架设的施工方法有以下几种：

①逐节段拼装法，采用塔式起重机或爬升式起重机现场安装，如中国南京三桥、日本多多罗大桥等。

②整体或大节段吊装法，大多采用大型浮吊安装，起吊塔高控制在100m左右，如日本生口大桥、名港东大桥等。

③逐节段拼装和大节段吊装结合的施工方法，如中国泰州大桥等。

④其他方法，如转体法、门吊安装法等。

现场安装时，一般采用现场焊接接头、高强度螺栓连接或焊接和螺栓连接混合连接的方式对钢索塔块段进行拼装连接。经过工厂加工制造和立体试拼合格的钢索塔块段，在正式安装时还应进行严格的施工测量控制，并及时用拼接板螺栓孔位调整或增设调整段以调整索塔的轴线和方位，防止制造误差、安装误差、测量误差及环境效应的积累。

钢塔是相对柔细的直立悬臂结构。钢塔架设中常常在低风速时发生较大的面外(沿桥轴向)振动。有必要开展风洞试验，根据分析结果考虑适宜的减振对策。减振措施主要有改变塔柱断面形状和增设阻尼器等，如在中国南京三桥钢塔架设时增加了TMD和TLD等阻尼器。

(2)混凝土索塔

混凝土索塔通常由基础、承台、塔柱、横梁、上塔柱拉索锚固区等组成。混凝土索塔塔柱一般采用支架法、滑模法、爬模法、翻模法分段施工，施工节段大小划分与塔柱构造、施工设备性能、施工方法、施工环境条件等多方面因素有关。中交二航局在润扬长江大桥悬索桥率先引进、吸收、创新了液压爬模法施工桥塔工法，并迅速在全国得到了推广，目前国内大跨径桥梁索塔塔柱施工均采用液压爬模法。

在高空进行大跨度、大断面现浇预应力混凝土横梁施工难度大，通常采用落地支架法、托架法等进行横梁施工。根据横梁结构和混凝土浇筑能力不同，横梁可整体或分次浇筑。在索塔施工中，由于塔柱的倾斜，自重会使塔柱横桥向侧产生拉应力，需要在施工过程中在两塔柱间设置横向水平支撑。需要注意的是，随着桥梁跨径增加，塔柱越来越高，受日照、风等环境影响，索塔线形控制和抗风安全将成为突出问题。

1.4.3 主梁施工方法

根据斜拉桥主梁结构形式的不同,架设方法有所差异。

(1)针对混凝土主梁,通常采用悬臂浇筑法或悬臂拼装法架设,如我国湖北鄂黄大桥和荆沙大桥、广州珠海淇澳大桥等。

(2)针对钢混组合主梁,较多采用散件悬臂拼装、预制桥面板现场结合工法,如我国上海南浦大桥、杨浦大桥、武汉二七长江大桥等。目前开始研究整节段工厂预制、现场拼接工法,如在建的安徽望东大桥、福建泉州湾大桥等。

(3)针对扁平钢箱主梁或板桁结合主梁,通常采用悬臂拼装法,如中国武汉军山大桥、中国南京三桥、法国诺曼底大桥、日本多多罗大桥、中国江苏苏通大桥、中国香港昂船洲大桥、俄罗斯岛大桥等。

(4)针对钢桁架主梁,可采用散件拼装法、分片桁架拼装法及整节段拼装法等,均在中国大跨径公铁两用大桥中广泛采用。除以上施工方法外,还有顶推法、支架现浇或拼装法、平转法等。

钢箱梁成为超大跨径斜拉桥首选的主梁结构形式,在超大跨径斜拉桥主梁悬臂拼装时,施工控制、抗风安全、施工期结构体系及结构稳定性将成为亟待解决的关键问题。世界上部分已建成斜拉桥架设方法如表1.4-1所示。

钢箱梁斜拉桥主要架设方法 表1.4-1

序 号	桥 名	主梁架设方法
1	法国圣纳泽尔桥	边跨:千斤顶逐渐顶起;中跨:履带吊伸臂
2	西班牙兰德桥	平衡伸臂
3	美国卢灵桥	边跨:支架及履带吊;中跨:浮吊伸臂
4	瑞典乔恩桥	边跨:钢筋混凝土主梁;中跨:活动吊机伸臂
5	韩国真岛桥	边跨:支架及轨道吊;中跨:伸臂法
6	澳大利亚西门桥	德立克吊机
7	阿根廷萨拉特巴拉那桥	德立克吊机伸臂
8	德国科尔布兰德桥	浮吊或轨道吊平衡伸臂
9	德国克尼桥	德立克吊机伸臂
10	英国埃尔斯凯桥	架设梁伸臂
11	捷克布拉迪斯拉发桥	驳船伸臂
12	德国塞维林桥	支架及德立克伸臂
13	德国德根瑙桥	德立克吊机伸臂
14	韩国突山桥	边跨:支架;中跨:德立克吊机伸臂
15	德国勒费库森桥	支架伸臂
16	德国费里德里克桥	德立克吊机伸臂
17	德国施佩耶桥	德立克吊机伸臂
18	荷兰埃韦克桥	架设梁伸臂

续上表

序 号	桥 名	主 梁 架 设 方 法
19	德国上卡赛尔桥	活动吊机伸臂
20	德国里斯桥	边跨:支架及活动吊机;中跨:活动吊机伸臂
21	南斯拉夫萨尔河桥	支架上伸臂
22	加拿大怕比诺——勒布朗桥	活动吊机伸臂
23	英国怀河桥	伸臂
24	澳大利亚巴特曼桥	架设吊机
25	奥地利林茨桥	活动吊机伸臂
26	德国艾伯特桥	德立克吊机伸臂
27	日本横滨港横断桥	边跨:支架及浮吊;中跨:伸臂
28	日本柜石岛・岩黑岛桥	边跨:支架及浮吊;中跨:伸臂
29	日本名港西桥	边跨:支架及浮吊;中跨:伸臂
30	日本大和川桥	边跨:平衡架设;中跨:履带吊机架设
31	日本安治川桥	边跨:浮吊整体架设;中跨:伸臂
32	日本尾道桥	中跨:缆索吊机伸臂
33	日本海鸥桥	支架及浮吊架设
34	日本丰里桥	支架及轨道吊架设
35	日本六甲桥	支架及浮吊架设
36	日本水乡桥	支架及伸臂
37	日本大黑桥	支架及浮吊架设
38	日本荒川桥	边跨:支架及浮吊;中跨:伸臂
39	日本石狩河口桥	边跨:支架及浮吊;中跨:缆索吊机
40	日本秩父桥	伸臂
41	日本藤户桥	支架及轨道吊
42	中国南京长江二桥	0 号块:支架及浮吊;其余吊机悬拼
43	中国武汉白沙洲桥	0 号块:支架及浮吊;其余吊机悬拼
44	中国汕头礐石大桥	0 号块:支架及浮吊;其余吊机悬拼
45	中国上海杨浦大桥	0 号块:支架及浮吊;其余吊机悬拼
46	中国武汉军山大桥	0 号块:支架及浮吊;其余吊机悬拼
47	中国润扬长江大桥北汊斜拉桥	0 号块:支架及浮吊;其余吊机悬拼
48	中国芜湖长江大桥	0 号块:支架及浮吊;其余吊机悬拼
49	中国南京三桥	0 号块:支架及浮吊;其余吊机悬拼
50	中国苏通大桥	0 号块:支架及浮吊;边跨大节段安装,其余吊机悬拼
51	中国昂船洲大桥	0 号块:整体液压提升;其余吊机悬拼
52	中国俄罗斯岛大桥	0 号块:支架及起重机;其余吊机悬拼

1.4.4 斜拉索的架设与张拉

目前,我国常用的拉索体系主要分为平行钢绞线斜拉索体系和平行钢丝斜拉索体系。

平行钢绞线斜拉索体系以单根钢绞线为单元进行牵引、张拉、维护、更换,降低了设备要求,便于现场操作,在大吨位索力斜拉索中应用较多。钢绞线斜拉索的张拉控制方法大致可分为两类。一类为首先通过计算得到按照某一特定顺序张拉每根钢绞线的张拉控制目标值,张拉时根据当前钢绞线的次序查表得到控制目标值进行控制。国内外采用这种方法进行控制的斜拉索体系主要有 VSL 公司。另一类方法则是首先通过计算得到基准钢绞线的张拉力目标值,基准钢绞线张拉时即按照该目标值进行控制,其余钢绞线张拉时以张拉力与基准钢绞线张拉力相同为目标,简称"等值法"。国内外采用这种方法进行控制的斜拉索体系主要有 OVM 和 Freessinent 公司。

平行钢丝斜拉索制作在工厂内完成,现场架设。斜拉索的架设大致分为两步:牵引作业和张拉作业。斜拉索的牵引作业是将斜拉索两端分别牵引到桥塔、主梁锚固点位置,国内通常采用塔端张拉的方式,主要工作集中在塔顶进行,但也存在张拉空间小和高空作业安全风险大的施工难题,因此需对超长斜拉索牵引及张拉方法开展深入研究。

1.5 千米级斜拉桥施工关键技术研究主要内容

本文以苏通大桥的项目建设为依托,针对所面临的挑战,结合千米级斜拉桥建造技术特点,在深水基础施工、索塔建造、上部结构架设、施工控制等关键技术领域进行了一系列的研究工作,主要内容包括以下几个方面。

(1)大直径钻孔群桩基础施工技术

研究了深水群桩基础施工与冲刷防护成套技术。针对桥位处深水、流急、潮汐双向流速的特点,研发了新型钻孔平台结构,形成了钢护筒支撑钻孔平台搭设技术,提高了平台稳定性,节约工程投资和工期;研发了悬臂式导向架配合振动锤进行钢护筒的沉设施工技术,大大提高了沉桩精度;提出了结合永久防撞的双壁钢吊箱结构,研发了双壁钢吊箱分节下放及定位技术,解决了复杂环境下大型群桩基础巨型钢吊箱的技术难题;提出了群桩基础永久防护和施工期预防护相结合的防护方案,形成了冲刷防护材料水抛成型规律和抛填施工技术、河床防护工程施工工艺和施工抛投控制等关键技术。现场监测数据表明:采用本文介绍的群桩基础的冲刷防护工程能有效地保护群桩基础周边地形,取得了预期的工程效果。

(2)索塔施工关键技术

研究了 300m 高的索塔施工控制及测量技术。通过敏感性分析,温度和风等环境条件是索塔线形控制的主要因素,提出了无恶劣气象下可全天候测量放样的索塔施工控制技术,实时修正环境影响,确保了控制精度;提出了钢锚箱定位及线形控制技术,将钢锚箱的制作数据与现场安装数据结合起来形成精度管理数据库,采用全过程控制系统保证安装精度;开发了高精度全站仪索塔竖直高程传递技术,实现了复杂环境条件下超高索塔的竖直高程传递达到毫米级精度;研制了基于测量机器人的索塔自动监测系统,实现了塔身多监测点的自动化监测;根据工程实践成果,提出了超高索塔的施工控制建议标准。

(3)上部结构架设技术

研究并形成了超宽钢箱梁和超长斜拉索的架设技术,具体包括大块钢箱梁吊装、钢箱梁悬臂拼装、中跨合龙、斜拉索展索、挂设和牵引等关键技术内容。通过研究,确定了总体的施工方案;提出了由平行钢丝索以及竖向支座组成的弹性临时固结体系;开发了大节段钢箱梁制作与安装成套技术,实现了边跨和辅助跨大节段钢箱梁成功架设;研发了集长索牵引导向为一体的多功能双桥面吊机系统,既实现了长重斜拉索牵引导向,又保证了接缝口梁段的精确匹配;提出了中跨辅助顶推合龙技术,提高了合龙工效和精度;开发了长重斜拉索综合架设技术,采用梁端软硬组合三级牵引、梁端张拉的方法实现长索安全挂设及张拉。

(4)千米级斜拉桥施工控制技术

在考虑耦联关系的几何非线性应变条件下,建立了分阶段几何控制法的几何非线性静力平衡方程;在结合超高索塔和上部结构建造难点的基础上,提出并完善了基于几何控制法的大跨径斜拉桥自适应控制体系;建立了千米级斜拉桥施工控制精度体系及主要构件(钢箱梁、斜拉索和钢锚箱)制造控制方法。本书系统介绍了几何控制法的现场安装控制实施过程以及自动化、智能化动态几何监测系统;最后介绍了基于几何控制法的大跨径斜拉桥自适应控制体系在苏通长江公路大桥上部结构的成功实施情况。

第 2 章　深水基础施工关键技术

2.1　概述

苏通大桥主塔基础采用钻孔灌注桩群桩基础，每个主塔墩基础由 131 根直径 2.85/2.5m（钢护筒外径 2.85m，混凝土桩直径 2.5m）的钻孔桩组成，北索塔墩桩长 117m，南索塔墩桩长 114m，桩距 6.75m，呈梅花形布置，按摩擦桩进行设计，钢护筒参与受力。承台为哑铃形，外缘尺寸 113.75m×48.1m，每个塔柱下承台平面尺寸为 51.35m×48.1m，厚度由边缘的 5m 变化到最厚处的 13.324m，两承台间采用 11.05m×28.1m 的系梁连接，系梁厚 6m。大桥桥塔基础总体设计如图 2.1-1 所示。

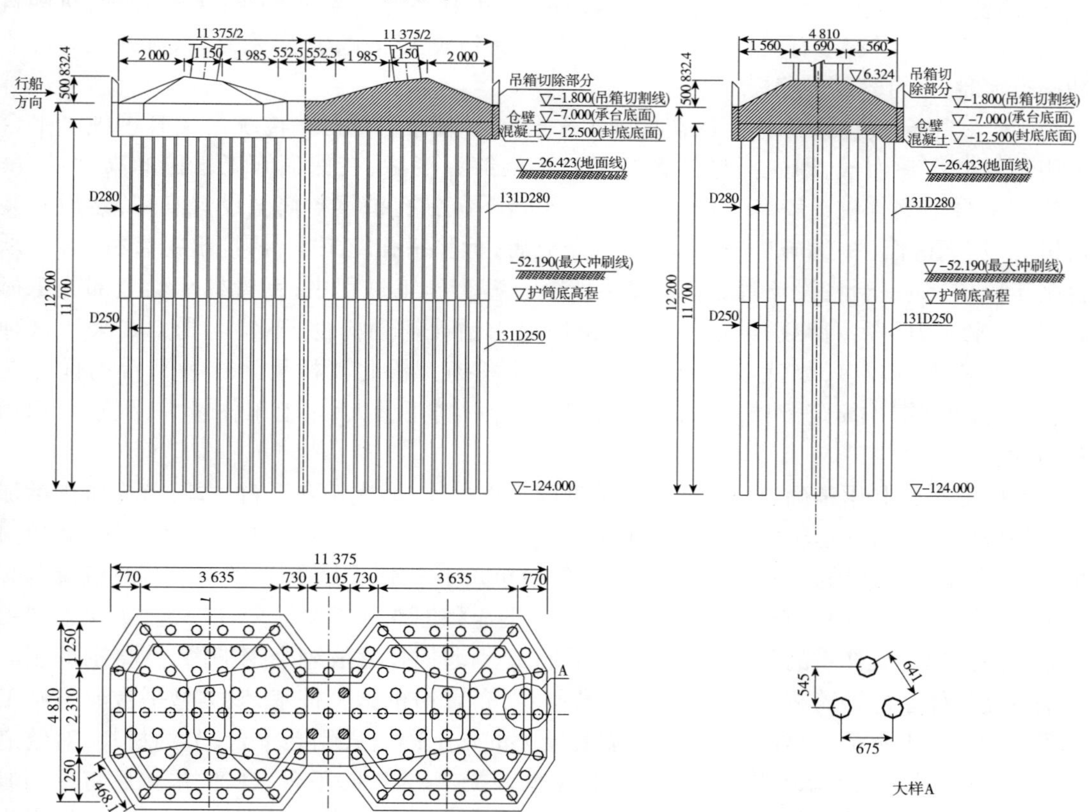

图 2.1-1　苏通大桥桥塔基础总体设计图（高程单位：m；尺寸单位：mm）

主桥采用的船舶撞击力标准是：南、北索塔墩横桥向船撞力分别为 126.7MN、130.6MN，纵桥向船撞力分别为 63.4MN、65.3MN，采用主动与被动相结合的防撞方案。主动防撞措施是建立桥区船舶航行管理系统，对桥区通航船舶进行监控与管制；被动防撞措施是利用承台外包钢吊箱且壁体内填充混凝土进一步增强基础抗撞能力，采用承台钢吊箱作为永久防撞结构来进行设计和施工。

综合考虑大桥主塔基础建设条件、施工工期、施工风险和经济性等因素，其总体施工工艺流程为：先搭设钻孔平台，施设钢护筒，进行钻孔桩施工，并进行桩底后注浆，钻孔桩施工完成后，整体或分节下放钢吊箱并浇筑水下封底混凝土，进行承台施工。苏通大桥主桥基础规模庞大，建设条件复杂，河床冲刷严重，钻孔平台、钢吊箱设计施工、冲刷防护施工成为深水钻孔平台施工所面临的最关键问题。

2.2 深水钻孔平台搭设技术

2.2.1 钻孔平台的选型与现场试验

深水群桩基础施工平台可分为固定式施工平台和浮动式平台两大类型。固定式施工平台的优点是：结构简单，相对固定，在成孔过程中对成孔质量有保证；缺点是：周转材料使用多，周期长，平台构架和定位桩的拆装比较烦琐，且因其平台构架均在施工水位以上，桩的自由长度较长，刚度较差，有头重脚轻之弊，当平台受到较大水平力，如风力、水流冲击力等或冲刷较大时，平台容易失稳。

固定式平台按构造可分为钢管桩施工平台和围堰施工平台。传统的钢管桩施工平台采用钢管桩搭建而成，即先插打钢管桩至入土足够深度后，在保证施工水位的高度处，吊装施工平台至钢管桩上安装就位；依托施工平台下沉钻孔桩钢护筒至设计高程，然后安装钻机完成钻孔灌注桩的施工；钻孔桩施工完成后，拆除钻孔施工平台，拔出钢管桩，转入承台施工阶段，该平台搭设流程如图 2.2-1 所示。整个施工过程中，钢管桩承受全部施工荷载，包括水流力、设备荷载、结构自重等，钢护筒为钻孔辅助构件，不参与受力。采用这种平台的工程实例较多，如武汉白沙洲大桥、江苏润扬大桥北汊桥等。这种平台的优点在于：工艺成熟，钢护筒定位精度高；缺点在于：钢管材料用量大，水上工作量大，阻水面积相对较大。

钢围堰平台利用精确定位的钢围堰辅助施工钢护筒，形成钻孔平台。即：首先将提前加工好的双壁钢围堰浮运至墩位处，利用锚碇系统实现精确定位；再以围堰为依托，安装导向架定位、振动沉桩机插打一定数量的定位钢护筒至入土一定深度后，在护筒顶端对应位置焊接牛腿，注水下沉围堰至坐落于定位钢护筒上，迅速将围堰和护筒固定在一起，实现围堰由浮态体系向固定式体系的转换。继续利用已固定围堰插打完成剩余钢护筒，并将围堰顶面的平台支架体系与护筒相连，最终形成钻孔平台，布置钻机施工桩基，该类型平台典型施工流程如图 2.2-2 所示。其优点在于：不需要庞大的水上固定式钻孔平台，节约材料；对航道影响较小；桩基施工到承台施工的体系转换方便快捷，只需拆除平台、设备、牛腿后将钢围堰继续注水下沉至设计高程，并悬挂固定于护筒后即可浇筑封底混凝土。缺点在于：围堰定位难度大，需要有强大的锚碇系统，以实现前期定位；围堰前期加工耗时长，影响工期；成桩前阻水面积大，河床冲刷严重。

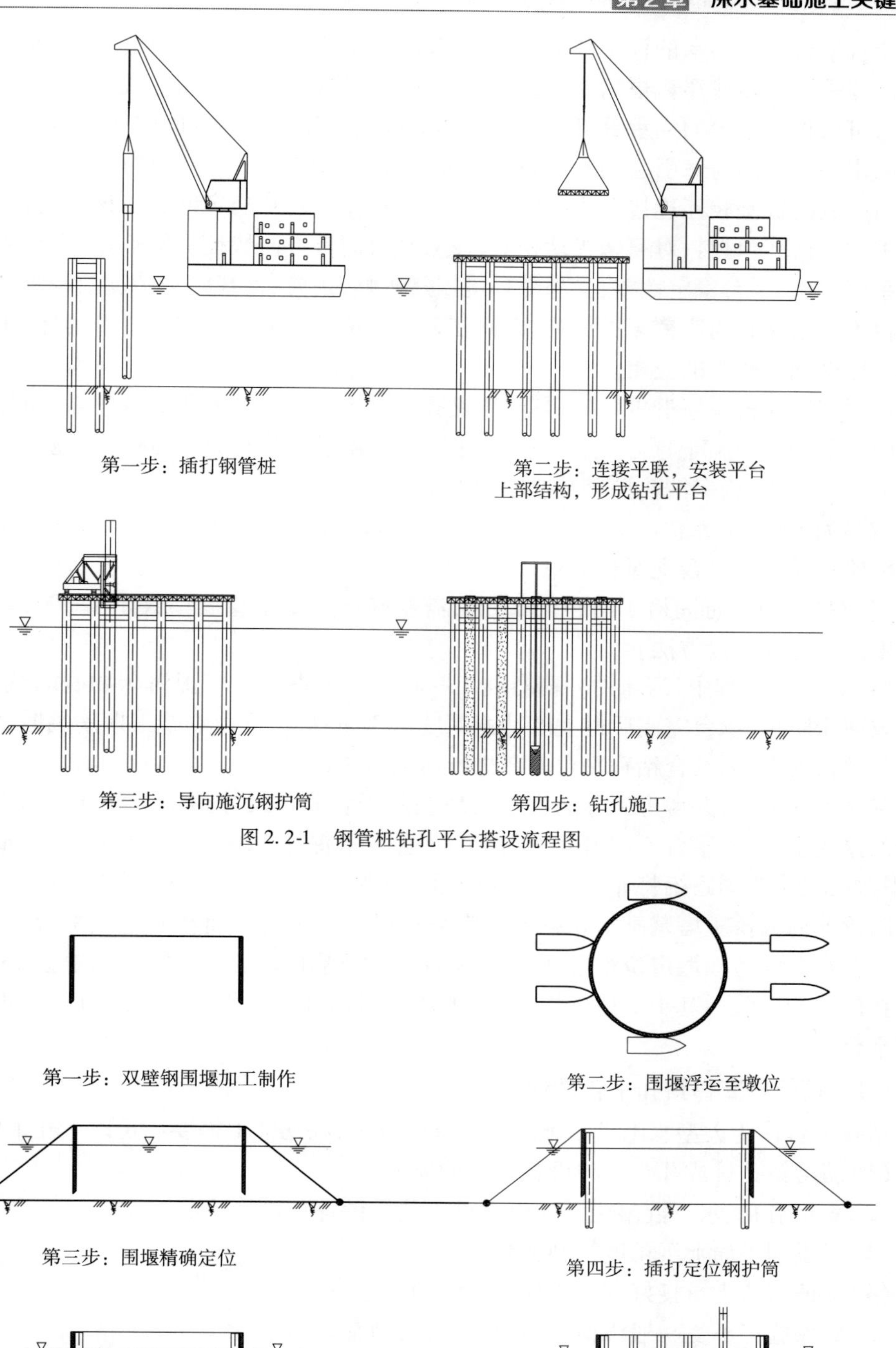

图 2. 2-1　钢管桩钻孔平台搭设流程图

图 2. 2-2　钢围堰钻孔平台搭设流程图

浮式平台是利用水的浮力作为支撑反力来承受竖向施工荷载的刚性浮体水上作业平台。浮体采用驳船或浮箱根据受力和操作空间要求拼装而成,并用连接梁连接成整体,连接梁同时可以作为平台的主承重梁。平台浮体结构通过设置水下锚固点或地锚来承受水平荷载及因水平或竖向荷载引起的平台倾斜。钻孔作业时浮式平台与钢护筒完全脱离,钢护筒通过与已成的桩基相互连接形成整体,以解决钢护筒的自身稳定问题。该平台优点是:无需钢管桩,节省临时材料;对河床扰动相对较小;平台周转方便快捷。缺点是:平台需要足够的锚碇系统定位;平台稳定性差,受外部环境因素影响,护筒、桩基施工精度控制难度大。由于该平台不受水深和河床覆盖层影响,因此在某些无覆盖层的岩石或卵砾石河床、水深较大的施工水域得到了较多的应用。

针对苏通大桥主塔群桩基础,其施工钻孔平台方案设计需要重点考虑以下问题:

(1)桥区风大浪高,航运繁忙。桥位处每天船舶通行量达到 4 000 艘,施工期间要采取有效的保护措施,确保钻孔平台及船舶的安全。

(2)墩位区最大水深 32m,最大流速大于 4.0m/s,要解决深水、大流速下搭设钻孔平台过程中船舶及钻孔平台支撑桩的稳定性问题。

(3)桩位密集,桩间最小净距仅 3.6m,需要确保桩基垂直度不大于 1/200,要研究提高垂直度的装置和搭设方法。

(4)在施工过程中,河床的冲刷对施工影响大。根据室内模拟河床冲刷的试验报告,若不采取河床防护,承台完成后最大的冲刷深度达 30m,将严重影响施工期间临时结构及成桥后永久结构安全,需结合钻孔平台方案进行河床防护设计。

综合上述因素,并考虑到苏通大桥主塔基础承台几何尺寸达 113.75m × 48.1m,若采用传统的浮式平台,该平台不仅几何尺寸巨大,且在水深达 32m、最大流速大于 4m/s 的条件下,平台的定位锚固系统将非常庞大,在航运如此繁忙的长江航道上,基本不可行。

因此苏通大桥主塔基础钻孔平台适宜采用固定式平台。而在固定式平台中,由于围堰施工平台存在巨型围堰定位难题,同时其对河床冲刷影响非常大,采用围堰施工平台的方案也存在巨大的风险。基于上述分析,苏通大桥主塔基础钻孔平台较优的方案为钢管桩支撑施工平台。

2.2.1.1 钢管桩支撑钻孔平台设计

钻孔平台作为大型水上桩基施工重要临时设施,在功能上需要满足以下几个要求:

(1)满足钻孔桩成孔工艺与设备布置的要求;

(2)满足清孔、水下混凝土灌注等成桩工艺与设备布置的要求;

(3)提供钢护筒下沉精度控制装置;

(4)保证作业人员良好的工作环境与活动场地;

(5)确保施工不受一般汛情、涨落潮和气象的影响;

(6)必要时提供船舶停靠设施。

平台设计时,除了要满足上述功能要求外,还需遵循以下布置原则:

(1)要与所在区域的地形、地貌、水文、地质条件相适应。在水深、流急、易冲刷条件下,应优先考虑透空结构形式。

(2)平台的平面布置在不影响结构安全的前提下,应充分考虑钢护筒与钻孔桩的施工工艺与施工程序所需求的主要机具、设备进场和安装运转的方便性与安全性,并预留出附属设施(水电、供气、泥浆)的安装、输送场地。

(3)加强对平台的稳定性验算,特别是抗水平推力(流、冰、波浪冲击力、船舶撞击力等)的结构强度及刚度充分重视。

(4)钻孔平台的布设,尽可能与承台施工平台相结合,预留出承台施工的所需套箱结构空间,减少后续工序的拆安程序。加快施工进度,降低施工成本。

(5)平台一般系施工期临时结构,要求便于安装、拆卸与迁移,提高重复利用率。

综合考虑苏通大桥主塔基础钻孔桩施工平台的功能需求和布置原则,施工平台由上游平台区、钻孔区、下游平台区组成。采用高桩梁式结构,由 ϕ1 400 支撑钢管桩、上层主梁与次梁、下层钢管平联构成。钢管桩支撑钻孔方案平台外形为矩形,顺江方向全长 127m,横江向宽 52.978m,结构见图 2.2-3。

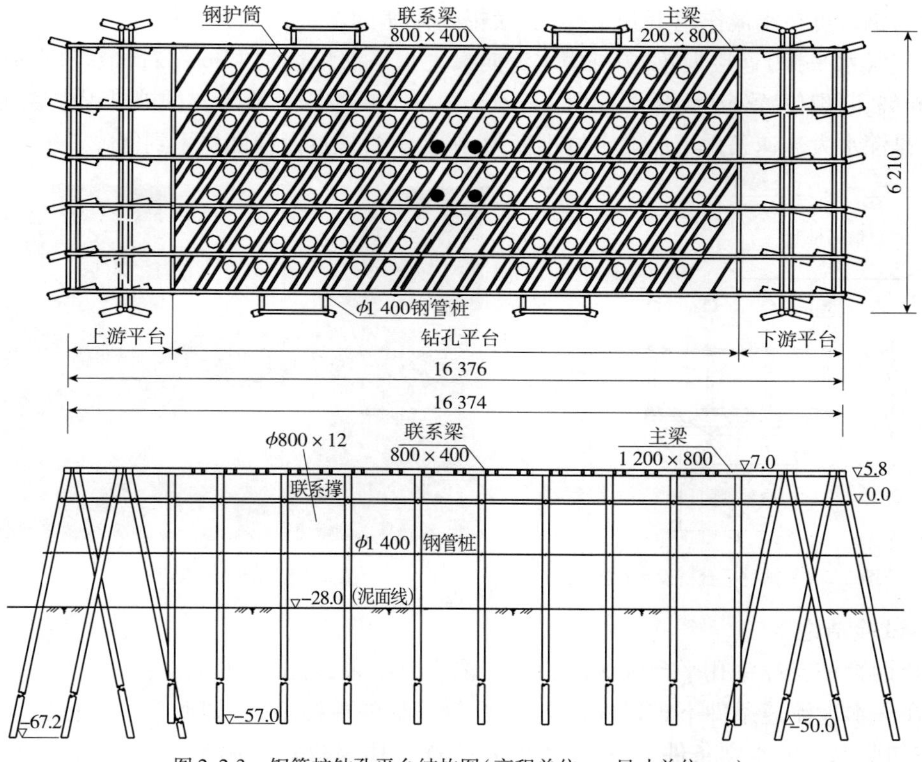

图 2.2-3 钢管桩钻孔平台结构图(高程单位:m;尺寸单位:cm)

ϕ1.4m 支撑钢管桩与钢护筒之间的最小净距仅 1m 左右,若采用更大直径的钢管桩,虽可提高单桩刚度,避免深水大流速条件下的单桩涡激振动问题,但与有关规范中桩的间距的要求不符,而且若支撑桩或钢护筒在施打过程中发生相向的偏位和(或)倾斜,极有可能发生二者相碰从而造成桩或护筒变形,对平台安全构成威胁,也会给后面钻孔桩施工带来难以克服的困难。

2.2.1.2 钢管桩支撑钻孔平台方案现场试验及工艺研究

为了验证传统钢管桩支撑平台在苏通大桥主塔墩基础工程中的可行性,以及确定和校核平台结构尺寸、平台搭设工艺等关键施工参数，在北索塔附近处进行了现场试桩试验。试桩平台结构与钻孔平台结构相似，支撑桩采用 ϕ1 400mm × 16mm 钢管桩。

（1）钢管桩沉设

试验平台钢管桩沉设时，正值七月份，墩位区实测最大江水流速达 3m/s，河床面冲刷至 -30. 0m，最大水深达 34. 0m。

经计算分析，可知单桩在水流作用下将产生涡激振动。为保证在水流作用下的单桩稳定性，施工时采用一艘打桩船施打钢管桩，另一艘打桩船作为稳桩船固定桩顶部，以提高单桩在水流作用下的稳定性。第一排四根桩沉设后，分别与稳桩船连接稳桩并横向连接成整体，第二、三、四排桩每施打一根后均与已联结桩形成整体再脱离打桩船。钢管桩沉设示意见图 2. 2-4。

第 1 根钢管桩于 2003 年 7 月 19 日开始施沉，至 7 月 26 日已沉桩 9 根。钢管桩施打到位并及时用水平撑连接后在水流作用下并无明显晃动。7 月 27 日（阴历十五），大潮期水流流速逐步增大，钢管桩在水流作用下开始摆动，摆幅随流速的增加而加大，最大时达到 5m，随后钢管桩间平联（水平撑）连接失效，单桩横水流向最大水平摆幅达到 15m 左右，最终，水流作用造成桩体断裂，断裂位置处于河床泥面以下 3. 0m 左右，如图 2. 2-5 所示。试桩过程中遇到的另一个问题，是深水大流速条件下船舶定位难度大，平台钢管桩打设精度得不到保障。

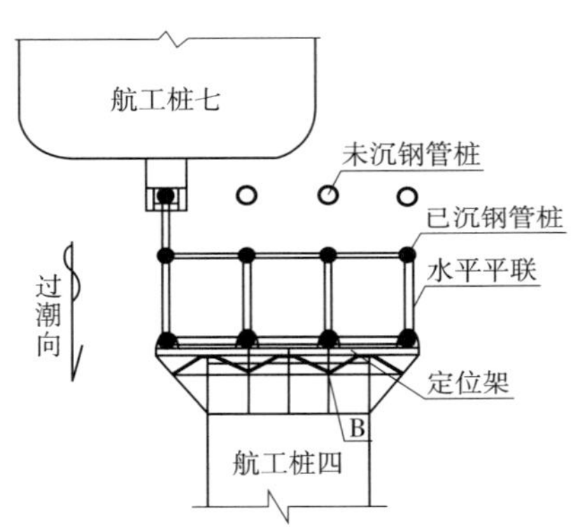

图 2. 2-4　试桩平台搭设示意图

图 2. 2-5　断裂的钢管桩图

（2）试验结论

结合钢管桩支撑钻孔平台现场试验及工艺研究结果，得出以下结论：

①在深水大流速条件下难以保证 ϕ1 400 钢管桩的单桩稳定，即使采用打桩船辅助稳桩措施，在如此恶劣的水文条件下，钢管桩间水平连接质量也难以满足要求，同时在水流作用下钢管桩易产生涡激振动，造成桩间连接失效。在主墩钻孔平台设计时必须重视单桩稳定计算分析，选择合适直径的钢管桩。

②由于单桩稳定性较差，钢管桩间水平连接的水上焊接质量很难保证，接头是结构应力最集中的部位，设计时应选择能够保证现场安装质量的快速连接方式。

③采用较小直径的钢管桩搭设施工平台，平台施工期的稳定性难以保证，为了提高平台的稳定性，有必要增大支撑桩的直径和桩的打入深度，若采取这两项措施，将会导致平台结构设计方案不符合现行规范关于桩距的要求，同时也会导致平台经济性的降低和加剧河床的冲刷。

④采用最大起重量为 350t 全回旋转起重船，配合 2 台并联 APE400 型振动锤，可确保钢

护筒的下沉到位。

综合上述分析，采用传统的钢管桩支撑平台方案进行苏通大桥主塔群桩基础施工基本不可行。

2.2.2 新型钻孔平台结构设计及搭设技术

从现场试验可知，采用传统的钢管桩支架钻孔平台方案，施工期单桩稳定性难以保证，不适用于苏通大桥主塔群桩基础的施工，为此首次提出了在深水、大流速条件下采用大直径永久或辅助钢护筒作为支撑的新型钻孔平台结构设计方案。

2.2.2.1 平台结构设计

钢护筒支撑钻孔平台由起始平台区、钻孔区、下游平台区三部分组成，平台采用高桩梁式结构，由辅助支撑钢护筒、永久钢护筒及平台钢结构构成，各构件之间焊接连接，形成整体受力结构。起始平台位于整个钻孔平台上游侧，主要作用是为沉放永久钢护筒，安装悬臂式定位导向装置（用于下沉永久钢护筒时定位导向），提供具有足够刚度的起始工作平台。起始平台区和下游平台区通常也作为整个作业平台的生活区和生产辅助区，为整个钻孔平台提供生产和生活保障；钻孔区是主要作业区，用于完成钻孔灌注桩成桩作业。

（1）平台的高程

平台高程的确定包括钢护筒高程和钢平台高程两项内容。钢护筒高程由施工水位、浪高、钢护筒内、外水头差决定。根据水文调查及地质勘查资料，苏通大桥设计高潮位为4.3m，浪高取0.5m，护筒内外水头为+1.5m，因此确定钢护筒顶高程不低于+6.3m。

平台顶面高程由钢护筒高程、平台主梁高程和下平联高程决定，其确定时需考虑平台上的设备移运、平台阻水以及平台搭设施工水位等因素。综合上述因素，大桥北主墩平台高程确定为+7.0m。平台下平联高程以低潮位时露出水面为宜，确定为+2.0m。

（2）平台支撑桩的布置

平台分成生产区、辅助生产区和非生产区。生产区是钢护筒沉放与钻孔桩施工区，该区布置在主体工程场地上，在结构设计时力求提高其强度与刚度，在使用时尽可能提高其运行的通畅性与安全性。辅助生产区是施工的水、电、气、泥浆池、材料，以及混凝土搅拌站的设置范围，设计时力求与生产区相匹配，确保平台的安全性和使用的通畅。非生产区是施工调度室、休息室、简易工具室，它布设在生产区与辅助生产区之外的空闲处或周边挑出杆件的部位上，以精简、适用、安全为原则。

根据上述原则，苏通大桥北主塔墩群桩基础施工平台平面尺寸为154m×57m，辅助生产区上游起始平台由12根ϕ2 540mm×20mm钢管桩支撑，下游非生产区平台由10根ϕ2 540mm×20mm钢管桩支撑，生产区平台由131根ϕ2 850mm×25mm永久钢护筒作为支撑，在其两侧布置了2×16根ϕ1 400mm×16mm钢管桩作为龙门吊机的行走轨道，最外侧还布置了2×4根ϕ2 540mm×20mm的钢管作为靠船桩。平台的钢管桩布置如图2.2-6所示。钢护筒和钢管桩在高程2.0m和7.0m处设置两层水平联系梁，上层平联采用型钢梁（2NH700×300mm），下层平联采用ϕ1 400mm×14mm钢管。钢护筒与平联间连接采用快速连接的抱箍形式。

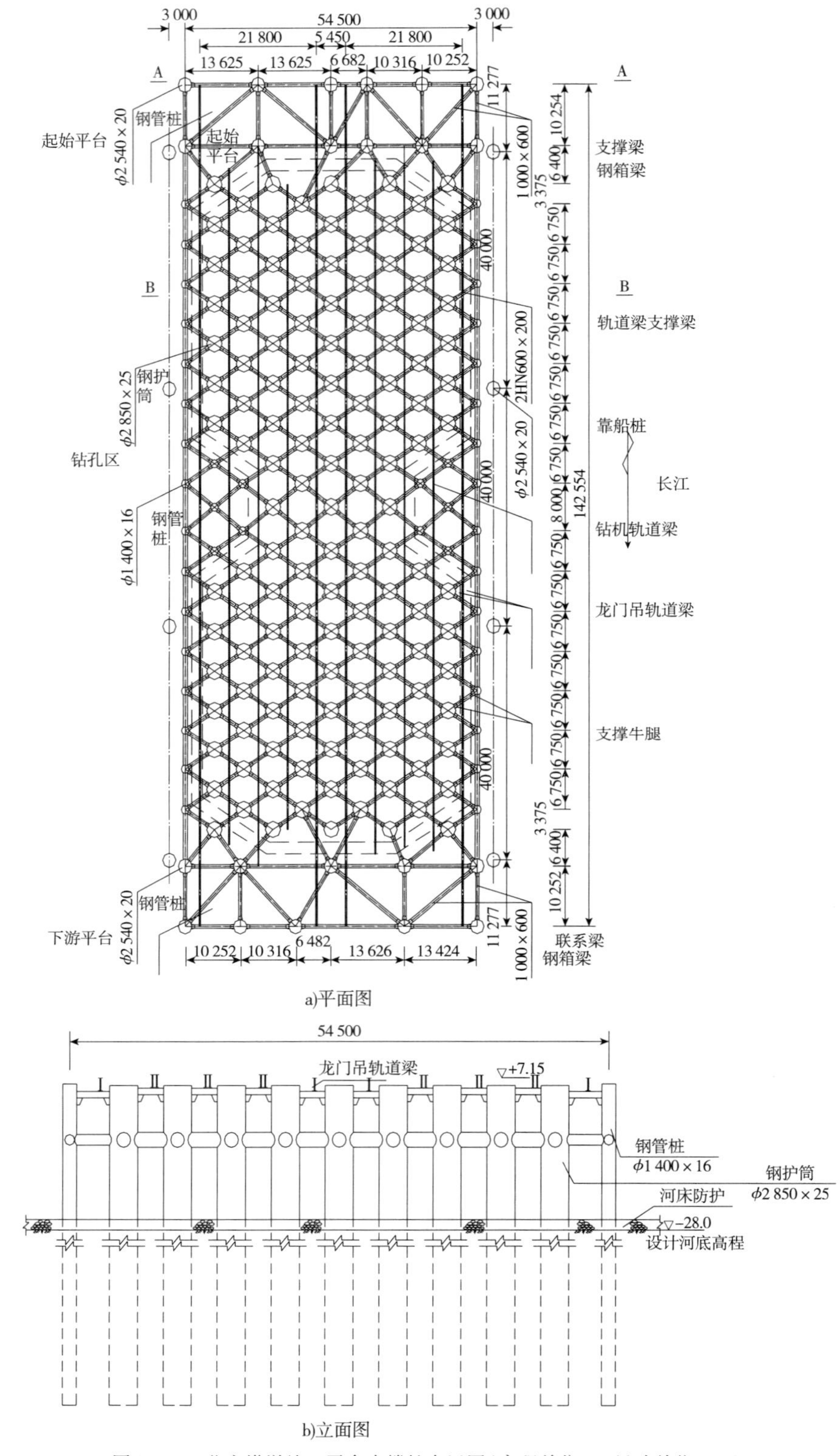

a)平面图

b)立面图

图 2.2-6　北主塔墩施工平台支撑桩布置图(高程单位:m;尺寸单位:mm)

2.2.2.2 平台结构计算

钻孔平台作为水中钻孔桩基础施工必不可缺的重要大型临时结构，其在搭建过程中以及桩基施工过程中，不仅需要具备足够的强度和刚度，还要在水流、施工荷载等动载作用下具有足够的稳定性。具体到苏通大桥新型钻孔平台结构，由于其所处河段水深流急，根据前面所述的平台试桩试验可知，平台搭设期的桩基施工稳定性是影响平台结构安全的重要因素，尤其是在搭设起始平台时，平台结构整体还未形成，此时平台结构的稳定性就显得尤为重要，因此，需要结合平台搭设及桩基施工过程，对起始平台和平台的整体稳定性及结构强度进行校核，并作为平台支撑桩桩径选择的依据。

(1)平台荷载分析

桥梁基础钻孔平台处于深水位置，受施工条件的影响，受力比较复杂，平台结构的荷载主要有水平荷载和竖向荷载，水平荷载主要包括水流力、波浪力、风荷载、船舶的系缆力、挤靠力和撞击力；竖向荷载主要包括结构自重、钻机荷载、面层等效堆载、起吊设备荷载等。

关于以上荷载的计算，相关行业规范均给出了相应的计算公式及参数取值要求，但根据各个行业自身的特点，规范所给出的计算公式及参数取值要求有着各自的适用范围，存在一些局限性。以下是根据工程建设的实际特点选取的各种荷载的计算理论和取值方法。

①水流力计算

建议《港口工程荷载规范》(JTS 144-1—2010)，规范中对墩体结构、柱体结构、桁架结构、梁结构等不同结构形式所受的水流力计算均给出了取值参数，适用性较强。

$$F_w = C_w \frac{\rho}{2} V^2 A \tag{2.2-1}$$

式中：F_w——水流力标准值(kN)；

C_w——水流阻力系数；

ρ——水的密度(t/m^3)，淡水取1.0，海水取1.025；

V——水流设计流速(m/s)；

A——计算构件在与流向垂直平面上的投影面积(m^2)。

②波浪力计算

《海港水文规范》(JTS 145-2—2013)就波浪对桩基和墩柱建筑物的作用力计算给出了详细的计算规定和参数取值说明，波浪力可以按照《海港水文规范》规定的计算理论和取值方法进行计算。

作用于桩身高度上的最大速度分力 P_{Dmax} 和对 Z_1 断面的最大弯矩 M_{Dmax} 采用下式进行计算：

$$P_{Dmax} = C_D \frac{\gamma D H^2}{2} K_1 \tag{2.2-2}$$

$$M_{Dmax} = C_D \frac{\gamma D H^2 L}{2\pi} K_3 \tag{2.2-3}$$

作用于桩身高度上的最大惯性分力 P_{Imax} 和对 Z_1 断面的最大弯矩 M_{Imax} 采用下式进行计算：

$$P_{Imax} = C_M \frac{\gamma A H}{2} K_2 \tag{2.2-4}$$

$$M_{\mathrm{Imax}} = C_{\mathrm{M}} \frac{\gamma AHL}{2} K_4 \tag{2.2-5}$$

式中：P_{Dmax}——作用于桩体计算高度上的最大速度力(kN)；

P_{Imax}——作用于桩体计算高度上的最大惯性力(kN)；

M_{Dmax}——作用于桩体计算高度上的最大速度力矩(kN·m)；

M_{Imax}——作用于桩体计算高度上的最大惯性力矩(kN·m)；

D——桩的直径(m)；

L——波长(m)；

A——桩的断面积(m^2)；

γ——水的重度(kN/m^3)；

H——桩基所在处进行波波高(m)；

C_{D}——速度力系数，对圆形断面取1.2；

C_{M}——惯性力系数，对圆形断面取2.0；

K_1、K_2、K_3、K_4——系数，根据水深、波长等参数查图获得。

最后根据作用于桩身上的最大速度分力和最大惯性分力，确定作用于整个桩身高度上的最大总波浪力标准值 $P_{\max}$ 和最大总波浪力矩标准值 $M_{\max}$。

③风荷载计算

建议采用《建筑结构荷载规范》(GB 50009—2012)，规范中对风荷载的计算给出了计算方法和参数取值范围。

$$F = w_{\mathrm{k}} A \tag{2.2-6}$$

$$w_{\mathrm{k}} = \beta_z \mu_{\mathrm{s}} \mu_z w_0 \tag{2.2-7}$$

式中：F——风荷载作用力标准值(kN)；

w_{k}——风荷载标准值(kN/m^2)；

A——垂直于风向的结构投影面积(m^2)；

β_z——高度 Z 处的风振系数；

μ_{s}——风荷载体型系数；

μ_z——风压高度变化系数；

w_0——基本风压(kN/m^2)。

④船舶荷载计算

船舶在平台附近作业过程中，作用于平台的主要荷载包括船舶的撞击力、系缆力和挤靠力。系缆力和挤靠力作用方向相反，不同时存在。

船舶撞击力：根据《港口工程荷载规范》(JTS 144-1—2010)，船舶撞击力按照下式计算：

$$E_0 = \frac{\rho}{2} M V_{\mathrm{n}}^2 \tag{2.2-8}$$

式中：E_0——船舶靠岸时的有效撞击能量(kJ)；

ρ——有效动能系数，取0.7~0.8；

M——船舶质量(t)；

V_n——船舶靠岸法向速度(m/s)。

船舶撞击力作用方向按照最不利工况组合情况,通常取为与水流方向相同,作用点位置根据设计水位情况选在船舶撞击的橡胶护舷的形心位置。

船舶的系缆力和挤靠力:船舶系缆力可根据《港口工程荷载规范》给定的公式进行计算:

$$N=\frac{K}{n}\left(\frac{\sum F_x}{\sin\alpha\cos\beta}+\frac{\sum F_y}{\cos\alpha\cos\beta}\right) \tag{2.2-9}$$

式中: N——系缆力标准值(kN);

$\sum F_x,\sum F_y$——可能同时出现的风和水流对船舶作用产生的横向分布总和与纵向分力总和(kN);

K——系船柱受力分布不均匀系数,当实际受力的系船柱数目 $n=2$ 时,K 取 1.2;$n>2$时,K 取 1.3;

n——计算船舶同时受力的系船柱数目;

α——系船缆的水平投影与码头前沿线所成的夹角(°);

β——系船缆与水平面之间的夹角(°)。

系缆力作用方向按照最不利工况组合情况,通常取为与水流方向相同,作用点位置为系船柱顶部。《港口工程荷载规范》对作用在系船柱上的系缆力标准值给出了最小值的限定要求,在缺乏计算资料的情况下,为保证结构安全,可以选取比实际船型大一个吨位级船舶的系缆力标准值的最小限值作为系缆力的标准值。

在钻孔平台的使用过程中,平台周围作业的船舶往往不只一艘,通常为合理确定平台的最不利工况,撞击力只按一艘船舶考虑,系缆力按照实际可能布置的情况选择系缆船舶的数量,船舶系缆的力可以按照实际情况选取。

⑤钻机荷载计算分析

钻机在钻孔过程中的荷载全部由钻孔平台承受,其荷载主要包括两部分,一部分为钻机自重及钻杆自重,另一部分为钻机作业工程中振动冲击产生的竖向附加荷载。冲击过程荷载作用机理比较复杂,考虑到工程计算精度的要求,取冲击系数为 1.3,即钻机计算荷载为钻机自重(含钻杆总量)× 冲击系数 1.3。

⑥码头面层堆载计算分析

平台面层堆载是指平台上部多种施工荷载的等效均布面荷载,根据平台面层功能分区的不同,面层堆载的取值也是不同的。

钻孔平台的普通作业区,主要是以施工人群荷载和临时施工材料设备的堆存荷载为主,通常取 10kN/m^2;较大型钻孔平台由于堆存量相对较大,宜取 15kN/m^2。

钻孔平台的生活区,由于人群较为密集,生活辅助设备、设施较多,使用情况较为复杂,宜取 20kN/m^2。

若钻孔平台上设置了泥浆池、膨化池、搅拌站等施工辅助设施,则该区域堆存荷载较大,平台受力情况复杂,宜取 30kN/m^2。

⑦起吊设备荷载计算分析

起吊设备多为定型产品,或由厂家根据现场实际需要非标设计,设备的荷载由专业厂家提供,可直接作为平台的设计、施工和设备使用的依据。

⑧混凝土搅拌设备荷载分析

对于较大型的钻孔平台,可以采用搅拌船供给混凝土的方式,也可以采取在平台上设置搅拌站的方式供应混凝土。对于搅拌船供给混凝土的方式,作用在平台上的荷载主要为船舶荷载;对于设置搅拌站供给混凝土的方式,需考虑在钻孔平台上设置砂石料材料堆场、水泥罐和筒仓以及拌和楼等生产设施。按照在保证结构安全和计算精度基础上简化计算的原则,拌和楼荷载可以按照折算 30kN/m^{2}堆载取值进行计算。

(2)平台设计水文条件及计算工况

苏通大桥北主墩钻孔平台设计的水文条件如表 2.2-1 所示,施工荷载除了水流、风荷载外,主要考虑钢护筒下沉过程中的激振力、钻机重量以及平台上起重设备重量等。

平台设计水文条件　　表 2.2-1

施工阶段	平台施工期	平台使用期
设计高潮位	3.66m	4.3m
设计低潮位	-1.26m	-1.45m
设计水流流速	2.21m/s	2.75m/s
钢护筒施工允许水流流速	1.5m/s	—
设计风速	17.0m/s	32.0m/s
设计河底高程	-28.0m	-28.0m
设计波高/波长	—	2.0m/60.0m

根据平台受力最不利状态确定计算工况,平台计算工况主要包括平台施工期单桩稳定计算、平台施工期起始平台结构强度验算以及整个施工平台形成后的整体强度及稳定性计算等。

(3)计算结果

①单桩稳定性验算

单桩稳定性计算可借鉴英国塞恩斯伯(Sainsbury)及金(King)根据研究提出的计算公式进行计算,未经固定的单桩结构所能承受的最大纵向水流速度计算公式为:

$$V_{max}=2.2\sqrt{\frac{EID^2}{ML^4}} \tag{2.2-10}$$

由横向振荡而引起单桩失稳的最大横向水流速度计算公式为:

$$V_{max}=1.9\sqrt{\frac{EID^2}{ML^4}} \tag{2.2-11}$$

式中:E——桩基结构弹模;

I——单桩截面惯性矩;

D——单桩直径;

M——单位长度桩的有效质量,取钢桩质量加上 2 倍被排开水的质量;

L——单桩长度。

施工期起始平台采用 ϕ2 540mm × 20mm 钢管桩基础,护筒区平台采用 ϕ2 850mm × 25mm 结构钢护筒作为支撑。钢管桩和钢护筒沉放到位后,受水流力和波浪力的影响,参照式(2.2-10)、式(2.2-11)计算两种支撑结构起振流速及单桩稳定分析,计算结果见表2.2-2、表2.2-3,单桩起振流速均大于平均落潮最大水流流速,应力及变形均在允许范围内,在设计流速的水流作用下单桩稳定。

单桩起振流速计算结果表　　表2.2-2

编号	桩规格	起振流速(m/s)	
		横向	纵向
1	ϕ2 540×20	1.99	2.28
2	ϕ2 850×25	2.59	3.00

单桩控制应力变形计算成果表　　表2.2-3

编号	桩规格	应力(MPa)	变形(cm)
1	ϕ2 540×20	109	20.3
2	ϕ2 850×25	87.8	15

②起始平台结构验算

采用有限元法对起始平台结构进行计算,计算结果如图2.2-7所示,起始平台最大水平位移为6.9cm,平台构件最大应力为106MPa。

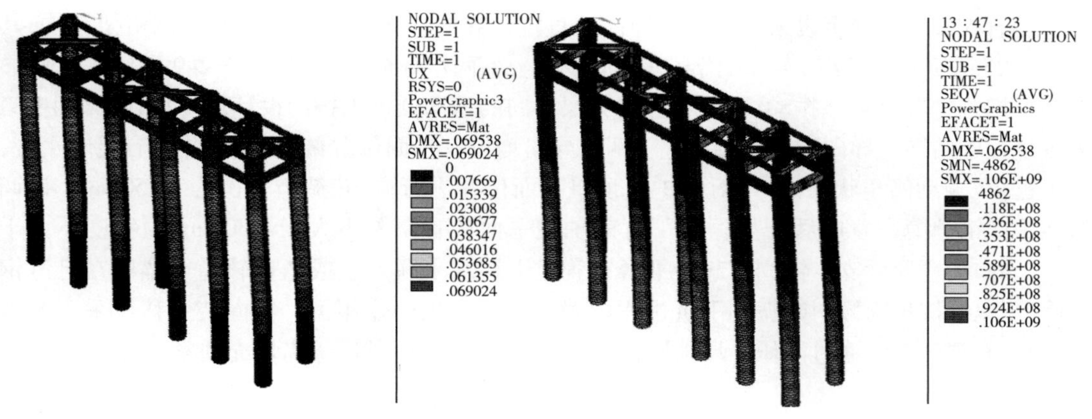

图2.2-7　起始平台水平位移、构件应力结果

③钻孔平台整体验算

钻孔平台整体验算结果如图2.2-8所示,钻孔平台最大水平位移为5.3cm,平台构件最大应力为109MPa,结构安全。

2.2.2.3　护筒支撑钻孔平台的搭设技术

(1)总体施工工艺

北塔墩群桩基础钢护筒长度超过60m,钢护筒直径仅比桩径大30cm;钢护筒不仅可作为施工临时设施,而且成为桩基结构的一部分,参与结构受力,施工精度要求高,采用打桩船沉设钢护筒的常规方案,成桩垂直度仅能达到1/100,不能满足结构受力要求。为此提出了钢护筒沉设精度控制技术,即采用悬臂导向架定位沉设钢护筒技术,解决了深水大流速条件下钢护筒沉设精度控制技术难题。

总体工艺流程为：首先在浮式定位船上设置导向架沉设起始平台支撑钢管桩，逐步形成平台结构，然后依托起始平台，利用研发的悬臂式定位导向装置在已成平台上沉放钢护筒，并将已沉放到位的钢护筒与起始平台及其他钢护筒连接形成结构，完成一排钢护筒沉放后，导向装置前移，沉放下一排钢护筒，直至完成所有钢护筒的沉放，形成护筒区平台；再利用已有平台、悬臂式导向装置及浮吊完成下游平台桩的沉放，形成下游施工平台。

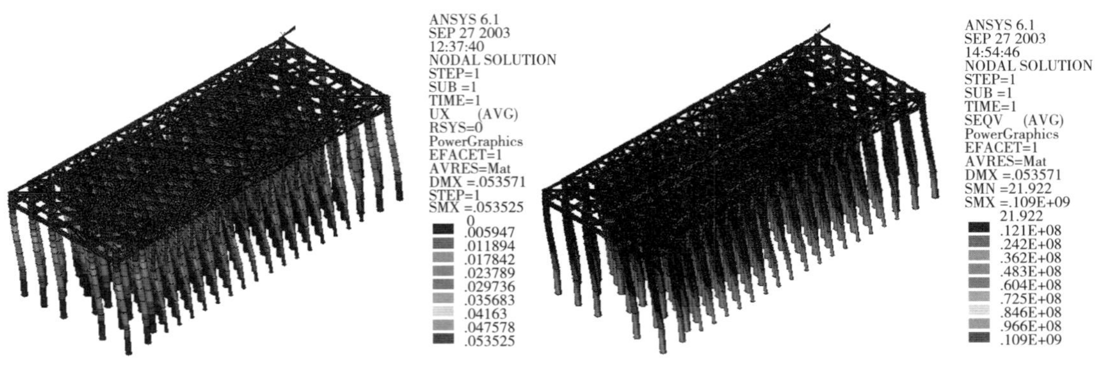

图 2.2-8　钻孔平台水平位移、构件应力结果

（2）悬臂式导向装置

钢管桩及钢护筒沉设采用悬臂式导向装置定位导向。导向装置为悬臂式钢桁架结构，其长 16.125m，宽 6.4m，高 10.0m，沿高度方向设置上下两层导向装置，如图 2.2-9 所示。上层导向装置抱箍打开后可让振动锤顺利通过，下层导向的顶面低于钢护筒设计顶高程，确保钢护筒下沉过程中始终有导向结构约束。上下两层导向均设有平面位置调整装置，并具有足够刚度，下沉过程（振动停止状态）中可对钢护筒顶口平面位置进行调节，调节范围为 ±150mm。该调节能保证钢护筒在着床后开始振动下沉前轴线平面位置误差不大于 ±30mm，倾斜度不大于 2‰。导向装置前后支点锚固在起始平台钢管桩上层水平联系上或通过轨道梁锚固在已沉钢护筒上，以抵抗护筒倾斜时振动下沉过程中对导向架产生的作用力。导向装置移位采用起重船吊装，其精确定位通过液压千斤顶调整，底座与轨道梁之间的间隙需填充顶紧。

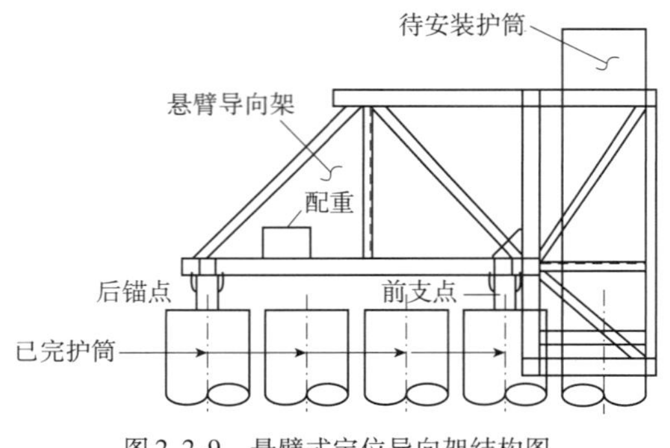

图 2.2-9　悬臂式定位导向架结构图

（3）起始平台搭设

起始平台钢管桩施沉采用 2 000t 甲板驳船作为定位船，利用安装在定位船船艏的导向架定位，振动下沉。为提高作业效率和沉桩质量，55m 长的钢管桩整根沉放。起始平台搭设

示意见图 2.2-10。

钢管桩定位着床选择在水流小于 1.5m/s 和风力小于 6 级时的条件下进行，以确保满足钢管桩沉设过程中船舶定位精度的要求。在钢管桩间水平联系施工的同时，向已沉放的钢管桩内灌砂，以提高单桩稳定性。

(4)钻孔平台搭设

ϕ2 850mm 钢护筒从起始平台前沿第一排开始沉放，逐渐从上游往下游推进。施工工序见图 2.2-11。

图 2.2-10　起始平台钢管桩搭设示意图

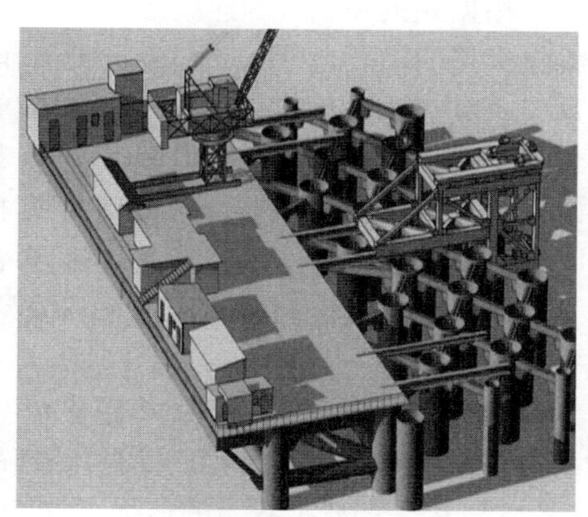

图 2.2-11　钢护筒下沉施工工序图

①钢护筒下沉

69.2m 长的钢护筒分两节下沉，上、下节长度分别为 10m、59.2m。首先起重船将下节钢护筒吊入定位导向架的导向装置内，锁定上下龙口并利用龙口的调节装置，调整钢护筒的平面位置及垂直度，使钢护筒平面位置偏差≤ ±30mm，倾斜度≤2/1 000。起重船落钩，钢护筒沿导向架下至河底并入土，起重船脱钩。起重船吊安振动锤至钢护筒顶口，并再次校正钢护筒及振动锤的位置。起动振动锤，护筒振动下沉。当振动锤至上导向装置 1.0m 时停止振动，移走上层导向龙口，使振动锤能继续振动下沉护筒至下层导向龙口顶面约 1.5m 处，停止振动下沉。将振动锤吊开，用起重船吊装对接上节护筒。护筒对接完成且上层导向精确就位后，安装振动锤下沉护筒至设计高程。护筒下沉完毕要求平面偏位≤ ±50mm，倾斜度≤5‰。单根护筒下沉到位后，及时与起始平台及相邻钢护筒连接。同时在钢护筒周围补抛砂袋，及时进行河床防护。

②钻孔平台形成

钢护筒之间用型钢在 +2.0m 和 +7.0m 处设置两层水平联系。单根护筒沉放结束后，立即在护筒上安装平联抱箍，焊接上层水平平联，与已沉护筒连成整体，防止单根护筒在潮流作用下发生偏位。待部分钢护筒沉放施工完成，形成平台后，施工下层平联。

采用上述工艺完成苏通大桥北主塔墩施工平台搭设后，曾对钢护筒施工精度进行了检测。检测表明，全部钢护筒的平面偏位都在 ±50mm 以内(偏位 ±40 ~ ±50mm 的占 13.3%，偏位 ±10 ~ ±40mm 的占 63.7%，偏位 0 ~ ±10mm 的占 23%)；垂直度都在 1/200 以内(1/400 ~1/200 的占 28%，1/600 ~1/400 的占 27%，0 ~1/600 的占 45%)，满足设计精度要求，高于相关规范规定。

2.3 大型双壁钢吊箱设计与施工技术

钢吊箱通常由底板、壁板、内支撑、定位系统、悬吊系统五大部分组成。根据壁板形式的不同,钢吊箱可分为单壁钢吊箱和双壁钢吊箱。单壁钢吊箱的优点是用钢量小,加工简单;缺点是定位调整困难,刚度小,容易漏水。双壁钢吊箱的优点是可自浮,易于调整、易定位,刚度大,隔水性好;缺点是施工钢材用量大,加工较复杂。

根据侧板和底板的连接形式的不同,钢吊箱可以分为侧包底型和底包侧型。侧包底结构钢吊箱的优点是壁板和底板可交叉作业,有利于缩短工期,可减少现场焊接量,保证焊接质量;缺点是壁板与底板的连接相对较弱,对底板平面尺寸要求较高。底包侧结构钢吊箱的优点是壁板与底板的连接更加有效,有利于钢吊箱结构的整体性,对底板尺寸精确度要求相对较低;缺点是钢吊箱结构的施工工期相对较长,现场焊接量相对较大。

综上各类型钢吊箱的特点,它们有各自的适用范围:

(1)在水深流急,河床土质松软或易冲刷土质的情况下,以及高桩承台结构,应优先考虑钢吊箱。

(2)在感潮河段,对钢吊箱定位精度要求较高的情况下,宜优先采用双壁钢吊箱;在工程条件相对较好的情况下,可采用单壁钢吊箱。

(3)在工期要求较紧的情况下,可采用侧包底结构钢吊箱;而在对吊箱整体结构要求较高的情况下,宜采用底包侧结构形式的钢吊箱。

苏通大桥主塔基础承台为哑铃形,总体平面尺寸 113.75m ×48.10m,采用双壁钢吊箱进行承台和系梁施工,钢吊箱同时作为永久防撞结构的重要组成部分。

针对苏通大桥而言,钢吊箱既是承台施工的围水结构,也是防撞结构的重要组成部分,对基础的施工和运营安全非常重要。对于复杂环境中的大型群桩基础巨型钢吊箱,其结构设计方案和沉放工艺是必须解决的关键技术问题。

2.3.1 结合永久防撞的钢吊箱设计

2.3.1.1 设计荷载

处于深水环境中的钢吊箱,将受到水流、波浪、风等的作用,荷载可采用如下方法进行计算。

(1)水流荷载

深水桥梁基础施工中采用的钢吊箱受水流影响较大,特别是在河口和近海位置的深水桥梁,涨、落潮水流流速大,相应作用于钢吊箱结构上的水平荷载也较大。《公路桥涵设计通用规范》(JTG D60—2004)和《港口工程荷载规范》(JTS 144-1—2010)均给出了计算流水压力的条文说明。但《公路桥涵通用设计规范》(JTG D60—2004)所给出的计算方法主要是作用于桥梁墩台等实体结构水流力计算,钢吊箱这种实体结构采用该规范的计算方法更合适。

根据《公路桥涵设计通用规范》(JTG D60—2004),采用下式计算水流力:

$$F_W = KA\frac{\gamma V^2}{2g} \tag{2.3-1}$$

式中:F_W——流水压力标准值;

γ——水的重度；

V——设计流速；

A——桥墩阻水面积；

g——重力加速度；

K——形状系数。

(2)波浪荷载

作用于吊箱迎水面上的波浪荷载按照 Sainflow 方法计算，Sainflow 的解是有限水深立波的一次解，它的适用范围为相对水深 H/λ 介于 0.135 ~ 0.20，波陡 $h/\lambda \leqslant 0.035$。如果水深增大，计算结果则偏大。根据 Sainflow 方法，波浪压强的计算如下。

波峰压强：

$$p_1 = (p_2 + \rho g h)\left(\frac{h + h_0}{h + H + h_0}\right) \tag{2.3-2}$$

式中：$p_2 = \dfrac{\rho g h}{\cosh\left(\dfrac{2\pi H}{\lambda}\right)}$；$h_0 = \dfrac{\pi h^2}{\lambda}\coth\left(\dfrac{2\pi H}{\lambda}\right)$。

波谷压强：

$$p_1' = \rho g (h - h_0) \tag{2.3-3}$$

$$p_2' = p_2 = \frac{\rho g h}{\cosh\left(\dfrac{2\pi H}{\lambda}\right)} \tag{2.3-4}$$

式中符号如图 2.3-1 所示。

除考虑作用在钢吊箱上的静力性能外，还要考虑波浪力作用下钢吊箱结构的动力性能。钢吊箱结构在波浪力作用下的动力反应分析主要包括特定设计波下的谐响应分析和随机波浪下的谱分析。对于作用在大型钢吊箱上的波浪动力荷载，可按下式计算：

$$p = -\rho g z + \frac{1}{2}\rho g H e^{kz}\cos\theta \tag{2.3-5}$$

式中：z——静水面以上波浪水质点高度；

H——波高；

k——波数，取 $k = 2\pi/L = 0.088\ 76$；

θ——$\theta = \omega t$，ω 为波浪运动的圆频率，取 $\omega = 2\pi/T = 0.933\text{rad/s}$。

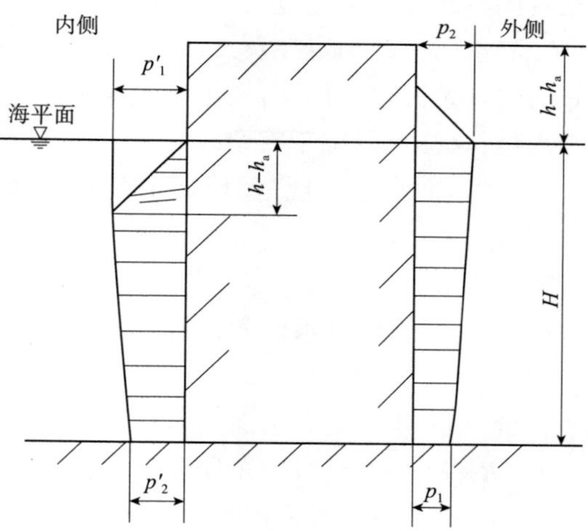

图 2.3-1 简化的 Sainflow 压强分布

(3)风荷载

风荷载是大型钢吊箱结构吊装过程中所承受的主要荷载之一，它对结构的作用包括基本风压和脉动风压。垂直作用在钢吊箱壁板上的风荷载标准值可参考《港口工程荷载规范》(JTS 144-1—2010)进行计算。

$$W_k = \mu_s \mu_z W_0 \tag{2.3-6}$$

式中：W_k——风荷载标准值；

μ_s——风荷载体型系数；

μ_z——风压高度变化系数；

W_0——基本风压（kPa），$W_0 = \frac{1}{1\,600}V^2$；

V——港口附近的空旷平坦地面，离地 10m 高，30 年一遇 10min 平均最大风速（m/s）。

脉动风功率谱密度可采用 Davenport 脉动风速谱公式进行计算：

$$S_v = \frac{1.611K\bar{v}_{10}^2}{n}\exp\left[-\frac{(\lg x - 0.61)^2}{0.540\,8}\right]$$

$$x = \frac{1\,200n}{\bar{v}_{10}} \tag{2.3-7}$$

式中：$\bar{v}_{10}$——基本风压。

由此可以求出相应的脉动风压功率谱密度为：

$$S_w = 16K\bar{\omega}^2\frac{\bar{v}_{10}^2}{\bar{v}^2}\frac{x^2}{n(1+x^2)^{\frac{4}{3}}} \tag{2.3-8}$$

对于 10m 高处，则脉动风压谱密度为：

$$S_w = 16K\bar{\omega}_{10}^2\frac{x^2}{n(1+x^2)^{\frac{4}{3}}} \tag{2.3-9}$$

（4）其他荷载

钢吊箱在施工过程中所受的荷载还包括静水压力和施工荷载等，这些荷载的取值应根据具体情况和有关规范的规定确定。

静水压力的确定涉及设计水位（潮位）的选取，在实际施工过程中通常选择一个相对较好的水文条件，通过分析桥位处多年平均潮位的统计情况，选取最高潮位和最低潮位作为设计水位，这样可以偏于安全。

参考《海港水文规范》（JTS 145 －2—2013），设计高水位和设计低水位可按下式计算：

$$h_s = A_N \pm (0.6R + K) \tag{2.3-10}$$

$$A_N = A + \Delta A \tag{2.3-11}$$

式中：h_s——设计高水位和设计低水位，式中的正负号，对设计高水位为正，对设计低水位为负；

A_N——年平均海平面；

R——一个月以上短期验潮资料中的平均潮差；

K——常数，可采用 0.4m；

A——月平均海平面；

ΔA——工程所在地海平面的月份订正值。

2.3.1.2 结构设计

主塔承台钢吊箱是永久防撞结构的组成部分，同时作为实现承台干施工的挡水结构物。其底板是封底混凝土的控制面，侧板内壁为浇筑封底混凝土及承台混凝土侧模板，钢吊箱顶面也作为混凝土浇筑操作面。

主桥北主塔钢吊箱为双壁有底自浮式钢结构,哑铃形,由底板、壁体、内撑、吊装吊耳及拉杆五大部分组成。壁体内口尺寸为:长边 113 950mm +40mm,短边 48 300mm +40mm;钢吊箱壁体外形尺寸为:长边 117 950mm + 40mm,短边 52 300mm + 40mm;高度为:内壁 16 500mm +40mm,外壁 18 500mm +40mm;总质量为 5 316t。钢吊箱顶高程为 +6.0m;双壁顶高程为 +4.0m;单壁防浪板高为 2.0m;承台底高程为 -7.0m,考虑到船舶防撞需求,在钢吊箱底部四周设裙板;承台四周封底混凝土厚度为 5.5m,中间为 3.0m。

钢吊箱在竖向分为三节,总高度为 16.5m,自下而上第一节高为 6.6m,第二节高为 3.9m,第三节高为 6m,总体结构形式见图 2.3-2。首节钢吊箱安装入水自浮后,采用起重船在其上分块分节安装其他两节钢吊箱。

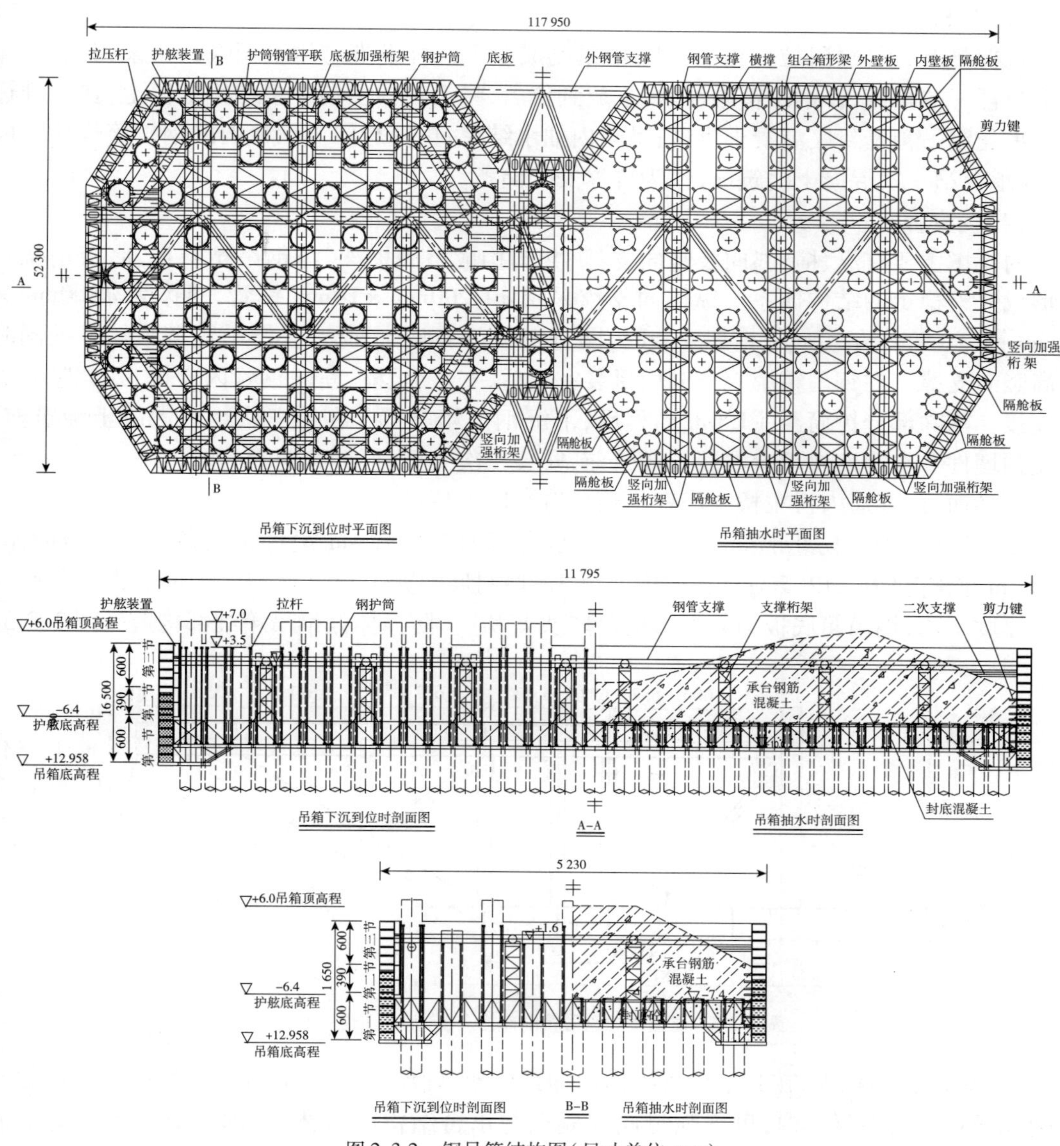

图 2.3-2 钢吊箱结构图(尺寸单位:mm)

(1)底板

底板由 HN450mm × 200mm 主梁、∠100mm × 70mm × 10mm、∠125mm × 80mm × 10mm 次梁、HN300mm × 150mm、加强梁及 δ8mm 面板、加强桁架构成。底板主梁上设置有承受钢吊箱底板和封底混凝土重量的拉杆铰支座。

(2)壁体

壁体主要由隔舱板、箱梁、水平环板、横向联系梁及内外壁板构成。在 +4.0m 以下壁体做成双壁式;+4.0m 以上设置 2.0m 高单壁防浪板。双层板架结构间距为 2.0m,在双层板架之间设置竖向箱形梁、垂直舱壁板作为一级支撑结构,水平设置环形板作为二级支撑结构,垂向设置次梁作为三级支撑结构。内外壁之间通过横向联系撑和舱壁板连接而形成整体。

(3)拉杆

拉杆分上、下拉杆,拉杆由 2[14b 槽钢制成。下拉杆下端与钢吊箱底板主梁铰接,上端与上拉杆一端相连,在钢吊箱内注水,下放到位后,将上拉杆上端焊接在钢护筒上,在落潮过程中承受钢吊箱及封底混凝土重量;吊箱内抽水结束,拉杆与伸入承台内的钢护筒焊接完成后,在承台第一次混凝土浇筑前,作为抗浮安全储备。

(4)内支撑

内支撑主要有纵、横、斜向及竖向支撑,共同构成空间框架,与钢吊箱壁板、底板桁架一起形成完整稳定的结构体系。纵横向支撑采用 ϕ1 200mm × 14mm 钢管,斜撑为 ϕ800mm × 10mm 钢管。在钢吊箱底板桁架安装时,同时安装首节竖向支撑,在钢吊箱壁板接高的同时接高竖向支撑。在钢吊箱第三节壁板拼装完成后,安装纵、横、斜向钢管内支撑,并与竖向支撑连接。割除部分护筒至 +1.0m 高程后,下沉钢吊箱就位。在第三次承台混凝土浇筑前,埋设预埋件。在第四次承台混凝土浇筑前,安装二次支撑,再拆除钢管内撑。

概括而言,苏通大桥主桥主塔钢吊箱构造有以下特点:

(1)低水位时为防止船舶与桩基碰撞,承台底四周设有 4m 宽封底混凝土作为防撞体,厚 5.5m,低高程为 -12.5m;承台底中间设 3m 厚封底混凝土,底高程为 -10m。由于封底混凝土厚度不均,钢吊箱底板为异形结构,呈“头盔状”。防撞体处钢吊箱细部构造见图 2.3-3。

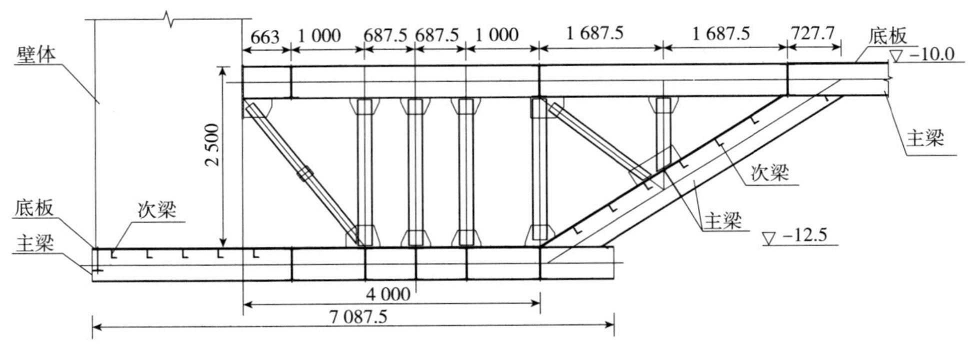

图 2.3-3 防撞体处钢吊箱细部构造图(尺寸单位:mm)

(2)因底板面积大,在其上设置纵横向加劲桁架,确保首节钢吊箱底板的整体刚度;加劲桁架埋设在封底混凝土内,可增强封底混凝土与承台结构的整体性,同时对封底混凝土加劲,提高抵抗船舶撞击能力。

2.3.1.3 结构安全校核

根据对施工过程进行分析，钢吊箱结构计算分为6个工况，采用空间有限元模型进行结构计算分析，见图2.3-4、图2.3-5。计算工况分别为：工况一：首节采用16台千斤顶同步下放时；工况二：钢吊箱下放到位时；工况三：浇筑水下封底混凝土5.5m/3.0m（底板、拉杆控制工况）时；工况四：在高水位（+4.3m）抽水的情况（壁体、封底混凝土控制工况）；工况五：浇3.0m厚第一层承台；工况六：第三层承台浇筑后，钢管内支撑拆除时整体结构计算。

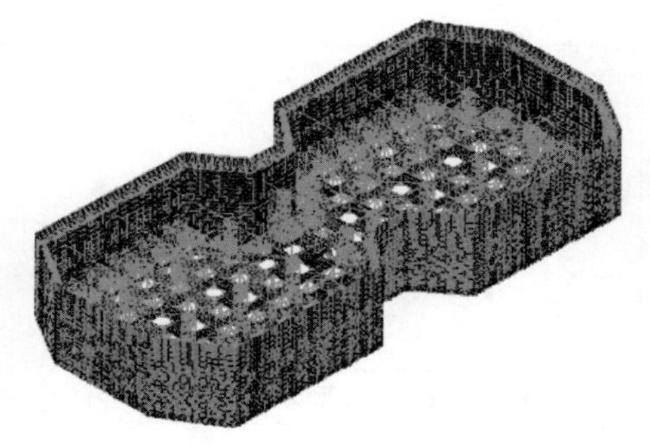

图2.3-4 钢吊箱整体计算模型

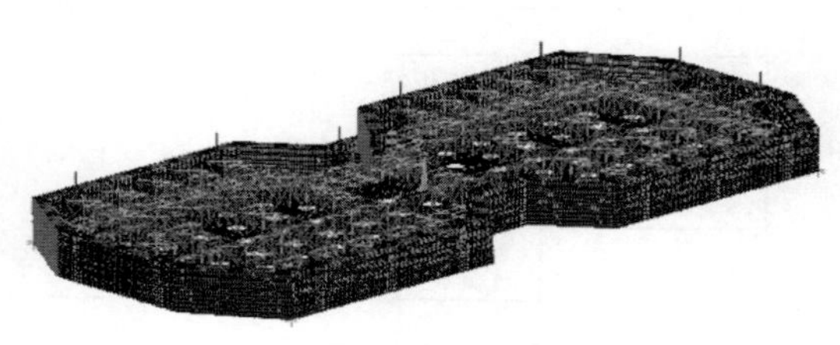

图2.3-5 首节钢吊箱计算模型

通过计算分析可知：首节钢吊箱下放时，若各千斤顶不同步性导致的高度误差为10mm时，最大吊点力为2 482kN；若考虑单个千斤顶失效，则最大吊点力为3 410kN；六个工况下吊箱结构强度、刚度和稳定性满足施工阶段的结构受力要求，且封底混凝土的强度也满足受力要求。计算结果见表2.3-1。

计算结果表 表2.3-1

工况 \ 项目	钢绞线拉力（kN）	拉杆应力（MPa）	底板主梁应力（MPa）	底板变形（mm）	壁板应力（MPa）	壁体变形（mm）	底板桁架/钢管支撑应力（MPa）	封底混凝土应力（MPa）
工况一	3 410	—	-113	46.8	111	—	-93.9	—
工况二	—	—	-78.1	6.6	131	—	-54.8	—
工况三	—	143	163	15	—	—	—	—
工况四	—	—	—	—	155	23	-58.8	2.28/-3.91
工况五	—	—	—	—	50	7.3	-11.5	0.48/-4.3
工况六	—	—	—	—	125	7.4	—	—

2.3.2 钢吊箱下放及定位技术

2.3.2.1 总体施工工艺

苏通大桥主塔承台钢吊箱结构尺寸和重量都远远超过了以往国内基础施工用钢吊箱，在综合分析当前的国内各领域巨形结构的安装经验后，通过对比分析“采用大型浮吊整体安装”和“采用多台连续式千斤顶分节下放”这两种方案在对机械设备、结构加固以及经济性等方面的优缺点的基础上，确定主桥北索塔基础6.6m高首节钢吊箱（重3 200t）采用多台连续式千斤顶分节下放的方案进行施工，其总体施工工艺如图2.3-6所示。

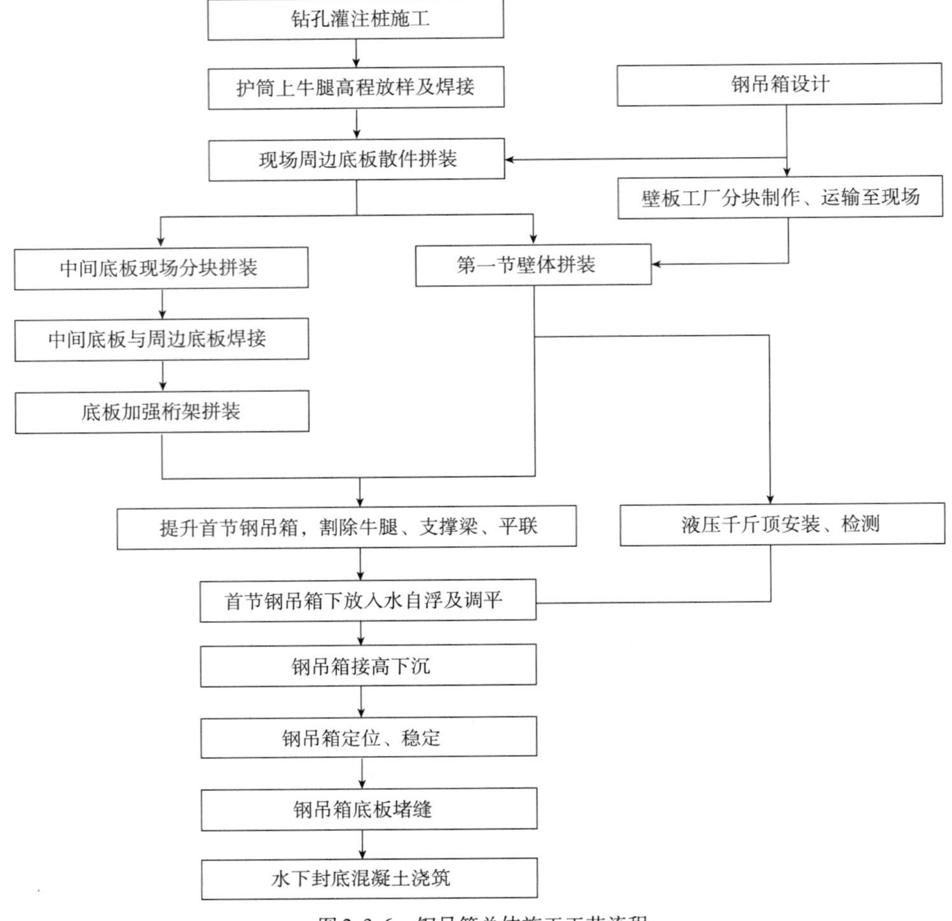

图 2.3-6　钢吊箱总体施工工艺流程

2.3.2.2　吊放系统

采用主从随动液压提升系统同时控制 16 台 450t 液压千斤顶整体下放，该下放系统的特点在于其工作的连续性与同步性，多台千斤顶在泵站及控制系统的控制下，将钢吊箱平稳地下放到预定位置。液压系统采用 4 台液压泵站，每个泵站可控制 4 台千斤顶。为保证千斤顶各油缸动作的协调与统一，4 个泵站与千斤顶的动作协调通过 1 台主控台来完成。为保证下放施工安全，千斤顶下端设安全夹持器，在下放过程中，当系统出现故障时可利用夹持器实施人工锚固，以便于更换设备或排除故障。

下放操作采用计算机控制系统进行，采用 CAN 网络进行千斤顶、液压泵站、计算机控制系统之间的数据传输。考虑到钢套箱壁结构竖向刚度较大，相邻吊点间 10mm 的位移偏差会导致使千斤顶受力不均匀性达 35%，各千斤顶间同步工作性能的要求很高，否则就可能造成套箱结构或千斤顶出现超载现象。千斤顶的单个行程及其累计行程则由计算机控制系统记录，并指示液压泵站调节油量，控制千斤顶运行速度，保证所有千斤顶同步工作，控制系统示意见图 2.3-7，千斤顶系统见图 2.3-8。其控制标准为：相邻吊点不同步性小于 10mm。

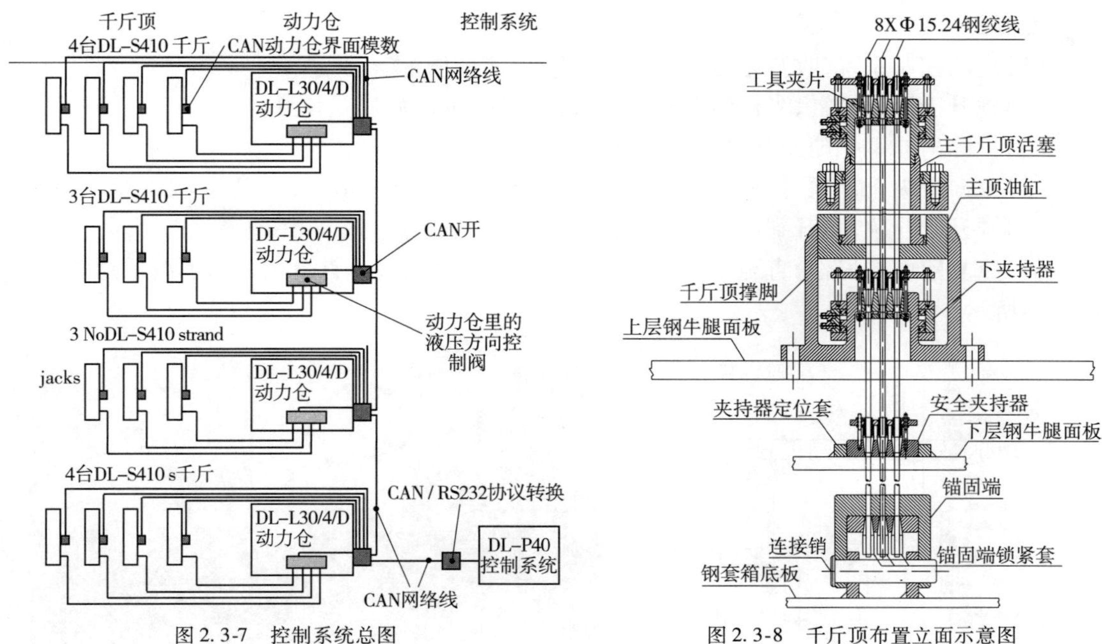

图 2. 3-7　控制系统总图

图 2. 3-8　千斤顶布置立面示意图

2. 3. 2. 3　钢吊箱沉放施工

首节钢吊箱高 6. 6m,重 3 200t,采用主从随动液压提升系统进行整体沉放。

钢吊箱下放千斤顶共分两组,每组配置 8 台千斤顶,布置的原则是尽量使每台千斤顶的荷载相等,设置在钢吊箱壁板内侧根部。上端千斤顶安装在钢桁架上,钢桁架两端分别支撑或锚固于已沉设的钢护筒上。下放钢绞线锚固于钢吊箱侧壁钢牛腿上,牛腿的锚固端位于其正下方的钢吊箱壁板与底板的结合部。为保证钢绞线合理受力,在千斤顶和锚固端安装时,应使千斤顶上、下夹持器和吊箱上的锚固端在同一直线上。

下放系统的主控台位于下放平台中部。在主控台上、下游的中间位置安装两组千斤顶泵站。泵站布置在各组千斤顶的中间,使各千斤顶的油路长度基本相等。个别千斤顶油路过短,可通过增加软管长度来调整,下放系统布置见图 2. 3-9。

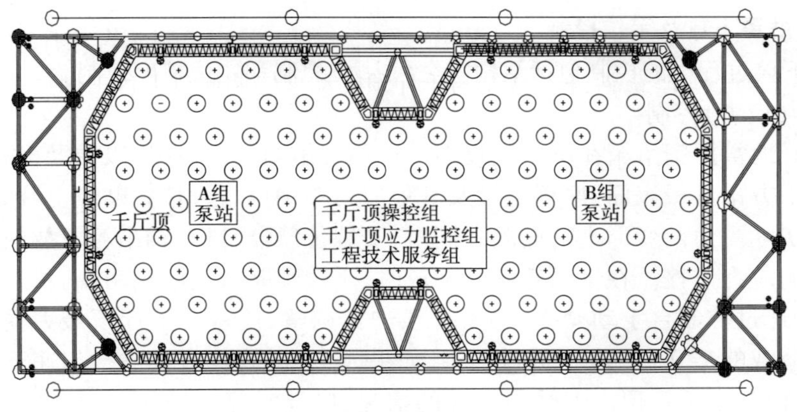

图 2. 3-9　下放系统布置图

首节钢吊箱下放步骤为：

(1)启动控制系统，收紧所有钢绞线，使其受力均匀一致。

(2)顶升千斤顶油缸，当钢吊箱吊离搁置钢牛腿10cm后停止顶升。

(3)拆除吊挂钢牛腿及其他有碍下沉的构件。

(4)反向操纵千斤顶，使钢吊箱平稳下落，直至千斤顶行程走完，自锁。

(5)顶升千斤顶，顶升到位后，钢绞线开锁。

(6)重复前面的操作，直至钢吊箱入水自浮后收紧钢绞线。首节钢吊箱下沉示意图如图2.3-10所示。

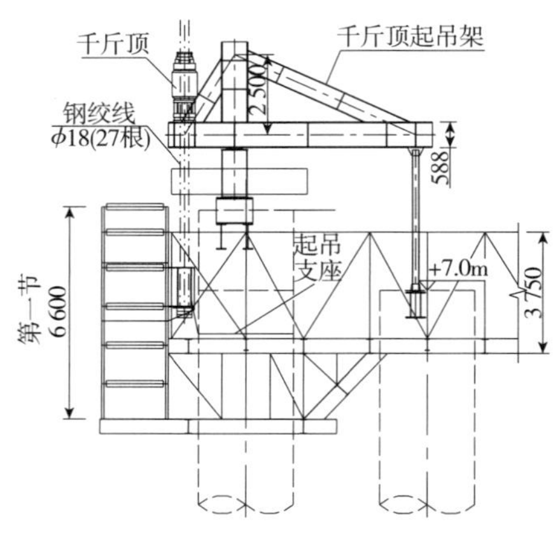

图2.3-10　首节钢吊箱下放示意图(尺寸单位：mm)

首节钢吊箱入水自浮后，卷扬机及手拉葫芦收紧并固定钢吊箱，拆除千斤顶等下放设备，依次准备进行钢吊箱第二节、第三节的接高及下沉施工。

钢吊箱水上接高采用桅杆吊和起重船进行对称分块拼装，所有接口焊缝要进行煤油渗透性试验。钢吊箱拼接完成后，通过水泵往壁体内对称均匀注水下沉。首节钢吊箱入水自浮后干舷的高度约为2.70m。在第二节吊箱接长后注水前，第一节钢吊箱的干舷高度为1.8m。第二节注水下沉，接长第三节吊箱的过程中，调整壁体内水位，使第二节钢吊箱的干舷高度始终保持为3.0m左右。第三节吊箱拼装完成后，对称注水下沉到位。

2.3.2.4　钢吊箱下放及定位控制

钢吊箱下放过程中的控制包括结构安全(应力)控制和定位精度控制。

(1)安全(应力)控制

为了更好地掌握钢吊箱在下放过程中千斤顶及吊箱受力情况，以便及时进行调整，在每台千斤顶下方吊耳板表面、底板主梁及其他应力集中或较大位置贴应变片，对千斤顶及钢吊箱下放实际受力及变形进行监测。同时，安装传感器，进行钢吊箱下放、抽水、承台施工时各时段的应力监控。在钢吊箱开始下放时，千斤顶略微提起钢吊箱，检查各个千斤顶受力情况，并通过控制台手动操作，对千斤顶进行调整，使每台千斤顶最大受力不超过该点理论计算荷载的120%。在下放过程中，如果因水流、波浪或未进行匀速下放造成千斤顶受力不均，使某个千斤顶出现受力过大的情况，应及时停止操作，经重新调整后再继续下放。

(2)定位精度控制

①平面位置调整及控制

钢吊箱平面控制包括粗控和精控两个方面。粗控通过在钢吊箱壁体内壁板与外周钢护筒间设置橡胶护舷来实现。在每节钢吊箱壁体内壁板顶面10cm以下设置D型橡胶护舷,橡胶护舷底板焊固在钢吊箱壁体内壁板上。

精控主要通过吊箱内设置的手拉葫芦及上、下游平台上设置的卷扬机和双壁内注水来实现。为克服水流作用对钢吊箱下沉及就位的影响,在钢护筒顶部设置4个平台,在其上共安装4台10t卷扬机和4台5t卷扬机,同时,在上下游的起始平台上设置8台20t手拉葫芦,作为卷扬机调位的补充。精控系统的布置见图2.3-11。

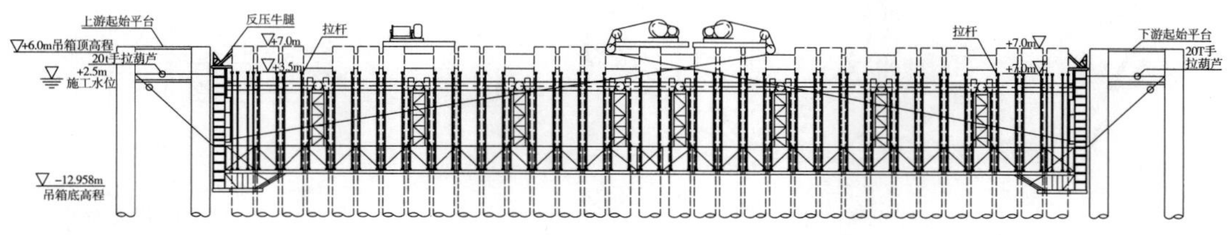

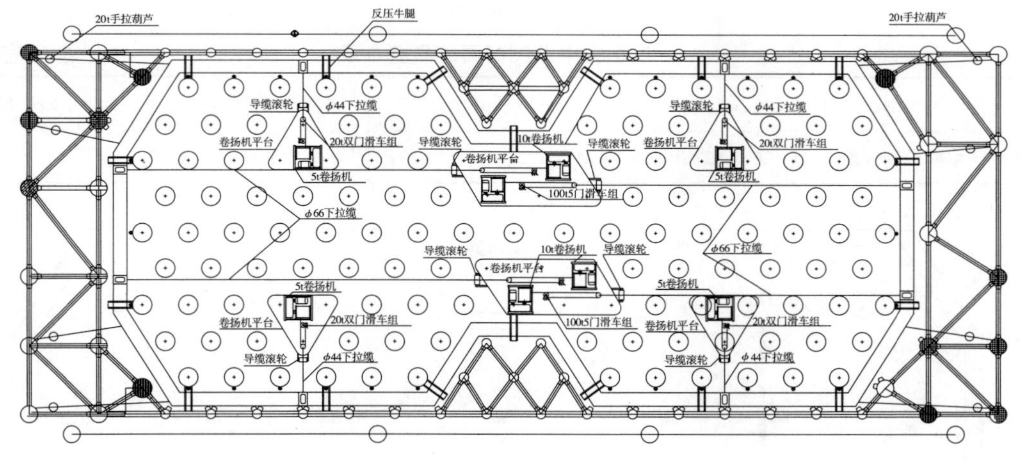

图2.3-11 钢吊箱定位系统设置图

②高程及垂直度的控制

在平面控制的同时进行高程控制。高程的测量通过架设在钢吊箱内钢护筒上的水准仪来实现,钢吊箱高程的调整主要通过在夹壁内抽、注水来实现。钢吊箱高程到位后,在钢吊箱四周安装反压牛腿来固定。反压牛脚平面布置见图2.3-12。涨潮时,待潮位达到平均潮位差的一半时,注水调整钢吊箱顶面高程,使其钢吊箱顶口略微顶压反压牛腿下表面,同时将钢吊箱顶口与反压牛腿进行焊接。反压牛腿在高潮位时受压,低潮位时受拉。钢吊箱垂直度由平面定位系统的卷扬机、手拉葫芦及注水进行调位与固定。

2.3.2.5 钢吊箱下放过程的监测

北主墩钢吊箱底板主梁布置了4个监测剖面,测点布置及编号见表2.3-2,测点平面布置如图2.3-13所示。

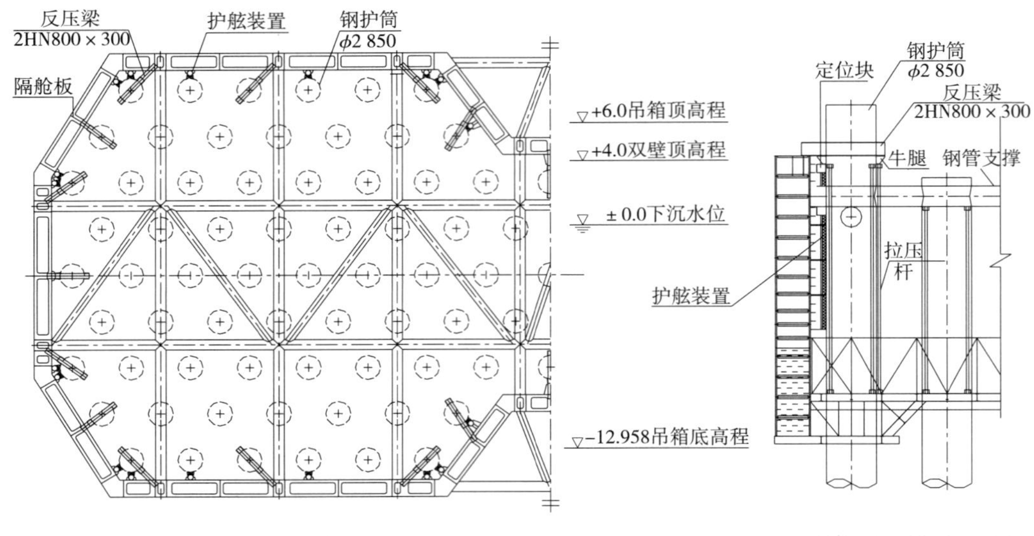

图 2.3-12 钢吊箱反压牛腿布置图(高程单位:m)

底板主梁监测剖面及测点布置 表 2.3-2

横桥向轴线剖面	1 111、1 112、1 113、1 114、1 115、1 116、1 117	顺桥向上游侧剖面	1 211、1 212、1 213
横桥向主航道侧剖面	1 121、1 122、1 123、1 124、1 125、1 126、1 127	顺桥向下游侧剖面	1 221

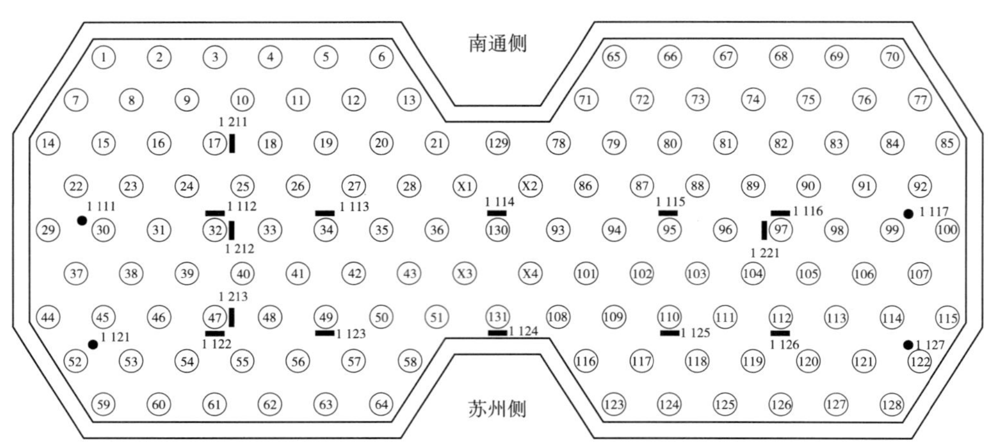

图 2.3-13 北主墩钢吊箱底板主梁测点布置图

北主墩钢吊箱 16 个起吊支座,除 2 号支座布置了 7 个应力监测点外,其他每个支座布置了 4 个监测点,测点布置及编号见表 2.3-3,测点平面布置如图 2.3-14 所示。其中,编号为 XXX1 的,其安装位置如图中标示 1;编号为 XXX2 的,其安装位置如图中标示 2;编号为 XXX3 的,其安装位置如图中标示 3;编号为 XXX4 的,其安装位置如图中标示 4;2 号支座的 3015、3016、3017 的安装位置如图 2.3-14 所示。

支座应力监测点布置 表 2.3-3

1 号支座	3 021、3 022、3 023、3 024	9 号支座	3 031、3 032、3 033、3 034
2 号支座	3 011、3 012、3 013、3 014、3 015、3 016、3 017	10 号支座	3 041、3 042、3 043、3 044
3 号支座	3 161、3 162、3 163、3 164	11 号支座	3 051、3 052、3 053、3 054
4 号支座	3 151、3 152、3 153、3 154	12 号支座	3 061、3 062、3 063、3 064
5 号支座	3 141、3 142、3 143、3 144	13 号支座	3 071、3 072、3 073、3 074
6 号支座	3 131、3 132、3 133、3 134	14 号支座	3 081、3 082、3 083、3 084
7 号支座	3 121、3 122、3 123、3 124	15 号支座	3 091、3 092、3 093、3 094
8 号支座	3 111、3 112、3 113、3 114	16 号支座	3 101、3 102、3 103、3 104

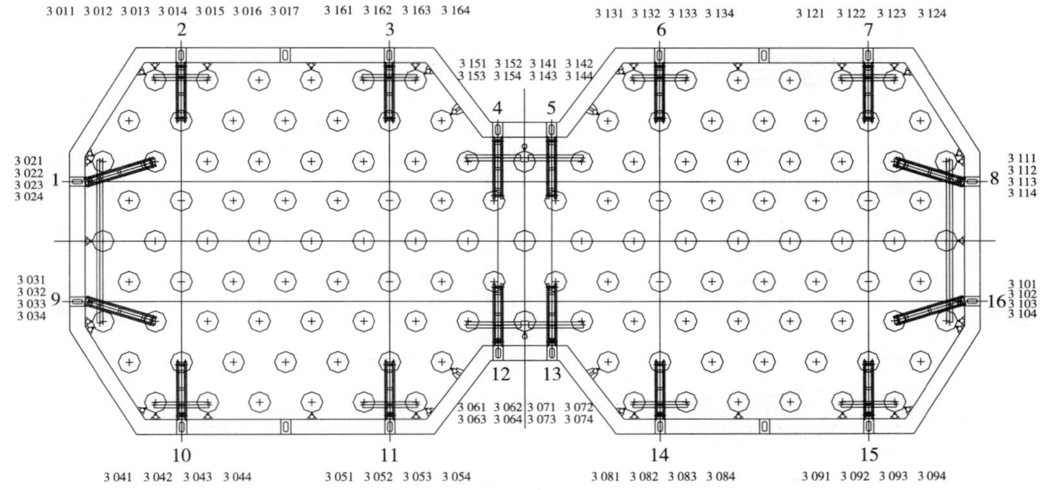

图 2.3-14 底板北主墩起吊支座应力测点平面布置图

通过对首节钢吊箱整体起吊下放过程进行监测，监测结论如下：

(1)现场实测结果表明：各起吊点受力不完全相同，但结构强度有足够的安全储备。在100%荷载作用下，最大压应力为 -19.10MPa，最大拉应力为 33.75MPa；调平后最大压应力为 -26.81MPa，最大拉应力为 43.20MPa。

(2)底板主梁的结构强度有较大的安全储备，在 100% 荷载作用下，最大压应力为 -15.74MPa，最大拉应力为 34.71MPa；调平后最大压应力为 -20.79MPa，最大拉应力为 52.88MPa。

(3)底桁架结构强度也有一定的安全储备，在 100% 荷载作用下，最大压应力为 -57.80MPa，最大拉应力为 37.57MPa；调平后最大压应力为 -98.11MPa，最大拉应力为 38.75MPa。

(4)起吊支架的后拉杆对维持结构稳定具有重要作用，在 100% 荷载作用下，观测到的最大拉应力为 20.95MPa，调平后观测到的最大拉应力为 35.69MPa。

(5)从总体上看，底板加强桁架对维持钢吊箱刚度和稳定具有重要的作用。

如图 2.3-15、图 2.3-16 所示。

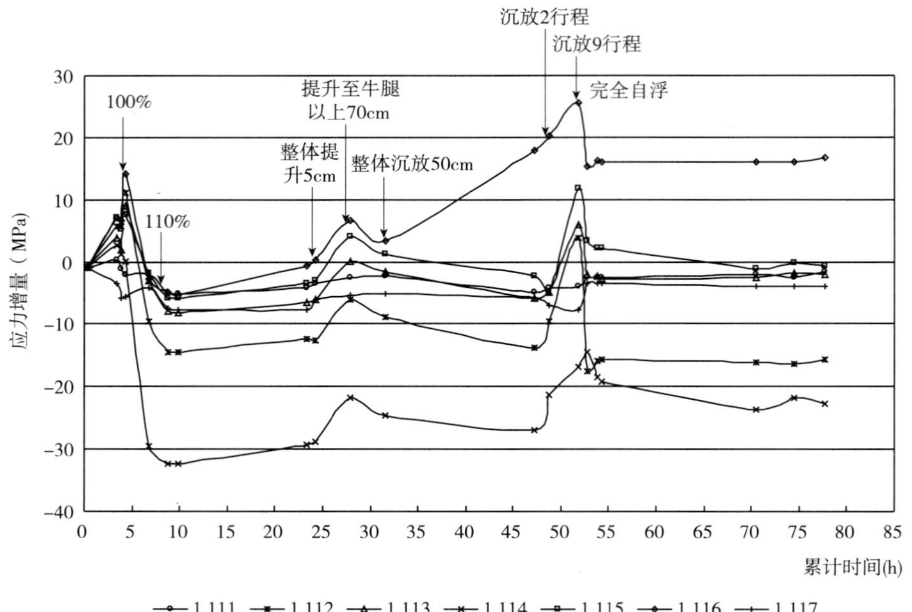

图 2.3-15　底板横桥向主梁应力观测剖面(中轴线)各测点应力变化过程

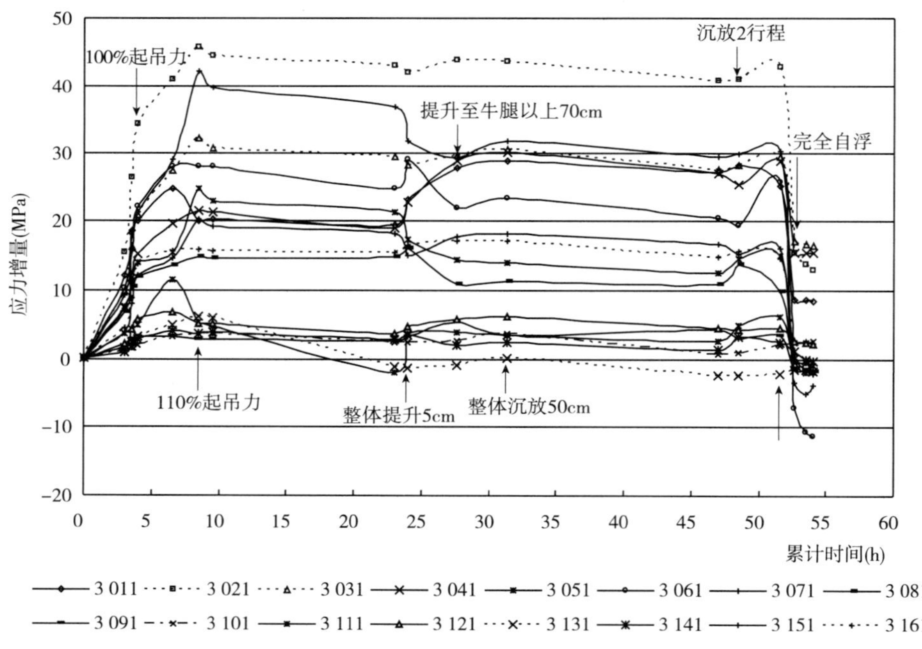

图 2.3-16　各支座 1 号应力观测点应力变化过程

2.4 深水基础防护与施工技术

对于水深流急、河床易冲刷等复杂条件中建设的群桩基础,河床冲刷及防护是一个关系到工程成败的重要关注内容。冲刷机理复杂、防护工程结构设计及施工难度大,其难点在于局部冲刷的预测、防护设计、防护材料的抛投施工与成型监测及检测等。

2.4.1 群桩桥基的冲刷防护设计

苏通大桥群桩基础的特点是潮汐影响、水深流急、河床易冲、基础规模巨大。河床模型试验成果表明:若施工期不进行河床预防护,河床局部冲刷深度将达30m,加上河床冲刷前水深32m,基础施工期最大水深将达60多米,这将会大大增加基础施工难度,因此施工期应实施预防护。如何将施工期预防护和运营期永久防护相结合,在防护工程平面设计和结构设计中既保证防护结构的稳定性,又充分考虑施工的可靠性和经济性,是冲刷防护工程设计需解决的主要问题。

(1)冲刷防护工程的设计原则

主要是在设计的水动力条件下为桥墩基础正常施工、施工期桥墩安全及使用期桥墩桩基与原状土共同作用提供保障。在施工期平台搭设前,为保证平台的稳定性,采用施工预防护与永久防护相结合的方案,其设计原则是:

①冲刷防护结构安全可靠,具有良好的耐久性。

②施工期预防护和永久防护相结合,需考虑施工中不可避免产生的不均匀性对防护效果的影响。

③兼顾当前施工工艺和施工水平。

(2)冲刷防护工程的平面功能分区

根据群桩基础与土体共同作用机理和基础局部冲坑形态特征,可将基础周边分为三个区域:

①核心区。该区域位于承台以外约20m的范围内,是保证桩入土深度和承载力的核心区域,也是基础局部冲刷深度最大的区域,是必须进行重点防护的区域。

②桩—土共同作用区域。该区域位于承台以外一定距离内,是桩、土共同作用比较强烈的区域,是保证基础受力、传力机理不发生重大变化的重要区域,是必须进行永久防护的区域。

③桩—土共同作用外区域。该区域对群桩基础受力的影响不大,采取护坦结构防护措施即可减小桩—土共同作用区的河床冲刷。

根据基础尺寸和基础与土体共同作用范围,确定冲刷防护核心区范围为100m×210m,永久防护区范围为核心区外围40~45m。为确定护坦区边坡坡度,进行了冲刷边坡稳定模型试验。试验按300年一遇的水文条件进行,试验表明,除迎水面护坦侧因受边侧绕流影响坡度稍缓外,护坦其余部位的稳定边坡均在1:2.1~1:2.6,按1:3.0进行设计。护坦区宽度按最大冲刷深度的1.5倍进行设计,最大冲刷深度由一般冲刷、局部冲刷和自然冲淤变化三部分组成。北索塔基础最大冲刷深度约为30m,确定护坦区宽度为45m,北侧最大冲深

30m,另考虑深槽摆动可能带来 10m 的冲刷,确定护坦区宽度定为 60m。防护工程平面布置尺寸见表 2.4-1。

北主墩冲刷防护平面布置(单位:m)　　表 2.4-1

施工平台平面尺寸	核心区平面尺寸	上下游永久防护区宽度	南北侧永久防护区宽度	上下游护坦区宽度	南侧护坦区宽度	北侧护坦区宽度
60×170	100×210	40	45	45	45	45

苏通大桥北主墩基础冲刷防护工程平面分区如图 2.4-1 所示。

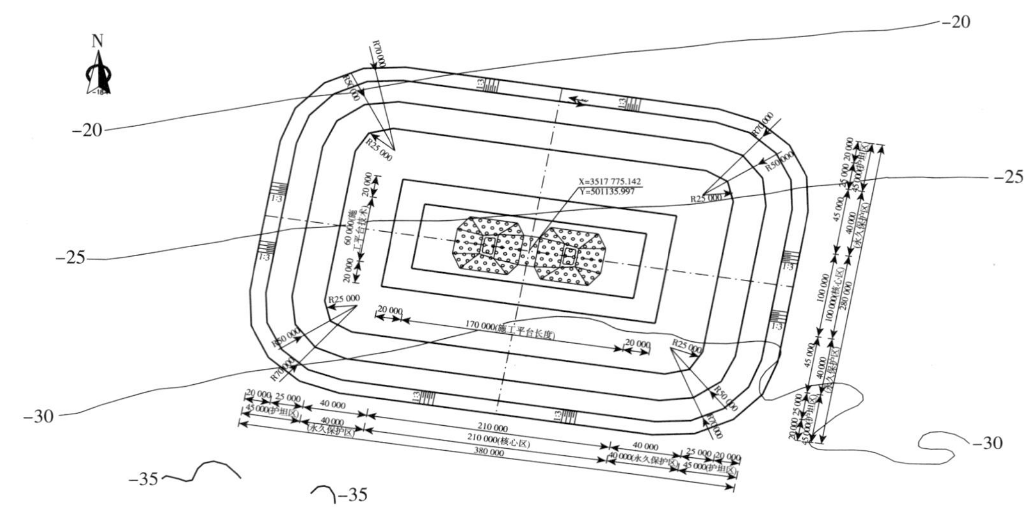

图 2.4-1　苏通大桥北主墩群桩基础冲刷防护工程平面布置

(3)冲刷防护工程的结构选型和结构形式

桥梁冲刷防护工程结构须具备河床冲刷变形形态防护、反滤和防冲三种功能;同时,要简单、耐久。此外,由于受到施工场地和工程结构条件的限制,冲刷防护工程应能划分成小块进行分散施工,分散施工的散体结构组合起来要能起到整体防护作用,即使施工中出现了不可避免的不确定性,也能起到充分的防护作用。苏通大桥河床防护方案设计总体思路为:在桩基施工前进行河床预防护,以期尽可能保持河床原始形态,降低平台施工难度,在不影响桩基施工的同时进行永久防护施工。

苏通大桥防护结构由稳定河床的预防护、反滤层和护面层组成。核心区冲刷防护工程结构由三层组成:第一层是直接铺设于河床面上的袋装砂,主要起河床预防护作用;第二层是级配石料,铺设于袋装砂上,主要起反滤和找平作用;第三层是块石层,铺设于级配石料层上,起压载作用。永久防护区和护坦区冲刷防护工程结构可由级配石料和块石两层组成。但级配石料的试抛表明,其冲埋深度较大,成型率较低。因此,在铺设级配石料反滤层前抛投袋装砂,有利于级配石料防护层的形成。袋装砂反滤层厚 1.0m,其上散抛厚 20cm 的级配石料找平层,然后在找平层上铺设块石层进行压载。通过块石稳定性试验确定了块石层的厚度,永久防护区块石护面为 3 层;护坦区内侧块石护面为 3 层,外侧为 5 层(按照冲刷发生后确保冲刷稳定边坡上有 2 层块石确定)。苏通大桥北主墩防护结构如图 2.4-2 所示。

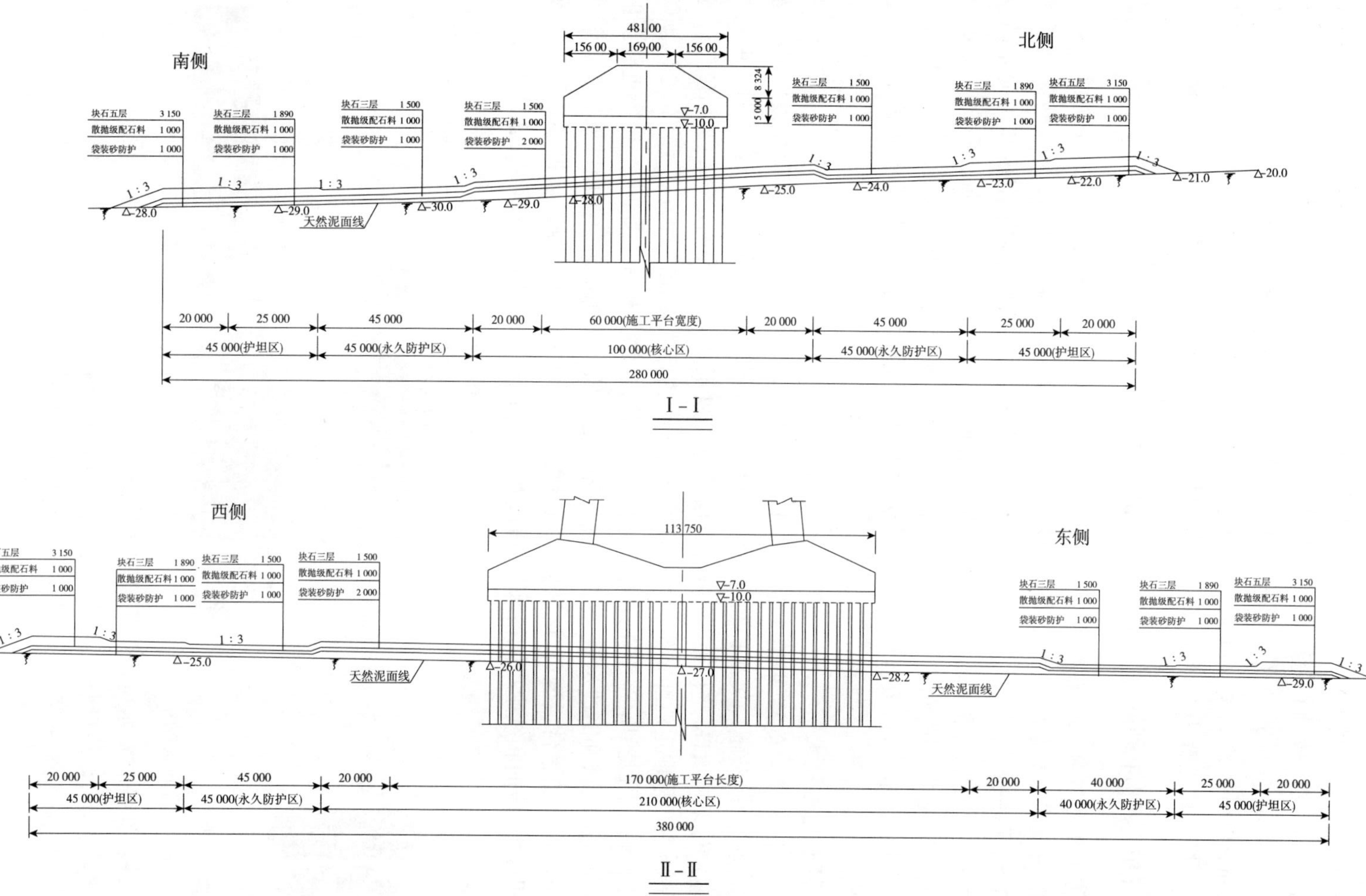

图2.4-2 苏通大桥北主墩群桩基础冲刷防护工程结构图(尺寸单位：mm)

(4)防护材料稳定性试验

为确定防护工程沙袋大小及块石重量,采用300年一遇的水文条件进行了河工模型试验。试验表明:相同区域、同一重量沙袋,方形沙袋比矩形沙袋稳定。永久防护区和护坦区沙袋尺寸宜为1.6m×1.6m×0.6m(长×宽×高),稳定重量为4.3t;核心区沙袋尺寸宜为1.3m×1.3m×0.6m(长×宽×高),稳定重量为2.1t;块石的稳定性较好,单块稳定重量为50kg;级配石料的粒径宜为粒径3~25cm,其中粒径3~10cm和10~25cm各约占50%。

2.4.2 群桩基础冲刷防护工程施工关键技术

冲刷防护工程的施工一般参照《防波堤设计与施工规范》(JTS 154-1—2011)执行,关于防护材料抛投技术、抛投防护材料的施工技术与施工工艺、验收技术等,规范只是提出了一些原则性的建议,缺乏指导性。在深水和大流速条件下,施工船舶的抛锚定位和防护体抛投定位难度大;易冲河床上水上抛防护材料的冲埋机理以及潮位、流速、流向的多变时防护材料漂距及成型情况难以精确确定;冲刷防护施工与平台、桩基施工干扰大,尤其石料抛投后会影响钢护筒的正常施打;投入设备较多,管理难度大。这使得苏通大桥冲刷防护工程的施工极具挑战性。

2.4.2.1 精确定位技术

定位船平行于水流布置,采用六缆定位,上、下游方向抛设主领水锚,船两侧抛设"八字"锚以固定船位,通过收、放锚缆灵活控制定位船上、下、左、右移动。定位船定位示意见图2.4-3。

定位船定位采用RTK定位系统测定,根据计算机显示坐标,精确确定船舶实际位置。抛投的定位措施主要采取定位船定位、抛投船自定位、平台内定点定位三种方式。在核心区预防护时,水域开阔,采用大型定位船在强大锚缆系统下定位;在钻孔桩施工期间,平台附近施工船舶多,在有条件的区域和时段尽量采用定位船定位,定位船无法抛锚定位时用抛投船舶自带动力系统定位。在施工平台成型后,该区域的抛投可在平台上定点定位抛投。抛投定位时需及时测量抛投流速、流向和欲抛投网格水深,通过抛距计算公式确定水上抛投点,见图2.4-4。

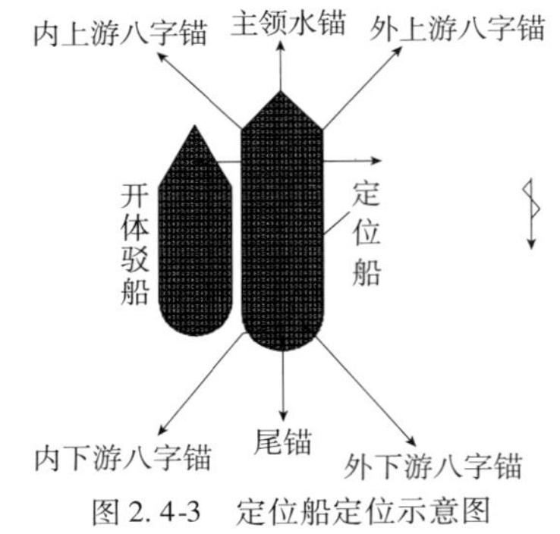

图2.4-3 定位船定位示意图

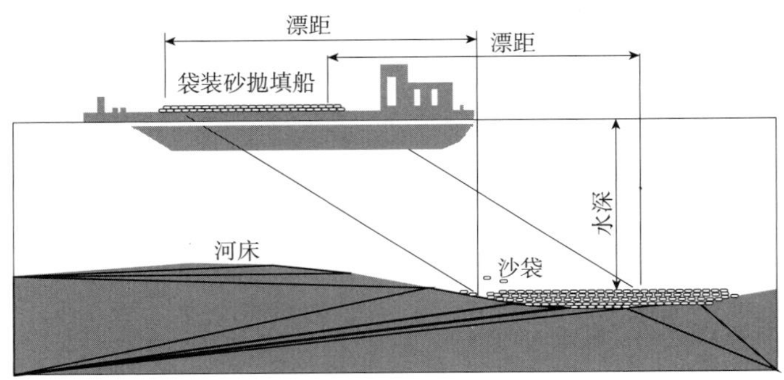

图2.4-4 抛投示意图

2.4.2.2 冲刷防护材料水抛成型规律和抛填施工技术

在流水状态下,抛投砂袋、块石等防护材料,防护材料会随水流产生一定的抛距(位移)。抛距的确定对防护材料的成型、检测等非常重要。一般而言,抛距满足下式:

$$L = \frac{KVH}{[(S-1)gD]^{\frac{1}{2}}} \tag{2.4-1}$$

式中：L——沙袋抛距(m)；

V——抛投时抛投区的垂线平均流速(m/s)；

H——抛投时抛投区的平均水深(m)；

S——沙袋容重(t/m^3)；

D——沙袋直径或厚度(m)；

K——落距系数。

抛距确定的难点在于落距系数 K 的确定。

为测定落距系数 K，前期进行了两批沙袋抛投试验，试验分别在苏通大桥南北主墩处进行。通过试验发现：

(1)沙袋抛投试验北主墩第一批试验平均落距系数 $K=1.21$，第二批试验平均落距系数 $K=0.84$；南主墩第一批试验平均落距系数 $K=1.05$，第二批试验平均落距系数 $K=0.945$；平均落距系数 $K=1.01$，最大值和最小值分别为 0.56 和 1.71。

(2)沙袋落距系数的变化及变幅主要是受沙袋的落距及横向摆动的随意性影响，而这种摆动的随意性与现场水流的脉动和流场的变化有关。

根据试验，沙袋抛距可采用以下公式计算：

$$L=\frac{KVH}{[(S-1)gD]^{\frac{1}{2}}}=0.416VH \tag{2.4-2}$$

由公式(2.4-2)可知，流速越大，抛距变幅越大。在小潮汛水流流速较小时期，可减少抛投的分散程度。当水流速度在1m/s以内时，漂距一般在10m以内，在此时期抛投可以得到较好控制。由于水流脉动和时空变化造成沙袋抛距变幅较大，应设置施工区域与网格进行分片分块抛投。根据试抛监测分析成果，施工网格按25m×20m划分，顺船向25m，横船向20m。

2.4.2.3 河床防护工程施工工艺和施工抛投控制

(1)河床防护工程施工抛投控制

按照冲刷防护工程设计方案，在桩基施工完成前依次抛填砂袋、级配石料、大块石对桥墩基础进行防护。由此产生的问题是：冲刷防护施工对平台、桩基施工干扰大，尤其石料抛投后将影响后续钢护筒正常沉放。为避免防护块石影响钢管桩及钢护筒的插打，在先行完成核心区袋装砂抛投后，立即开始插打钢管桩及钢护筒，并与桩基施工同步，继续进行碎石及块石抛投。具体工序为：核心区砂袋预防护—护筒插打及平台施工—桩基及永久防护施工。

采用分格法进行抛投施工控制，单个小格的尺寸为15m×10m，抛投时以单元格为单位在分区内进行抛投。工序转换时进行分区验收，验收分区共分为8个区域，网格及分区划分如图2.4-5所示。在平台形成后，在永久防护施工时，为便于抛投控制，对该区域抛投控制网格根据平台平面结构重新进行了单独编号划分，如图2.4-6所示。

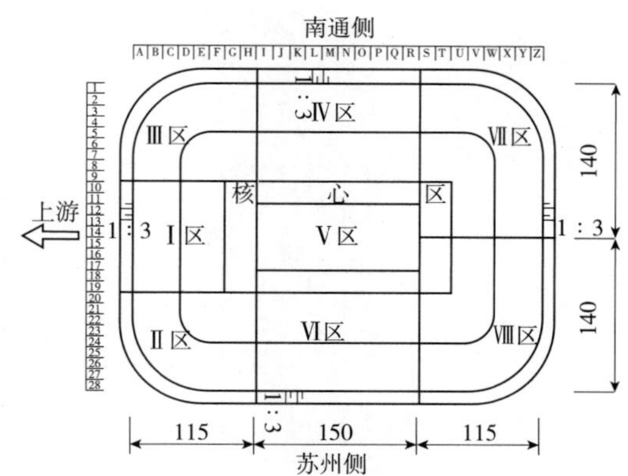

图2.4-5 北主墩抛投区域及网格划分(尺寸单位：m)

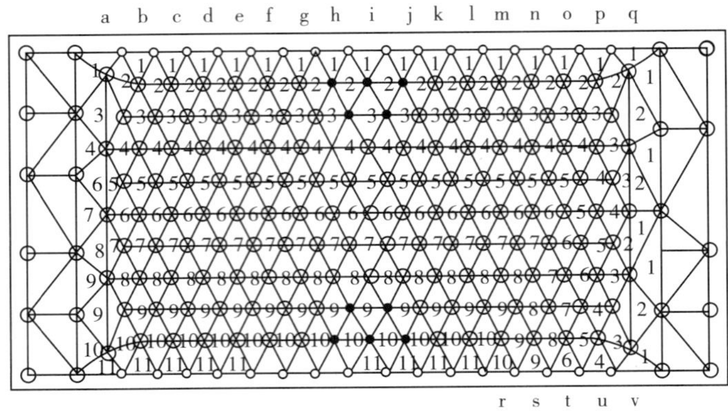

图 2.4-6　北主墩钻孔平台区域网格划分

(2)河床防护工程施工工艺

①袋装砂施工

抛填袋体或石料的抛距将直接影响防护质量。因此,施工前进行了抛投试验,以检测袋体或石料在不同的断面、水位、流速、流向下抛填的成型情况及漂距等。试验在南主塔墩核心区域,采用两艘开体驳进行,共抛投了袋装砂1 000m^3,多波束仪对 5 个点进行了检测。试验表明,袋装砂防护采用开体驳抛投防护效果明显,砂袋落底后扩散成较为规则的椭圆形,横船方向扩散为 4 ~ 5 倍的开口宽度,顺船方向基本不发生扩散;1.5m/s 以内的流速下,漂距控制在 10m 以内;单次抛填量达 100 ~ 200m^3时,抛投效果较好,基本扩散为长 20 ~ 25m、宽 8 ~ 10m 的规则椭圆形。根据试抛结果,采取如下措施对后续大范围进行施工:将防护区域根据设备情况划分成若干网格,南、北主墩网格大小分别为 25m × 20m 和 15m × 10m;核心区采取高强度,全覆盖式施工,先防护一层,然后根据检测结果进行下一步施工;在每个网格内采用两条开体驳并排施工,每个单元格内抛投两次。如图 2.4-7、图 2.4-8 所示。

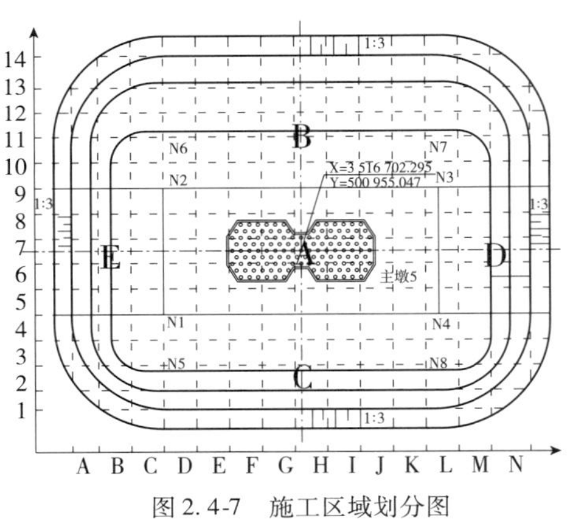

图 2.4-7　施工区域划分图

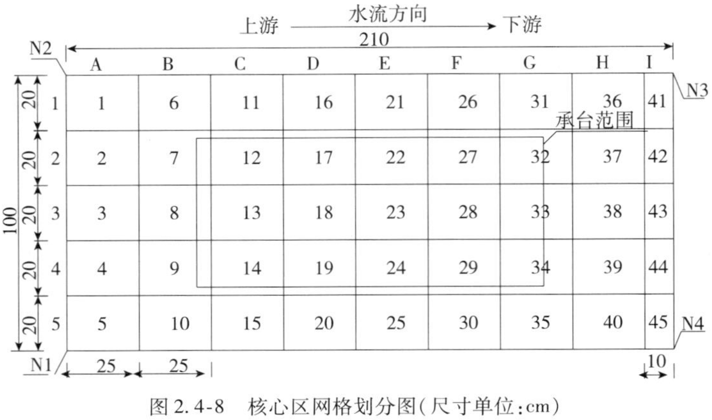

上游 → 水流方向 → 下游

210

N2　N3　N1　N4　承台范围

	A	B	C	D	E	F	G	H	I
1 (20)	1	6	11	16	21	26	31	36	41
2 (20)	2	7	12	17	22	27	32	37	42
3 (20)	3	8	13	18	23	28	33	38	43
4 (20)	4	9	14	19	24	29	34	39	44
5 (20)	5	10	15	20	25	30	35	40	45

100　25　25　10

图 2.4-8　核心区网格划分图(尺寸单位:cm)

袋装砂的施工采用定位船进行，定位船平行于水流布置，采用 GPS 配 RTK 系统进行定位。砂袋直接置于开体驳内，砂泵充灌，充填率控制在 75% 左右。抛投前根据实时水流、流向计算漂距，并进行开体驳精确定位，然后进行投放。抛投过程中采用单波束测深仪观测河床变化情况，分析抛投效果。同时，采用多波速测深仪全面观测抛投效果。根据测得水下地形图，对局部没有抛足的区域进行补抛，补抛选择在水流速度小于 1m/s 时进行。

②级配石料施工

在级配石料施工前也进行了抛投试验，试验选择在南主塔墩平台下游防护区域，采用四艘开体驳进行，试验方法与袋装砂的抛投试验类似。试验表明：水流速度在 1m/s 以内时，漂距一般在 10m 以内，在施工过程中可以较好地进行控制；流速较小时，抛投材料扩散的离散性较小，施工中应尽量选择流速较小条件下进行作业。永久防护区和护坦区级配石料的施工流程及施工工艺也与袋装砂的施工基本相同，不同的是由于采用散抛石料，采用定位船上自带的抓斗吊进行上料，单套设备工作效率达 200m^3/h。

对于核心区的级配石料，大部分施工区域位于主墩平台正下方，因此结合主墩平台底板的平面形式，在底板钢护筒间预留窗口，在平台钻孔施工时用活动盖板封盖。上料利用平台上的吊车辅助作业，平台周围的区域直接采用机械设备定点吊抛。

③块石施工

块石施工采用两种抛投方案。方案一是在石料场挑选规则的块石用丝绳网包装包，水运至施工现场，在定位船（自带吊机）旁靠泊，吊放入开体驳后抛投。方案二是采用自航深舱驳将块石运至施工现场，停靠在定位船旁，将石料吊至自航式开体驳后运到指定位置，GPS 定位后抛投。此方法能有效地解决距主墩施工平台较近的区域的防护施工。

核心区的块石施工分别采用了定点吊抛和轨道施工两种方案，其中定点吊抛的方法与级配石料施工方法类似。轨道施工方法则是利用主墩施工平台的下平联，安装单轨电动葫芦进行抛投施工，单轨电动葫芦配网兜定点抛投。

2.4.3 群桩基础局部冲刷防护工程施工监测

2.4.3.1 冲刷防护工程施工监测

苏通大桥群桩基础冲刷防护是我国河口地区易冲底床上群桩基础冲刷防护的首次实践，可参考的成功经验不多。为跟踪掌握防护材料施工抛填成型情况、桩基施工后防护工程各分层动态变化情况，了解冲刷防护工程实施后基础周边地形演变情况，测试各种施工方法的有效性并提出相关的验收标准，开展了冲刷防护工程施工监测，监测的内容主要如下。

（1）水下抛投防护材料漂距的测定

监测采用多波束综合测量系统与声学多普勒流速剖面仪（Acoustic Doppler Current Profilers），先后进行了 31 次抛投试验。利用 ADCP 提供的流速和流向，结合多波束实测的地形后获得的沙袋水下漂距，并根据抛投沙袋的厚度为 0.6m、沙袋的重度为 20kN/m^3，得到不同水文条件下的漂距模型。某次水下抛投沙袋试验通过对高程变化的处理，得到的抛投中心至成型位置高程变化见图 2.4-9。

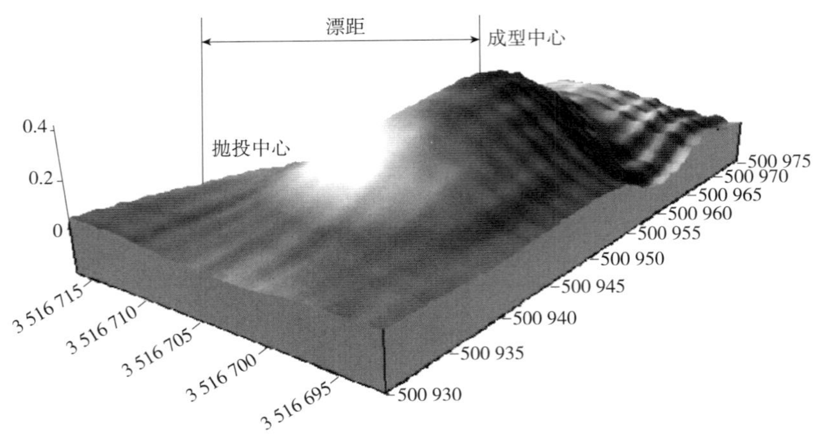

图 2.4-9　某次试验中抛投中心至成型位置的高程变化

(2)易冲底床上水下微地形的监测

为了解实际抛投效果,并分析北主墩核心防护区和永久防护区在施工过程中冲淤引起的地形变化,采用多波束测深系统以大约每 7d 一次的频度,对主墩核心防护区和(或)永久防护区共进行了 56 次地形扫测。将某次的测量结果与以前同区域的观测资料和成果进行对比分析,可以得到测区内不同期的冲淤变化量,并形成冲淤等值线图和冲淤影像图。图 2.4-10 给出了北主墩基础冲刷防护工程实施前后的地形,图形反映出了河床冲淤的细微变化,表明了多波束系统在冲刷防护监测中的适用性。

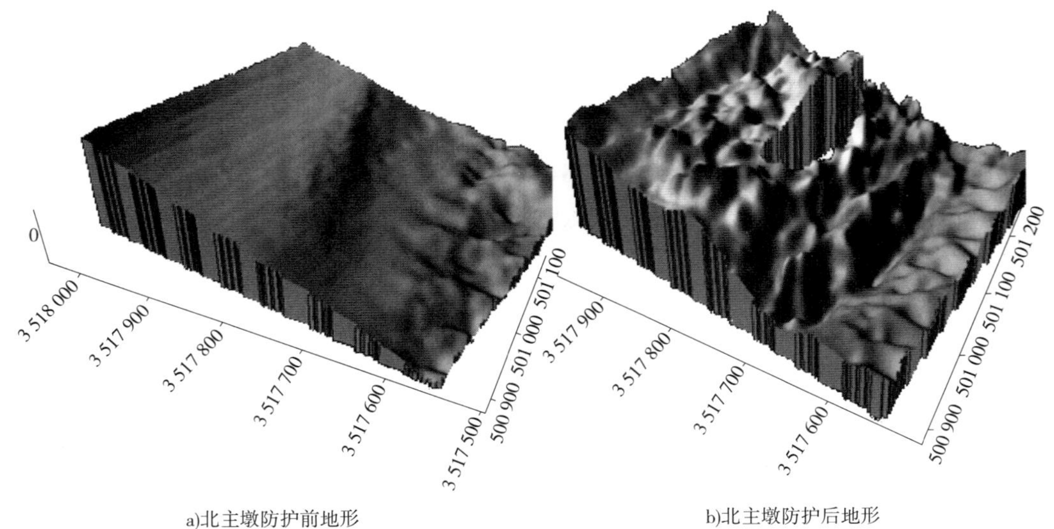

a)北主墩防护前地形　　b)北主墩防护后地形

图 2.4-10　冲刷防护实施前后北主墩河床地形变化

(3)确定在易冲底床上水下抛投防护材料的厚度

由于易冲性底床上水下抛投冲刷防护材料所形成的冲陷机理和成型规律的特殊性,使原有的以高程为主的验收理念和验收标准不再可行,苏通大桥主塔墩基础冲刷防护工程中则以抛投材料厚度作为验收标准。因此,在监测易冲河床上的水下抛投材料厚度就成为验收该工程的重要依据。考虑到冲刷防护工程中河床冲淤以及抛投防护材料的厚度仅 1m 左右,按照目前的检测技术手段,难以精确检测实际的抛投结构层厚度,虽然多波束测深可以精确地反映投石前后河床地形的变化,但由于其分辨率受制于水深,因而测深结果难以精确地反映波束与波束之间的抛投情况。在本冲刷防护工程中,采用了成像分辨率比较高的浅地层剖面仪和侧扫声呐系统,以辅助多波束测量系统。根据这两个辅助系统产生的河床地貌图像中的目标阴影,计算地物间的相对比高,从而可分析出冲刷防护材料的抛投厚度。

2.4.3.2 冲刷防护工程实施效果

(1)冲刷防护施工总体效率分析

袋装砂的抛投从 2003 年 8 月 14 开始,到 2004 年 4 月 12 日结束(包括维护性的抛投),通过对单波速测深检测的河床地形资料的分析表明,总体抛投有效率为 80.3%。

试抛期间的有效率较低,在正式抛投中由于采取局部补抛措施,有效率有所提高。另外,在局部区域分析中没有考虑在临近区域的抛投扩散影响。

级配石的抛投从 2003 年 12 月 11 日开始,到 2004 年 5 月 29 日结束平台外区域的抛投,总体抛投有效率为 53.5%。

前期袋装级配石抛投期间,检测到的抛投有效率较低,改为散抛后,成型情况有所好转。

块石的抛投从 2004 年 3 月 27 日开始,到 2004 年 6 月 3 日结束平台外区域的抛投,到 2004 年 6 月 16 日结束平台内区域的抛投,总体抛投有效率为 71.1%。

(2)冲刷防护实施效果

本工程是国内桥梁建设的首例河床防护工程,为了获知南、北主墩冲刷防护工程的抛投防护效果及其对周边区域地形的影响,对南、北主墩区域进行多次监测。历次多波束扫测成果反映冲刷防护工程的实施效果。

如图 2.4-11 ~ 图 2.4-17 所示为大桥北主塔基础防护工程完工后三年来不同阶段实测冲淤图,图 2.4-18 为北主墩水下实测周边地形图(2007 年 6 月 24 日测)。

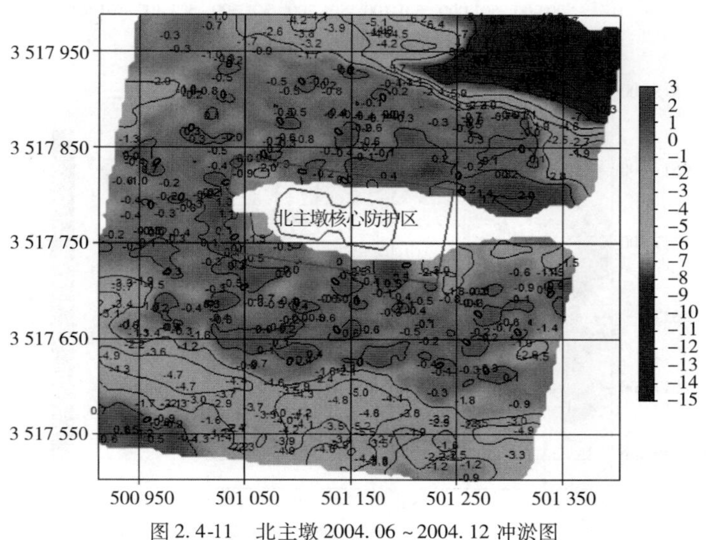

图 2.4-11 北主墩 2004.06 ~ 2004.12 冲淤图

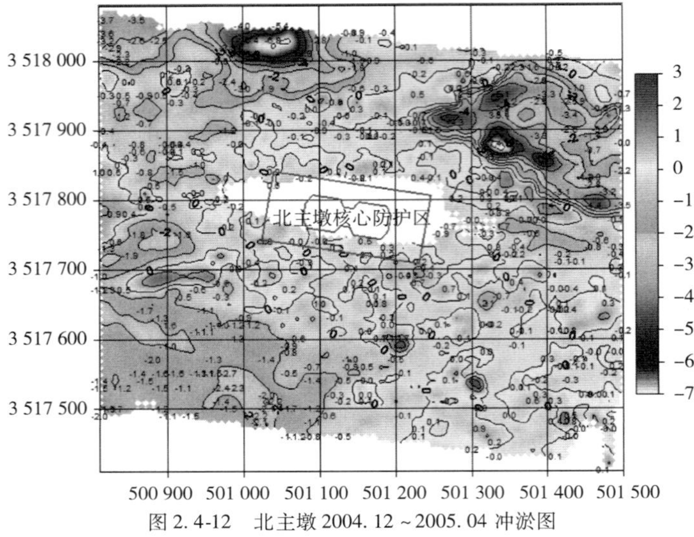

图 2.4-12　北主墩 2004.12 ~ 2005.04 冲淤图

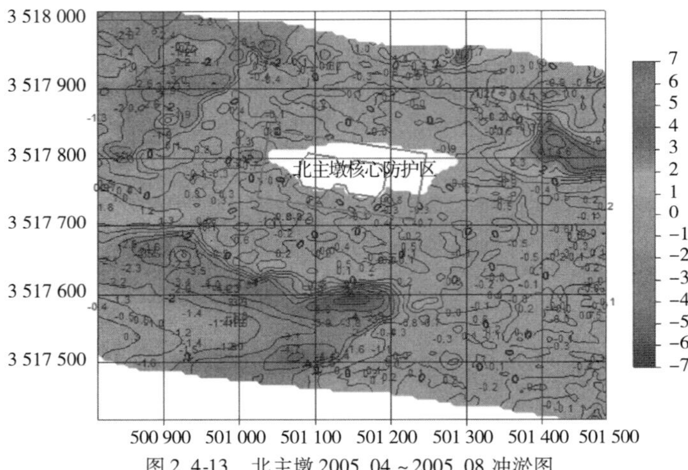

图 2.4-13　北主墩 2005.04 ~ 2005.08 冲淤图

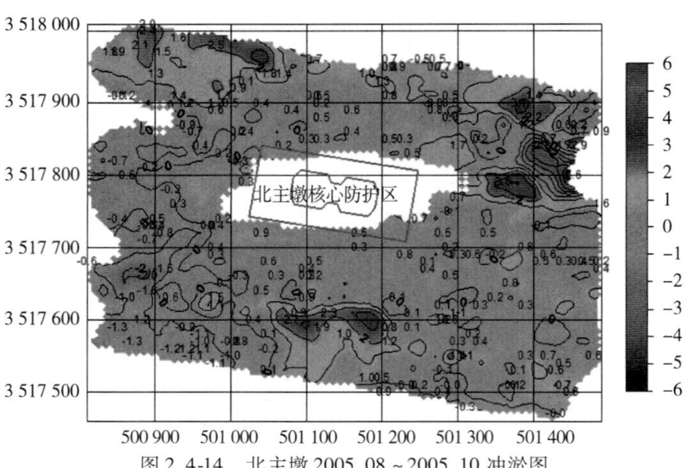

图 2.4-14　北主墩 2005.08 ~ 2005.10 冲淤图

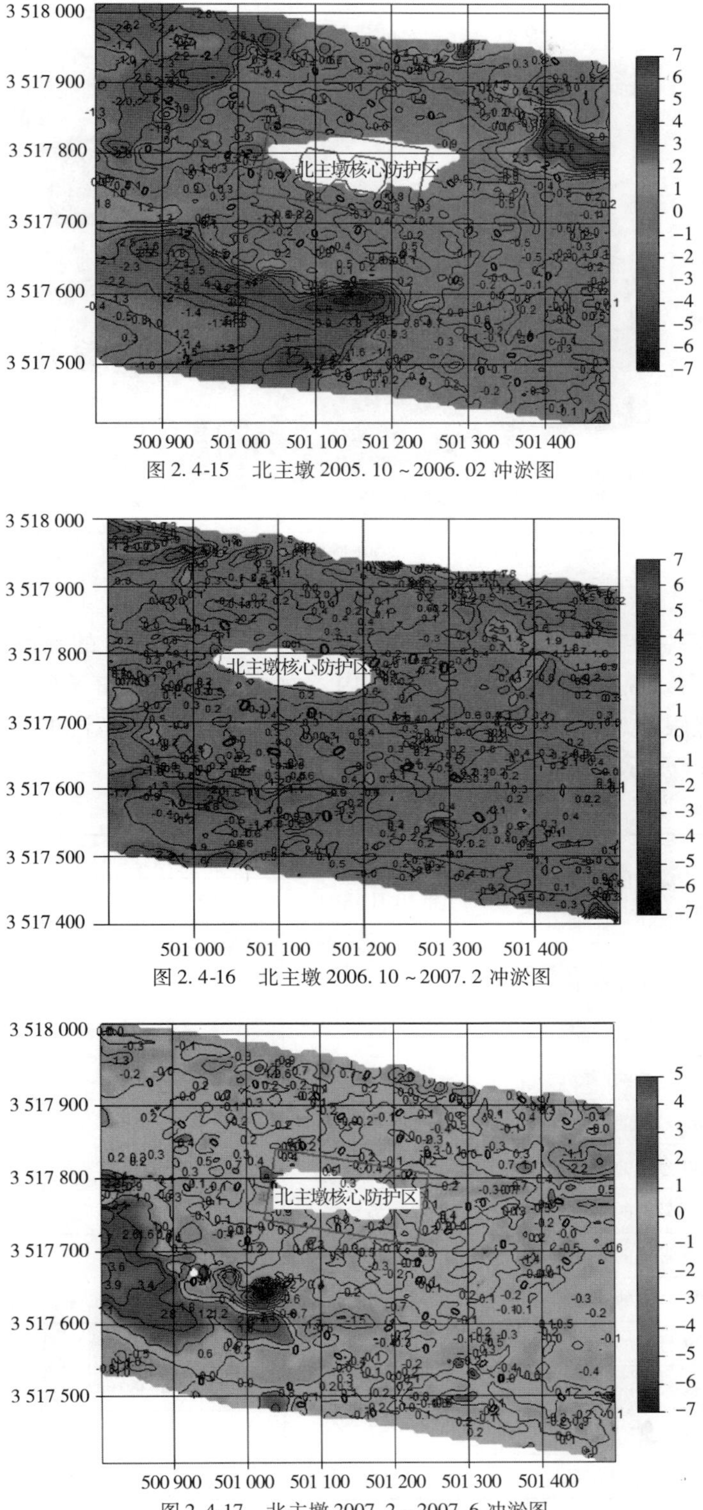

图 2.4-15 北主墩 2005.10～2006.02 冲淤图

图 2.4-16 北主墩 2006.10～2007.2 冲淤图

图 2.4-17 北主墩 2007.2～2007.6 冲淤图

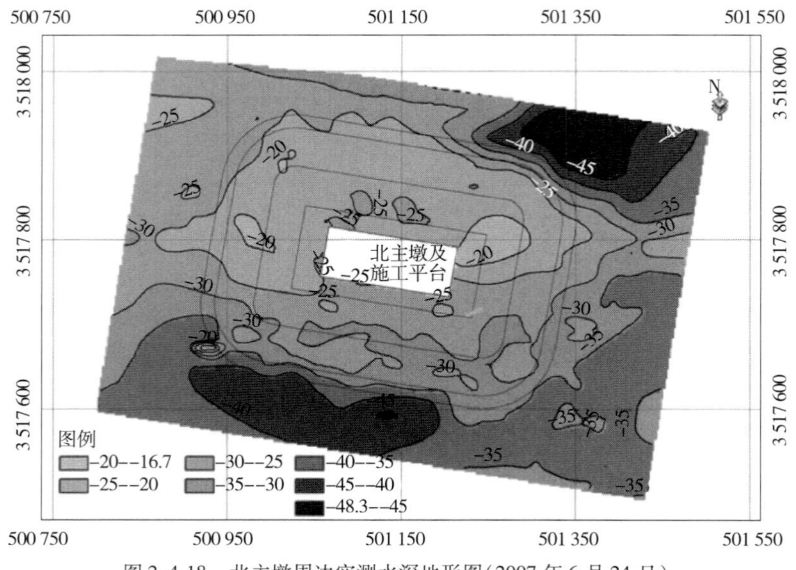

图 2.4-18　北主墩周边实测水深地形图(2007 年 6 月 24 日)

冲刷防护工程完工后,从监测点安装埋设的 2004 年 10 月 6 日的钢吊箱施工到 2005 年 5 月 17 日的承台施工完成的 7 个多月的时间内,对承台范围内群桩基础内部的河床冲刷形态共开展了 62 次跟踪观测,代表性观测结果如表 2.4-2 所示,各工况的河床面等高线如图 2.4-19 ~ 图 2.4-21 所示。

桩基础施工过程中北主墩河床冲刷深度汇总表　　表 2.4-2

测点编号	测点位置 (所在的基桩)	河床面高程(m)		
		2004 年 10 月 18 日	2005 年 1 月 9 日	2005 年 5 月 17 日
		钢吊箱沉放前一天	钢吊箱内抽水完成	承台浇筑完成
400011	8 号桩的东侧	-25.77	-25.55	-25.51
400012	11 号桩的东侧	-21.57	-23.46	-23.20
400013	72 号桩的西侧	-21.55	-21.62	-21.43
400014	83 号桩的西侧	-22.40	-22.89	-22.74
400021	30 号桩的东侧	-25.71	-25.69	-25.93
400022	32 号桩的东侧	-20.76	-21.30	-23.86
400023	36 号桩的西侧	-24.28	-24.80	-23.70
400024	95 号桩的东侧	-23.95	-23.13	-19.76
400025	99 号桩的西侧	-21.38	-21.87	-22.54
400031	53 号桩的北侧	-24.27	-24.36	-24.33
400032	50 号桩的西侧	-21.87	-21.36	-20.55
400033	119 号桩的西侧	-20.85	-23.64	-23.10

注:冲刷深度以冲为正、以淤为负;河床面深度变化以变深为正。

施工期北主墩冲刷监测结果表明：

（1）冲刷防护工程周边总体均呈冲刷状态。

（2）防护工程周边冲刷现状充分反映已有冲刷防护工程有效地保护了基础周边地形，达到了预期的工程效果。

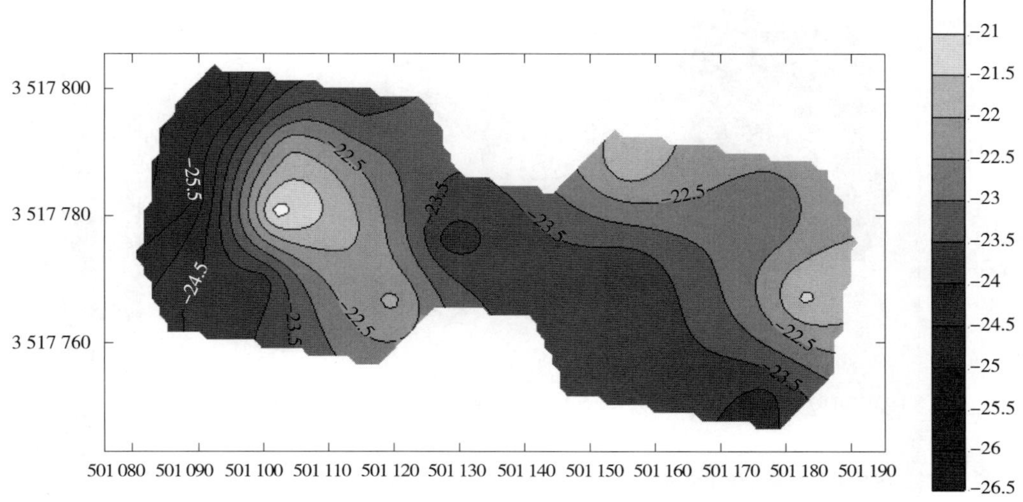

图 2.4-19　钢吊箱沉设前（2004 年 10 月 18 日）北主墩桩基础内部河床面等值线图

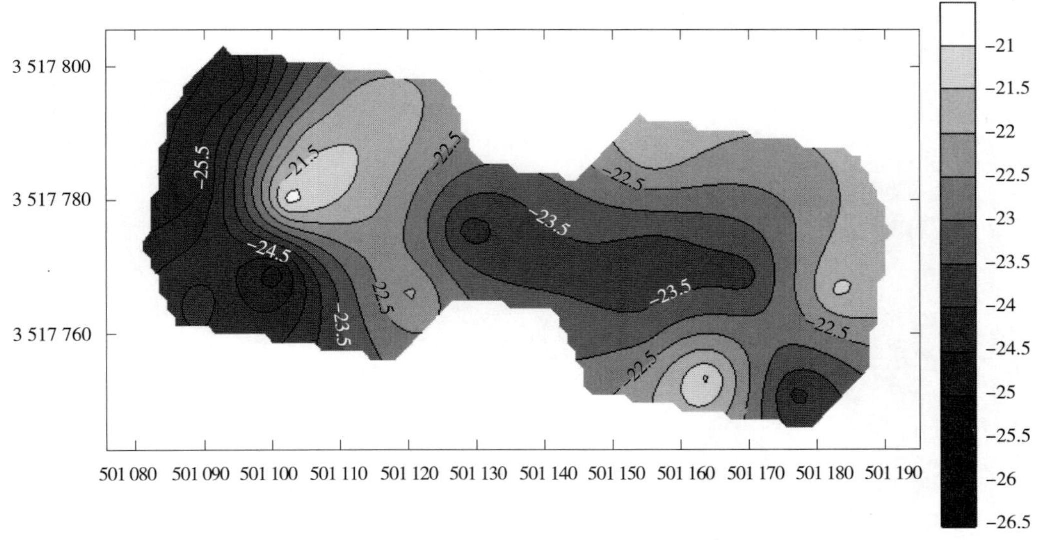

图 2.4-20　钢吊箱沉设后（2005 年 1 月 9 日）北主墩桩基础内部河床面等值线图

①墩周边平均局部冲深为 7 ~ 8m，比河工模型试验预测施工期最大冲深 10m 略小。

②桩基防护体淤积有效宽度仅 190m，比防护工程总宽（含护坦）280m 要小，大约等于防护工程的永久区宽度。这一总体淤积成型情况，一方面说明在施工期防护工程有效地保护了永久区河床状态，另一方面说明在施工期受防护工程施工的影响，护坦区已发生一

定的局部冲刷。

(3)由于护坦的存在,限制了局部冲刷向主墩核心区方向的发展,冲刷形态证实了主墩基础冲刷防护中设计理念的正确性。

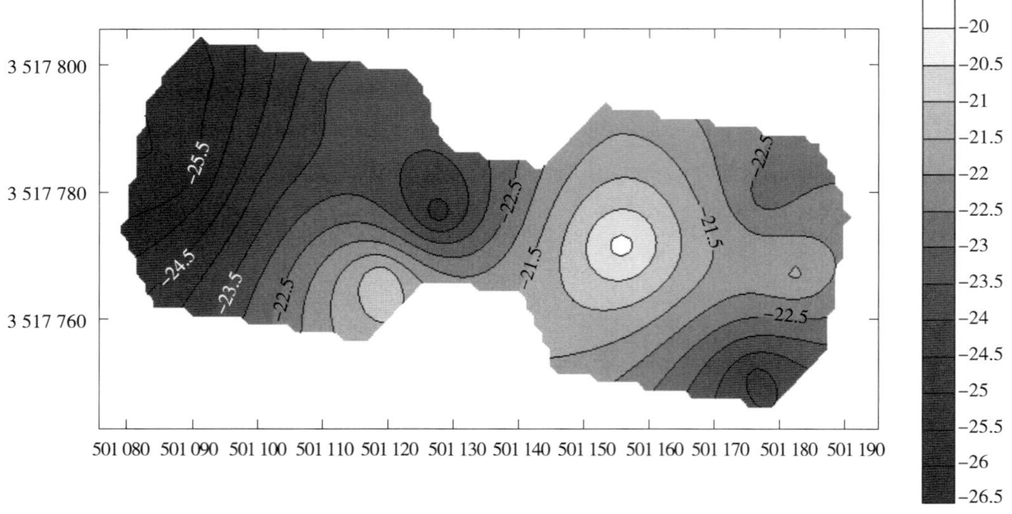

图 2.4-21　承台施工完成后(2005 年 5 月 17 日)北主墩桩基础内部河床面等值线图

第 3 章　索塔施工关键技术

3.1　概述

苏通大桥索塔为倒 Y 形结构,由下、中、上塔柱和横梁组成,其中中下塔柱均为混凝土空心箱梁断面,上塔柱拉索锚固区为钢锚箱—混凝土组合结构(图 3.1-1),南、北主塔位于距岸 2 ~ 3km 的深水区,江面开阔,受环境因素影响大。

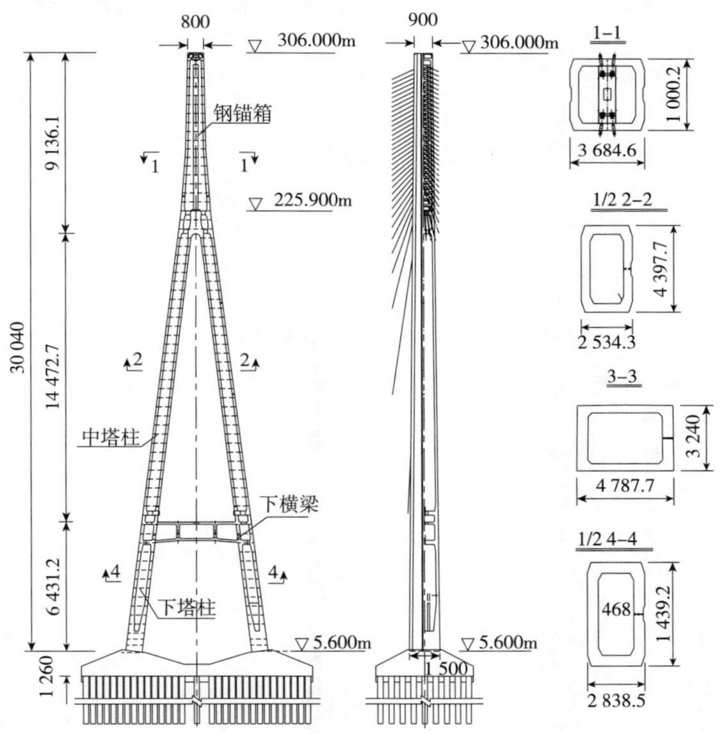

图 3.1-1　索塔结构图(尺寸单位:mm)

索塔全高 300.4m,其中上塔柱高 91.4m,中塔柱高 155.8m,下塔柱高 53.2m,塔底面塔肢中心间距 62.0m,塔柱采用变截面空心箱形断面,塔柱底部设实心段。索塔在 64.3m 处设置横梁,采用箱形变高结构。索塔锚固区采用钢混结构,钢锚箱共 30 节,总高度 73.6m,自上而下分为 A、B、C 三种类型,其中 A 类和 C 类钢锚箱各一节,B 类钢锚箱 28 节,标准节段高 2.3 ~ 2.9m,底节钢锚箱高 3.6m。

索塔采用液压爬模配合大型塔吊进行施工,索塔施工工期为 15.5 个月。根据索塔的结构形式及施工需求,索塔选择以下总体工艺进行施工(总体施工工艺见图 3.1-2)。塔柱施工

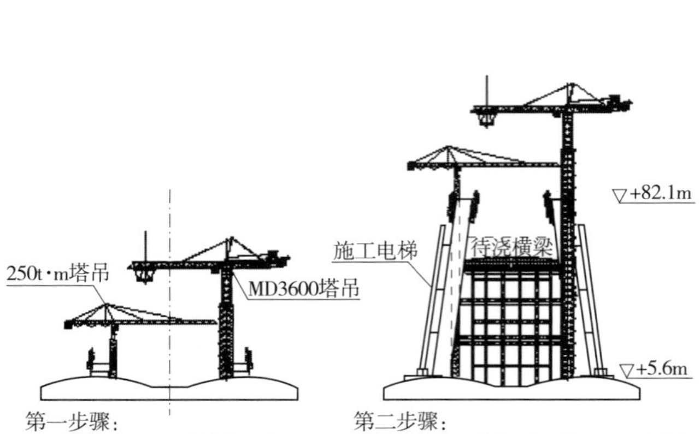

第一步骤：

1.安装1台250t.m塔吊和1台MD3600塔吊。

2.完成起步段塔柱施工，安装塔柱模板系统。

第二步骤：

1.逐段施工塔柱至高程+82.1m(过横梁顶)，其间依次完成3道水平支撑安装，并同步施工横梁支撑系统。

2.在横梁支架上分两次浇筑横梁混凝土；对称两次张拉横梁预应力束。

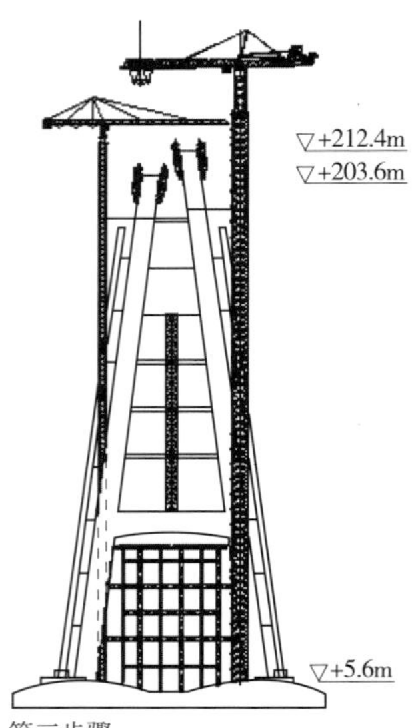

第三步骤：

1.继续中塔柱其他节段施工，并同步施加主动水平支撑。

2.施工至第45段顶(高程+203.6m)，采取异步施工完成第46~47段(即至高程+212.4m)。

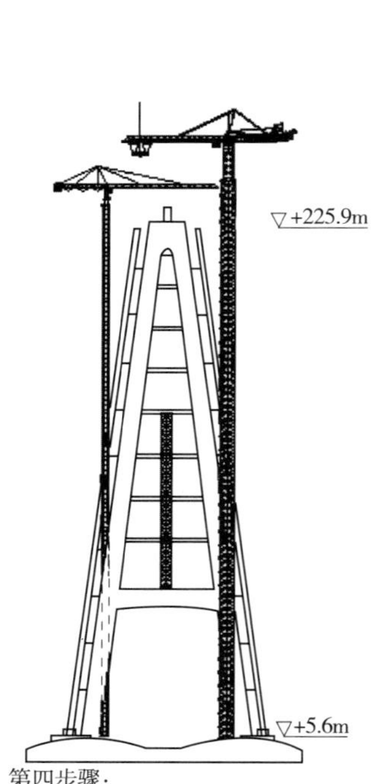

第四步骤：

1.1~3号斜拉索套筒定位，塔柱交会段分三次浇筑完成。

2.C类钢锚箱钢安装。

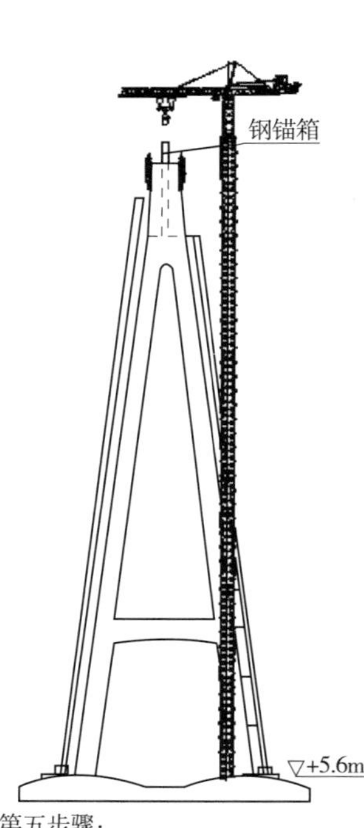

第五步骤：

1.拆除小塔吊；钢锚箱吊装定位、连接；混凝土浇筑，循环施工至塔顶。

2.拆除中塔柱水平横撑。

+306.0m▽

▽+5.6m

第六步骤：

1.塔冠施工。

2.拆除液压爬模，完成索塔施工。

图 3. 1-2　索塔总体施工工艺流程

采取分段逐步进行，除起步段采用支架爬模施工外，其他节段均采用液压自动爬模系统进行施工；塔柱施工共划分为68个节段，节段高度为3.0～4.5m，即：塔柱根部实心起步段划分为3个3.0m的节段；上、中塔柱交会段圆拱处设置一个变高段，高度为4.3m；塔冠和塔冠下一节高度为4.0m；其他节段高为4.5m。采取塔柱异步施工工艺，即先施工塔柱过横梁，然后分两层施工横梁。钢锚箱按匹配工艺制造，驳船运输到位，大型塔吊安装。

大桥索塔高、柔，且受桥区自然条件影响，施工精度要求高，给施工控制与测量工作带来了很大的挑战性，索塔施工面临的主要技术问题为：

（1）随着索塔高度增大，其柔性特征表现尤为突出，从而索塔施工受到的临时荷载、日照、温差、风等因素的影响突出，周日变形明显，造成索塔的几何状态始终处于不断变化的运动中；因此必须研究合理可靠的控制技术，解决环境对高塔施工的影响。

（2）索塔锚固区首次采用钢锚箱结构，首节钢锚箱底高程位于+225.9m，高空条件下的钢锚箱安装精度控制和测量实施困难，须解决环境干扰下首节钢锚箱和其他节段钢锚箱的精密安装控制技术与方法。

（3）索塔位于长江宽阔水域，施工平面作业场地极其狭窄。传统的水准测量方法难以实施，测距三角高程测量方法在精度和可靠性上难以得到保证。

（4）桥位处于大风多发地区，施工期高塔的风振效应显著，须评估索塔结构在施工阶段的抗风安全性及风对施工设备、人员作业条件的影响，并提出相应的施工期技术措施。

3.2 钢筋混凝土索塔施工控制技术

《公路桥涵施工技术规范》（JTG/T F50—2011）中规定了索塔施工误差：索塔垂直度不大于1/3 000，轴线最大误差不大于30mm；塔座施工轴线误差不大于10mm；钢锚箱锚固点误差不大于20mm；塔顶高程偏差不大于10mm。

由于高塔对温差变化和风荷载特别敏感，索塔时刻处于运动之中。对运动中的物体进行精确定位非常困难，若采用规避环境因素来指导施工作业，即在无阳光照射条件下施工，将直接导致有效施工时间减少，严重影响施工进度，为此开发了索塔无恶劣气象条件下的全天候施工的放样技术。

3.2.1 影响索塔线形误差的因素分析

3.2.1.1 非线性因素影响

可能引起索塔非线性的主要来源有三个方面：梁柱效应、大位移效应、混凝土的徐变特性。为比较非线性因素的影响程度，选择两个关键施工阶段进行比较，模型1为中塔柱合龙前，模型2为索塔完工。

模型1-最大单悬臂：此模型考虑了中塔柱混凝土节段48、塔肢合龙前的情形（连接位）。分析时考虑支撑4～10的影响。该模型见图3.2-1a）。

模型2-全塔模型：此模型考虑了索塔完成时的情形（安装混凝土节段68）。该模型见图3.2-1b）。

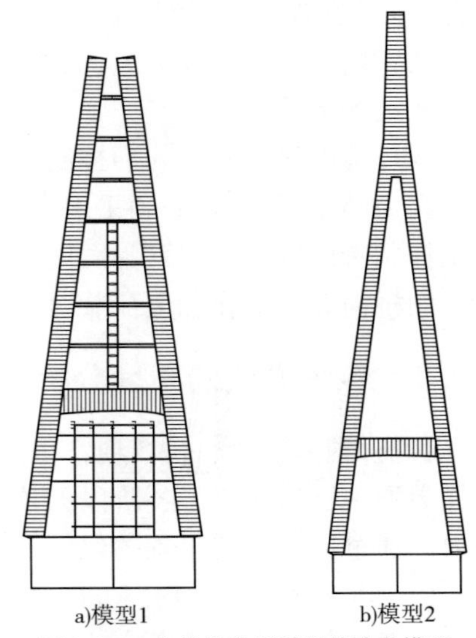

a)模型1　　b)模型2

图3.2-1　非线性分析采用的阶段模型

通过对索塔进行非线性分析,得到如下结论:

(1)由于索塔为混凝土结构,施工过程中主要承受竖向荷载,几何非线性效应和梁柱效应等对索塔施工过程中的结构内力和变形影响很小,施工控制仿真分析可不考虑这两种效应。

(2)混凝土收缩徐变效应对索塔施工过程中的结构内力和变形影响较大,施工控制仿真分析必须考虑这一效应影响。由于混凝土收缩徐变模式复杂,施工控制仿真分析中拟采用《公路钢筋混凝土及预应力混凝土桥涵设计规范》(JTG D62—2012)规定模式(研究表明:在湿度较大时,采用《公路钢筋混凝土及预应力混凝土桥涵设计规范》(JTG D62—2012)规范规定模式更加符合实际混凝土结构的变形)。

3.2.1.2 结构参数和环境影响分析

(1)分析模型

索塔施工过程中,参数变化对整体结构系统会造成不同影响。选择两个施工阶段进行比较,模型1为中塔柱合龙前,模型2为索塔完工时,同图3.2-1。参数变化范围见表3.2-1。

敏感性参数　表3.2-1

参数	变量	参数	变量
混凝土弹性模量	±10%	塔身均匀温度升降	±10℃
混凝土重度	±10%	水平撑变化温度	±10℃
徐变收缩	计入与不计入两种模式	温度梯度—纵向	+0.5℃、+1℃、+2℃、+5℃
风—纵风向	桥面处10m/s、15m/s静风压	温度梯度—横向	+0.5℃、+1℃、+2℃、+5℃
风—横风向	桥面处10m/s、15m/s静风压		

(2)主要参数敏感性研究结果

根据计算结果,针对引起索塔纵向、横向、竖向线形以及索塔应力四种结构响应对结构参数变化的敏感程度进行了分析,主要结论如下:

①索塔线形对结构参数和环境因素的变化较为敏感,索塔应力对结构参数的敏感程度较低,施工控制中应以线形控制为主。

②索塔混凝土弹性模量、混凝土重度对索塔线形影响较大,是施工控制中不可忽视的两个主要结构参数。

③环境因素对索塔线形控制影响很大,已超出了结构参数的影响程度,成为影响索塔线形和内力的主要因素,必须采取措施降低环境对索塔施工控制精度的影响程度。中下塔柱施工控制考虑的环境因素为温度,上塔柱施工控制考虑的环境因素为温度和风荷载。

顺桥向温差变化和风荷载对索塔纵向位移的影响见图3.2-2、图3.2-3。

3.2.2 传统方法的精度分析

目前,国内混凝土桥塔通常采用测控方法进行索塔放样,即以测量放样为主,索塔节段放样数据中已经计入了各阶段的预拱度,放样时间一般选择在夜间至凌晨温度稳定的时间段内。通过以往大桥工程的建设,表明该方法具有操作简单、方便的特点。

由于苏通大桥的桥塔高度已经远超出国内已建成的桥梁索塔的高度,环境因素的影响也变得越来越大,采用传统控制方法是否适用苏通大桥,其关键在于是否能够满足精度要求。

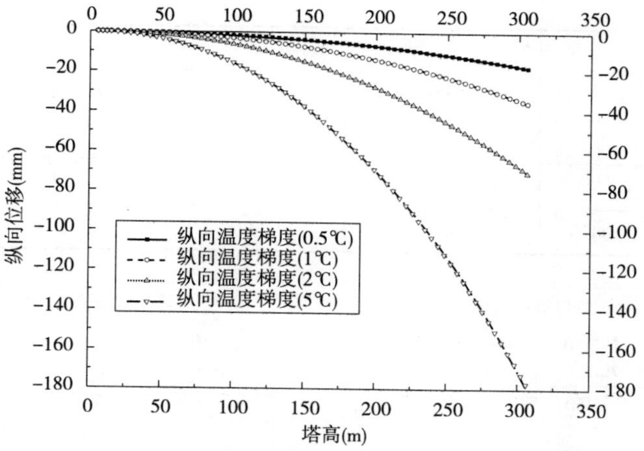

图 3.2-2 顺桥向温差变化对索塔纵向位移影响

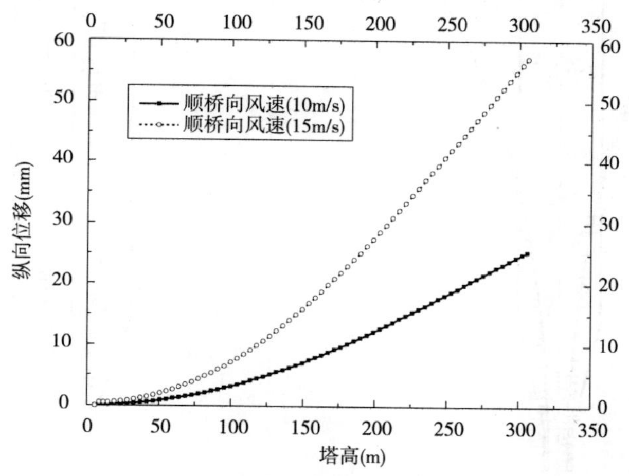

图 3.2-3 顺桥向风荷载对索塔纵向位移影响

以索塔高 212.4m 和 306m 两个高程处研究传统控制方法的精度，根据参数敏感性分析，结合国内测试仪器的精度，计算可能出现的最大误差如表 3.2-2 所示，精度包络图如图 3.2-4所示。

按照线性叠加出现的最大误差 表 3.2-2

敏感性参数	高程 212.4m 处		高程 306m 处	
	D_X(顺桥向)	D_Y(横桥向)	D_X(顺桥向)	D_Y(横桥向)
顺桥风(于 10m 高度处 10m/s)	4	—	26	—
横桥风(于 10m 高度处 10m/s)	—	12	—	5
索塔温度变化 10℃	—	3	—	—
水平撑温度变化 10℃	—	2	—	—
顺桥向塔肢温度梯度 2℃	32	—	71	—
横桥向塔肢温度梯度 2℃	—	18	—	11

续上表

敏感性参数	高程212.4m处		高程306m处	
	D_X(顺桥向)	D_Y(横桥向)	D_X(顺桥向)	D_Y(横桥向)
模板调位精度	2	2	2	2
几何测量期望精度	5	5	5	5
线形最大值(最不利叠加)	43	42	104	23

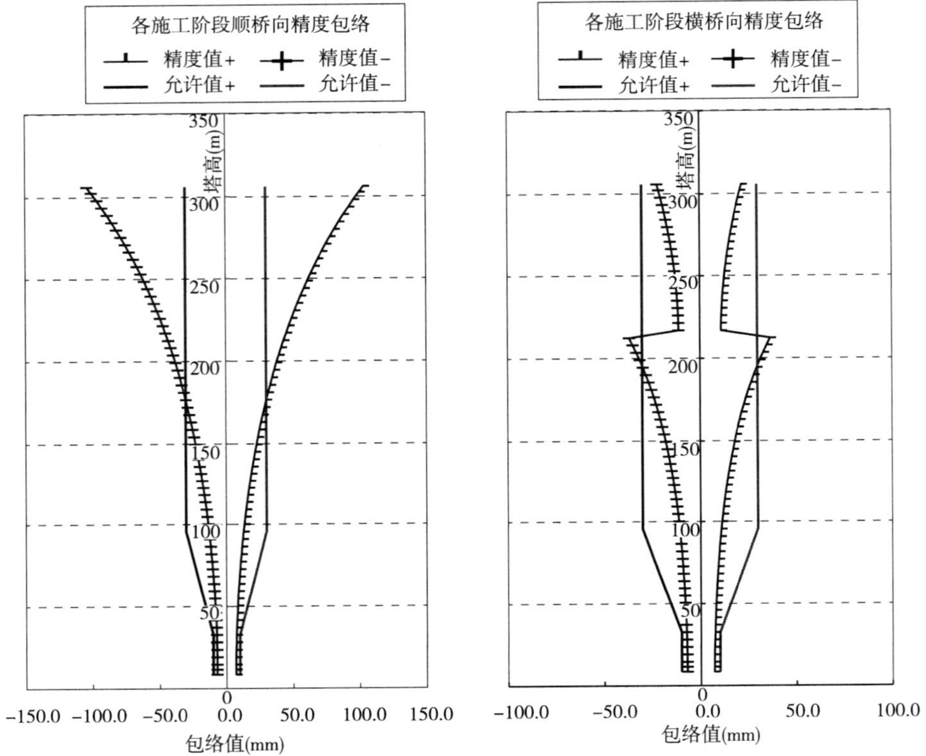

图3.2-4 采用传统方法的精度包络

从表3.2-2和图3.2-4可以看到,在高程180m处索塔顺桥向位移误差超出允许值,在高程195m处横桥向精度超出允许值,且在高程306m处顺桥向的误差已经远超出线形要求范围,达到104mm。由于中下塔肢在212.4m高程处合龙,上塔柱施工过程中结构刚度显著提高,横桥向误差可控制在允许范围内。总体上来说,采用传统方法无法满足苏通大桥精度要求。

为了解决这一难题,研发了基于"随动修正技术"的超高索塔施工控制方法,根据监测数据,及时修正误差和更新索塔监控模型,以修正环境因素的影响,实现无恶劣气象条件下的全天候施工。

3.2.3 索塔施工控制基本方法

3.2.3.1 "随动修正技术"的提出

受自然环境的影响,施工过程中索塔始终处于运动状态,模板准确定位难度大,若采用常规的测量手段,必然会使放样周期延长,甚至会导致索塔出现过大误差;运动是相对的,参考系不同,状态也就不同。若在放样时,将全站仪放置在塔顶,此时全站仪与各放样点的关系是固定的,处于局部坐标系中,相对静止,放样精度将会大幅提高,但全站仪在全桥坐标系中是运动的,需要首先确定其中性位置,以建立测站与放样点的关系。为此,需要一个固定参考点,随时确定全站仪的位置,就可实现全天候放样。

为了方便测定固定参考点的位置,确定该点采用测量棱镜,由此提出的控制方法被称为基于"随动修正技术"的索塔施工控制方法。

3.2.3.2 "随动修正技术"的原理

通常认为索塔在凌晨处于中性状态,实际上索塔截面上还可能有一定的温度梯度,且常伴有风荷载作用。虽然可以选择早晨进行放样测量,但并不能保证当时索塔处于"零"点状态。另一方面,索塔节段放样会持续较长时间,很难保证在凌晨某段时间内完成放样测量。在节段放样过程中,若采用计算机仿真分析进行实时修正,当分析完成后,索塔位置可能已经发生了变化,同样也会带来较大的施工误差。

为此,在接近于测量点的结构上设立参考点(追踪棱镜)。如果已知棱镜在标准条件(基准温度20℃,无温差和无风条件)下的坐标即棱镜"零"点位置,则结构顶部因温差和静风压力产生的位移量就是棱镜相对于"零"点位置的位移量。为了得到棱镜的"零"点位置,需在凌晨对追踪棱镜进行测量,同时测量温度、风速和风向。由于此时仍会有风和温度梯度影响,需对温度和风荷载效应修正,获得追踪棱镜的"零"点坐标。当现场放样时,再次测量追踪棱镜位置,并与"零"点坐标进行比较,其差值即可认为是索塔偏离"零"点的位移量。用该位移量来修正索塔节段的放样目标位置,即可实现全天候放样。

"随动修正技术"应用原理见图3.2-5。

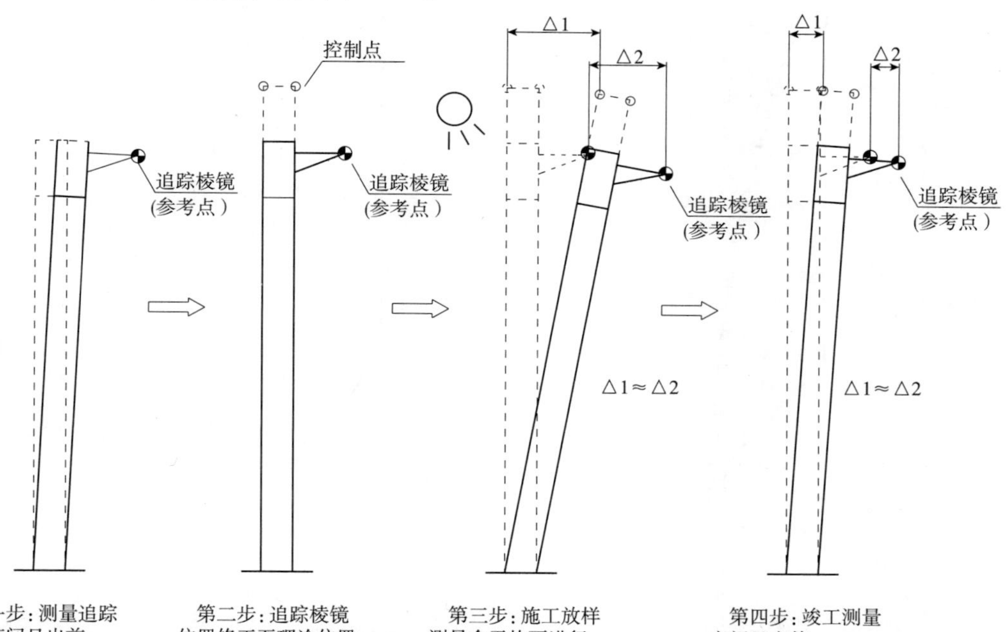

图3.2-5 "随动修正技术"应用原理示意图

3.2.3.3 索塔施工控制方法的总体程序

施工控制是对误差进行分析和调整优化的过程。通过采用“随动修正技术”实现全天候放样,降低施工误差;通过对施工误差分析,预测对后续塔段的影响以作出合理的调整措施,从而达到控制的目的。混凝土索塔是现浇结构,无法通过调控措施(如斜拉桥主梁节段施工可通过斜拉索调整)对已完成部分作出调整,仅能通过模板调整实现后续待浇筑节段线形优化。

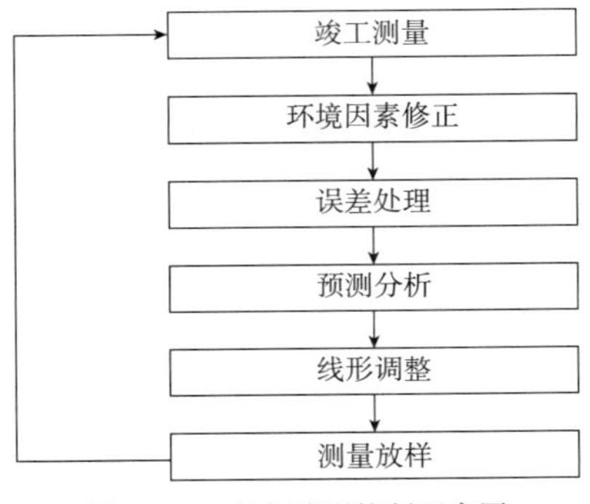

图 3.2-6 几何线形控制程序图

影响索塔控制精度的主要参数(弹性模量和重度)可以在试验室内测量统计,索塔施工控制过程中主要对施工误差进行处理,其过程本质上属于闭环控制系统。索塔施工控制程序见图 3.2-6。

3.2.3.4 索塔施工控制方法的精度分析

基于“随动修正技术”的索塔施工控制方法,实现全天候放样,通过修正温度和风荷载的影响,控制精度将得到较大幅度的提高,能够满足超高索塔控制精度要求,如图 3.2-7 所示。

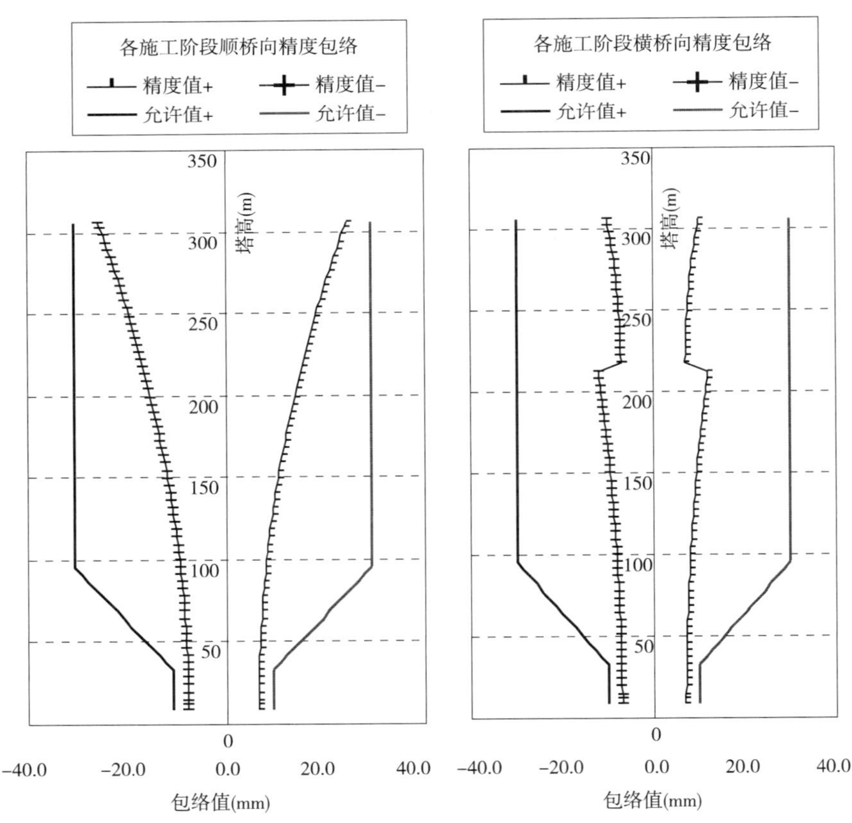

图 3.2-7 经风、温度修正后的控制精度包络

3.2.4 索塔施工控制系统的构成与要求

3.2.4.1 索塔施工控制系统的构成

索塔的施工控制是一个预告、施工、测量、识别、修正、预告的循环过程。其控制系统由预测分析系统、测试系统、误差处理系统、预报系统等组成。

在预测分析系统中,采用有限元法分析计算每个施工阶段时控制点的理想变形和位移,以指导下一步的施工。

测试系统包括几何测量和物理测量,典型几何控制测量包括竣工测量、追踪棱镜测量和放样测量,物理测量包括温度、风荷载测量以及应力测量。在追踪棱镜测量中,需对环境影响因素评估和修正,得到追踪棱镜"零"点位置。在竣工测量和放样测量时,采用追踪棱镜来修正环境因素影响。由于索塔施工过程中应力水平比较低,应力仅作为辅助控制。

误差处理系统和预报系统:分析结构当前的误差,预测下一节段误差,作出误差调整值和下一节段放样数据。

典型的混凝土索塔施工控制程序见图3.2-8。

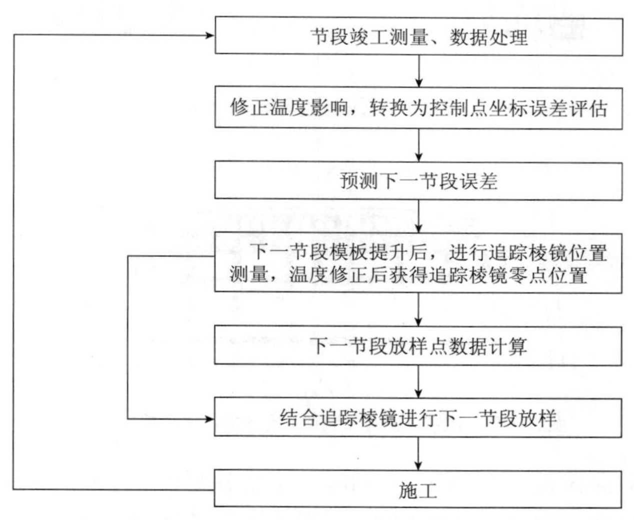

图3.2-8 混凝土索塔施工控制程序

3.2.4.2 施工控制对各系统的要求

影响全局测量精度的因素很多,例如仪器对中误差、目标对中误差、仪器和目标棱镜振动、后视误差、大气折光等,另外,在局部测量中也存在一定的误差。综合考虑,测量误差预期值在顺桥向、横桥向及竖向应控制为±5mm。

温度传感器精度应不低于±0.5℃,风速仪精度应不低于0.1m/s,混凝土应变计精度应不低于1με。

模板系统是混凝土索塔线形最主要的调整手段,因此其调整精度非常重要。目前国内模板系统已发展为液压爬升系统,调位精度较高,一般可控制在2mm以内。因此,模板调整系统的精度应不低于2mm。

3.2.5 索塔施工控制关键技术

3.2.5.1 追踪棱镜"中性位置"的确定方法

"随动修正技术"是贯穿整个索塔控制的关键，是实现全天候施工的重要手段。索塔每节段的施工周期在 3～5d，而追踪棱镜测量需要的时间仅 10min 以内。选择追踪棱镜的测量时间在凌晨 6:00 左右，此时索塔位移变化速率最小，温度场也相对比较稳定。

(1)追踪棱镜测量程序

①在爬模最宽走道及非常接近附着在爬升圆锥上的劲性钢架外安装追踪棱镜，棱镜位置必须方便测量及清洁，追踪棱镜布置示意见图 3.2-9。

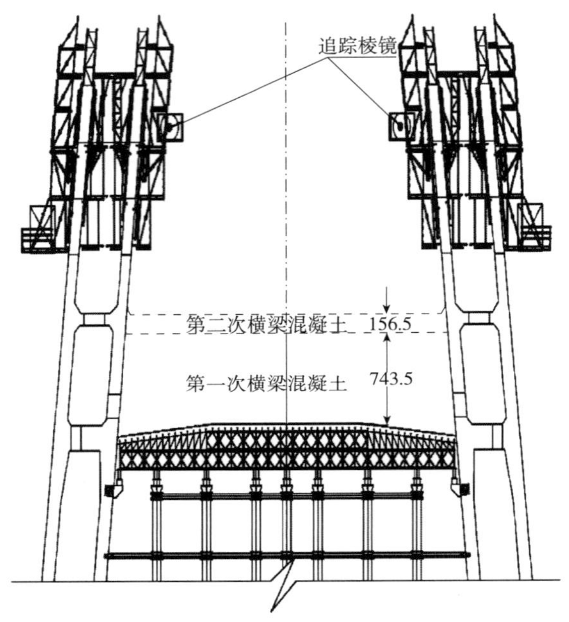

图 3.2-9 追踪棱镜的安装位置示意图(尺寸单位:cm)

②在黎明时段对此棱镜进行测量，并同时记下塔柱温度、风速和风向。

③通过分析并处理温度和风的作用效应，得到追踪棱镜的零点位置，代表桥塔在没有受到温度和风压导致变形影响下追踪棱镜的实际位置。

④其他任何时候的测量都可以通过对此追踪棱镜的测量即可得到索塔偏离零点的位移量。

(2)环境因素处理

目标几何线形和施工理想几何线形参考温度是指在 20℃ 和无热梯度和风影响的状态下的几何线形，因此，每次的追踪棱镜测量，必须针对风和温度荷载在测量时的实际值进行修正。结构(位移)在温度(如平均温度和热梯度)和风荷载下的反应按如下步骤进行计算。

①利用安装在塔柱上的热电偶监测数据，用模型进行复杂的计算分析，主要用于确定追踪棱镜的理论位置。

②在放样测量、竣工测量过程中根据追踪棱镜位置变化进行测量。

3.2.5.2 放样和竣工测量方法

竣工测量和施工放样均围绕追踪棱镜展开，竣工测量时，竣工节段的实际误差为竣工测量点坐标减去追踪棱镜位置偏差（图 3.2-10）。

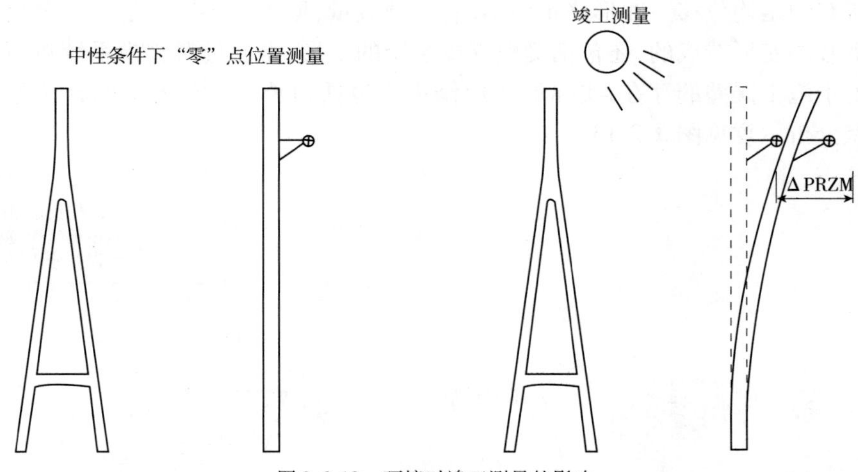

图 3.2-10 环境对竣工测量的影响

施工放样时，首先测量追踪棱镜，得到实时的修正值，对放样点坐标进行实时修正，获得实时的放样目标位置，然后利用修正后的实时目标位置进行放样测量，以此工序重复进行，直到所有的模板角点放样完成，如图 3.2-11 所示。

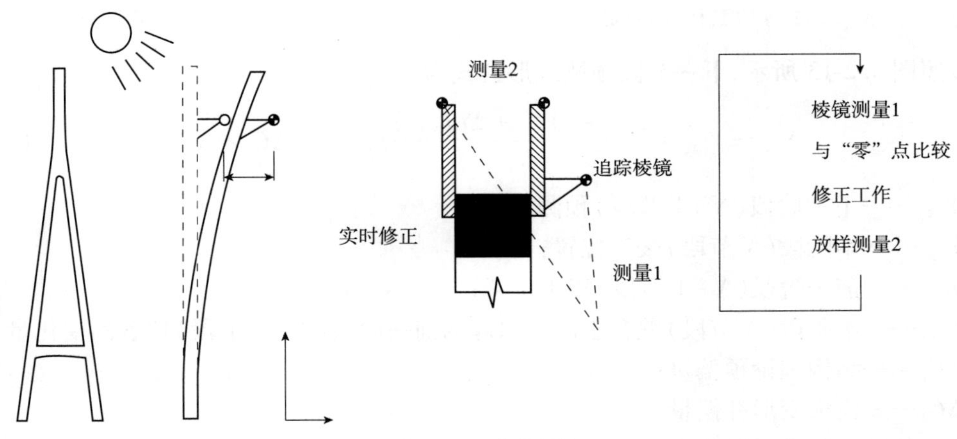

图 3.2-11 放样测量

具体放样计算分析采用以下公式：

$$\begin{Bmatrix} X_i \\ Y_i \end{Bmatrix} = \begin{Bmatrix} X_{\theta i} \\ Y_{\theta i} \end{Bmatrix} + \begin{Bmatrix} \delta_x \\ \delta_y \end{Bmatrix} \tag{3.2-1}$$

式中：X_i、Y_i——放样点实际坐标（实时目标位置）；

$X_{\theta i}$、$Y_{\theta i}$——中性状态放样点理论坐标；

δ_x、δ_y——实际状态下追踪棱镜位置与理论位置的差值（实时修正值）。

3.2.5.3 误差分析和修正方法

(1)误差分析

在理想状态下,为了达到目标线形的要求,在每个施工循环过程中的线形修正都涵盖了施工期间所有的结构位移。线形修正包括超长、预偏量,见图3.2-12。混凝土节段的变形不仅是由于塔肢的变形造成的,还包括爬模支撑系统的变形,需通过对爬模系统进行预先调整来补偿。由于施工误差的存在,实际的线形修正应包括超长、预拱、模板的补偿值和误差修正量。误差分析示意见图3.2-13。

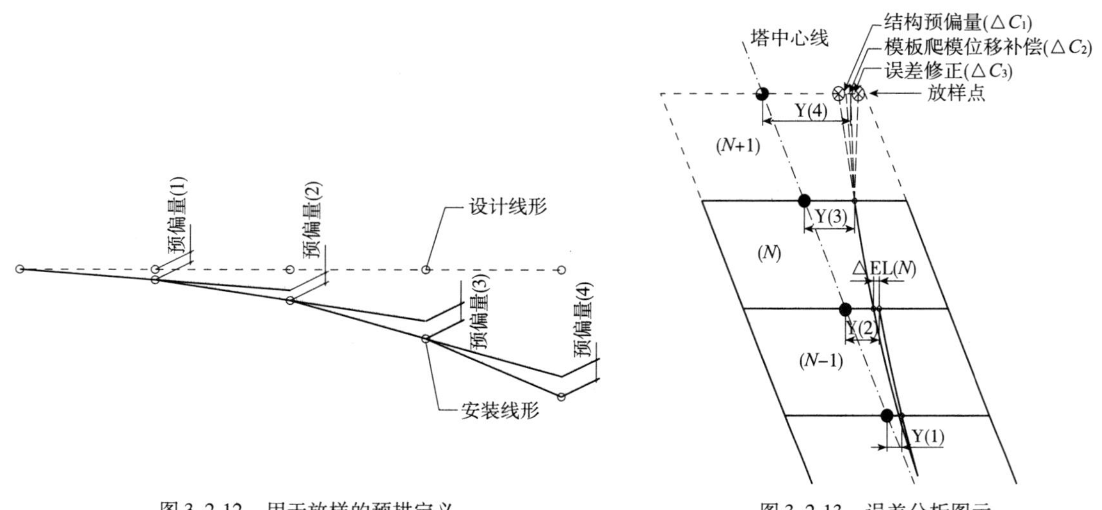

图3.2-12 用于放样的预拱定义

图3.2-13 误差分析图示

按照图3.2-13所示,下一节段预测线形公式为:

$$Y_{(4)} = Y_{(3)} + \frac{Y_{(3)} - (Y_{(2)} + \Delta EL_{(N)})}{L_N} L_{(N+1)} + \Delta C_1 + \Delta C_2 \qquad (3.2\text{-}2)$$

式中:$Y_{(4)}$——下一阶段($N+1$节段)预测线形;

$Y_{(3)}$——本阶段(N节段)竣工位置;

$Y_{(2)}$——前一阶段($N-1$节段)竣工位置;

$\Delta EL_{(N)}$——本阶段(N节段)混凝土浇筑引起的前一阶段($N-1$节段)位置的变化量;

ΔC_1——结构理论预偏量;

ΔC_2——模板变形补偿量。

下一节段预测线形误差为:

$$\Delta Y_{(4)} = Y_{(4)} - Y_{(4)\theta} \qquad (3.2\text{-}3)$$

式中:$\Delta Y_{(4)}$——下一节段预测线形误差;

$Y_{(4)\theta}$——下一节段理想线形。

(2)误差修正原则

误差修正按表3.2-3进行,采用分步修正的目的是避免索塔线形突变和局部应力集中。

误差修正原则 表3.2-3

类别	误差（mm）		
	10	20	>20
误差修正步骤的最大数	1个步骤	2个步骤	3个步骤或者更多
误差修正步骤之间的比例	100%步骤1	67%步骤1 33%步骤2	

因此,下一节段放样公式为:

$$Y_{(4)}^{N+1}=Y_{(3)}+\frac{Y_{(3)}-(Y_{(2)}+\Delta EL_{(N)})}{L_N}L_{(N+1)}+\Delta C_1+\Delta C_2+\Delta C_3 \tag{3.2-4}$$

式中:ΔC_3——误差修正量;其他同式(3.2-2)。

(3)误差修正步骤

对施工误差,按如下步骤进行修正。

①对已完成的混凝土节段进行测量。

②测量索塔混凝土截面边角坐标,再由边角的坐标计算其截面中心线的位置。

③利用控制点累积位移、预拱和超长值来计算桥塔截面中心线的理想位置。

④考虑温度和风速的影响,对已完成混凝土节段的中心线进行修正。

⑤比较施工阶段坐标和理想几何坐标,可得当前误差,按照公式(3.2-2)计算下一施工节段预计出现的误差。

⑥根据误差修正原则决定误差修正步骤。

3.2.6 苏通大桥索塔施工控制现场实践

3.2.6.1 中下塔柱施工控制

索塔中、下塔柱,交汇段及塔顶无钢锚箱区的混凝土节段均采用了基于“追踪棱镜”的混凝土索塔施工控制技术。

塔柱几何线形的控制采用全局坐标系。

(1)控制点与测量点设置

①控制点:设置在索塔断面形心线与混凝土节段接缝面的交点。控制点的定义可参见图3.2-14和图3.2-15。

②测量点:通过测量点来确定每个塔肢的几何线形。测量点是每个施工阶段前端节段的放样/竣工测量点,或是附着在已经竣工节段上的监测点。放样测点见图3.2-15。

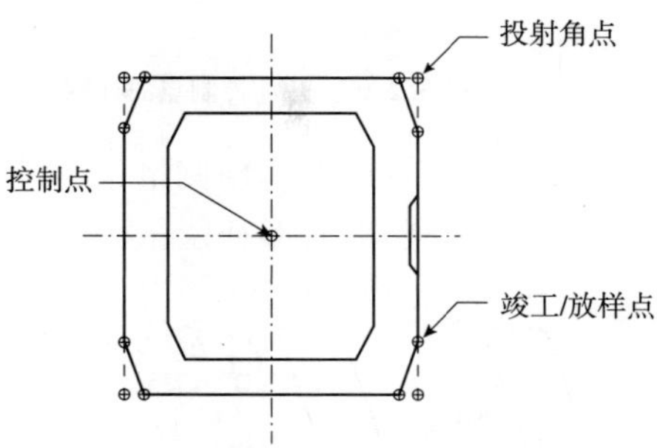

图3.2-14 几何控制点与测量点

(2)典型施工步骤

先提升爬模,固定到新施工塔肢上,建立追踪棱镜的零点位置,放样模板,浇筑新一节混凝土,然后进行竣工测量。

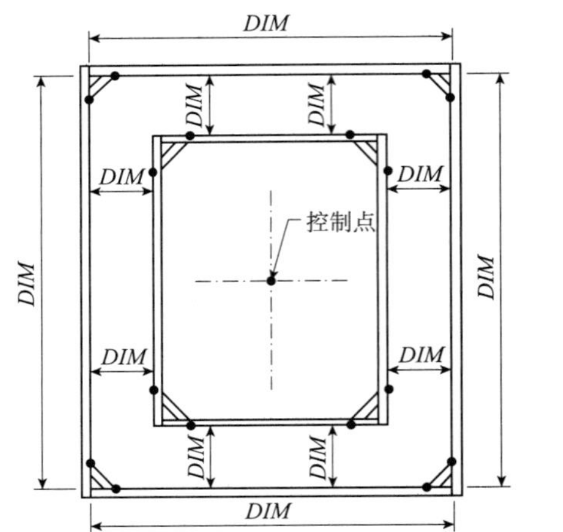

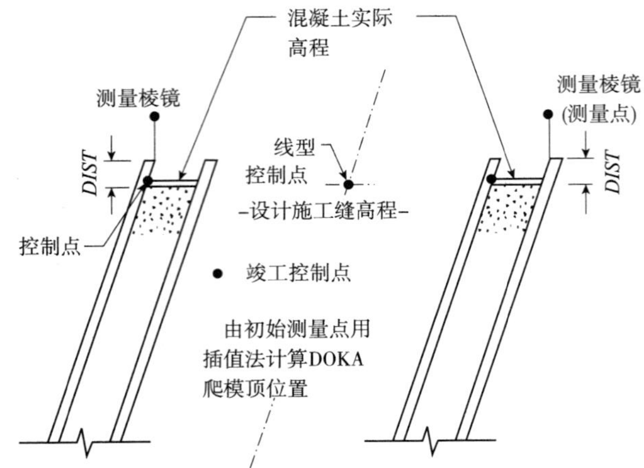

图 3.2-15　测量点位置

注:*DIST*-浇筑混凝土顶与模板顶的距离;*DIM*-浇筑混凝土节段的外形尺寸。

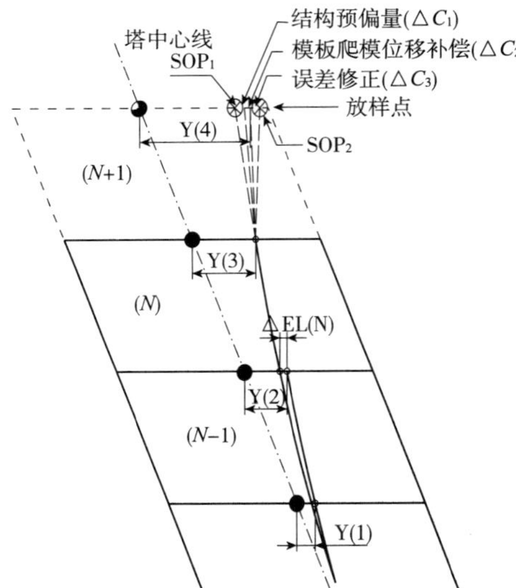

图 3.2-16　几何控制点的计算

在某些施工阶段,需要进行横向主动支撑的安装,利用千斤顶施工主动顶撑力。顶撑力误差控制在5%以内。

(3)典型爬模混凝土施工节段的放样过程

典型爬模混凝土节段的放样过程如下(图3.2-16和图3.2-17)。

①使用修正温度和风影响后节段(N)和($N-1$)的施工测量值(无风和温度影响的中性位置)。

②延长连接施工缝 N 和 $N-1$ 点割线。在施工缝 N 处的偏移量通过竣工测量获得,在施工缝 $N-1$ 处的偏移量为第$N-1$节段竣工测量数据加上由于节段 N 荷载引起的偏移。

③切线与放样节段顶部施工缝的交点为参考点 WP_1(SOP_1)。

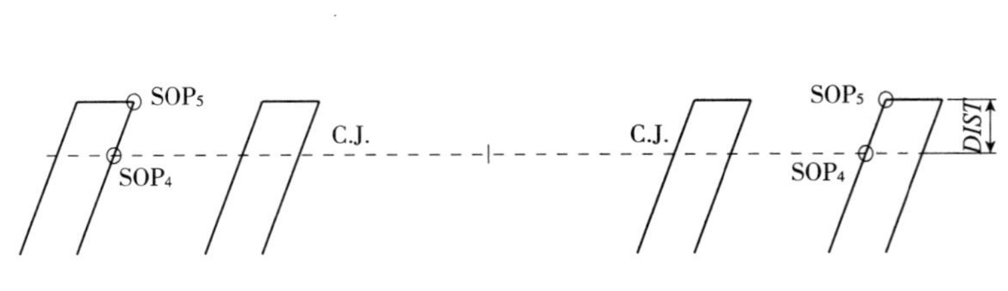

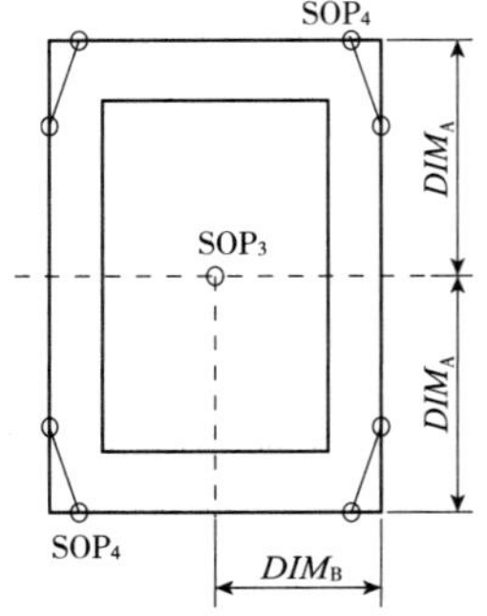

图 3.2-17　施工放样点(注:SOP 为施工放样点简称)

④取得预偏值、超长，模板变形量以及误差修正值。

⑤由参考点 SOP_1 偏移预拱度、超长、模板变形以及误差修正值的总和，以获得下一个节段放样点（SOP_2）的放样坐标。

⑥用 SOP_2 计算无温度影响的 SOP_4 坐标。

⑦按以上方法所得放样点（SOP_2）的坐标，适用于无风和温度影响的结构几何线形状态，即中性状态。由于在放样过程中，温度和风荷载将会引起塔顶位移，因此必须考虑其影响。放样点（SOP_2）的修正应根据当时温度和风的监测数据。根据点（SOP_2）的坐标和当时温度和风数据，以得到 SOP_3 放样点坐标。在此处，若每一次的放样都需要采集温度和风数据，现场工作会变得很复杂，因而采用了“随动修正技术”，避免了现场大量的计算工作。

⑧用放样点（SOP_3）计算（SOP_4）坐标。

⑨由于实际测量的模板角的放样点（SOP_5）和混凝土表面不在同一个高度，采用内插/外插方法计算每个测量点（SOP_5）的实际位置。

（4）测量方法

①下塔柱几何测量

通过计算分析，由于下塔柱因风、温差等引起的全天索塔变形小于 5mm，故下塔柱几何测量采用三维坐标法直接进行，不需要进行索塔温度、风力等修正。

②中塔柱几何测量

在 16～43 节段放样及竣工几何测量时，采用“随动修正技术”进行测量，即每个测量点进行放样时，首先测量追踪棱镜实时位置，通过计算追踪棱镜实时位置与中性状态下位置的差值，获得当前索塔受环境影响的变化值，在放样数据中计入索塔变化值，从而获得实时放样坐标。放样实例见表 3.2-4。

③中塔柱与上塔柱交汇处几何测量

在中塔柱与上塔柱交汇处(44 节段以上)，因无法从主墩钢吊箱施工加密控制点观测塔柱外形特征轮廓点，需在塔柱施工定位点劲性骨架上临时加密控制点（安装棱镜），通过夜间对棱镜的监测，进行临时加密控制点温度、风力等修正，获得中性状态，再采用相对测量的方法实现全天候塔柱外形几何测量控制。下面以北索塔的测量为例进行说明：

a. 在索塔靠近岸侧的两个角落分别安装一个仪器支架。其中一个位于索塔的东北角，另一个位于西北角。这两个支架采用钢结构加工而成，并固定于索塔内的劲性骨架上，在每一个支架上各安置一个追踪棱镜，如图 3.2-18 所示。

b. 将全站仪安置在测量控制网中的某个控制点处，测量棱镜的位置。如图 3.2-19 所示。

c. 将仪器支架上的棱镜置换成全站仪，测量模板角点位置。如图 3.2-20 所示。

3.2.6.2 上塔柱钢混组合节段混凝土施工

上塔柱第 67～68 节段为钢混组合段，每个标准施工周期含一组钢锚箱和 2～3 节混凝土节段。

（1）几何线形控制

在安装一组钢锚箱后，测量钢锚箱的安装几何线形并修正到基准条件下的线形，随后的 2～3 个混凝土节段的放样则相对钢锚箱位置放样。如图 3.2-21 所示。

放 样 实 例

表 3.2-4

编号	初始目标位置			追踪棱镜		棱镜位置变化量		经棱镜调整后的目标位置			放 样 坐 标			D(m)	时间
	X(m)	Y(m)	Z(m)	X(m)	Y(m)	D_X(m)	D_Y(m)	X(m)	Y(m)	Z(m)	X(m)	Y(m)	Z(m)		
1	19 462.780	25.493	77.723	19 455.885	15.547	0.001	0.007	19 462.781	25.500	77.723	19 462.784	25.499	77.728	0.100	16:00
2	19 461.280	25.993	77.723	19 455.885	15.547	0.001	0.007	19 461.281	26.000	77.723	19 461.284	26.000	77.729	0.100	16:15
3															
4															
5	19 450.720	25.993	77.723	19 455.885	15.546	0.001	0.006	19 450.721	25.999	77.723	19 450.716	25.998	77.750	0.100	17:06
6	19 449.220	25.493	77.723	19 455.885	15.546	0.001	0.006	19 449.221	25.499	77.723	19 449.217	25.500	77.750	0.100	17:23
7	19 449.220	18.931	77.723	19 455.885	15.548	0.001	0.008	19 449.221	18.939	77.723	19 449.221	18.936	77.724	0.100	15:33
8	19 450.720	18.431	77.723	19 455.885	15.548	0.001	0.008	19 450.721	18.439	77.723	19 450.716	18.435	77.723	0.100	15:47
9	19 461.280	18.431	77.723	19 455.885	15.546	0.001	0.006	19 461.281	18.437	77.723	19 461.276	18.435	77.739	0.100	16:37
10	19 462.780	18.931	77.723	19 455.885	15.546	0.001	0.006	19 462.781	18.937	77.723	19 462.778	18.940	77.736	0.100	16:52

追踪棱镜"零"点位置	X(m)	Y(m)	Z(m)
	19 455.884	15.540	72.306

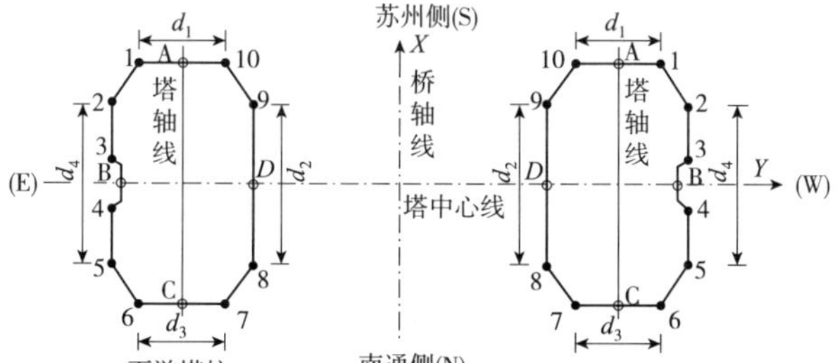

下游塔柱　上游塔柱

测点平面示意图

1. 表中测量数据为测回平均值。
2. 放样点位置计入了超长、预偏、施工误差纠正、Doka 模板转动补偿。
3. D-模板顶距离目标混凝土表面的垂直距离；
4. 由卷尺测得的边长　d_1 = 6.561 m；d_2 = 10.557 m；d_3 = 6.565 m；d_4 = 10.566 m；
5. 气温：24 ℃；气压：1 018 mbar
   风向：偏北　风速：______　晴雨状况：多云

图 3. 2-18　用于放样测量的仪器支架(上面放置着一个棱镜)

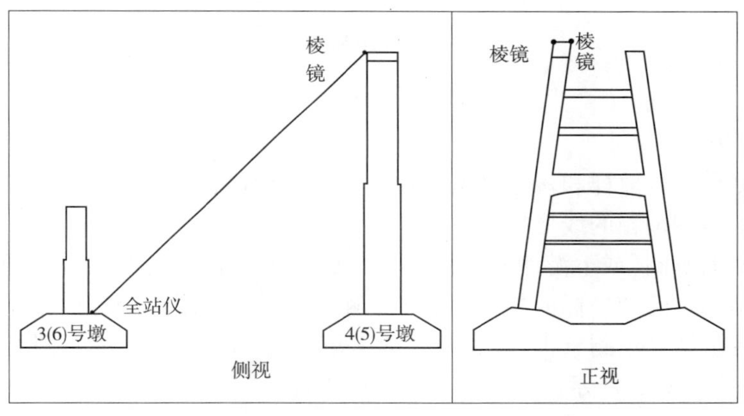

图 3. 2-19　全局坐标系中棱镜位置的测量

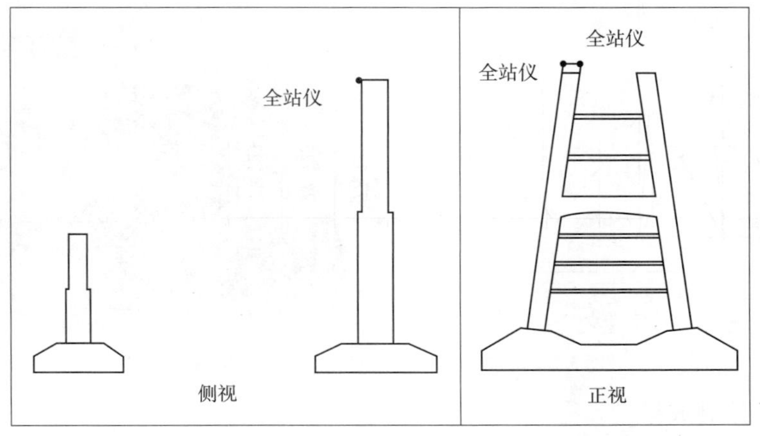

图 3. 2-20　模板角点位置的局部测量

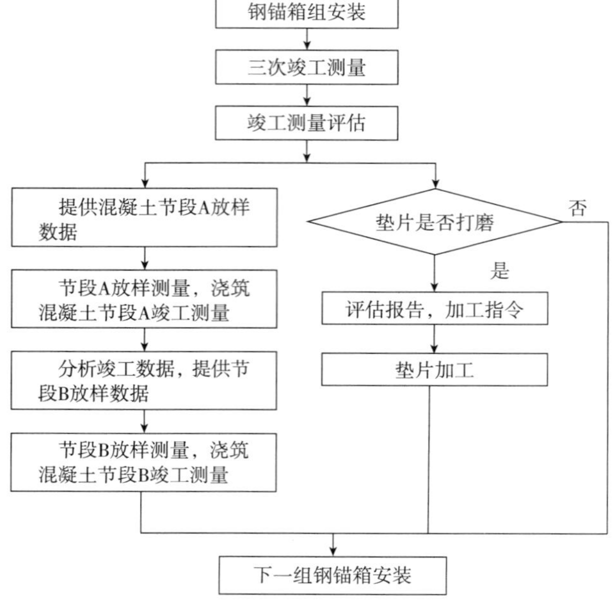

图 3. 2-21　钢混组合段施工几何控制流程

(2)测量方法

采用局部测量进行放样和竣工测量。在安装一组钢锚箱后进行混凝土施工，因此，几何控制的测量方法与钢锚箱的线形控制方法相关。

在钢锚箱的上游侧(或下游侧)放置一台全站仪，全站仪自身的位置可通过自由测站的方法观测钢锚箱四角已知坐标的控制点得到，钢锚箱四个控制点坐标由控制分析获得。模板角点用同一台全站仪量测。再在下游侧(或上游侧)放置一台全站仪，进行同样的测量操作，便可得到如图 3. 2-22 所示的 8 个模板角点的坐标。

图 3. 2-22　典型节段的几何线形控制局部测量图

3. 2. 6. 3　线形控制成果

竣工数据显示，中下塔柱的中性点偏差绝大多数位于 10mm 以内。北索塔节段中心线误差见图 3. 2-23，南索塔也获得了同样的效果。

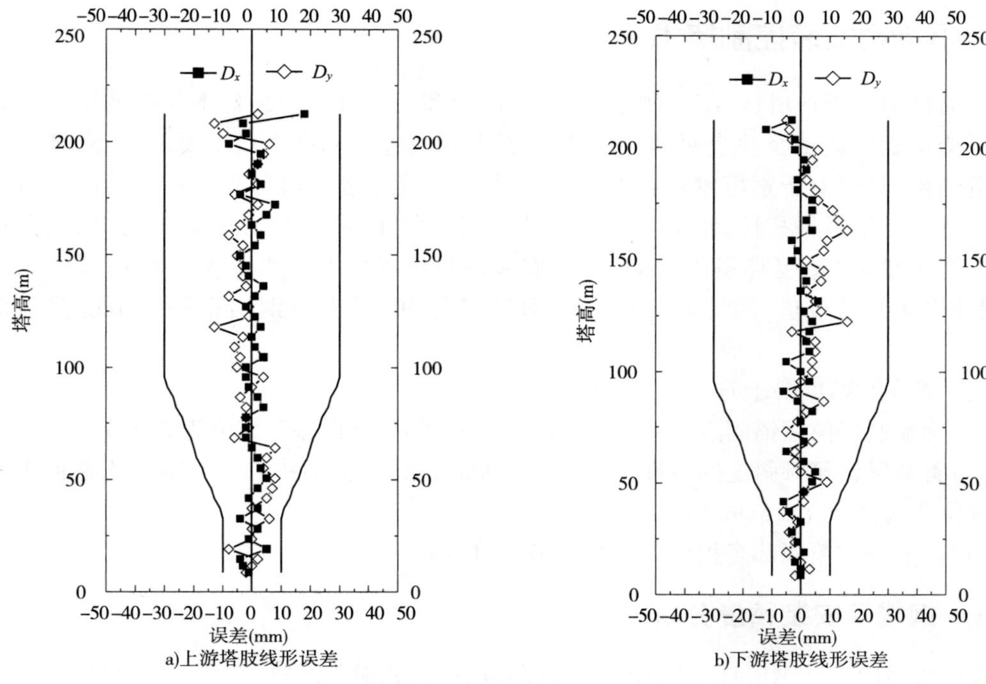

图 3.2-23　北索塔中下塔柱线形控制成果

上塔柱混凝土部分节段采取相同控制方法的线形误差也控制在 10mm 以内，具体控制成果见图 3.2-24。

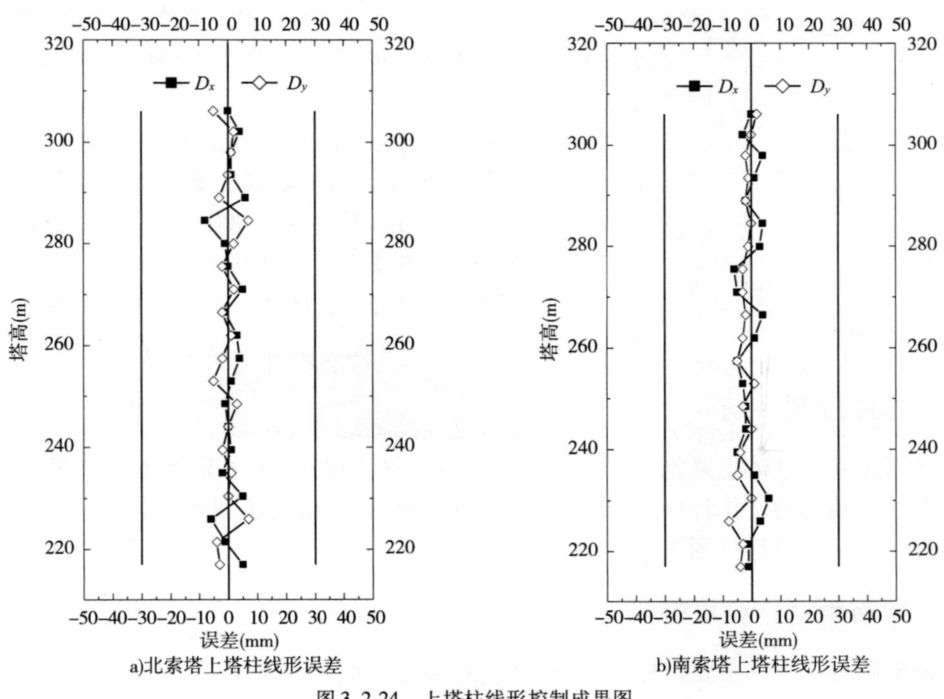

图 3.2-24　上塔柱线形控制成果图

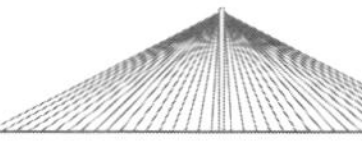

3.3 钢锚箱安装控制技术

钢锚箱相对于钢塔柱，结构刚度较小，在制作和安装过程中结构本身的变形较大。国内外桥梁钢索塔施工经验表明：制造精度是控制现场安装精度中最重要的一环，现场安装是制造的再现，但对于索塔钢锚箱控制是否也可以通过这一理念实现安装精度是需要研究的问题。与钢塔柱相比，钢锚箱底座安装一般均位于高空，以苏通大桥为例，钢锚箱底座高程为 +225.9m，受环境因素的影响，安装的精度控制难度非常大。目前国内无此先例，国外也无文献报道，因此研究此项技术对实现 300m 索塔钢锚箱安装精度控制至关重要。

钢锚箱安装精度要求有：

(1)为控制斜拉索锚固点位置偏差，锚箱中心线的整体误差容许值为 20mm。

(2)首节钢锚箱倾斜度的容许误差为 1/3 000；钢锚箱截面中心线与混凝土截面中心线的相对位置偏差应在 ±5mm 以内。

(3)首节钢锚箱底部高程偏差应在 ±10mm 以内。

3.3.1 钢锚箱安装精度分析

按照目前国内外钢塔柱/钢锚箱施工理念，现场安装误差主要来源于制造精度、首节段/底座安装精度两部分。以苏通大桥为例，钢锚箱制造和安装过程中出现的最大误差见图 3.3-1。

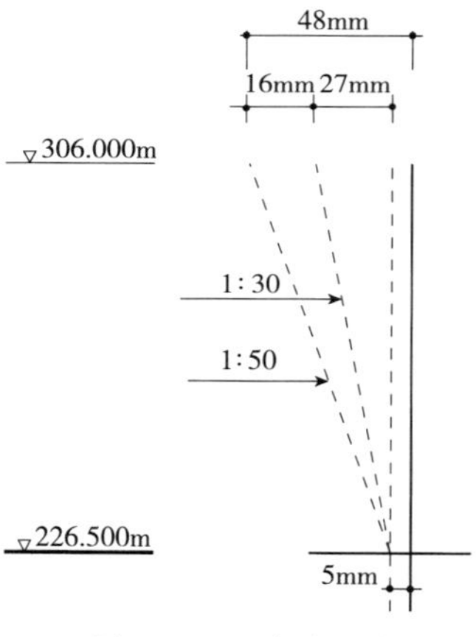

图 3.3-1 几何线形偏差

从理想状态(未考虑由于温度修正、测量带来的不确定因素引起的影响)来看：在未考虑施工误差的情况下，30 个钢锚箱制造完成时的总体倾斜度累计误差已经超出了 20mm 的设计要求。

为实现锚箱安装精度控制在允许范围内，必须对钢锚箱安装过程进行监控，根据监控成果采取必要的调整措施。

首节钢锚箱安装的倾斜度：1/3 000	塔顶部：27mm
钢锚箱制造的总体倾斜度：1/5 000	塔顶部：16mm
首节钢锚箱安装位置：D_x，D_y ±5mm	塔顶部：5mm
总计	48mm

3.3.2 总体控制系统

钢锚箱控制的总体思路是采取全过程的几何控制，即在计算分析阶段、制造阶段及安装阶段分别按一系列的工作程序，实施严格的几何线形控制，从而达到预期的线形目标。钢锚箱控制方法的总体流程见图 3.3-2。

3.3.3 钢锚箱制作精度控制

钢锚箱制造控制的主要目标是：锚箱垂直对接并且不需作连接点处调整，确保斜拉索锚垫板位于正确的位置和方向。在钢锚箱制作过程中，同时引入精度控制理念，即根据已完成制作的钢锚箱单节段的长度、端面垂直度及预拼装等控制点的测量结果,建立数字化仿真线形控制模型,动态显示已完成的制作线形误差。同时能够及时给出修正信息,预测钢锚箱的总拼装误差,根据预测结果指导后续节段的加工,实现对钢锚箱总体制作线形的控制。钢锚箱制作、预拼装控制点布置和测量控制见图 3.3-3,控制流程见图 3.3-4。

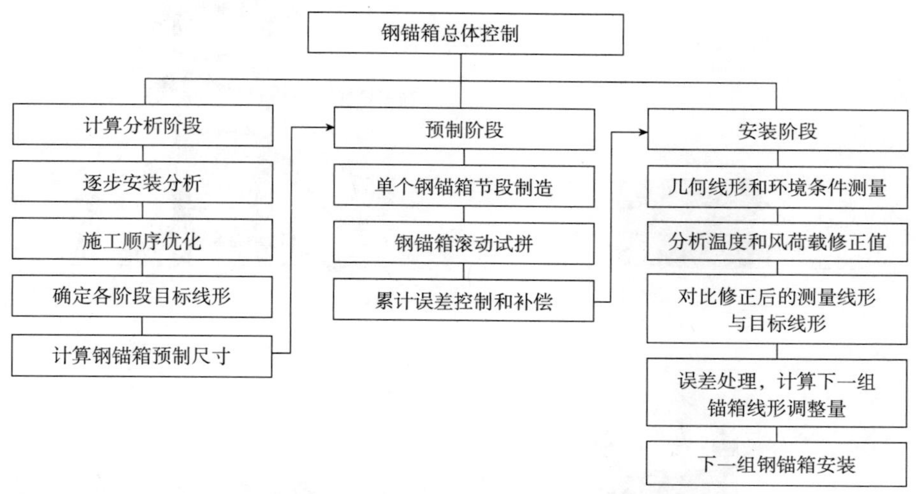

图 3.3-2　钢锚箱安装精度控制方法的总体流程

3.3.4　钢锚箱安装控制

3.3.4.1　首节钢锚箱安装控制

先进行钢锚箱安装,后进行混凝土浇筑,一旦钢锚箱位置确定后,混凝土浇筑节段的位置即确定。首节钢锚箱安装完成后,它将与预拼装中已经建立起来的几何线形保持一致,因而首节段钢锚箱安装位置精度对整个上塔柱精度控制非常重要。

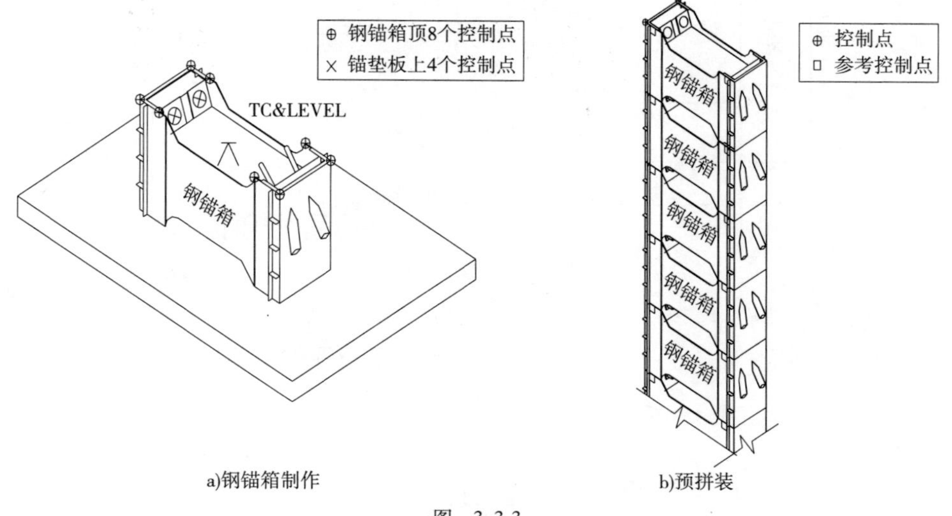

a)钢锚箱制作　　b)预拼装

图　3.3-3

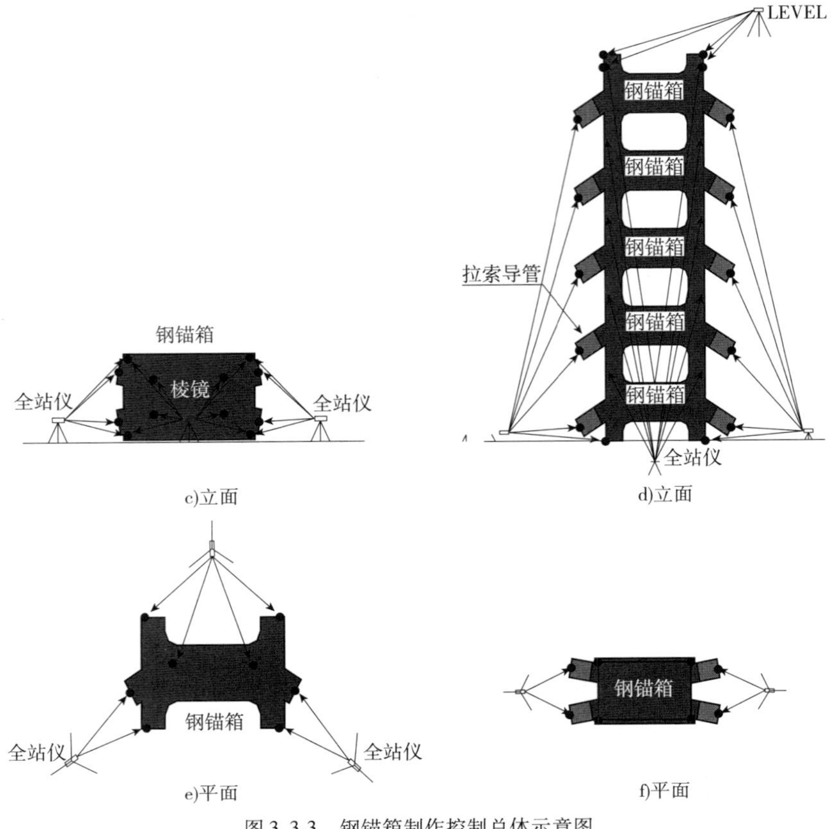

图 3.3-3　钢锚箱制作控制总体示意图

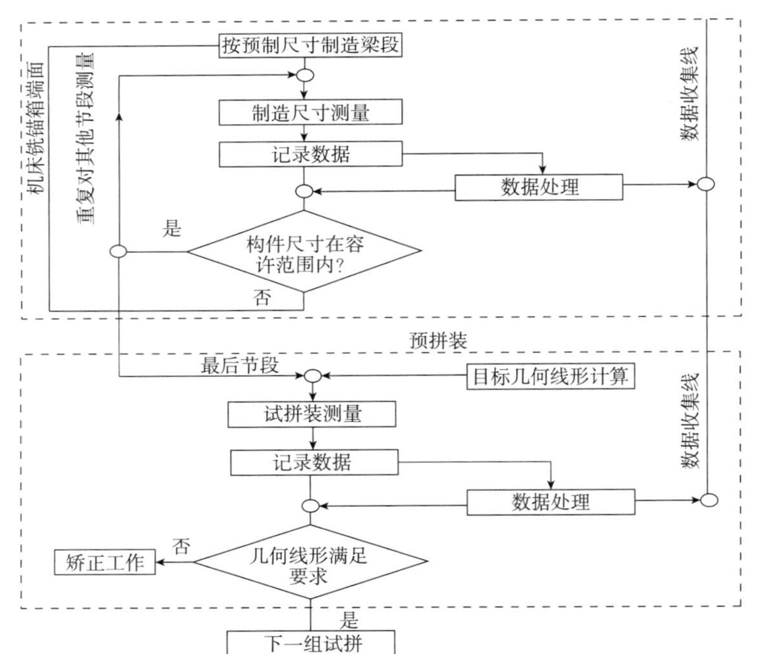

图 3.3-4　索塔钢锚箱制造过程控制流程

以苏通大桥为例，钢锚箱底座布置见图3.3-5。在钢锚箱的短轴方向（横桥向），水平承压钢板之间的距离是2.5m，两个钢板之间的最大相对高差为1/3 000×2 500＝0.84mm，由此得到容许误差在±0.4mm；实施过程中钢锚箱将定位安装于4个独立的水平承压钢板上，其中平面偏差应小于0.4mm。

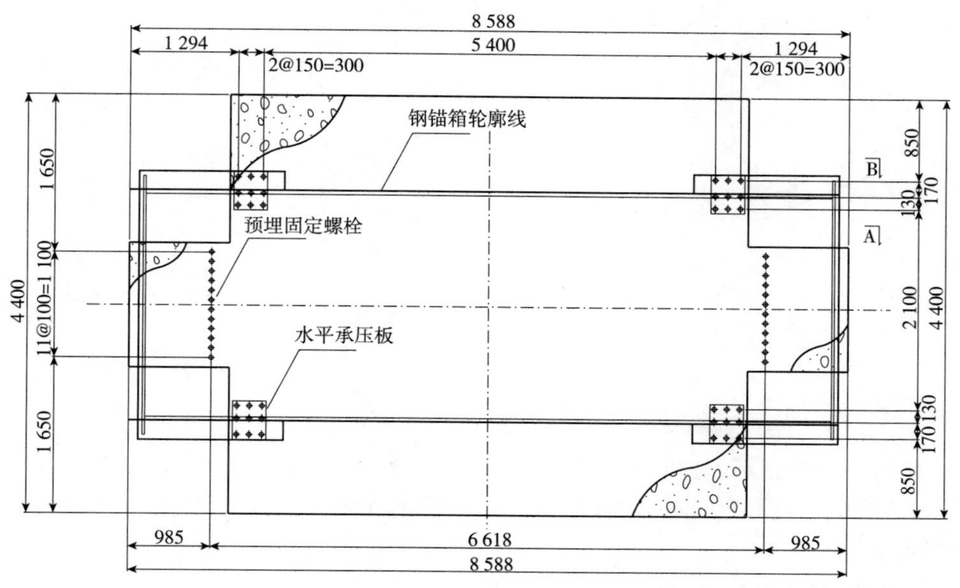

图3.3-5 承压钢板的布置（尺寸单位：mm）

首节钢锚箱位置决定了斜拉索锚固点位置，除平面位置外，高程也是控制关键。为此，需要对首节钢锚箱安装位置进行反复调整，其安装程序如下：

（1）收集索塔基础沉降资料，分析基础沉降与荷载的变化曲线图，预测成桥阶段基础沉降总量；分析混凝土收缩徐变和弹性压缩量，根据这两方面确定首节钢锚箱锚箱高程的补偿值。

（2）在锚箱底座附近建立水准点，进行高程传递，通过控制底座高程，达到控制首节钢锚箱高程的目的。

（3）如同混凝土索塔控制，通过"追踪棱镜"技术在底座上放出首节锚箱轮廓线。

（4）底座灌浆后，安装首节钢锚箱，在钢锚箱底部设置三向调位系统，可实现 X、Y、Z 三个方向的精确调整，系统调整精度应控制在1mm以内，首节钢锚箱的倾斜度通过设置在底座上的垫片数量调整，垫片厚度应控制在0.2mm以内。

（5）在钢锚箱顶上安装两个追踪棱镜，目的是控制钢锚箱的平移和扭转。在夜间温度稳定时，测量两个追踪棱镜，钢锚箱顶设全站仪（测站），进行钢锚箱上控制点的测量，同时进行环境监测。

基于全站仪自由设站的温度效，应改正统一平差模型是根据索塔上塔柱钢锚箱安装、模板定位的需要，提出的一种快速、准确的方法，该法将全站仪自由设站的功能（后视测量2个以上的控制点，通过测量角度、边长确定设站点的坐标）与全站仪极坐标法定位有机结合，统一平差，同时结合"追踪棱镜法"考虑温度效应的改正，实现钢锚箱及模板的快速相对定位。

如图 3.3-6 所示为临时加密点，可设置在与劲性骨架连在一起的三角钢架上，用于模板放样、竣工测量以及钢锚箱的定位；也可设置在钢锚箱顶，用于锚箱位置测量与模板放样、竣工测量。为减小误差、方便使用，在临时控制点上焊接强制对中盘。

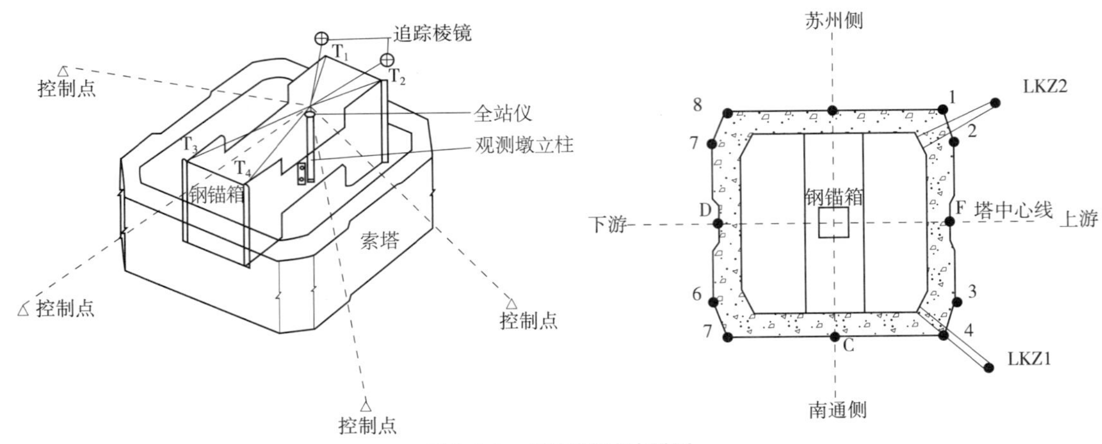

图 3.3-6　临时控制点布设图

(6)进行环境修正后，分析控制点高度误差和平面误差，若超出精度控制范围，则提出调整措施，并在夜间温度稳定时进行调整，经过几次"误差分析—调整—测量"循环，可确保首节钢锚箱精度满足要求。

3.3.4.2　其他钢锚箱安装控制

其他钢锚箱安装后并分组进行控制。每一组钢锚箱完成后，进行竣工测量，测量方法和首节钢锚箱相同，为获得更高精度的测量，测量次数应不少于两次，测量时间选在夜间温度稳定期间，同时进行环境监测。钢锚箱安装程序见图 3.3-7。

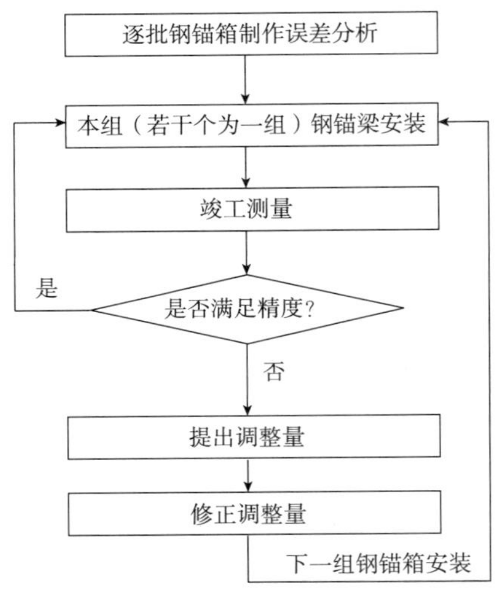

图 3.3-7　其他钢锚箱安装工作程序

3.3.5　钢锚箱安装过程中误差分析与调整

从 3.3.1 节看，钢锚箱安装过程中极有可能会出现误差超出允许范围的情况，因此，需要进行误差分析和优化调整。对已安装完成的钢锚箱无法进行调整，调整的主要对象为未安装钢锚箱。

3.3.5.1　钢锚箱安装误差分析

(1)当前阶段(N)误差分析

为实现环境因素的快速修正，采用与 3.2.5 节相同的方法。每一次竣工测量后分析的误差为：

$$\Delta Y_{(1)}^{N} = Y'_{(N)} - Y_{(N)}^{\theta} \tag{3.3-1}$$

式中：$\Delta Y_{(1)}^{N}$——当前(N)阶段误差；

$Y'_{(N)}$——经环境因素修正后的当前(N)阶段实际线形；

$Y_{(N)}^{\theta}$——当前(N)阶段理论线形。

由于几何测量和环境监测数据存在误差，为提高控制精度，要求进行两次或更多次测

量,两次测量数据应满足 $|\Delta Y_{(i)}^{N} - \Delta Y_{(i-1)}^{N}| \leq 5\text{mm}$ 的要求。

经过多次数据采集和误差分析后,当前(N)阶段线形误差为:

$$\Delta Y^{N} = \frac{1}{n} \cdot \sum_{1}^{n} \Delta Y_{(i)}^{N} \tag{3.3-2}$$

(2)预测分析

由于钢锚箱在安装过程中不可避免地出现倾斜,需预测未来钢锚箱可能出现的最大误差,以通过调整进行纠偏,确保钢锚箱安装过程中倾斜趋势能够得到控制。

钢锚箱安装预测分析需知道首节钢锚箱安装误差($\Delta\delta_0$)、当前阶段钢锚箱安装误差(ΔY^{N})和钢锚箱制作完成后的总体线形误差(δ_i)。

误差预测分析步骤如下。

第一步:制造完成后,当前阶段钢锚箱制作误差(δ_N)与首节钢锚箱制作误差(δ_0)造成当前阶段总体倾斜角度。

$$\theta_0^{N} = \frac{\delta_N - \delta_0}{H_i} \tag{3.3-3}$$

式中:H_i——首节钢锚箱顶部到当前钢锚箱顶部高差。

第二步:当前阶段钢锚箱完成后,当前阶段安装总体倾斜角度。

$$\theta_1^{N} = \frac{\Delta Y^{N} - \Delta\delta_0}{H_i} \tag{3.3-4}$$

第三步:预测分析后续节段安装误差。

$$\Delta Y^{i} = (\theta_1^{i} - \theta_0^{i}) \cdot H_i + \delta_i + (\Delta\delta_0 - \delta_0) \qquad (i > N,取整数) \tag{3.3-5}$$

3.3.5.2 钢锚箱安装线形调整

钢锚箱安装允许误差限较小,而测量误差、钢锚箱之间连接施工误差等客观存在,调整过程就显得非常重要,为避免矫枉过正,调整原则为:控制钢锚箱的总体走势,使得下一组钢锚箱安装时不能向不利方向继续发展。

钢锚箱误差调整通过调整当前阶段钢锚箱顶端面平面角度实现,调整后,后续钢锚箱安装误差预测为:

$$\Delta Y_p^{i} = \Delta Y^{i} - \theta_1^{i} \cdot (H_i - H_N) \qquad (i > N,取整数) \tag{3.3-6}$$

根据钢锚箱连接方式不同而采用不同的调整措施,对于钢锚箱间采用法兰螺栓连接方式,可采取在每组钢锚箱间设置调整垫片,通过打磨调整垫片斜率实现调整,该调整方式相对于设置调整节段具有快捷的优点。

3.3.6 苏通大桥索塔钢锚箱的制作与安装

苏通大桥每个索塔设置 30 节钢锚箱,全桥共 60 节,每节锚箱长 7.118 ~ 8.517m,宽 2.4m,高 2.3 ~ 3.55m,钢锚箱节段之间采用高强度螺栓连接。

3.3.6.1 钢锚箱制作

钢锚箱制造过程中严格控制节段制造尺寸和拼接断面平整度。利用单节段和预拼装测量成果,建立制造与安装一体化数学模型,指导现场安装控制。

(1)几何控制点

为准确评价钢锚箱节段的空间尺寸与形态,便于制造与现场安装测量控制,定义钢锚箱单节段几何控制点如下(图 3.3-8):

①P_1 ~ P_{16}:用于评价锚垫板角度与锚点。

②S_1 ~ S_4:用于评价斜拉索套管出口坐标。

③T_1 ~ T_8:用于评价锚箱主要角点坐标。

④M_1 ~ M_4:用于评价锚箱轴线。

⑤T'_1 ~ T'_4:预拼装时空间形态辅助评价(预拼装时 P_1 ~ P_{16}、T_1 ~ T_8 不可见)。

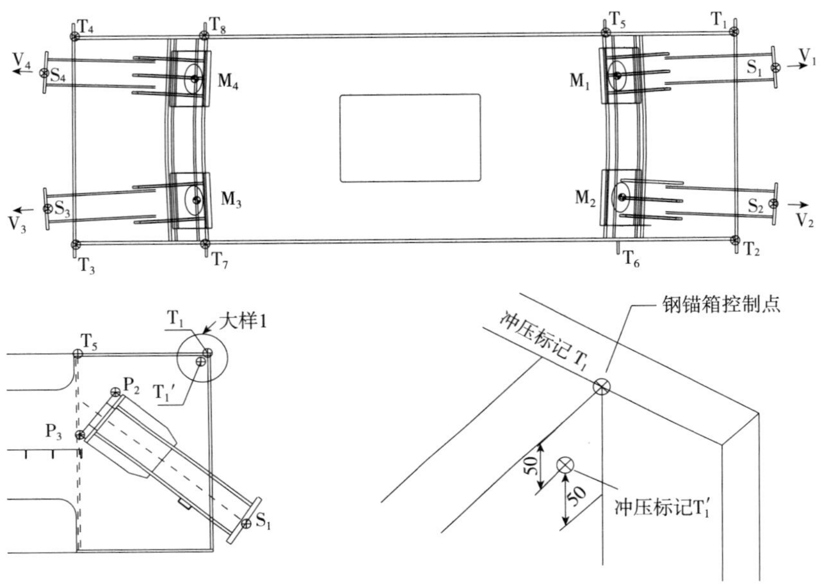

图 3.3-8 控制点的布置(尺寸单位:mm)

(2)单节段制作控制

①几何测量

考虑到钢锚箱制造场振动较大,若采用常规的控制网技术,测站易受振动和碰撞,对测量的精度和可信度影响较大。而采用 TCA2003 自带的自由测站方法,可以达到与控制网方法同样的精度,同时也提高了测量精度和可操作性。几何测量程序如下:

a. 在钢锚箱顶面、4 个侧面共 5 个测站分别运用全站仪自由测站功能(图 3.3-9),测量钢锚箱 P_1 ~ P_{16}、T_1 ~ T_8、M_1 ~ M_4、S_1 ~ S_4 和 T'_1 ~ T'_4 共 36 个测点及多个公共点。

b. 在钢锚箱顶面布置一台精密水准仪(配光学测微器)或电子精密水准仪(配铟瓦钢尺),精确测量 T1 ~ T8 共 8 个角部控制点高程,得到 4 个控制点到钢锚箱底部的竖直距离。

②数据处理

修正温度效应,计算锚点中心和索套筒出口点中心,确定所有的锚垫板角度。同时,根据单节段制造数据分析锚箱累计高程。利用计算机重现钢锚箱制作完成后的整体虚拟无应力几何线形。比较制造和理论数据,一旦钢锚箱锚点位置(X、Y、Z)超出容许要求,在预拼装之前进行矫正,并重新复检。

(3)钢锚箱预拼装

每5个或6个节段进行竖向滚动预拼装，除第一次预拼装外，其他轮次锚箱预拼装时须重新设置第一预拼装节段呈竖直状态(在前次拼装时为最顶部节段)，使四角高度的差异尽可能精确接近前一次记录的水平。测量靠近角点的辅助点并进行标记，打磨涂装后控制点仍能保持可见。在整个测量过程中，监测钢锚箱温度。

图3.3-9 应用全站仪自由测站功能测量锚箱各控制点坐标

①几何测量

采用自由测站方法进行预拼装测量，几何测量程序如下。

a.预拼装胎架与钢锚箱复位

(a)将每一预拼装轮次首节钢锚箱平稳安置在预拼装专用胎架上，钢锚箱纵、横轴线分别与胎架的纵、横基线对正(含上一轮次轴线偏量)。

(b)采用精密水准仪测量底部钢锚箱4个角点相对高程(图3.3-10)，并采用垫片和螺旋微调器微调，使首节钢锚箱角点高程与上一轮次预拼装一致，调整精度要求达到0.1mm，实现精确复位。复位合格后将钢锚箱临时固定在胎架上。

b.预拼装及测量

在每一轮次首节锚箱复位固定后，依次安装其他锚箱节段(图3.3-11)，安装时首先保证两节段之间纵横轴线对齐，然后用数个紧固螺栓将两节段钢锚箱之间水平和竖向肋板固定，使之密贴。

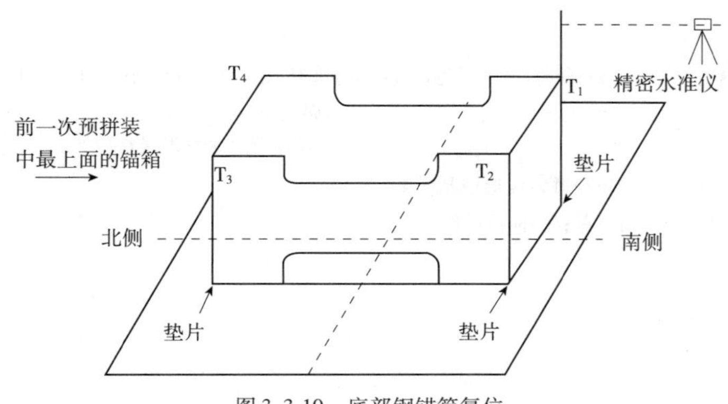

图3.3-10 底部钢锚箱复位

图3.3-11 钢锚箱滚动试拼装

(a)在钢锚箱2个长边侧面共2个测站分别运用全站仪自由测站功能(图3.3-6),测量所有钢锚箱 $T'_1 \sim T'_4$ 和顶面钢锚箱 M_1、M_3、N_1、N_3 及多个公共点。

(b)在钢锚箱顶面布置一台精密水准仪(配光学测微器)或电子精密水准仪(配铟瓦钢尺),在局部坐标系统中,精确测量 $T_1 \sim T_8$ 共8个角部控制点。

(c)几何测量时同步测量钢锚箱温度。

②数据处理

分析轴线偏位,必要时局部打磨拼接板进行调整,并重新进行预拼装测量。根据辅助控制点坐标计算其他控制点和锚点真实坐标(根据单节段测量建立的相对关系),并根据已经测得的轴线偏位计算本轮次倾斜度,用于指导下轮次制造及预拼装。

(4)钢锚箱制作成果

钢锚箱锚点坐标(Δx、Δy、Δz)最大偏差小于5mm,预拼装轴线(纵、横轴线)偏差小于10mm(图3.3-12)。

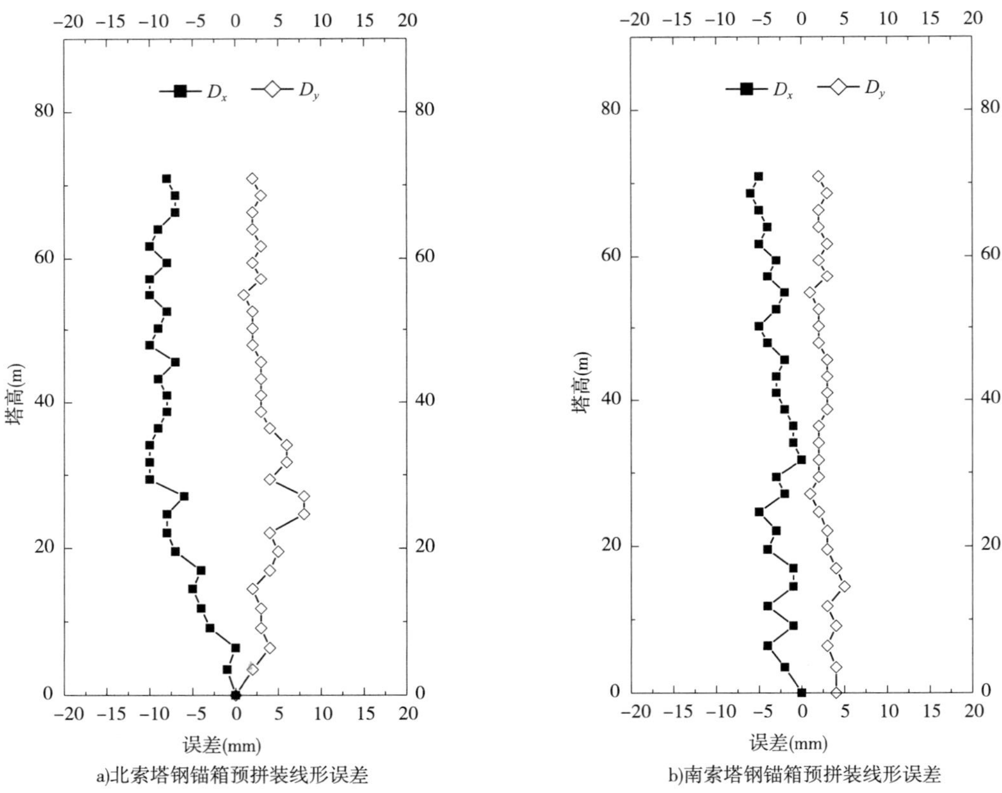

a)北索塔钢锚箱预拼装线形误差

b)南索塔钢锚箱预拼装线形误差

图3.3-12 钢锚箱预拼装线形控制成果

注:D_x-顺桥向误差;D_y-横桥向误差

3.3.6.2 钢锚箱安装

(1)首节钢锚箱安装控制

①安装位置的确定

首节钢锚箱位于225.9m高空,作为钢锚箱安装的基准段,首节钢锚箱的准确安装尤为重要。安装前确定首节钢锚箱安装的准确平面位置,同时确定首节钢锚箱安装的预抬高值。对于首节钢锚箱安装高程,考虑的超高包括:

a. 在安装至成桥时间内首节钢锚箱底部混凝土弹性和非弹性性(徐变与收缩)的变位,为桥面二期恒载铺装后的总体变位减去安装首节钢锚箱时的变位。

b. 在首节钢锚箱安装至成桥时间内发生的基础沉降。

南北索塔的计算超高值为 38. 2mm,由沉降观测提供的南北索塔未来基础最终沉降量分别为 21mm 和 30mm。因此,南北索塔首节钢锚箱的安装高程分别为 226. 500 + 0. 059 2 = 226. 559 2m 和 226. 500 + 0. 068 2 = 226. 568 2m。

②首节钢锚箱安装

首节钢锚箱安装及测量流程为:钢锚箱安装前测量→钢锚箱吊装就位→钢锚箱定位测量→钢锚箱灌浆锚固→钢锚箱竣工测量。

施工底座垫块混凝土前,预埋承重板调节螺杆及锚箱锚固螺栓预留孔。当锚箱底座垫块混凝土终凝后,即进行锚箱承重钢板安装。承重钢板安装测量完成后,将调节螺栓与承重钢板焊接,并打磨平整,并在承重钢板四周安装压浆挡板,灌注无收缩水泥浆。

首节钢锚箱通过手拉葫芦及缆风绳初定位,临时限位装置初步限位。钢锚箱采用三向调位千斤顶精确调整锚箱平面位置和高程(图 3. 3-13),当调位精度满足要求后,将钢锚箱底板与承重板垫实并焊接临时固定,安装锚固螺栓(图 3. 3-14)。经测量满足要求后,钢锚箱底灌浆。

图 3. 3-13 三向千斤顶进行首节钢锚箱调位图

图 3. 3-14 首节钢锚箱锚固螺栓安装图

③几何测量

安装时的测量采用制造时使用的 4 个控制点 $T_1 \sim T_4$(图 3. 3-6)。控制点的测量方法为:从辅助墩承台上测量钢锚箱上的两个追踪棱镜,然后将全站仪移置钢锚箱顶部,通过对两个追踪棱镜的测量并使用后方交会程序来确定仪器自身的位置和方向,直接测量 $T_1 \sim T_4$ 的坐标。

(2)其他钢锚箱安装

为确保安装精度对已偏离的索塔线形进行修正,在 8 号/9 号、11 号/12 号、15 号/16 号、19 号/20 号、23 号/24 号、27 号/28 号和 31 号/32 号段钢锚箱接口处设置 12mm 厚垫片通过垫片打磨,进行索塔线形调整。垫片布置见图 3. 3-15。

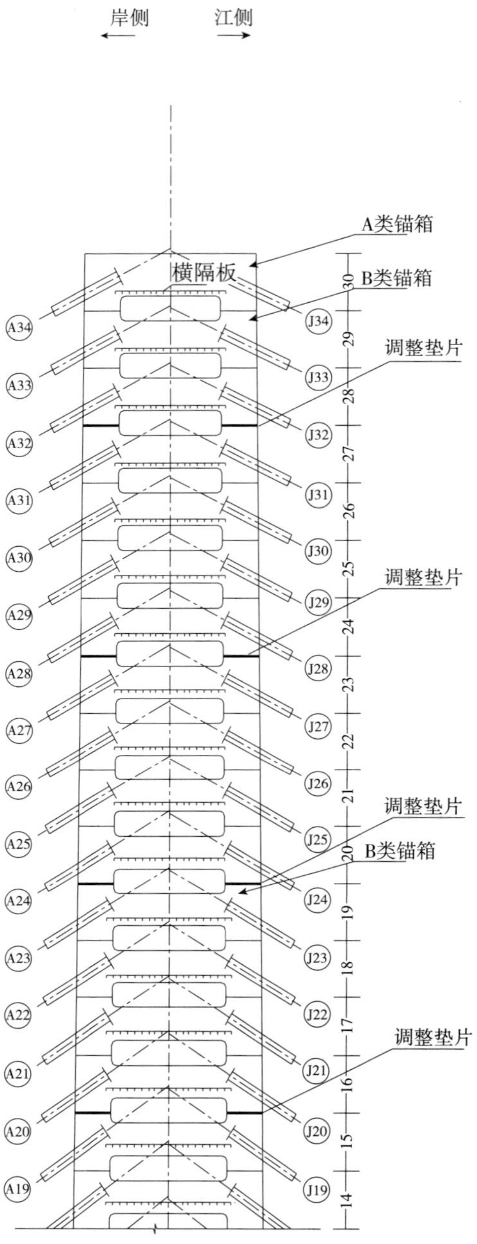

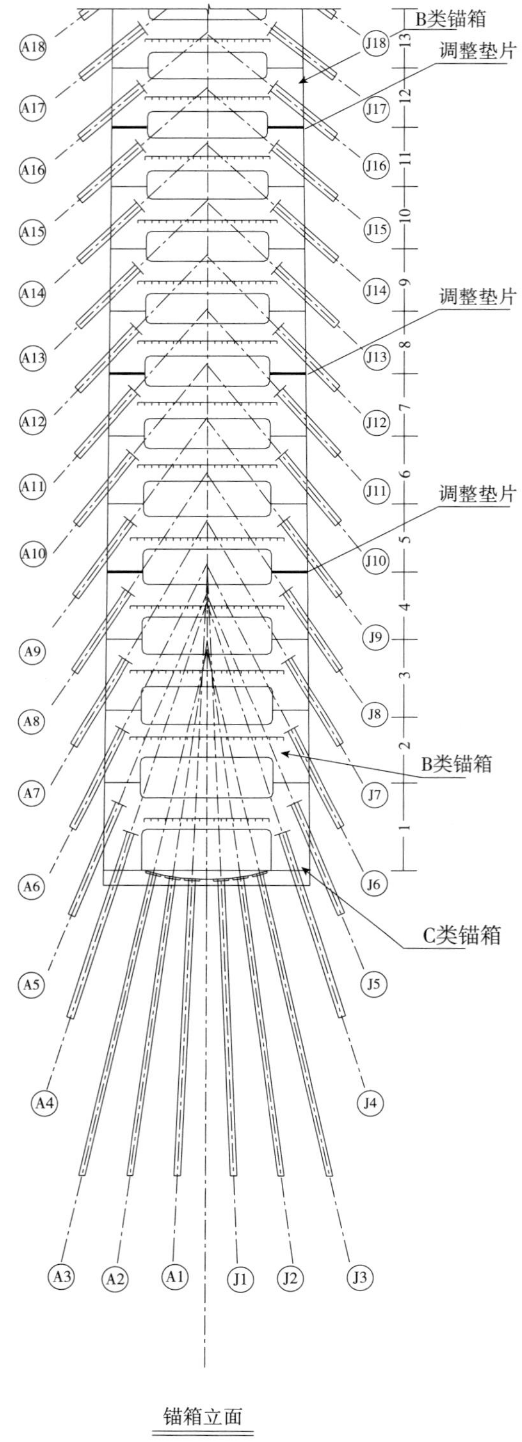

锚箱立面

注:

1.图中尺寸除高程以m计外,其余均以mm计。

2.锚箱横隔板相对位置见钢锚箱一般构造。

3.图中高程位置为两锚箱接合处中心线高度。

4.在第4、7、11、15、19、23、27节钢锚箱顶部设置调整垫片,钢板厚度为12mm,面积与所在处凸缘的面积一致。

5.第5、8、12、16、20、24、28节钢锚箱高度降低12mm。

图 3.3-15　苏通大桥调整垫片布置图

当一批锚箱安装定位前，测量锚箱实际倾斜情况，根据测量值，确定调整值，对垫板进行切削，并随下批钢锚箱一起安装(图3.3-16)。

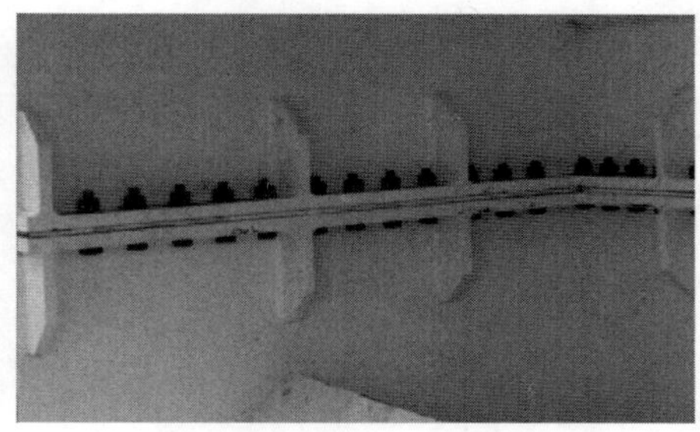

图3.3-16　钢锚箱间垫板安装图

①几何测量

每一组钢锚箱安装完成后，在最上面钢锚箱上安装两个追踪棱镜，在钢锚箱安装完成后的第二天早晨(5:00~7:00)进行第一次竣工测量，后续再进行两次竣工测量，所需采集的数据包括：监测棱镜坐标，钢锚箱上的2个追踪棱镜坐标，顶部钢锚箱上的4个控制点 $T_1 \sim T_4$ 坐标，顶部钢锚箱4个控制点的相对高程(通过精密水准仪)，温度和风。

②误差分析调整

以北索塔第一轮钢锚箱安装后为例，预测所有钢锚箱安装完成后横向偏差为103.0mm，经过打磨垫片调整后，所有钢锚箱安装完成后横桥向偏差为30.7mm，误差分析情况见图3.3-17。NAJ8顶面垫片打磨量见图3.3-18。

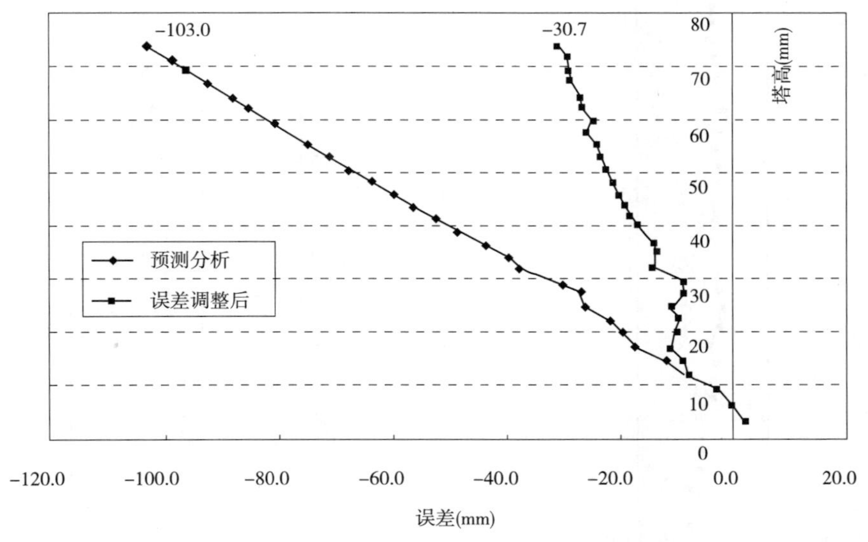

图3.3-17　北索塔第一轮钢锚箱安装完成后误差分析图

(3)钢锚箱安装控制成果

北索塔只在8号/9号和15号/16号钢锚箱间使用了修正垫片，南索塔只在11号/12号钢锚箱间使用了修正垫片。南、北钢锚箱安装完成后的线形成果见图3.3-19。

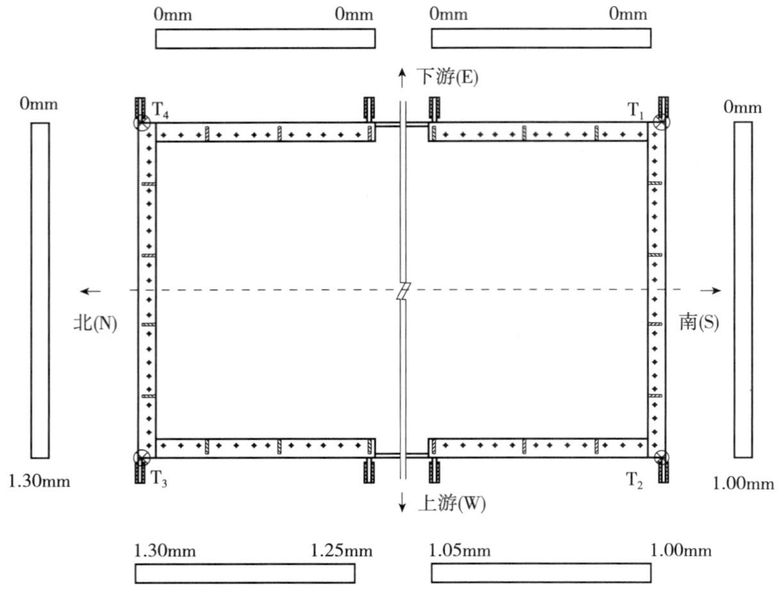

图 3.3-18　北索塔 NAJ8 顶面垫片打磨示意图

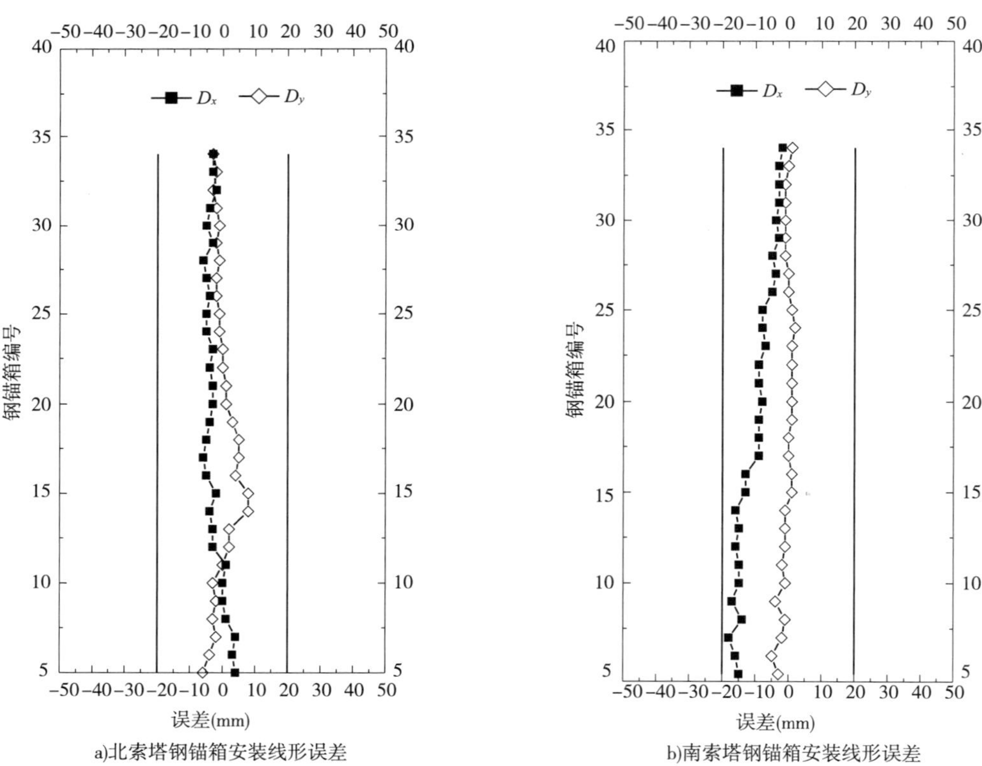

图 3.3-19　钢锚箱线形控制成果

注：D_x-顺桥向误差；D_y-横桥向误差

3.4 全站仪竖直高程传递技术

为实现索塔钢锚箱高程精确定位,确保斜拉索索导管位置的高精度,有必要进行高精度高程传递方法研究与实践。目前,在工程中采用的高精度高程传递方法主要有三种:几何水准测量法、钢尺高程传递法、三角高程测量法。

(1)几何水准测量法:几何水准测量是最为精确和实用的方法,但不适用于高陡的高程传递,因此不适用于索塔高程传递。

(2)钢尺高程传递法:钢尺(或钢丝)高程传递法是高大建筑物或深井施工中常用的方法之一。但受风、温度等影响大,大大限制了传递高程的高度,对于数百米的高程传递,采用这种方法只能分段实施,误差随高度增加而累积,现场环境条件差,实施困难。

(3)三角高程测量法:三角高程测量是实现高程传递的另一主要方法,具有速度快、实施简便的特点。但该方法受大气折光的影响大,特别对于竖直高程传递,大气折光的影响是其最大的误差源,且随高度角增大,精度降低。

高索塔精密竖直高程传递是高程控制的关键。首节钢锚箱底部高程测量精度要求高,须达到 ±4mm,传统的几何水准测量方法难以实施,三角高程测量方法在精度和可靠性上难以控制,钢尺高程传递法更无法保证精度,但采用全站仪竖直高程传递技术从原理上分析既能保证高索塔施工测量精度,又方便实施,为此开展全站仪竖直高程传递技术研究与实践很有必要。

3.4.1 全站仪竖直高程传递技术

为了获得竖直方向的高差,可通过全站仪竖向测距,获得仪器中心到目标点之间竖直方向上的精确长度,从而实现大高差的高程传递。全站仪竖直高程传递的方法是利用全站仪高精度的光电测距功能,测量上下目标间的高差,达到从下到上或从上到下高程传递的目的。全站仪普遍用于测量两点间的水平距离,而且可以达到相当高的精度,例如 TC2003 全站仪测距精度可以达到 $\pm(1\text{mm}+10^{-6}\times S)$。用来测定垂直距离,便于高程传递,不但精度高,而且速度快,是一种可供选择的精密高程传递技术。

3.4.1.1 基本原理

利用全站仪的光电测距功能进行高程传递是对处于同一铅垂线上不同高程的两个点进行垂直测距,如图 3.4-1 所示,则两点高差就是全站仪所测的竖直距离与仪器高之和。

P、Q 点是处于同一铅垂线上不同高程的两个点,高程分别为 H_P,H_Q,c 为棱镜常数,D 为全站仪测距读数,i 为仪器高。则 P 点和 Q 点高差为:

$$H_P-H_Q=D+i-c \tag{3.4-1}$$

$$H_P=H_Q+D+i-c \tag{3.4-2}$$

由式(3.4-2)看出,测量仪器误差将直接影响高程传递的精度。为了消除该项影响,以及在实际测量中,棱镜中心与 P 点的距离很难精确测量,对此可采用如下措施,如图 3.4-2 所示。

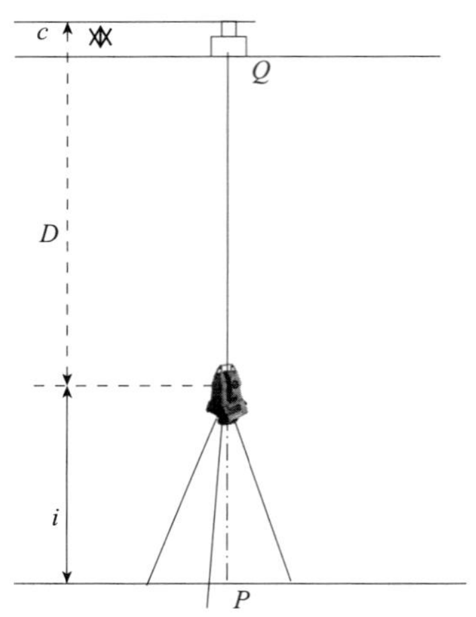

图 3.4-1　全站仪高程传递示意图(1)

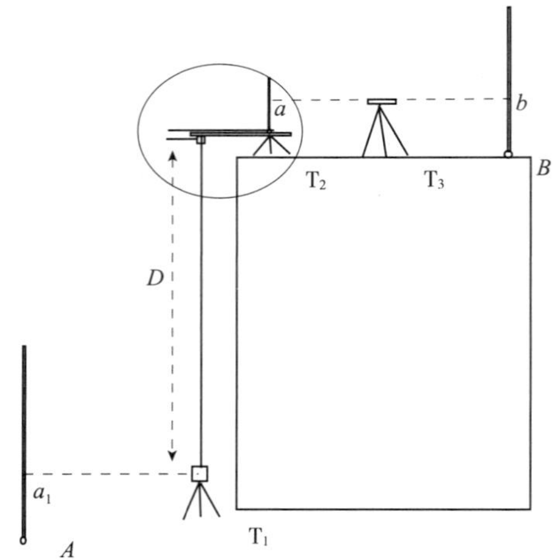

图 3.4-2　全站仪高程传递示意图(2)

为了测得 AB 间的高差,在 T_1 点设置全站仪,T_2 点设置棱镜装置,棱镜安置在一个可置平的横杆上,横杆另一端设有凸起水准点,可以竖立水准尺或钢尺。在 T_2、B 间架设水准仪,读取 T_2、B 尺上的读数 a、b。从 T_1 点分别设置竖盘读数 90°、270°,分别读取距离 D,A 点水准尺上读数 a_1 可以采用经纬仪倾角法精确测出。可见:

$$H_A + a_1 = H_{T_1} + i \tag{3.4-3}$$

$$H_B + b = H_{T_1} + i + D + c + a \tag{3.4-4}$$

$$H_B = H_A + a_1 + D + c + a - b \tag{3.4-5}$$

式中:c——棱镜装置中棱镜中心与横杆上水准点间的距离,要预先确定。

对式(3.4-5)进行微分,并进行误差传播,忽略已知点误差,得:

$$m_{H_B}^2 = m_{a_1}^2 + m_D^2 + m_c^2 + m_a^2 + m_b^2 \tag{3.4-6}$$

影响高程传递精度的因素主要有:测量距离的误差 m_D,常数测定误差 m_c,设置铅垂线的误差以及水准测量高差的误差 m_{a_1}、m_a、m_b。

3.4.1.2　精度分析

(1)测量距离的误差分析

影响测距精度的因素主要有:真空光速误差、大气折射率误差、频率误差、测定相位误差以及仪器常数误差。现代全站仪采用了大量的新技术,对测角、测距误差进行多项自动改正或补偿,使得测量精度可以控制在其标称精度之内。

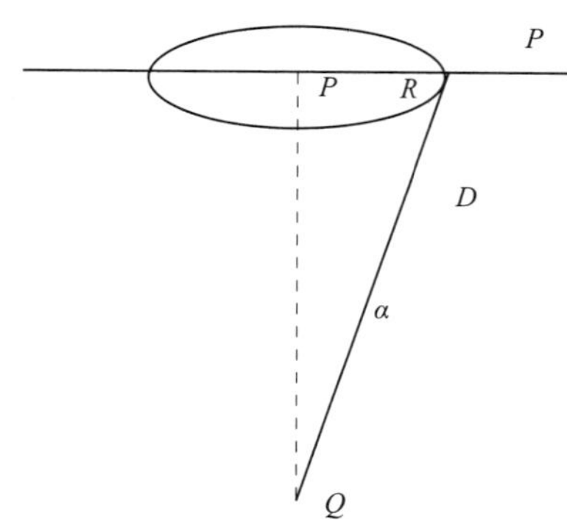

图 3.4-3　设置铅垂线的误差

(2)设置铅垂线造成的距离误差

在图 3.4-2 中,P 点和 Q 点应严格在同一铅垂线上,但实际操作时不可能完全做到这一点,两点的实际位置总会有所偏差,如图 3.4-3 所示。

理论位置为 P 点,Q 与 P 在同一铅垂线上,全站仪实际照准位置为 P 点,测距读数为 D,实际高差为:

$$H = D\cos\alpha \tag{3.4-7}$$

将式(3.4-7)进行微分,并用误差代替,设置铅垂线的误差:

$$\Delta H = -D\sin\alpha \frac{\Delta\alpha}{\rho''} = -R\frac{\Delta\alpha}{\rho''} \tag{3.4-8}$$

可见设置铅垂线误差与棱镜位置及 P 点、Q 点的高差有关。设铅垂线有 3′的偏差,对于 500m 的高程传递将产生 0.4mm 的偏差,这项误差影响很小。

(3)水准测量的误差与近距离三角高程测量的误差

对于水准测量的精度,瞄准和读数误差是主要的误差来源。减小以上误差,可以通过缩短视距长度。大量试验资料表明,用精密水准仪,每次标尺读数误差为:

$$m_{读} = \pm(0.014 + 0.0014L) \tag{3.4-9}$$

式中:L——视距长度(m)。

一般传递距离不超过 20m,采用基准读数,则高差中误差可以控制在 0.04mm 以内。

由于图 3.4-2 中,T_1 与 A 点的距离可以设置得很近,采用三角高程测量的方法,其测量精度优于 0.2mm。

(4)常数的测定

常数测定采用试验室测量法,并以精密高差法校核。精密测定横杆上水准凸点与配套棱镜几何中心的距离采用专用试验场测定,精度较高。

经对苏通大桥北引桥 10 对点现场试验测定高差测量,常数为 43.1mm,$m_c \leqslant \pm 0.5$mm。

(5)综合误差

将以上误差综合,若传递 300m 的距离,采用 $1\text{mm} + 1 \times D \times 10^{-6}$ 精度的全站仪,由式(3.4-6)估算高程传递误差:

$$\begin{aligned} m_{H_B} &= \sqrt{m_{a_1}^2 + m_D^2 + m_c^2 + m_a^2 + m_b^2} \\ &= \sqrt{0.2^2 + 1 + (300\,000 \times 10^{-6})^2 + 0.04^2 + 0.5^2} \\ &= 1.2\text{mm} \end{aligned} \tag{3.4-10}$$

采用这种方法进行高程传递,对于 300m 的高度精度优于 2mm,完全可以满足高程 4mm 的放样精度要求。

3.4.2 现场试验对比

为验证全站仪精密竖直传高技术的精度,在苏通大桥北引桥进行了比对试验。在桥面上下共布设 24 个点,其中桥下 8 个,桥面 16 个,线路长度 1.2km,组成闭合水准路线。以桥下 SZ1 水准点为起算点,采用二等水准测量方法,经严密平差数据处理,闭合差为 0.26mm,满足二等水准的要求。分别对 6 对点进行高程传递验证,结果见表 3.4-1。

从表 3.4-1 可见,二者最大相差 1.38mm,最小相差 0.87mm,而且差值大小符号无明显系统性。

在苏通大桥引桥区、主墩附近试验桩、承台等布置有国家二等水准网。为满足施工的需要,水准基准分阶段传递到施工面。苏通大桥工程施工测量以全站仪(TCA2003)三维坐标放样法为主。由于受大气折光影响,高程精度较平面精度低,只用于节段坐标的计算。为控制桥塔高程误差的累积，采用全站仪竖直高程传递技术，每隔10个节段（45m左右）以及关键部位如横梁、合龙段、钢混段、封顶前都进行高程传递。如图3.4-4所示为索塔高程传递图。

水准测量高差与全站仪传递高差比较　　表3.4-1

点　对	水准高差 h_L(m)	传递高差 h_T(m)	h_L-h_T(mm)
D_1-U_1	5.876 54	5.875 42	1.12
D_1-U_4	6.235 66	6.234 79	0.87
D_5-U_9	8.873 52	8.874 78	-1.26
D_6-U_{11}	9.223 51	9.224 89	-1.38
D_7-D_{14}	10.867 46	10.868 42	-0.96
D_8-U_{16}	11.124 85	11.126 22	-1.37

为了验证高程传递的精度情况，对横梁点（距离1 076m）采用多测回对向三角高程测量，最后将高差平均值与高程传递高差进行比较，偏差为3.26mm，可见满足国家二等水准测量的精度。

图3.4-4　全站仪竖直传高装置在苏通大桥现场使用

3.5　索塔施工期抗风

施工过程中索塔自身刚度小、阻尼低，对风的作用非常敏感，因此索塔施工期抗风问题已成为施工阶段斜拉桥抗风研究的重要组成部分。在施工的各个典型阶段，索塔可能发生涡激振动、驰振和抖振等风致振动。通过塔截面的气动外形设计、附加阻尼器（如可调质量阻尼器TMD、TLD等）可以避免或降低工作风速下的涡激振动和驰振。索塔在脉动风作用下会产生抖振，索塔抖振是由自然大气中的紊流成分诱发的一种强迫振动。抖振一般不会引起灾难性的破坏，但由于引起抖振的风速低，发生频度高，会导致结构局部的结构疲劳并危及施工人员和机具的安全，因此，正确评估索塔抖振响应也十分重要。

施工阶段索塔风洞试验研究的目的是为了检验桥梁在三个主要的施工状态中，自然风可能引起的涡振气动稳定性及抖振响应。通过改变风速、来流紊流度及风向，测量选定的最不利位置的位移及应力来判断施工方案的可行性，以及评估索塔结构在施工阶段的抗风安全性及风对施工设备、人员作业条件的影响，并根据试验结果分析提出相应的施工期减振措施。

3.5.1 索塔施工期风洞试验

3.5.1.1 实验模型与工况

实验模型设计遵循的主要准则是：

(1)再现结构空气动力特征的几何外形。

(2)风洞试验段的尺寸和风洞阻塞率。

(3)满足相似准则要求的无量纲参数。

模型几何缩尺比为1：100。表3.5-1给出了需要模拟的三种施工状态和各类临时结构物。如图3.5-1～图3.5-3所示为施工工况模拟照片。

模拟的施工状态和各类临时结构物　　表3.5-1

试验工况 临时结构物	施工工况1	施工工况2	施工工况3
塔顶高程(mm)	3 060	3 060	2 124
MD3600塔吊	—	L,S	L,S
250t塔吊	—	—	L,S
电梯	—	—	—
爬模	—	L	L
塔端拉索安装平台	—	—	—
索塔中塔柱水平撑	—	—	L,M,S*
索塔下塔柱水平撑	L	L	L
索塔下横梁支架	L	L	L
索塔区0号块支架	L	L	—

注：L-几何外形；S-刚度；M-质量。

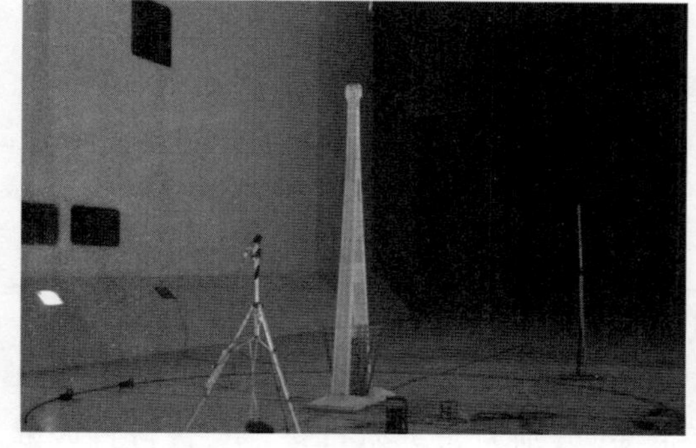

图3.5-1　施工工况1模型照片

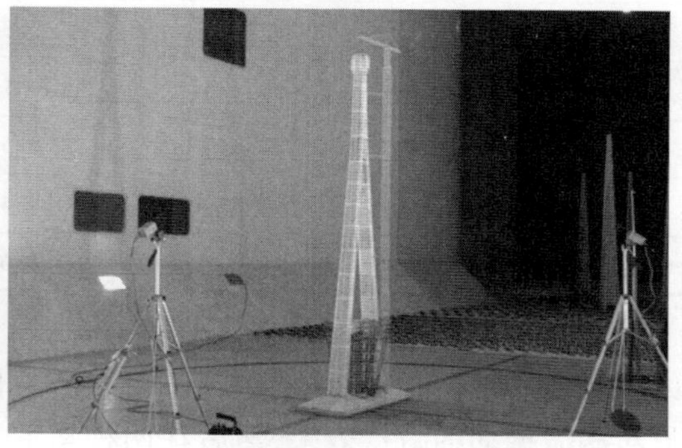

图3.5-2　施工工况2模型照片

图 3.5-3　施工工况 3 模型照片

表 3.5-2 给出了三种施工工况下桥塔的结构动力参数设计值和模型实现值。

桥塔模型结构动力参数　　表 3.5-2

序号	自振频率(Hz)			阻尼比(%)		振型
	原塔	模型要求	模型实现	模型要求	模型实现	
施工工况 1，风速比 1：6.0						
1	0.149 8	2.496	2.441	0.5/0.8	0.55/0.8	顺桥向第一阶弯曲
2	0.695 1	11.585	11.035	—	—	顺桥向第二阶弯曲
3	0.483 1	8.051	7.715	0.5/0.8/1.6	0.52/0.81/1.73	横桥向第一阶弯曲
施工工况 1，风速比 1：2.56						
4	0.149 8	—	5.86	0.5/0.8/1.6	0.46/0.82/1.59	顺桥向第一阶弯曲
施工工况 2，风速比 1：6.0						
1	0.151 1	2.518	2.54	0.5/0.8	0.52/0.82	顺桥向第一阶弯曲
2	0.739 6	12.327	11.56	—	—	顺桥向第二阶弯曲
3	0.493 7	8.228	8.12	0.5/0.8/1.6	0.54/0.87/1.79	横桥向第一阶弯曲
施工工况 1，风速比 1：2.36						
4	0.151 1	—	6.34	0.5/0.8/1.6	0.47/0.79/1.60	顺桥向第一阶弯曲
施工工况 3，风速比 1：6.0						
1	0.282 4	4.707	4.53	0.5/0.8/1.6	0.49/0.76/1.77	顺桥向第一阶弯曲
2	0.624 6	10.41	9.43	—	—	顺桥向第二阶弯曲
3	0.293 8	4.89	4.67	0.5/0.8/1.6	0.57/0.83/1.89	横桥向第一阶弯曲

针对每个施工工况，先开展均匀流内 8 个风向（0°、15°、30°、45°、60°、75°、+90°、－90°）的涡激振动试验，测量并记录各工况的塔顶位移、与下横梁交界处索塔弯矩，并试验附加阻尼对涡激振动的减振效果，然后在两种紊流来流条件（分别为 5.5%、11%）下，进行抖振试验研究。

3.5.1.2 风洞试验主要结果

(1)涡激振动试验

试验表明,涡激振动也只在顺桥向首弯阶模态下出现,塔顶横桥向没有观察到明显的涡激共振现象。表3.5-3汇总了索塔顺桥向涡激振动试验的主要结果,表中的风速和位移已转换到实桥(RMS代表塔顶位移均方根)。5.5%紊流度下涡激振动响应如图3.5-4所示。

自立索塔涡激振动试验结果汇总　　表3.5-3

工况		施工工况1			施工工况2			施工工况3		
最不利风向角(°)		0			3			-1.5		
阻尼比(%)		0.5	0.8	1.6	0.5	0.8	1.6	0.5	0.8	1.6
均匀流	最不利风速(m/s)	12.8	13.0	13.3	13.4	13.2	13.2	27.2	27.5	27.5
	塔顶最大位移(mm)	457	82.2	12.4	394	74.2	15.5	52	23.7	14.0
5.5%紊流	最不利风速(m/s)	13.2	12.8	12.3	13.5	13.4	13.9	24.3	—	—
	塔顶最大位移(mm)	226.0	48.6	16.8	161.6	52.0	13.3	23.9	—	—

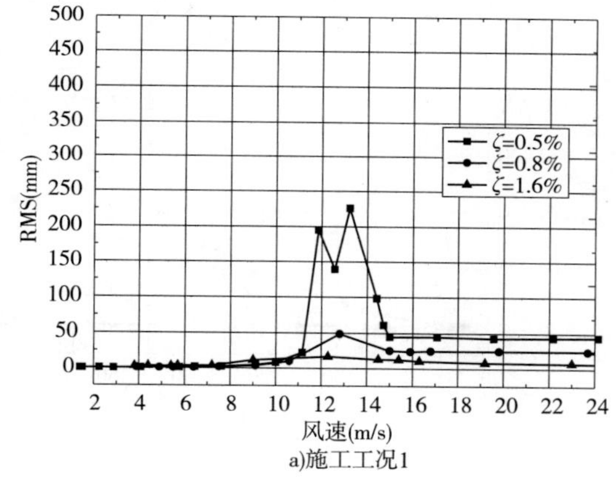

a)施工工况1

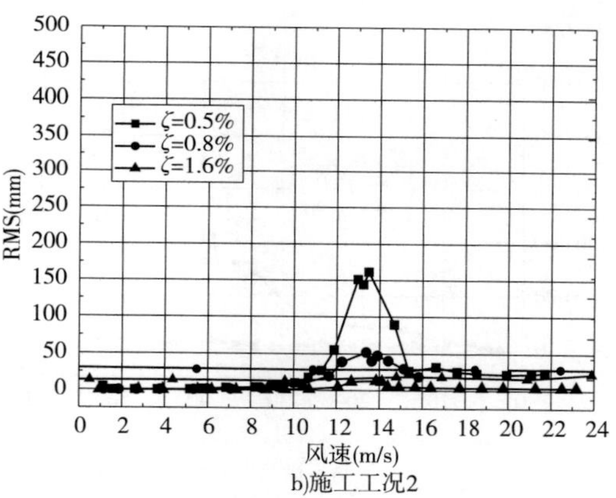

b)施工工况2

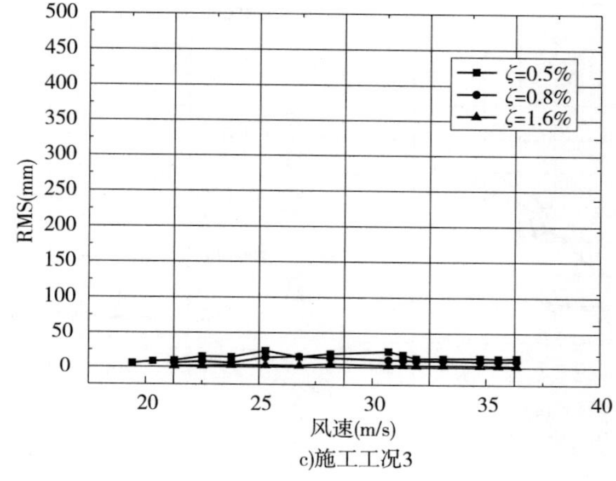

c)施工工况3

图3.5-4　5.5%紊流度下涡激振动响应

(2)抖振试验

在高紊流度(11%)来流条件下,在试验风速范围内,三种施工工况(风向角为0°和90°)均没有观察到涡激共振现象,但顺桥向和横桥向都发生了抖振。施工工况2的塔顶顺桥向抖振响应(位移和内力)随风速变化的情形见图3.5-5。

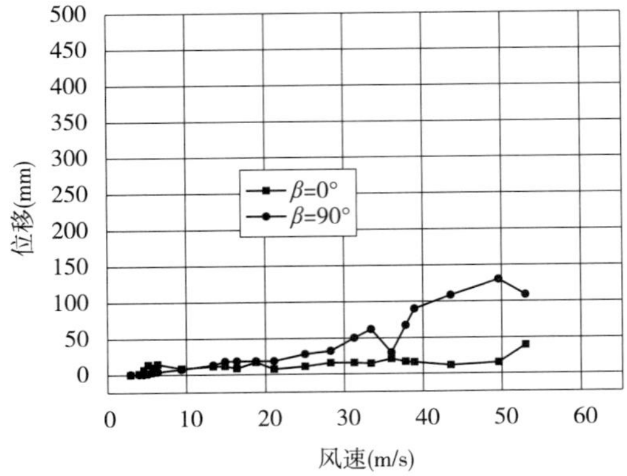

a)位移均方根

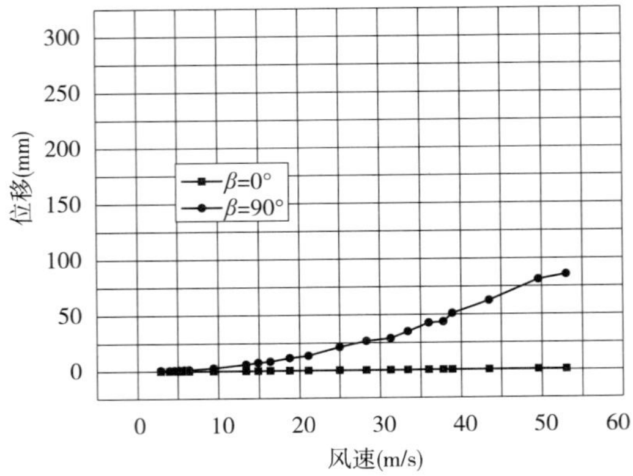

b)位移平均值

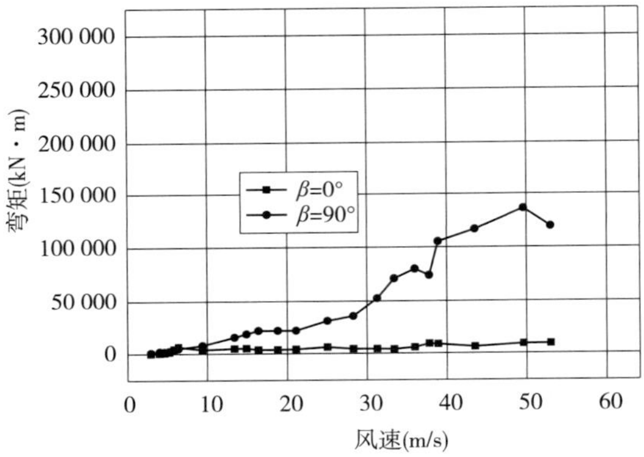

c)与下横梁交界处索塔弯矩

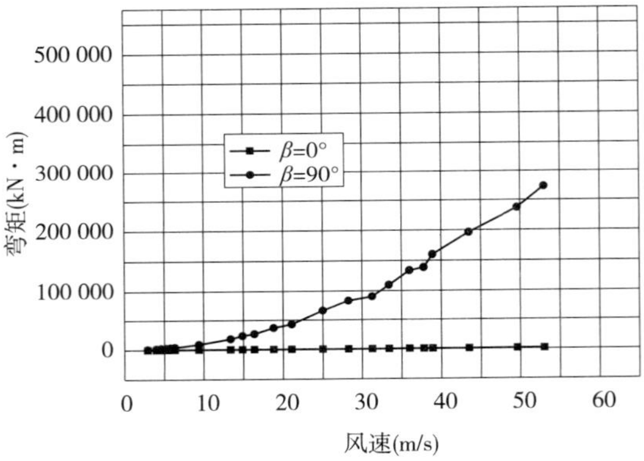

d)与下横梁交界处索塔弯矩

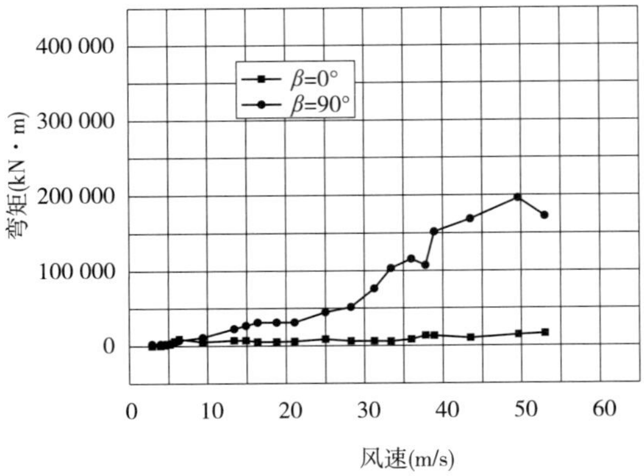

e)塔底内力均方根

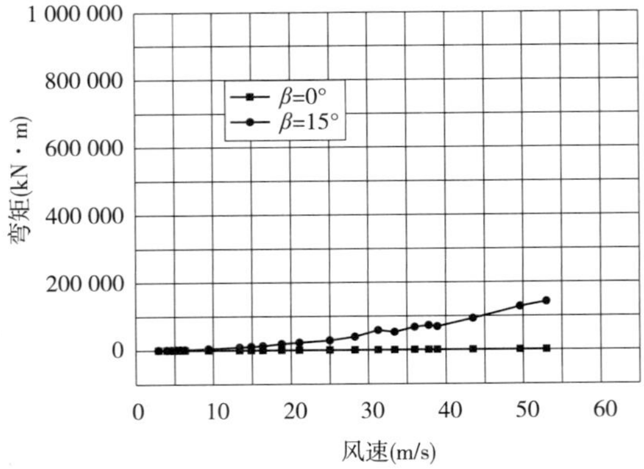

f)塔底内力平均值

图3.5-5 工况2顺桥向的抖振响应

3.5.2 施工期苏通大桥的振动评估

3.5.2.1 评估准则

施工期气动响应主要按如下准则评估：

(1)极限强度和安全准则(a)：在考虑施工时的临时荷载后，在10m高度处以设计风速(35.4m/s)作用，验算索塔结构的受力安全。

(2)工作状态和可操作性准则(b)：小于15m/s的工作风速条件下，检查对施工人员操作和测量的影响。

3.5.2.2 施工期索塔的振动分析

为进一步研究施工期索塔气动现象，进行了其他七个施工阶段的特征值分析，涵盖了150m至全塔306m高的索塔施工阶段。

七个施工阶段的特征值分析结果见表3.5-4，包括频率(f)、索塔顶特征向量(X_T)、塔吊顶特征向量(X_C)和塔吊臂端特征向量(X_{Ct})、等效质量(M_{eq})和Scruton数(Sc)。

七个施工阶段特征值分析结果　　表3.5-4

塔	高	频率 f	特征向量				等效质量	Dref	Sc	St
			X_T	X_C	$X_{Ct\_左}$	$X_{Ct\_右}$	KN·S²/m²	m		
m		Hz								
1	306.0	0.140 3	1.000	1.300	0.816	2.406	151.66	9	76.42	0.101 5
		0.397 8	1.000	121.462	197.308	92.308	4 119.49		2 075.83	
*1	306.0	0.145 9					133.26	9	67.15	
2	270.8	0.161 5	1.000	2.026	0.751	4.945	221.33	9	111.53	
		0.197 5	1.000	1.328	11.664	29.974	1 131.97		570.41	
3	248.4	0.171 9	1.000	4.101	0.848	15.011	554.06	10.2	217.37	
		0.198 7	1.000	0.452	5.810	11.367	581.23		228.02	
4	221.4	0.177 6	1.000	8.512	5.619	39.786	3 020.69	10.8	1 057.04	0.112 5
		0.221 1	1.000	6.823	11.043	12.128	442.59		154.88	
5	212.4	0.224 2	1.000	10.068	20.632	11.812	1 435.75	10.8	502.42	
		0.273 7	1.000	2.480	4.282	1.051	267.35		93.55	
*5	212.4	0.264 6					203.15	10.8	71.09	
6	172.1	0.238 3	1.000	31.735	59.878	25.898	13 065.08	11.7	3 895.60	
		0.394 7	1.000	0.682	1.100	0.100	229.14		68.32	
7	154.0	0.395 6	1.000	9.604	15.768	2.659	1 307.16	12.2	358.46	
		0.506 4	1.000	2.550	4.257	0.918	286.59		78.59	

注：*为无塔吊工况。

图3.5-6～图3.5-10为新增的不同高度处的特征值计算结果。

在计算分析共振风速和振幅响应时，在含 248.4m 塔高或更高索塔施工阶段，选用全塔高有塔吊工况试验结果；对于低于含 212m 索塔高度施工阶段，选用 212m 高有塔吊工况试验结果。

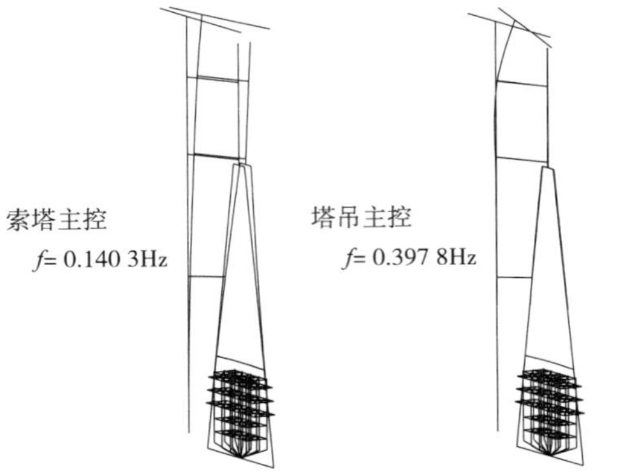

图 3.5-6　索塔（全塔高度）振型

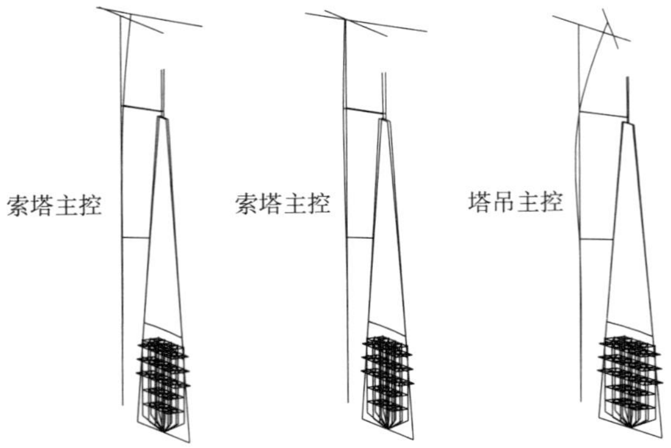

图 3.5-7　248.4m 索塔高度振型

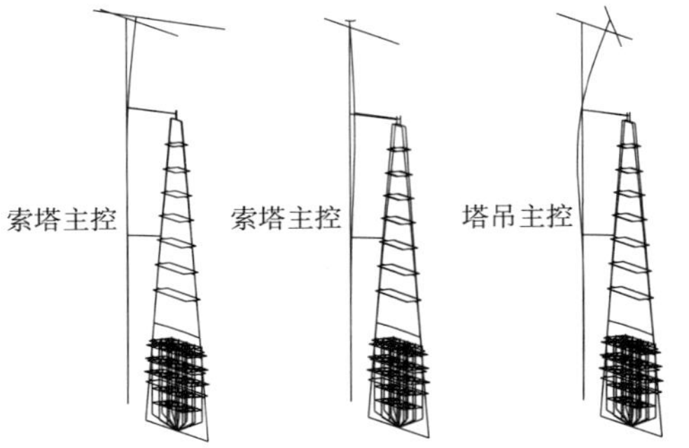

图 3.5-8　221.4m 索塔高度振型

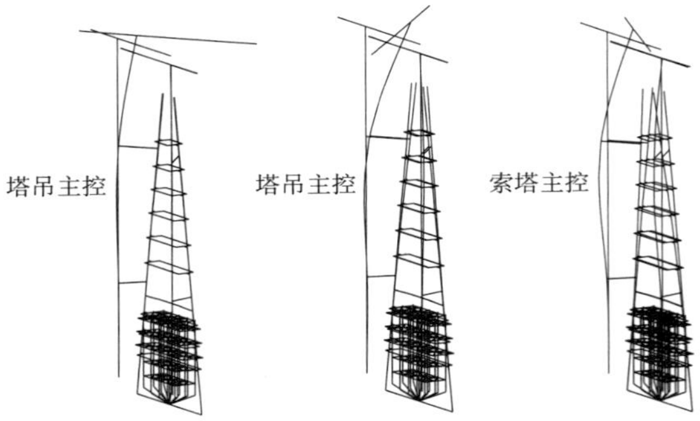

图 3.5-9　221.4m 索塔高度振型

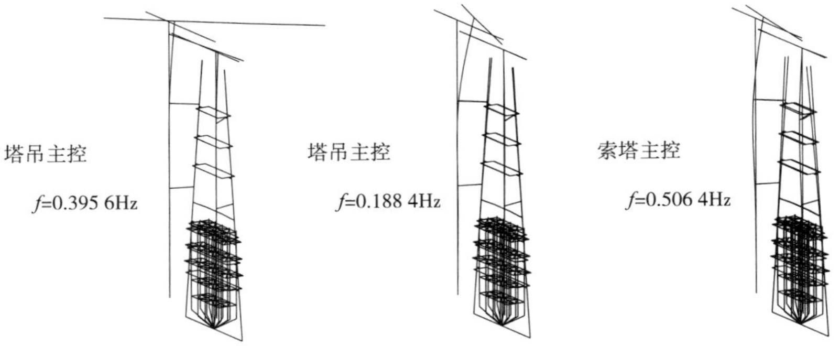

图 3.5-10　154.0m 索塔高度振型

由图 3.5-11 可以看到，当索塔高于 165m 时，在设计风速以下会出现涡激振动现象，当索塔高于 265m 时，在 15m/s 风速以下也会出现涡激振动现象。

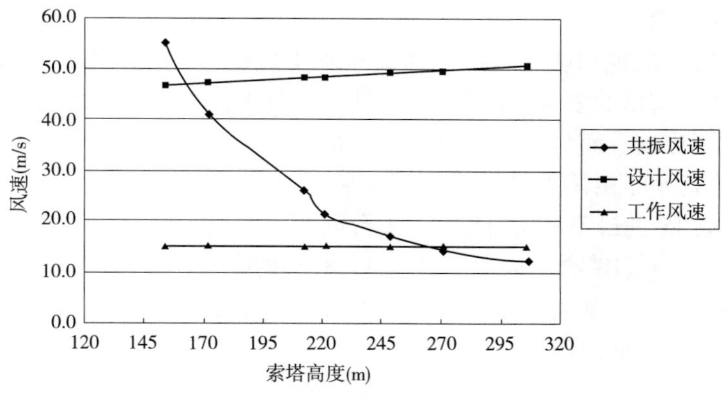

图 3.5-11 不同索塔施工高度处的共振风速

3.5.2.3 施工期风险评估

(1)计算分析结果

计算分析显示:在塔施工时,由于其振频较低,塔与塔吊在涡激振动下的振幅与加速度相对较小,均低于允许范围值,见表 3.5-5。但在索塔施工高度达 270m(第 60 节段以后)或以上时,索塔在 15m/s 风速作用下,会出现涡激振动现象。由表 3.5-5 可见,在施工阶段 1 和施工阶段 2,塔吊顶出现的最大振幅为 178mm,最大加速度为 14cm/s^2。施工阶段 3 ~ 7,塔吊顶出现的最大振幅为 129mm,最大加速度为 105cm/s^2。

索塔施工阶段振幅和加速度 表 3.5-5

塔高(m)		风速(m/s)	振幅(mm)				加速度(m/s^2)				评估准则
			X_T	X_C	$X_{Ct\_左}$	$X_{Ct\_右}$	X_T	X_C	$X_{Ct\_左}$	$X_{Ct\_右}$	
1	306.0	12.4	137	178	111	329	0.106	0.138	0.087	0.256	a,b
		35.3	0	6	9	4	0.000	0.035	0.057	0.027	
*1	306.0	12.9	187				0.157				a,b
2	270.8	14.3	55	111	41	270	0.056	0.114	0.042	0.278	a,b
		17.5	1	1	12	32	0.002	0.002	0.019	0.049	
	248.4	17.3	11	45	9	163	0.013	0.052	0.011	0.190	a
		20.0	10	4	56	110	0.015	0.007	0.088	0.172	
	221.4	17.1	2	19	12	87	0.003	0.023	0.015	0.109	a
		21.2	19	129	209	230	0.037	0.249	0.404	0.443	
	212.4	21.5	5	51	104	60	0.010	0.101	0.207	0.119	a
		26.3	33	83	143	35	0.099	0.245	0.423	0.104	
5	212.4	25.4	45				0.125				a
	172.1	24.8	1	16	30	13	0.001	0.036	0.068	0.030	a
		41.0	47	32	52	5	0.292	0.199	0.321	0.029	
	154.0	42.9	7	71	117	20	0.046	0.438	0.720	0.121	a
		54.9	41	103	173	37	0.411	1.047	1.748	0.377	

注:*-有塔吊工况;X_T-塔顶振幅;X_C-塔吊顶振幅。

(2)极限强度评估

在索塔施工阶段出现涡激共振的风速大于施工风速(15m/s)时,塔吊会停止运作。因此,需要考虑索塔与塔吊的安全性问题,塔吊结构支柱上的弯矩和轴力要考虑塔吊自重、静风和脉动风的共同作用。而与索塔连接的塔吊最上端附墙处塔吊立柱最为关键,但经过计算,其弯矩与轴力远小于由吊重操作时产生的内力。

在与顺桥轴成45°的最不利风向角的强烈台风下,索塔在全塔高度时每塔肢底部需承受的弯矩和轴力分别为1.4×10^6kN·m(阵风因子1.88,平均值0.75×10^6kN·m)和360 000kN,均在索塔塔肢底部的M-N承载能力包络图内见图3.5-12。因此施工期索塔及塔吊的主要结构杆件不会出现极限强度及安全问题。

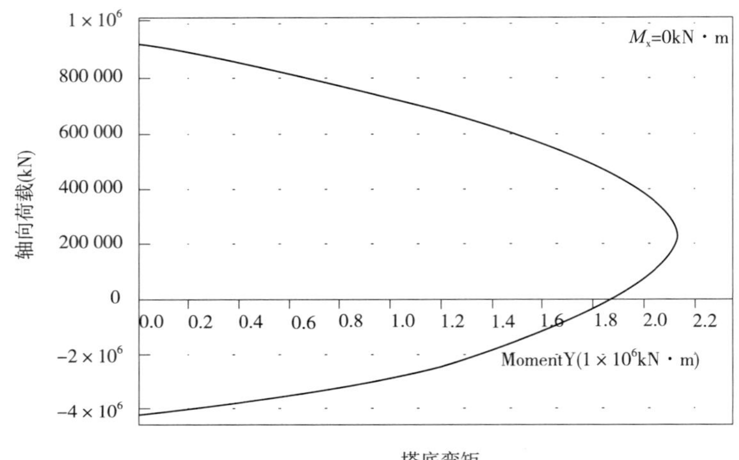

图3.5-12 塔肢底部断面M-N相互作用图

(3)施工期舒适度评估

在塔吊顶可能出现的加速度为14cm/s^2,远比工作舒适度要求的极限加速度30cm/s^2要小。

3.5.3 主要结论

通过对实验结果和分析,可以得到以下结论:

(1)在施工阶段,索塔的风致响应对施工工期有一些轻微影响,但不会引起索塔施工及塔吊可操作性的问题。在工作风速下索塔的振动加速度只有14cm/s^2,甚至采用主动质量阻尼器也不能有效地抑振。

(2)在索塔施工高度达270m(第60节段以后)或以上时,索塔在15m/s风速作用下,会出现涡激振动现象。但由于索塔的振频较低,塔与塔吊在涡激振动下的振幅与加速度相对较小,远低于允许范围值。索塔在台风作用下,底部会出现很大的顺桥向弯矩,但索塔结构能够满足受力要求。

第 4 章　上部结构架设关键技术

4.1　概述

苏通大桥主桥采用全焊接流线型扁平钢箱梁，含风嘴全宽 41m，不含风嘴顶板宽 35.4m，中心线处梁高 4m，桥面横坡为 2%。其标准横断面见图 4.1-1。全桥钢箱梁分为 17 种类型，共 141 个节段，节段标准长度为 16m，边跨节段标准长度为 12m。主跨和边跨标准梁段最大起吊质量为 450t，最大起吊高度为 80m。

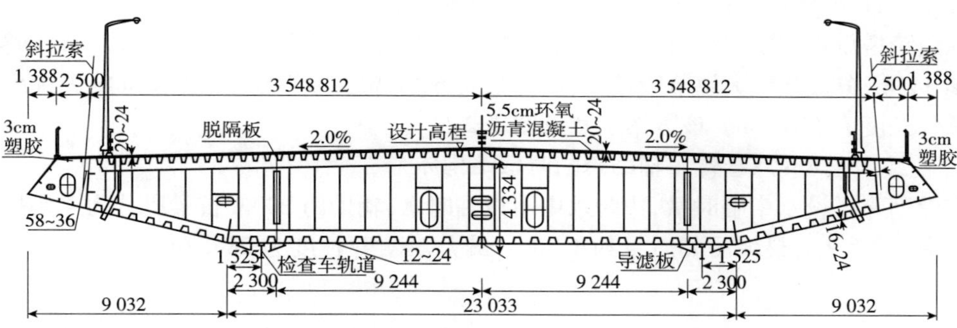

图 4.1-1　苏通大桥主桥钢箱梁断面图(尺寸单位：mm)

斜拉索采用 ϕ7-1 770MPa 平行钢丝索，扇形布置。全桥共 272 根斜拉索，塔端和梁端均采用钢锚箱方式连接。斜拉索最长 577m，最大规格为 PES7-313，单根斜拉索最大质量为 59t；采用阻尼器、气动措施(表面凹坑)并用的综合减振方案，拉索振动的允许幅值控制在长度的 1/1 700 以内。

苏通大桥是世界首次将斜拉桥应用至千米跨径的实践，上部结构施工面临的主要技术难题包括：

(1) 主梁采用节段悬臂拼装法施工，梁段数量多，单节质量大，悬臂长度大、施工周期长、工序多，调控困难，施工误差极易导致更为严重的质量和安全风险。

(2) 超长超重斜拉索架设难度大，需研发包括提升至桥面、展索、牵引、张拉在内的整套架设工艺，确保在架设过程中斜拉索 PE 护套不受损害，同时还需解决施工期超长斜拉索的振动控制问题。

(3) 千米级斜拉桥节段数量多，误差容易累积，施工期长悬臂纤柔，受环境因素影响敏感，精确测量以及状态识别难度大，施工控制困难。

(4) 施工期需经历超长双悬臂以及单悬臂状态，同时桥位处位于近海开阔区域，常年风速较大，悬臂施工期结构稳定和安全面临严峻挑战。

4.2 主梁施工期结构体系

斜拉桥主梁悬臂施工期间,结构需经历多次体系转换,首先为双悬臂对称架设,直至边跨合龙后转为单悬臂架设,在中跨合龙前达到最大单悬臂状态,中跨合龙后解除临时约束,成桥为漂浮体系。主梁悬臂施工期双悬臂长度和临时支撑体系是施工期结构安全的关键因素,决定了上部结构总体施工工艺。此外,施工期的结构稳定以及抗风安全均与施工期结构体系密切相关。

斜拉桥施工期最大单悬臂长度由主跨跨度确定,而最大双悬臂长度则因边跨施工方法和支架体系的不同而变化。根据大桥的总体结构特点,对比分析了四种可行的施工期结构体系方案,以确定合适的施工方法。

4.2.1 施工方案体系对比分析

方案一:156.8m 双悬臂 + 边跨临时墩结构体系。

在边跨搭设水中临时墩,过渡墩、辅助墩、边跨设置墩旁斜支架,边跨及辅助跨钢箱梁总长达到343m,分成9个大块节段箱梁,梁段最长60m,最重1 200t,采用起重船进行吊装,最大双悬臂长度为156.8m。该方案示意见图4.2-1。

方案二:284.8m 双悬臂 + 辅助跨临时墩结构体系。

在辅助跨搭设水中临时墩,边跨水中不设临时墩,辅助跨200m长梁段分为4块吊装,大块梁段最长57.9m,最大吊装质量约1 300t,最大双悬臂长度为284.8m。该方案示意见图4.2-2。

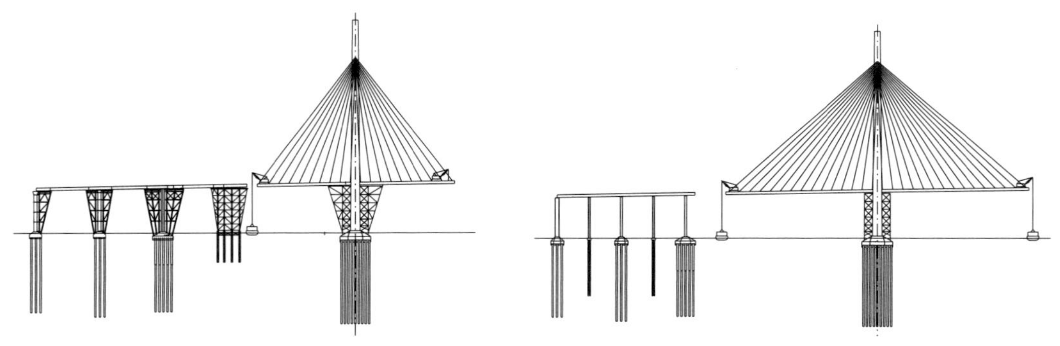

图4.2-1 方案一示意图　　图4.2-2 方案二示意图

方案三:284.8m 双悬臂 + 边跨临时墩结构体系。

在辅助跨和边跨搭设水中临时墩,辅助跨采用大块梁段吊装,边跨采用对称悬臂安装,大块梁段划分与方案二相同,最大双悬臂长度为284.8m,边跨临时墩可有效控制主梁悬臂竖向摆动。该方案示意见图4.2-3。

方案四:100m 大块梁段 + 边跨临时墩结构体系。

在边跨搭设水中临时墩,无双悬臂施工,边跨及辅助跨全部采用大块梁段安装,大块梁段长度为100m,最大起吊质量约3 000t。该方案示意见图4.2-4。

现从施工综合效益和结构抗风能力等方面对四种方案进行对比分析。

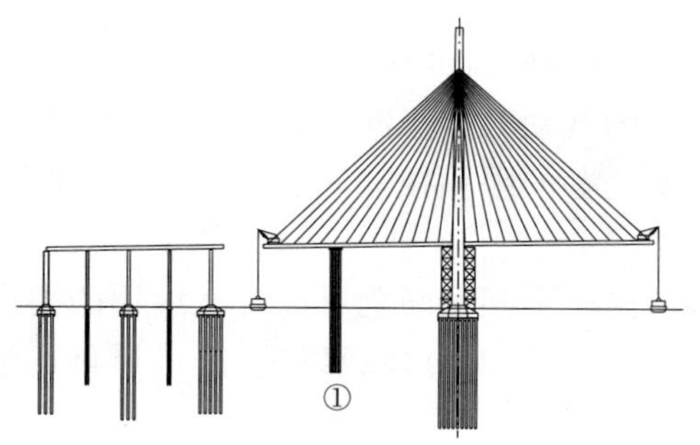

图4.2-3 方案三示意图

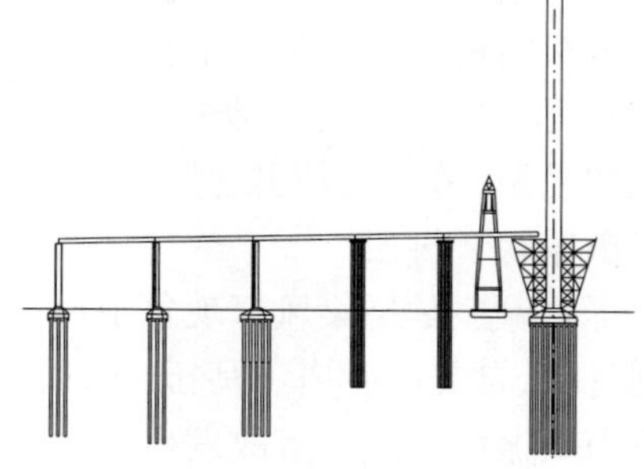

图4.2-4 方案四示意图

(1)方案比较

四种施工期结构体系各有特点,为比较结构体系对总体施工方法的影响,从施工优缺点、设备和临时结构消耗等方面进行对比,见表4.2-1。

总体方案比较　　表4.2-1

名称	优点	缺点	临时结构钢材用量
方案一	(1)边跨采用斜支架,减小大块钢箱梁长度,降低船撞风险; (2)边跨合龙早,降低了双悬臂风险	水中临时墩耗用钢材较多	14 500t
方案二	边跨水中无需设置临时墩	(1)辅助跨水中临时墩河床冲刷难确定; (2)双悬臂状态历时长,风险大; (3)若双悬臂吊梁过程中出现落梁,会使索塔应力大大超过混凝土抗拉强度,出现灾难性后果	6 500t
方案三	为国内常规施工方法,施工方法较为成熟	(1)辅助跨水中临时墩河床冲刷难确定; (2)双悬臂状态历时长,风险大; (3)水中临时墩施工工作量大; (4)边跨水中临时墩刚度难确定	12 500t
方案四	(1)边跨及辅助跨全部采用大块梁段安装,施工速度快; (2)无双悬臂风险	(1)国内没有能够满足吊高和起吊能力的浮吊,需国外租赁; (2)100m长梁段制造和运输困难; (3)临时墩位于河床防护区,施工期存在破坏防护的风险; (4)水中临时墩施工工作量大	14 500t

表4.2-1表明,由于吊装能力限制和水中防护区临时墩搭设困难,方案四不适合于大桥施工。方案一消耗钢材最多,设备要求高,但是双悬臂状态经历时间短。方案二最经济,但是双悬臂状态经历时间长,风险较大,辅助跨水中临时墩河床冲刷难确定,对于施工期结构安全需要做进一步分析。方案三是国内常用施工方法,施工工艺较为成熟,但也存在和方案

二同样的问题,而且水中临时墩施工工作量大,整体刚度也难确定。

(2)结构抗风能力比较

风对结构的作用是一个复杂的空气动力现象。在自然风的作用下,桥梁结构的风致振动大致可分为两大类:一类是引起桥梁灾难性后果的气动力失稳问题,表现为发散振动,如颤振和驰振;另一类是引起桥梁构件疲劳及行车安全等的限幅振动问题,表现为限幅振动,如涡激振动和抖振。

尽管颤振是桥梁风振现象中最具危险的现象,但桥梁颤振问题可以说从应用的角度已得到解决,自美国新塔可马桥(The New Tacoma Narrows Bridge)建成以来,全世界再也没有桥梁因颤振而损毁的事故发生。

抖振是一种限幅振动,它发生频度高,可能会引起结构的疲劳;而且过大的抖振振幅会引起人感觉不适,甚至危及施工期桥梁安全,因此抖振已成为桥梁抗风设计中日益重要的课题。

涡激振动是由非流线型断面背后的涡旋脱落产生的周期性空气力引起的强迫振动,它是在低风速区发生的有限振幅的振动现象,其发生和响应振幅对构件刚度、初始阻尼值和断面外形有较大依赖性。这类现象不致引起结构迅速破坏,但可能导致构件疲劳和行人的不适。从施工期安全角度一般不考虑结构涡激振动。

基于以上分析,大桥施工期结构体系抗风能力主要研究临界风速及45.4m/s(桥面高度处)施工期的结构颤振和抖振问题。

颤振临界风速主要与结构的动力特性相关,对方案一~方案三进行动力特性的对比分析,三种方案的一阶弯曲频率、一阶扭转频率和扭弯比见图4.2-5。

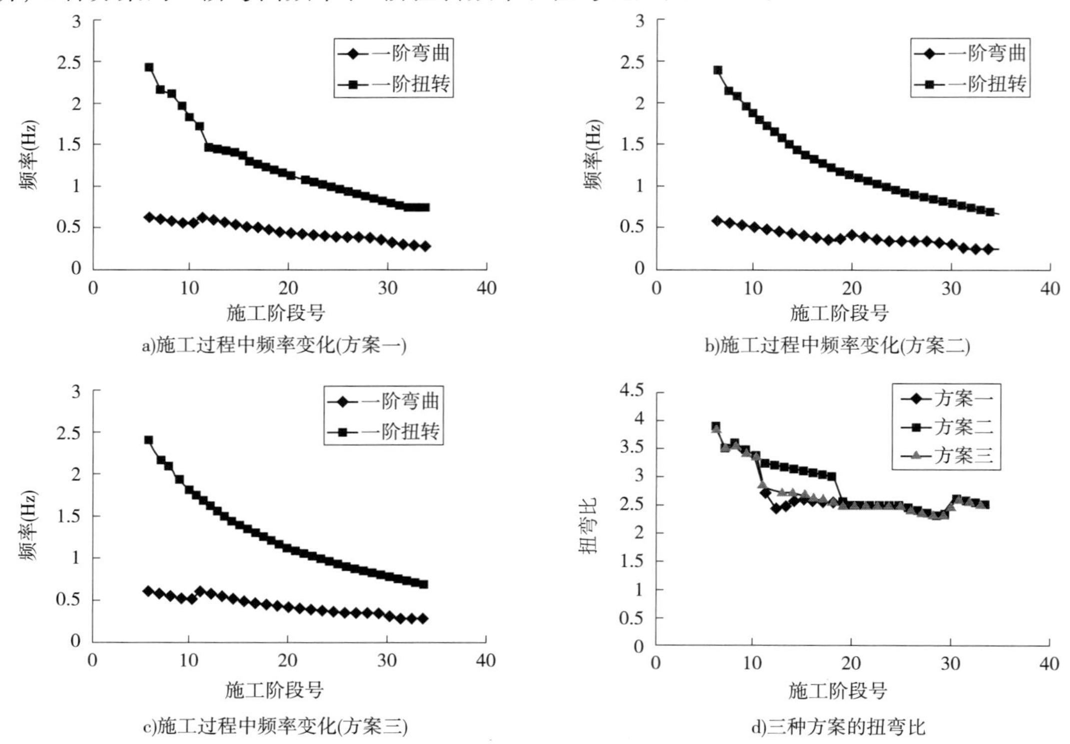

a)施工过程中频率变化(方案一)

b)施工过程中频率变化(方案二)

c)施工过程中频率变化(方案三)

d)三种方案的扭弯比

图4.2-5 三种方案动力特性分析结果

由图4.2-5可见，随着上部结构悬臂拼装的进行，三种方案的一阶弯曲频率和一阶扭转频率都逐渐减小。其中一阶弯曲频率在边跨合龙后明显上升，说明边跨合龙可以有效地提高结构体系刚度。方案一和方案三的动力特性结果非常近似。由于临时墩的设置，在第10个施工阶段时一阶弯矩频率都明显增大，这说明临时墩增强了结构体系的弯曲刚度。但由于没有边跨钢箱梁的“锚固”作用，方案三在第10个施工阶段的一阶扭转频率没有明显改变，而方案一由于实现了边跨合龙，悬臂端与边跨大块梁段连成整体，所以一阶扭转频率有明显的下降。因此方案一和方案三的扭弯比有较明显的差异，方案一的扭弯比更小，结构力学动力特征更优越。

根据《公路桥梁抗风设计规范》(JTG/T D60-01—2004)，采用同济大学公式和VanDer-Put近似公式计算三种方案的颤振临界风速，计算结果分别见图4.2-6、图4.2-7。

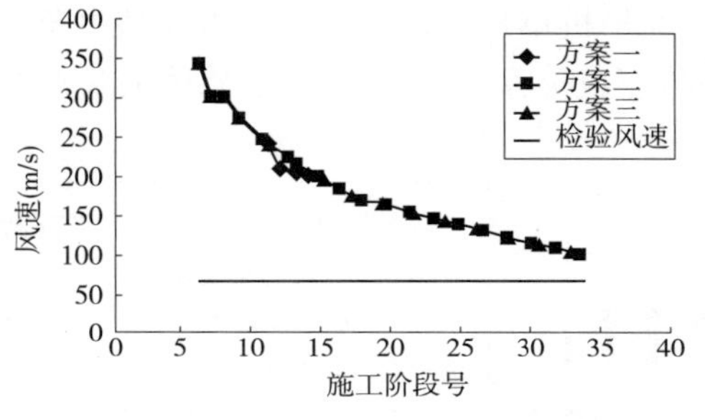

图4.2-6 同济大学公式计算临界风速结果

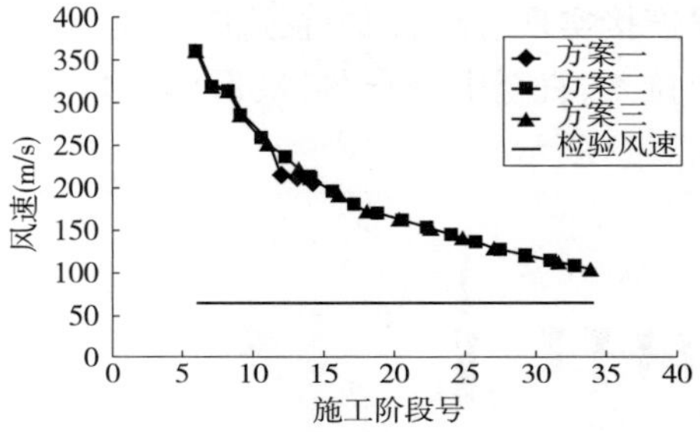

图4.2-7 VanDerPut近似公式计算临界风速结果

结果表明，施工各阶段的颤振临界风速均大于颤振检验风速66.2m/s，三种方案均不会出现风致颤振现象。

对各施工阶段结构在30年一遇风速(桥面风速44.5m/s)条件下的风致抖振响应进行频域分析，不同结构体系施工阶段最大风致抖振响应(包括静风和紊动风作用)计算结果见图4.2-8～图4.2-10。

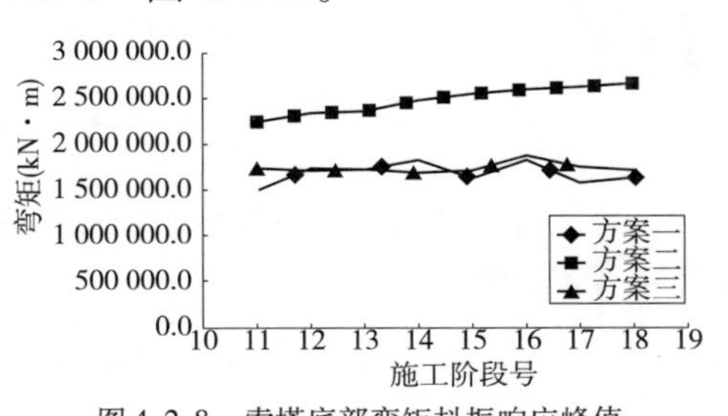

图4.2-8 索塔底部弯矩抖振响应峰值

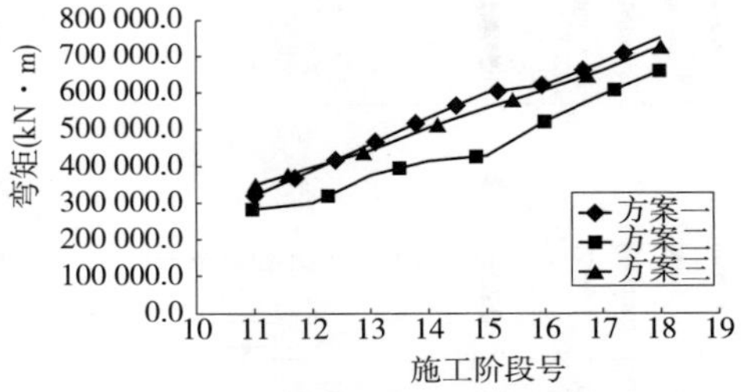

图4.2-9 主梁面内弯矩抖振响应峰值

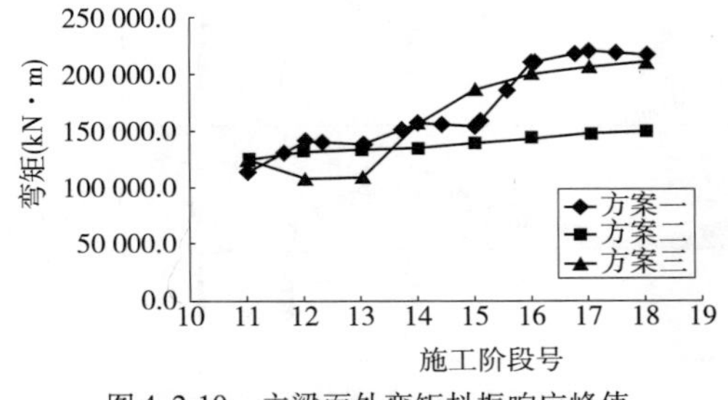

图4.2-10 主梁面外弯矩抖振响应峰值

由图4.2-8～图4.2-10可见，三种方案施工期钢箱梁抖振弯矩响应值比较接近，方案二钢箱梁弯矩抖振响应峰值略小。对于索塔底部弯矩抖振响应，方案一和方案三较为接近，而方案二索塔抖振弯矩响应峰值接近其他方案的两倍，可知方案二施工阶段结构抗风相对不利。

(3)结论

综上所述，从施工设备、施工效率、经济性比较，方案一和方案三均具有竞争性。但方案一可以提前实现边跨合龙，提高结构整体刚度，更早进入单悬臂施工状态，可更有效地降低施工期安全风险。因此，最终选择方案一作为大桥施工总体方案。

钢箱梁架设总体施工步骤为：首先在索塔两侧搭设支架，用浮吊安装索塔区梁段；然后在边跨和辅助跨搭设支架及临时墩，用浮吊安装边跨及辅助跨梁段；在已安索塔区梁段上安装桥面吊机，对称逐段吊装主跨与边跨侧标准梁段，同步安装斜拉索，与边跨吊装完成的钢箱梁连接实现边跨合龙；在边跨合龙后，主跨侧桥面吊机单悬臂逐段吊装标准梁段并架设相应斜拉索，直至中跨合龙，最后解除塔梁临时固结完成体系转换。钢箱梁总体安装顺序如图4.2-11所示。

	(1)大型浮吊安装边跨和辅助跨60m(最长)长大块梁段 (2)在水中设置2个临时墩，在辅助墩和边墩布置斜支架
	(3)用大型浮吊吊装梁段
	(4)大型浮吊安装索塔区0号块 (5)开始对称悬拼标准钢箱梁
	(6)安装边跨合龙梁段，完成边跨合龙
	(7)继续单悬臂拼装 (8)拆除临时墩及部分斜支架
	(9)中跨合龙 (10)解除塔梁临时固结

图4.2-11　钢箱梁总体安装顺序

4.2.2 塔梁临时固结体系

4.2.2.1 塔梁临时固结结构设计

主桥除索塔区和边跨梁段采用大型浮吊安装外，其余梁段采用悬臂拼装施工，施工过程中最大双悬臂长度为156.8m，最大单悬臂长度为540.8m。施工阶段设计风速按30年一遇考虑，基本风速为35.4m/s。主桥设计采用的是全漂浮体系，为保证悬臂施工阶段结构体系的稳定性，需在主梁悬臂拼装前将主梁和索塔横梁临时锚固。

一般情况下，斜拉桥塔梁临时锚固结构通常采用刚性固结形式，即在索塔区钢主梁与索塔横梁间设置钢垫块，钢垫块分别与钢箱梁和索塔固结，并在钢主梁与索塔塔肢间设置临时横向钢支座，整个约束体系施工期变形很小，故称为刚性固结体系。

由于大桥跨径超千米，在施工作业条件下边中跨索力不对称，临时固结在主梁悬臂施工过程将承受很大的纵桥向不平衡水平力。在30年一遇的横风作用下，索塔处钢主梁与索塔横梁间如设置刚性挡块也会出现较大的剪力，因此，对于千米级斜拉桥而言，如采用刚性临时固结，其构件尺寸将会很庞大。

针对大桥临时固结的受力需求，结合中跨合龙施工的功能需求，提出了如图4.2-12、图4.2-13所示的塔梁柔性临时固结体系。采用8个钢支墩和8根竖向拉索作为竖向约束，钢支墩和竖向拉索提供6个自由度中的3个约束：竖向约束、纵向扭转约束和横向扭转约束。此外，纵向约束和竖向扭转通过在梁底和索塔下横梁间设置纵桥向的柔性拉索来实现；主梁的横向约束则由索塔和主梁之间的抗风支座提供。纵向柔性临时固结体系充分利用平行钢丝索轴向抗力大的特点，将传统临时固结所承受的剪力转化为平行钢丝轴向拉力，提高了临时固结在施工过程中的安全性，同时也降低了解除临时固结的风险。

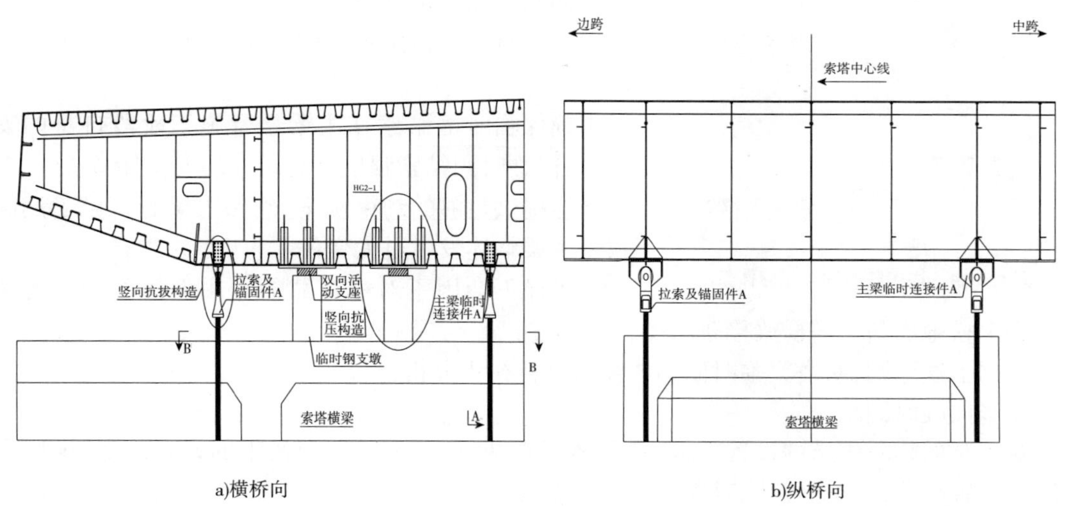

图4.2-12 塔梁竖向临时固结构造图

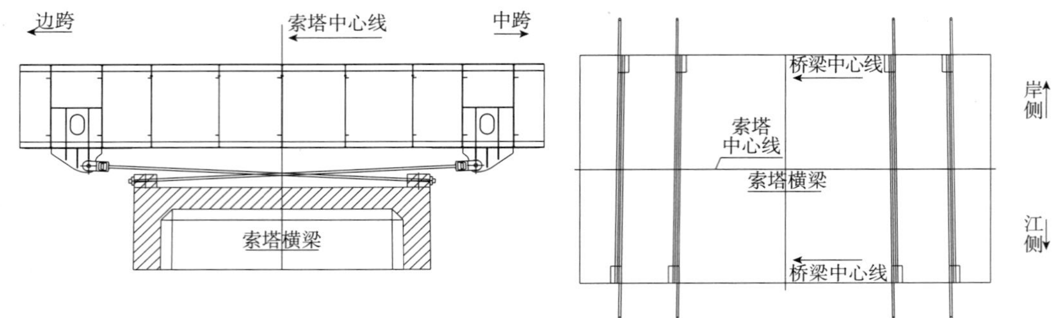

图 4. 2-13　塔梁纵向临时固结构造图

塔梁临时固结各构件的物理特性如表 4. 2-2 所示。

塔梁临时固结各部件的物理特性　　表 4. 2-2

部　　件	型　　号	截面积(m^2)	弹模(MPa)	长度(m)	极限承载力(kN)
纵向内拉索	PES7-151	0. 005 811		15. 17	10 290
纵向外拉索	PES7-211	0. 008 120	200 000	15. 17	14 370
竖向拉索	PES7-109	0. 004 195		9. 80	7 430
钢支墩	0. 09m × 0. 09m	0. 81	200 000	1. 4	13 000

4. 2. 2. 2　塔梁临时固结索张力及安全控制

(1)临时固结索张力

塔梁临时固结由两部分组成:在主梁和下横梁之间的 8 根竖向临时拉索和 8 个临时钢支墩可抵抗施工期产生的竖向力(F_z)、纵向轴的弯矩(M_x)和横向轴的弯矩(M_Y)。纵向拉索由与桥中心线对称的每边两根外拉索和两根内拉索组成,分别固定在钢箱梁上和索塔下横梁上,以抵抗纵向力(F_x)和对竖向轴的弯矩(M_z)。塔梁临时固结坐标体系见图 4. 2-14。

图 4. 2-14　塔梁临时固结坐标体系

塔梁临时固结索预张力的确定,主要基于以下几点考虑:

①确保临时固结索在主梁悬臂施工阶段自身的安全,即确保临时固结索强度具有足够的安全储备。

②能提供足够的约束刚度,确保主梁悬臂施工期间不致使主梁整体发生过大变位。

③确保不会因不对称荷载的作用而使部分临时锚固索完全松弛而与主塔横梁接触摩擦,造成损伤。

根据上述原则,对塔梁临时固结的需求进行初步分析:

①竖向临时固结

对于竖向临时固结的设置需求,主要体现在两方面:一是竖向约束的设置位置,即竖向支座的设置高程;二是竖向临时固结的约束刚度。

考虑到弹性压缩、收缩徐变以及二期恒载作用,为减小施工期索塔区主梁弯矩,索塔处主梁安装高程应高于设计高程。因此,竖向临时固结钢支墩支承面应高于主梁底设计高程。

施工期竖向固结可能出现如图 4.2-15 所示的三种情况:a)主梁始终与钢支墩保持接触;b)在弯矩或扭矩作用下造成主梁倾斜,单侧钢支墩脱空;c)在斜拉索索力作用下主梁产生向上位移,两侧钢支墩均脱空。

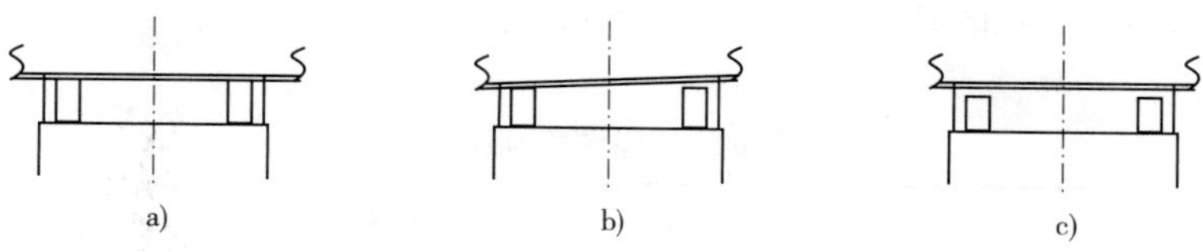

图 4.2-15 竖向固结的三种可能情况

对于情况 a),由于预张力效应,在临时索上产生的额外索力非常小。但在情况 b)及 c)中,在远离钢支墩一边的临时索将承受所有竖向力 F_x 和弯矩 M_x 和 M_Y。在情况 b)中,还存在主梁碰撞钢支墩的风险,并可能造成主梁局部损伤。在情况 c)中,必须适当施加预张力,确保竖向索在任何工况条件下都不松弛。

针对上述三种情况,综合考虑竖向临时拉索以及梁体结构的安全,以及主梁施工线形控制的需求,竖向临时索设计应保证主梁与钢支墩在施工期处于 a)状态。

②纵向临时固结

纵向临时固结设计需保证在正常条件下索塔区主梁不会发生大的变位,同时临时固结索处于安全状态,且在极限状况下(如台风期)能确保结构安全,因此,纵向临时固结的设计应同时考虑强度和刚度要求。

通过建立主梁悬臂施工数值计算模型,对塔梁临时固结系统进行仿真分析,确定塔梁临时固结索的初始预张力,计算工况如表 4.2-3 所示。

塔梁临时固结索预张拉计算工况 表 4.2-3

计算工况		荷载组合
最大双悬臂施工阶段	1	恒载+施工荷载(包括不对称吊装钢箱梁)+风荷载(桥面高风速 15m/s)(考虑阵风系数及不平衡风情况)
	2	恒载+施工荷载(包括不对称吊装钢箱梁)+温度升降 20℃
最大单悬臂施工阶段	3	恒载+施工荷载+风荷载(桥面高风速 15m/s)(考虑阵风系数及不平衡风情况)
	4	恒载+施工荷载+温度升降 20℃

注:表中的工况仅考虑了主梁悬臂施工期正常作业状态,非作业状态仅进行塔梁临时固结的安全校核。

在主梁正常悬臂施工阶段,塔梁临时固结处单根拉索的最大拉力值及最小安全系数如表 4.2-4所示。

主梁悬臂施工期塔梁临时固结索最大索力计算结果 表 4.2-4

计算工况	临时拉索最大索力值(kN)		
	PES7-151(内侧纵向索)	PES7-211(外侧纵向索)	PES7-109(竖向索)
最大双悬臂	1 435	2 004	2 720
最大单悬臂	1 432	2 001	1 589
最小安全系数	7.2	7.2	2.7

通过分析可知，在主梁悬臂施工正常作业情况下，塔梁临时拉索受力最小安全系数均大于2.0，满足受力要求。

为了防止主梁悬臂施工期部分临时固结索因松弛而与主塔横梁发生摩擦损伤，在确保拉索安全系数不小于2.0的基础上，其预张力还考虑了1.25的安全系数，最终确定的预张力如表4.2-5所示。

塔梁临时固结索预张力 表4.2-5

临时固结索	PES7-151（内侧纵向索）	PES7-211（外侧纵向索）	PES7-109（竖向索）
预张力（kN）	1 800	2 500	3 400
安全系数	5.7	5.7	2.2

（2）临时固结安全控制

大桥处于长江下游，临近入海口，主梁悬臂施工期间可能会受台风影响，为了确保主梁悬臂施工期非正常作业条件下塔梁临时固结的安全，对超过正常作业风速时的塔梁临时固结的抖振响应进行分析，并提出相应的控制措施。

①非正常作业风速

主梁悬臂施工期非正常作业风速的确定主要有两个依据：一是大桥的设计风速，即30年一遇的台风风速，10m高处最大风速为35.4m/s；另一个是根据桥区风场资料报告，对每年在桥址处出现的风速分布进行分析而获得的，非台风期的10m高处最大风速为28.3m/s，以此风速检核在非台风期塔梁固结的安全性。

②结构模型

采用有限元软件TDV-RM进行频域抖振分析，考虑最大双悬臂和最大单悬臂两种工况，抖振有限元分析模型如图4.2-16所示。

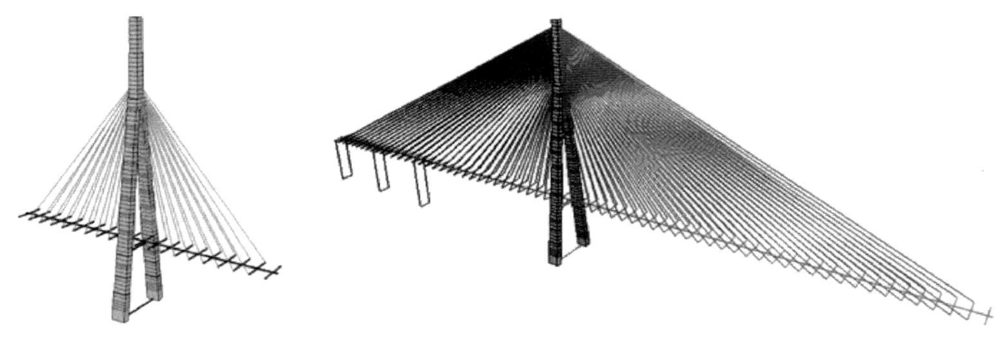

图4.2-16 抖振分析有限元模型

由于未安装最前端斜拉索工况下出现的竖向抖振响应较为不利，因此，以该工况进行竖向抖振模型分析。横桥向抖振响应分析则针对最前端斜拉索安装完成工况进行。

③分析结果

a.最大双悬臂状态

塔梁固结各临时拉索的张力和安全系数如表4.2-6和表4.2-7所示，抖振响应值采用SRSS叠加法获得。

最大双悬臂工况下的纵向临时拉索张力 表4.2-6

纵向拉索	预张力(kN)	最大索力(kN)	容许张力(kN)	安全系数
基本风速(V=35.4m/s)				
外临时拉索	2 500	8 140	14 370	1.76
内临时拉索	1 800	4 090	10 290	2.51
基本风速(V=28.3m/s)				
外临时拉索	2 500	5 240	14 370	2.74
内临时拉索	1 800	2 640	10 290	3.9

最大双悬臂工况下的竖向临时拉索张力 表4.2-7

竖向拉索	预张力(kN)	最大索力(kN)	容许张力(kN)	安全系数
基本风速(V=35.4m/s)				
外临时拉索	3 400	3 680	7 430	2.04
内临时拉索	3 400	3 630	7 430	2.02
基本风速(V=28.3m/s)				
外临时拉索	3 400	3 580	7 430	2.07
内临时拉索	3 400	3 550	7 430	2.09

从表4.2-6、表4.2-7中可以看出,塔梁临时固结纵向索在最大双悬臂阶段,当台风来临时(V=35.4m/s),外侧的临时拉索索力最小安全系数仅为1.76,不满足设计要求,但是根据工期安排,最大双悬臂工况发生在冬季(当年11月份到次年1月份)非台风期,而在非台风期对应的检验风速条件下,临时拉索的最小安全系数2.07,满足设计要求。

b. 最大单悬臂状态

最大单悬臂状态塔梁固结临时拉索各自的张力和安全系数见表4.2-8和表4.2-9,表中的张力峰值采用SRSS叠加法获得。

最大单悬臂工况下的纵向临时拉索张力(V=35.4m/s) 表4.2-8

纵向拉索	预张力(kN)	最大索力(kN)	容许张力(kN)	安全系数
内临时拉索	1 800	5 180	10 290	1.99
外临时拉索	2 500	7 640	14 370	1.88

最大单悬臂工况下的竖向临时拉索张力(V=35.4m/s) 表4.2-9

竖向拉索	预张力(kN)	拉索张力(kN)	容许张力(kN)	安全系数
内临时拉索	3 400	3 580	7 430	2.08
外临时拉索	3 400	3 700	7 430	2.01

从表4.2-8、表4.2-9中可以看出,塔梁临时固结纵向索在最大单悬臂阶段,当台风来临时(V=35.4m/s),内外侧的纵向临时拉索索力最小安全系数均小于2.0,不满足安全系数要求。

为确保主梁悬臂施工期塔梁临时固结的安全,提出了以下几种可降低内外纵向临时拉索索力的安全控制措施,并进行了控制效果分析。

措施一:利用边跨墩上竖向支座的摩阻力(竖向力共23 440kN,摩阻力系数取0.03);

措施二:利用索塔区临时钢支墩的摩阻力(竖向力共8×3 250=26 000kN,摩阻力系数取0.03);

措施三:后移桥面吊机400m(质量影响和降低风阻力);

措施四:拆除最大单悬臂状态下最前端150m内的桥面安全围栏及检修道栏杆底座(减低风阻系数)。

对上述四项措施进行单独和组合使用效果进行数值分析,结果见表4.2-10。

最大单悬臂工况下采取安全措施的纵向临时拉索张力 表4.2-10

纵向拉索	预张力(kN)	最大索力(kN)	容许张力(kN)	安全系数
基本-边跨墩支座阻力				
内临时拉索	1 800	5 000	10 290	2.06
外临时拉索	2 500	7 470	14 370	1.92
基本-后移桥面吊机400m				
内临时拉索	1 800	4 970	10 290	2.07
外临时拉索	2 500	7 320	14 370	1.96
基本-边跨墩支座阻力+后移桥面吊机400m				
内临时拉索	1 800	4 800	10 290	2.14
外临时拉索	2 500	7 150	14 370	2.01
基本-边跨墩支座阻力+后移桥面吊机400m+索塔区临时钢支墩阻力				
内临时拉索	1 800	4 430	10 290	2.32
外临时拉索	2 500	6 780	14 370	2.12
基本-边跨墩支座阻力+后移桥面吊机+拆除悬臂端150m内安全围栏和检修道栏杆底座				
内临时拉索	1 800	4 650	10 290	2.21
外临时拉索	2 500	6 930	14 370	2.07

各种不同安全控制措施的效果见表4.2-10,仅考虑边墩支座摩阻力或仅采用桥面吊机后移的措施不能满足纵向临时索安全系数大于2.0的要求。考虑索塔区临时钢支墩摩阻力,拆除安全围栏和检修道栏杆底座等措施,均能提高纵向固结临时索的安全系数,综合多种措施可满足纵向临时索安全系数大于2.0的要求,纵向固结在最大单悬臂工况下结构是安全的。

4.2.3 施工期结构稳定性

目前,施工过程中桥梁结构的稳定计算已经引起了业内的重视,随着计算分析水平和监测能力的不断提高,施工期桥梁结构稳定验算的精度和稳定性监控的准确性有了较大的提高。但是,我国现行桥梁规范中还未详细列出针对各种分段施工方法的稳定性验算内容。此外,衡量施工阶段桥梁结构稳定性的重要参数——稳定安全系数,也未在现行规范中作出相应明确要求。

(1)弹性稳定安全系数

目前推荐的行业标准《公路斜拉桥设计细则》(JTG/T D65-01—2007)的要求,斜拉桥结构稳定安全系数应不小于4。

(2)非线性稳定安全系数

我国《公路斜拉桥设计细则》(JTG/T D65-01—2007)中规定,非线性稳定安全系数混凝土主梁应不小于2.50,钢主梁应不小于1.75,斜拉索稳定安全系数则规定为2.50。

日本道路协会规范和美国AASHTO规范中关于分段施工中的稳定性验算内容和安全系数:在悬臂施工时,梁体倾覆稳定安全系数不小于1.5,块件吊装安全系数不小于2.0,挂篮/吊机倾覆稳定安全系数不小于1.5。

按第二类稳定即丧失承载能力的概念,用极限状态法设计桥梁时,稳定与最终的极限承载能力是统一的。因此,桥梁的结构稳定安全系数与强度安全系数也是一致的。参考国内曾实施多年的《公路钢筋混凝土及预应力混凝土桥涵设计规范》(JTJ 023—1985),进行桥梁结构最终的承载能力极限状态计算时,取荷载系数为1.2,设计强度对应的混凝土安全系数为1.25(预应力钢筋和非预应力钢筋安全系数亦为此值),采用标准强度时,如C50的材料安全系数则为1.25β(系数β为标准强度与设计强度的比值,对C50,$\beta=35.0/28.5=1.23$);结构工作条件系数为0.95,则要求钢筋混凝土结构(C50)的整体安全系数K满足以下条件:

$$K \geqslant \frac{1.20\times 1.25}{0.95}\times 1.23=1.94 \tag{4.2-1}$$

极限状态下钢结构的相应整体安全系数,国外较多桥梁方面的设计规范在列入荷载系数设计法(承载强度设计法)时,都给出了相应的极限状态。国内公路桥梁相关规范虽未作规定,但参照《铁路桥梁钢结构设计规范》(TB 10002.2—2005),采用容许应力法时,如果不考虑结构的稳定性折减及疲劳问题,则钢结构的整体安全系数K要求达到:

$$K \leqslant 1.7\sim 1.8 \tag{4.2-2}$$

参考国内若干已建大跨径桥梁结构稳定性评估经验,可以认为,在考虑结构非线性及单根构件极限承载力的影响后,按空间结构分析模型及第二类稳定问题研究大跨径桥梁结构稳定性,其稳定安全系数在2.0以上,结构的整体稳定性是有保证的。

4.2.3.1 基准状态施工期稳定性

采用有限元分析方法对大桥施工期的稳定性展开研究,如图4.2-17所示为大桥施工全过程第一类稳定安全系数随施工阶段的变化曲线。可以看出,施工过程稳定性在边跨合龙之后有较大提升,然后随着单悬臂长度的增加,稳定性逐渐下降,直至合龙前最大单悬臂状态是最不利工况。

考虑几何非线性、材料非线性、梁柱效应及拉索非线性等非线性效应,对苏通大桥施工过程结构进行二类稳定分析,如图4.2-18所示为施工全过程第二类稳定安全系数随施工阶段的变化曲线。可以看出,随着施工阶段的推进,结构二类稳定系数与一类稳定系数相比数值大幅度减小,且呈现出不一样的变化趋势,二类稳定系数随着双悬臂施工阶段呈递减的趋势。边跨合龙后,二类稳定系数递减趋缓,基本稳定在一个较小的区间。大跨径斜拉桥悬臂施工最具代表性的结构状态是边跨合龙前的最大双悬臂以及中跨合龙前的最大单悬臂两个工况。

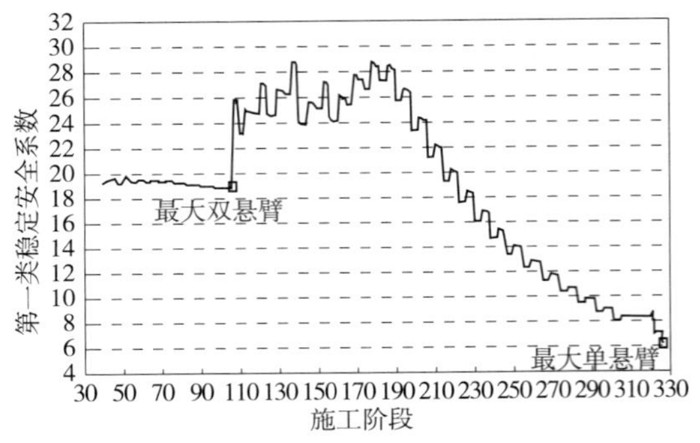

图 4.2-17　施工全过程的第一类稳定安全系数

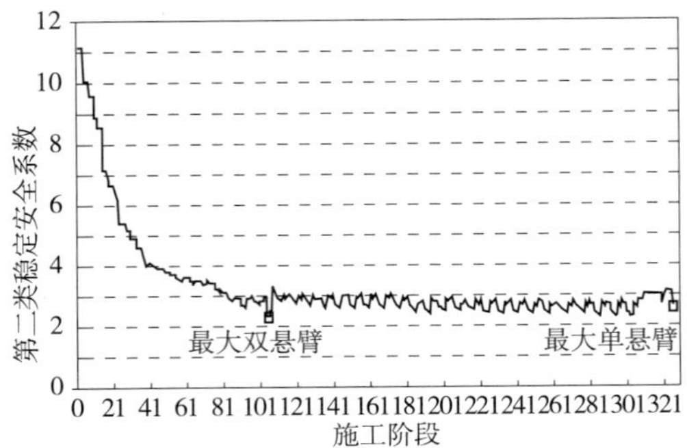

图 4.2-18　施工全过程的第二类稳定安全系数

4.2.3.2　各因素对施工阶段稳定性的影响

包括塔、梁、索的材料类型和截面尺寸、主梁的约束方式和布置等在内的结构特性，以及包括各构件的施工顺序、边跨合龙时间、主梁临时支承约束、斜拉索的张拉等在内的施工方案，是影响大跨度斜拉桥整体稳定性的主要因素。此外，风荷载、主梁的纵向约束、索塔和主梁的施工误差和张拉索力偏差等也都可能是影响大跨度斜拉桥稳定性的因素。

（1）横向静风荷载的影响

如表 4.2-11 所示为考虑与不考虑横向静风荷载作用对几个计算工况下的第二类稳定安全系数的影响情况。

横向静风荷载对结构第二类稳定安全系数的影响　　表 4.2-11

工况		斜拉索达到极限状态的最小荷载系数			第二类稳定安全系数		
		考虑风荷载 K_{01}	不考虑风荷载 K_{00}	偏差（%）$(K_{00}-K_{01})/K_{01}$	考虑风荷载 KN_1	不考虑风荷载 KN_0	偏差（%）$(KN_0-KN_1)/KN_1$
1	施工风速 35.8m/s	2.1	2.3	9.5	4.6	5.1	10.9
2		2.5	2.7	8.0	3.6	4.0	11.1
3		2.4	2.6	8.3	3.1	3.3	6.5
4		2.4	2.6	8.3	2.9	3.1	6.9
5		2.4	2.6	8.3	2.7	2.9	7.4
6		2.5	2.7	8.0	2.7	2.9	7.4
7		—	—	—	2.8	3.0	7.1
8	成桥无车风速 38.9m/s	2.6	2.8	7.7	2.6	2.8	7.7
9	成桥有车风速 25.0m/s	—	—	—	2.4	2.4	0.0
10		2.4	2.5	4.2	2.5	2.5	0.0
11		2.3	2.4	4.3	2.4	2.4	0.0

表中，K_{01} 表示斜拉桥非线性稳定分析中，按“考虑横向静风荷载作用”时最先出现斜拉索达到相应的极限状态时对应的荷载系数，KN_1 则表示按“考虑横向静风荷载作用”时的斜

拉桥结构非线性稳定安全系数；K_{00}表示斜拉桥非线性稳定分析中，按"不考虑横向静风荷载作用"时最先出现斜拉索达到相应的极限状态时对应的荷载系数；KN_0表示按"不考虑横向静风荷载作用"时的斜拉桥结构非线性稳定安全系数。

由表4.2-11可见，不考虑横向静风荷载的作用，对施工全过程的结构第二类稳定安全系数也没有显著影响，即结构稳定安全系数对横向静风荷载的作用影响并不敏感，横向静风荷载仅对结构的变形（尤其是横向变形）和内力分布有较大影响。

（2）主梁纵向约束的影响

大桥在主跨合龙后拆除塔—梁处临时约束并安装主梁纵向限位装置，实现全桥飘浮。考虑到过渡墩顶、辅助墩顶与主梁之间及桥面伸缩缝均具有纵向摩阻作用，因此在计算第二类稳定性时，在南侧的主梁端部（过渡墩处的主梁端部）添加了纵向弹性约束，用以探讨与纵向摩阻作用等效的纵向弹性约束的刚度系数大小对结构稳定性的影响。

如表4.2-12所示为纵梁纵向漂浮+纵向等效弹性约束体系下不同的约束刚度所对应的结构第二类稳定安全系数计算值。

主梁纵向约束刚度对结构第二类稳定安全系数的影响 表4.2-12

K(kN/m)	0	10^2	10^3	10^4	10^5	10^7	10^{11}	10^{17}
KN	1.6	1.8	2.0	2.6	2.8	2.8	2.8	2.8

由表4.2-12显然可见，主梁的纵向约束刚度对第二类稳定安全系数的影响很大，随着纵向约束刚度的提高，稳定安全系数逐渐增大，但当约束刚度增大到一定程度后稳定安全系数将保持不变。考虑到成桥阶段钢箱梁纵向基本达到平衡，且由于边跨压载，过渡墩与辅助墩均有较大的支反力，可为主梁提供较大的纵向摩阻约束，因此在第二类稳定分析中将主梁视为在纵向处于受约束状态是合适的。

（3）施工误差的影响

结构施工中总是不可避免地存在误差，只要误差在容许限值以内就是可接受的。分析施工误差对结构稳定性的影响，一方面可以通过在误差条件下的结构稳定计算，保证结构稳定性的安全；另一方面可以检验误差容许限值的合理性，即发生容许限值范围内的最大误差时，结构的稳定性不得显著下降。

存在施工误差条件下的结构稳定性计算，相当于结构稳定理论中存在初始几何缺陷结构的稳定问题。假定索塔或（和）主梁的施工误差等于最大容许偏差值，其对结构稳定安全系数最小值所在阶段及成桥阶段稳定性的影响如表4.2-13所示。

主梁和索塔施工误差对结构第二类稳定安全系数的影响 表4.2-13

误　差	工　况	
	稳定安全系数最小阶段	成桥阶段
$D_{sv}=0$mm，$D_{ph}=0$mm	2.30	2.60
$D_{sv}=295$mm，$D_{ph}=0$mm	2.22	2.54
$D_{sv}=-295$mm，$D_{ph}=0$mm	2.25	2.56
$D_{sv}=0$mm，$D_{ph}=150$mm	2.28	2.58
$D_{sv}=0$mm，$D_{ph}=-150$mm	2.29	2.59

续上表

误　　差	工　　况	
	稳定安全系数最小阶段	成 桥 阶 段
D_{sv} =295mm，D_{ph} =150mm	2.22	2.54
D_{sv} =295mm，D_{ph} = -150mm	2.21	2.54
D_{sv} = -295mm，D_{ph} =150mm	2.24	2.56
D_{sv} = -295mm，D_{ph} = -150mm	2.26	2.57

注：D_{sv}-主梁跨中竖直方向误差，向上为正；D_{ph}-塔顶水平方向误差，向跨中为正。

由表4.2-13可见，考虑所假设的各种施工误差条件时结构的第二类稳定安全系数有所减小，但减小的幅度不大，对结构的稳定安全性能未产生明显影响。结构的多种误差对第二类稳定安全系数的影响不具有叠加效应，即两种误差共同作用的影响量并非这两种误差单独作用时的影响量之和，这主要取决于结构的失稳变形特征。

上述分析表明，从结构稳定性的角度看，大桥主梁线形和索塔偏位成桥状态施工控制的目标是适当的。

(4)张拉索力偏差的影响

如表4.2-14所示分别为J25号、J30号、J34号二张阶段索力无偏差及上游索超张+2%、+5%、+10%时的结构一类稳定安全系数。

斜拉索二张阶段上游索超张对结构一类稳定安全系数的影响　　表4.2-14

阶　　段	工　　况			
	无　偏　差	上游+2%	上游+5%	上游+10%
J25号索二张	18.40	18.36	18.34	18.31
J30号索二张	11.76	11.72	11.70	11.67
J34号索二张	8.46	8.43	8.41	8.39

由表4.2-14可见，结构的一类稳定安全系数随着拉索张拉偏差的增大有小幅度减小，在偏差10%时，一类稳定安全系数的减小均在0.1以内，因此不会对结构稳定安全性带来明显影响。

计算表明，斜拉索的张拉偏差不会对结构失稳模态产生明显影响，即上下游索力在10%以内的偏差不会引起主梁的扭转失稳或弯扭失稳。

4.3　主梁架设技术研究

4.3.1　边跨大块钢箱梁安装技术

为减少双悬臂施工的悬臂长度，尽快实现边跨合龙，可有效降低施工风险，因此辅助跨及边跨钢箱梁采取将几个梁段拼焊为大块梁段后再进行吊装。因此，须在边跨搭设临时墩，并在辅助跨搭设存梁支架，临时墩及存梁支架组成大块梁段的支撑体系，如图4.3-1所示。

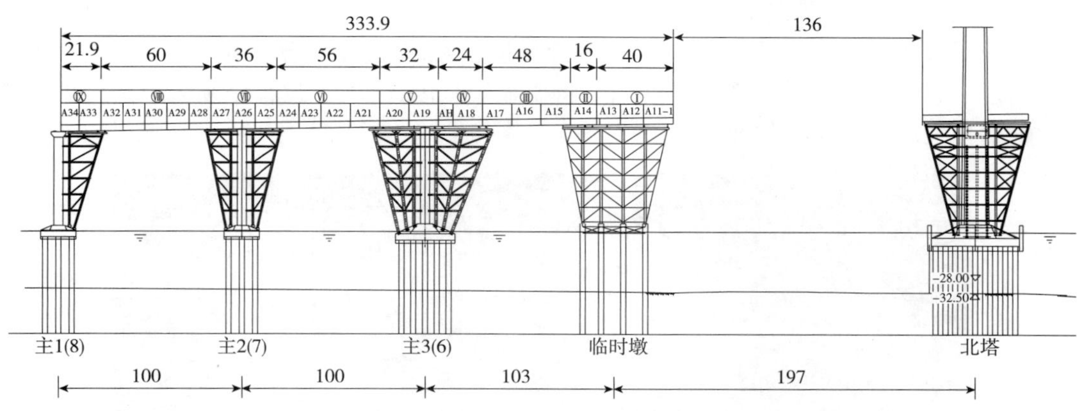

图 4.3-1 墩旁支架、临时墩总体布置图(尺寸单位:m)

4.3.1.1 大块钢箱梁制作技术

大块梁段制作形态控制研究分为三个关键问题:板单元制作精度控制、梁段组焊和预拼装工艺研究、焊接变形控制。板单元制作主要在工厂内进行,采取措施后其精度容易得到控制,关键在于预制现场组焊、拼装一体化形成大块梁段过程的控制。

(1)大块梁段组焊、预拼装工艺研究

大块梁段的制作要求在近似无应力状态下完成,因此采用梁段制作、匹配和预拼装同步完成工艺,即每一块板单元安装时,均应与相邻板单元进行匹配,并准确控制它的安装位置,保证梁段制作整体尺寸合格。为了保证大跨梁段拼装后的几何尺寸,拼装时应采取对称组装、焊接的方案,由中心向两侧逐次组焊。具体施工步骤见图 4.3-2。

a)组焊平、斜底板横、纵隔板组焊

b)锚腹板组焊顶板单元组焊

图 4.3-2 大块梁段拼装步骤

梁段制作、拼装均在施工胎架(图 4.3-3)上进行,每个梁段横隔板设置支撑,使得梁段制作期间处于自由支撑状态。为提高拼装精度和获得制造数据,在施工胎架周围,布置了一套精密的控制网。在梁段拼装过程中,每块板单元都在同一控制网内采用同一基准进行高程、纵向、横向三维位置控制。

(2)梁段焊接变形控制与研究

大块梁段为全焊正交异性板结构,内部焊接量很大,焊接收缩会影响梁段的最终几何尺寸;底板纵向焊缝焊接后,两侧U形肋间距将要缩短。因此,施工过程中须采取适当的补偿量才能保证梁段几何尺寸的准确。

图4.3-3 梁段制作胎架

焊缝竖向收缩变形:梁段高度4m,横、纵隔板下料高度增加4mm。焊缝纵向收缩引起的上翘变形:梁段纵向标准长度为16m。对于标准梁段,梁段较短,在工艺上采取底板与胎架局部点焊固定加以约束,基本可以消除上翘变形。

产生焊缝横向收缩引起的上翘变形的因素比较复杂,主要包括横隔板与顶、底、板间角焊缝,横隔板立位对接焊缝,横隔板与锚腹板间角焊缝以及顶、底板对接焊缝,此外,产生横向收缩的还有横隔板立对接处变形的修整。

①横隔板与底板间角焊缝

每道横隔板下面均有胎架横梁与底板点焊的约束,横隔板与底板焊接完成后,经检测,梁段横向基本没有上翘变形。

②横隔板立位对接焊缝

为了便于制作和吊装,横隔板在宽度方向上分为3块,块与块之间待定位完成后进行立位对接,由于对接焊时,横隔板下部已和底板及U形肋完成焊接,限制了横隔板下部对接焊缝向里的收缩变形,此时上部没有约束,实际检测横隔板上部焊接收缩量约为2.5mm。经过分析,横隔板上部2.5mm横向收缩会使梁段最外侧产生向上约5.5mm的横向上翘变形。

③横隔板与顶板间角焊缝

横隔板与顶板单元间焊接会使横隔板上部产生横向收缩,结合其他桥梁施工经验和本桥实际检测,会使梁段最外侧产生向上累计约4mm的上翘变形。

④顶板单元纵向对接焊缝

为降低梁段上部焊接对梁段横向不对称收缩的影响,顶板单元纵向对接时,外侧顶板单元不与横隔板固定,同时组焊顶板前还要给顶板施加与焊缝收缩反向的预应力,来抵消横向焊接收缩应力,待纵对接焊完后,再进行其与横隔板的焊接。因此,中部顶板单元纵向对接时引起的焊缝横向收缩不予考虑;边顶板最后一条纵向焊缝焊接后,钢箱梁由开口变成闭合截面,这条焊缝横向收缩会引起钢箱梁两端6mm的上翘变形。

梁段 2% 横坡是成桥工况下的坡度，考虑到梁段自身重量及二期荷载，梁段制作时横向预留 7mm 的上拱度。

综合考虑上述问题，横向焊接收缩量导致梁段两端有约 15. 5mm 的上翘，加上横向预拱度，梁段横向须预加约 22. 5mm 的向下反变形。考虑到附属设施等有些临时部件焊接也会影响横向坡度，因此，梁段横向反变形量预设为 15 ~ 25mm。

(3)过程中的工艺改进

①出现的问题分析与研究

2006 年 4 月，首轮大块梁段制作完成，通过对采集数据并经过分析认为：梁段的总体线形和理论线形是一致的，尤其是中线线形与理论线形基本吻合，梁段横向滚水坡下游平均为 2. 00%，上游平均为 2. 02%。但对于大块梁段的边侧线形均为正差，即两端偏差值呈上翘趋势，尤其是由 3 个梁段组成大块梁段，这种趋势更为明显，呈中间低两端高的锅底形分布。

针对这种现象，分析原因：锚腹板纵向收缩是影响的主要因素。

a. 锚腹板在与横隔板焊接前先进行了接长，在纵向上已形成了一个整体，当与横隔板进行熔透角焊缝焊接时，锚腹板在纵向会产生一定的收缩。另外，熔透角焊缝的焊接，使锚腹板在该部位产生一定的角变形，为保证锚腹板直线度，要对其进行火焰修整，修整也造成了锚腹板的纵向收缩。

b. 边顶板在与锚腹板焊接前进行了接长，当其与锚腹板焊接时，两侧焊缝的纵向收缩也促使大块梁段两端上翘。

c. 锚箱内侧靠上部增加的水平劲板与锚腹板的坡口焊接，造成了腹板焊接变形，变形后修整收缩量是梁段上翘的又一直接原因。

综上所述，梁段将要形成整体时，锚腹板的焊接和修整造成的纵向收缩是引起大块梁段上翘的主要原因。

②制作工艺的改进和效果

对后续拼装顺序进行调整：构成大块段的分段采取小节段单独制作，各自形成整体后，再进行分段间的环口焊接，最后形成大块梁段。此外，采取加大梁段横向坡度：梁段的横桥向坡度由原 15mm 增加到 25mm。

通过改进大块段拼装工艺，梁段纵向线形得到有效控制，从后续拼装数据测量结果来看，线形偏差范围为 -4. 6 ~ 4. 1mm，相对高差最大为 4. 6mm。

4. 3. 1. 2 大块梁段吊具系统

苏通大桥建设时，国内满足边跨大块梁段吊装要求的起重装备仅有一艘 1 600t 起重船，其最大吊高为 95m，而大桥辅助跨及边跨大块梁最长达 60m，最大安装高度近 80m，加上吊索具，吊高很难满足要求。同时，桥位处受较大的风浪与过往大型船舶影响，梁段吊装时起伏大，较小的吊高富余可能导致支架与起重船和吊装梁段碰撞，对吊装安全极为不利，所以，研发专用吊具显得十分必要。

在大块件吊装方面，国内通常采用钢桁架结构吊具，这种吊具自身刚度大，吊装时能抵抗吊重所产生的弯矩，如图 4. 3-4 所示，由于受吊高限制，吊索不能太长，造成吊索与吊架夹角太小(最小夹角只有 37°)，通过有限元计算分析，最大吊索拉力达 4 900kN，需要选择破断拉力为 12 000kN 的吊索才能满足安全吊装要求，这样的吊索国内无法生产；另外，钢桁架吊具自重大,大大降低了浮吊吊重能力,综合这些因素,钢桁架吊具不适用于大桥大块梁段的吊装,需要研究更安全、有效的吊具系统。

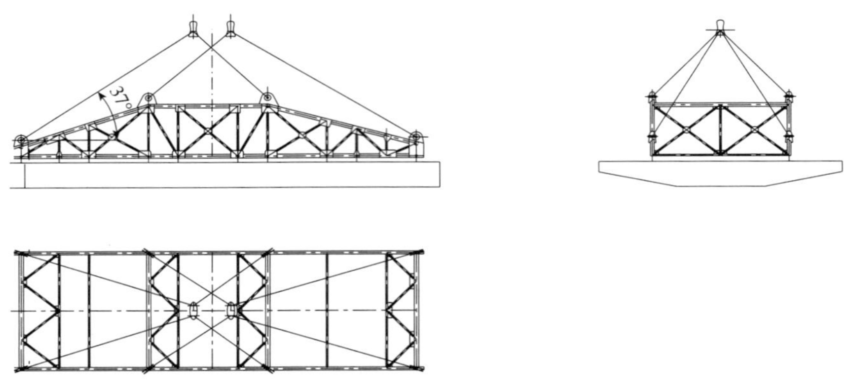

图 4.3-4 钢桁架吊具结构示意图

通过计算分析,造成钢桁架吊具结构庞大的主要原因是自身需承受吊装产生的弯矩,基于此,研发了压杆式轻型吊具系统,该吊具设计成拉压杆结构形式,将主吊索(吊具与吊钩连接的吊索)和次吊索(吊具与钢箱梁连接的吊索)设计在同一断面上,吊点置于节点上,此时吊具只承受自重产生的微小弯矩,主要承受轴向力,从而简化吊具结构,该新型吊具的重量可比钢桁架吊具减轻约 60%,高度降低约 6m。

吊具主要由主吊梁、横撑及吊耳板三大部分组成,主吊梁、横撑及吊耳板用销轴连成整体,其中吊具主吊梁分成三段,两端为固定段,中间为调整段,可以进行多种组合,以满足不同长度梁段的吊装要求。

由于各大块梁段重量及长度差别较大,吊具分为 4 点吊装吊具(图 4.3-5)和 8 点吊装吊具(图 4.3-6)两种类型。其中,长度为 24m 以下的梁段采用 4 点吊具,长度为 24m 以上梁段采用 8 点吊具。

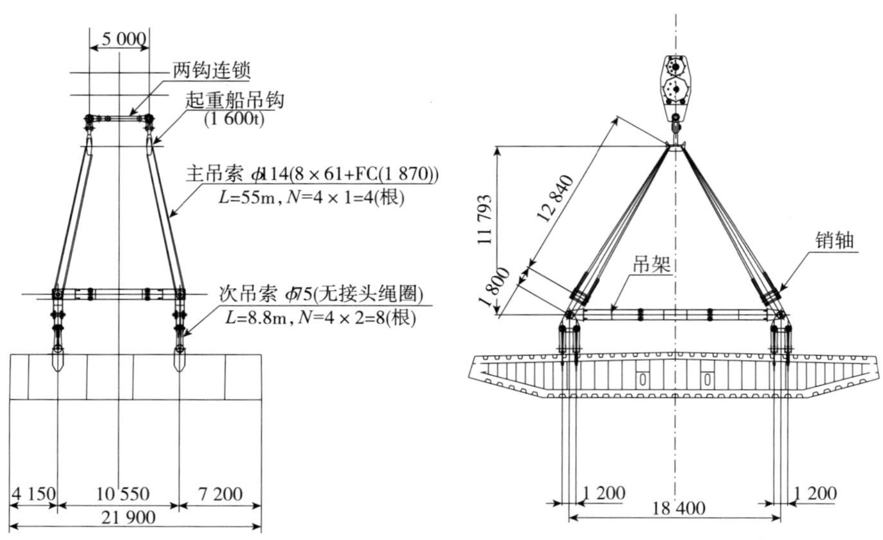

图 4.3-5 4 点吊具(尺寸单位:mm)

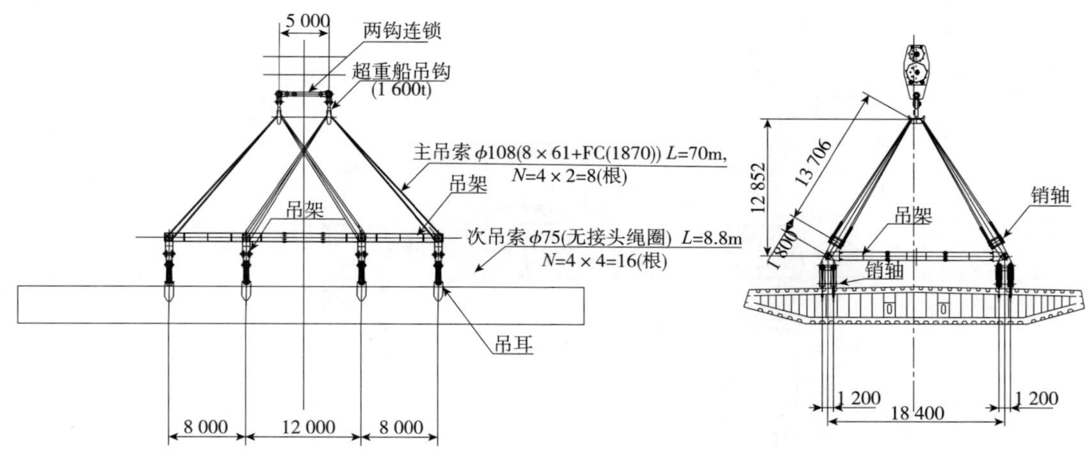

图 4.3-6 8 点吊具(尺寸单位:mm)

4.3.1.3 大块梁段调位技术

由于临时支架结构高,其结构受力和变形对荷载较为敏感,要求大块梁段调位时具有较高的精度和同步性。同时,由于调位需反复进行,考虑到梁底与支架顶操作空间狭小,要求调位设备轻便。

大块梁段的调位主要包括纵坡调整、平面位置调整、高程调整及调位安全措施四个方面。

(1)大块梁段纵坡调整

在辅助跨及边跨大跨梁段吊装施工过程中,根据施工需要,大块梁段以水平状态搁置于临时支座上,在精确调位前需先进行纵坡调整。纵坡调整时,以一侧临时支座为转点,通过液压千斤顶下放另一侧梁段进行。

在纵坡调整过程中,通过梁段一侧的 4 台液压千斤顶配合分次抽换支撑大块梁段的钢板和钢垫梁来实现纵坡调整,如图 4.3-7 所示。根据有限元计算分析结果,为了防止因千斤顶卸落不同步造成的个别支点反力增大,进而影响主体结构及临时支架结构的安全,在液压千斤顶卸落时,各千斤顶之间的卸落不同步应控制在 20mm 以内。

(2)大块梁段平面位置调整

大块梁段最大平面尺寸达 60m×41m,质量约 1 300t,在近 80m 高支架上大块梁段平面位置进行精确调整与定位,难度很大。

①横向调位

每个大块梁段通过 4 台(一个临时支座布置 1 台)超薄型液压千斤顶横向顶推临时支座的支墩带动钢箱梁进行横向位置调整,横向调位精度为 1mm。

②纵向调位

每个梁段通过 4 台(一个临时支座布置 1 台)液压千斤顶纵向顶推临时支座的支墩带动钢箱梁进行纵向位置调整。

(3)大块梁段高程调整

纵坡及平面位置调整完后,需测量梁段高程,进而确定高程微调量。

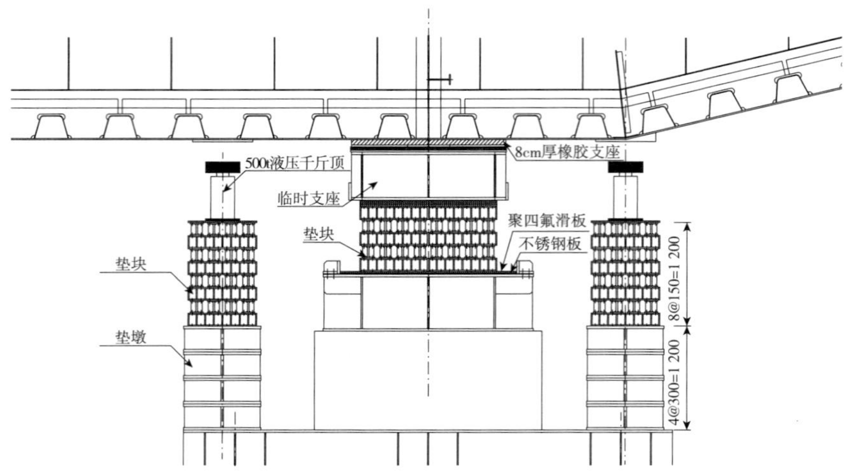

图 4. 3-7　钢箱梁纵坡调整示意图(尺寸单位:mm)

在每个临时支座旁,准备好不同厚度的钢板,钢板大小与临时支墩相同。用 4 台千斤顶同步顶起梁段,根据测量结果垫入钢板或抽出临时支座底下的钢板,直至高程在设计允许偏差范围内。如图 4. 3-8 所示。

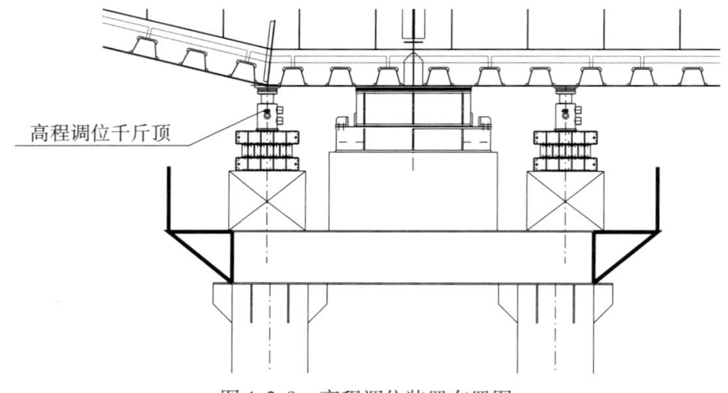

图 4. 3-8　高程调位装置布置图

(4)大块梁段调位安全措施研究

由于梁段自重大,临时支座宽度达到 100cm,在调整纵坡过程中,临时支座处将产生 1. 5cm 高差,搁置点由面接触转变为线接触,并会产生水平力,同时还会产生偏载,如果不采取相应措施,钢箱梁和临时支座可能局部偏心受压变形或屈曲,千斤顶则有可能偏心受压失效。

①调位防偏载措施

a. 临时支座

在钢箱梁转动一侧的支座上设置转动铰,另一侧则通过千斤顶下放梁段来完成纵坡调整。转动铰见图 4. 3-9。

b. 千斤顶

千斤顶顶部设置转动铰座(图 4. 3-10),保证千斤顶均匀受力,以适应纵坡调整过程中的梁体转动。

②调位同步性措施

对于60m长大块梁段,完成纵坡调整,一般需降低一端支点高度近90cm。调坡时若不采取措施控制千斤顶同步性,则可能危及结构与施工安全。在施工中采取以下措施来控制千斤顶的同步性。

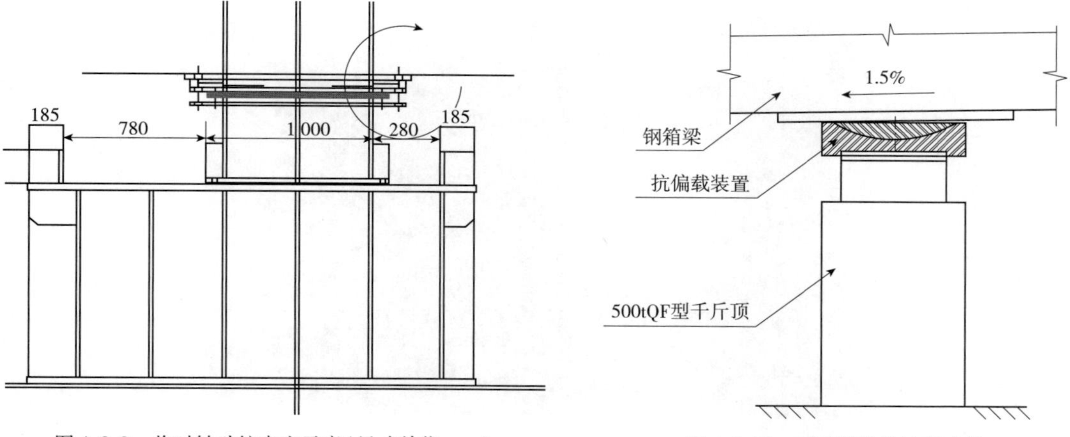

图4.3-9 临时转动铰支座示意(尺寸单位:mm)

图4.3-10 千斤顶转动铰座示意

a.控制自由下落高度

采用千斤顶顶起梁段岸侧一端,移走一层垫块(垫块高度15cm),为防止千斤顶失效,垫块分两次移走,每次移一半,每次移走的钢垫块用6层2cm厚钢板置换,垫块置换完后,每抽出一块钢板卸落千斤顶2cm,将梁段底与钢垫板之间的距离控制在2~3cm。梁段完全下降到钢垫块上即完成一个行程的调整,循环进行前述过程,直至将梁段调整成设计纵坡。

b.调位的同步性措施

梁段平面位置及高程调整均通过液压千斤顶完成,为保证支架系统在梁段调整过程中受力均衡,使大块梁段高度调整过程同一断面上的4台千斤顶能同步控制,受力相等。千斤顶及液压泵站系统见图4.3-11。

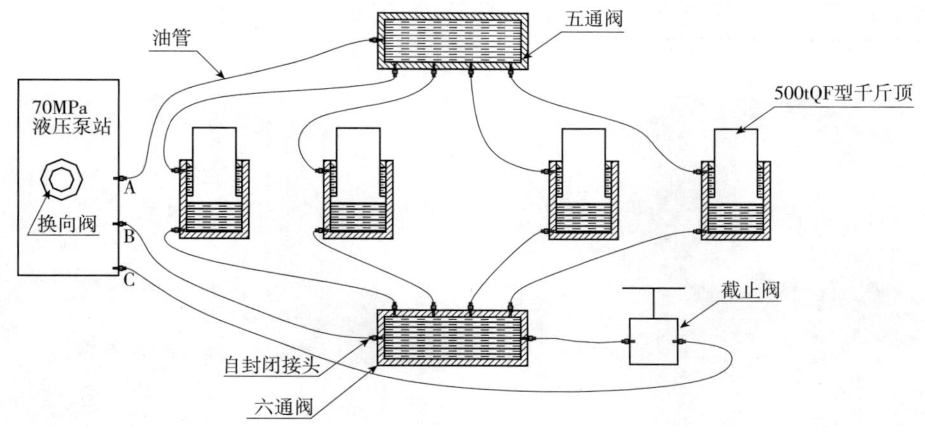

图4.3-11 调位千斤顶控制系统

4.3.1.4 现场实施

(1)总体布置

在辅助墩及过渡墩旁安装临时支架,在边跨距索塔约197m处设置一个临时墩(全桥共两个临时墩),每侧大块梁段总长为333.9m。总体布置见图4.3-12。

图4.3-12 总体布置

根据钢箱梁结构设计、临时支架位置以及起重船的起吊性能等因素,将辅助跨及边跨钢箱梁(A11-1~A34共25块梁段)拼焊为8个大块梁段和1个标准梁段,共9块(全桥共18段),其中最长的大块梁段为60m,重1 208t。

辅助跨、边跨钢箱梁标准节段在工厂制作并焊接成大块梁段后,运梁船运至安装现场,用1 600t起重船由岸侧向江侧逐段吊装,即:Ⅸ→Ⅷ→Ⅶ→Ⅵ→Ⅴ→Ⅳ→Ⅲ→Ⅱ→Ⅰ。

大块梁段起吊后先搁置于位于临时支架及临时墩顶的临时支座上,通过顶推临时支座而进行梁段的精确调位。当相邻梁段焊接完成后,卸载部分临时支座以实现支撑体系转换。为了满足边跨合龙的要求,大块梁段吊装时向岸侧预偏了200mm。

(2)大块梁段吊装

大块梁段从2006年7月18日开始,至10月4日分三期完成吊装,图4.3-13和图4.3-14为大块梁段所研发的4吊点和8吊点的吊具系统,图4.3-15是大块梁段吊装过程的现场照片。

图4.3-13 4点吊架结构

图4.3-14 8点吊架结构

(3)大块梁段体系转换及调位

在辅助跨及边跨大跨梁段吊装施工过程中,根据施工需要,大块梁段以水平状态搁置于临时支座上,在精确调位前需先进行纵坡调整。纵坡调整时,以一侧临时支座为转点,通过下放梁段另一侧来进行。在纵坡调整过程中,通过分次抽换钢板和钢垫梁,控制千斤顶卸落不同步在20mm以内。

a)起吊　b)起重船前移　c)对位　d)就位搁置

图4.3-15　大块梁段吊装工程照

大块梁段平面位置的调整主要采取了横向调位、纵向调位两项措施。

纵坡及平面位置调整完后,需测量梁段高程,进而确定高程微调量。在每个临时支座旁,准备好厚度为20mm、10mm、6mm、4mm、3mm的钢板各1块。钢板大小与临时支墩相同。用4台千斤顶同步顶起梁段,根据测量结果垫入钢板或抽出临时支座底下的钢板,直至高程在设计允许偏差范围内。

4.3.2　标准梁段悬臂拼装技术

4.3.2.1　多功能双桥面吊机系统

桥面吊机是主梁悬臂拼装施工的关键设备,合理的桥面吊机系统有利于降低箱梁安装的施工难度,提高桥梁的施工精度和速度。苏通大桥主梁宽41m、单节重量4 500kN,采用传统单桥面吊机系统,吊机支点反力巨大,可能导致钢箱梁局部强度和稳定性问题。另外,由于支撑条件不一致,已安梁段与吊装梁段间局部变形较大,不仅匹配困难,还可能产生残余变形和应力,影响构件无应力线形,对保证匹配质量和成桥线形不利。

若采用分离式双桥面吊机结构，可分散吊机支点反力，减小梁段间局部应力和变形，保证匹配质量。

由于斜拉索长度超长，因此长索牵引长度和牵引力要求均超过已有的斜拉桥，加上塔端施工空间狭小，宜采取梁端牵引、张拉工艺，这就要求在悬臂前端布置斜拉索牵引角度调整装置，保证斜拉索最小弯曲半径和张拉杆顺利进入锚管。

由于跨度更大，主梁受力对悬臂前端施工荷载非常敏感，如果另外布置吊车或其他设备调整斜拉索角度，会使施工荷载增加较多，从而降低结构安全储备。悬臂前端施工设备密集布置，空间限制将导致操作困难。

因此，若能将长索梁端牵引角度装置与桥面吊机一体化设计，减少悬臂前端施工荷载，保证设备操作空间，对于保证结构受力和施工安全都将非常有利。

(1)桥面吊机布置研究

根据节段吊装质量和节段长度(假定吊机质量为180t)，研究桥面吊机结构形式及其布置对于梁段间局部变形的影响，从而确定桥面吊机结构布置形式。

①桥面吊机布置形式

根据主梁结构特点，桥面吊机可以采用四种布置形式，桥面吊机总质量均为180t，四种布置形式见图4.3-16～图4.3-19。

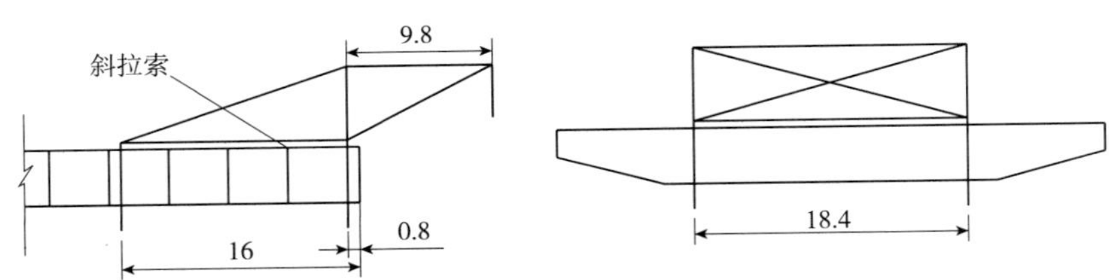

图4.3-16　布置形式1：两支点单桥面吊机梁端布置示意图(尺寸单位：m)

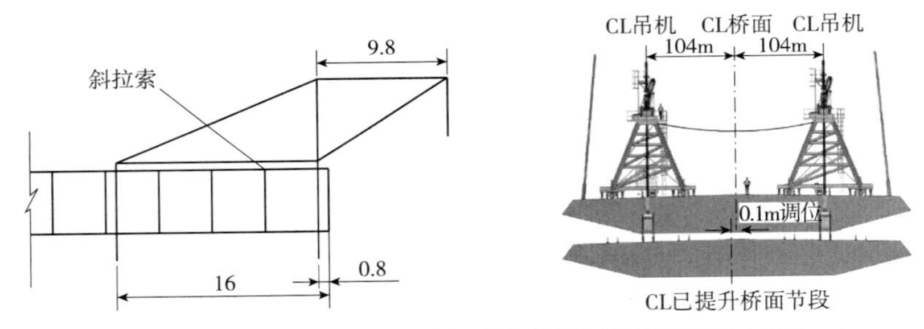

图4.3-17　布置形式2：四支点双桥面吊机梁端布置示意图(尺寸单位：m)

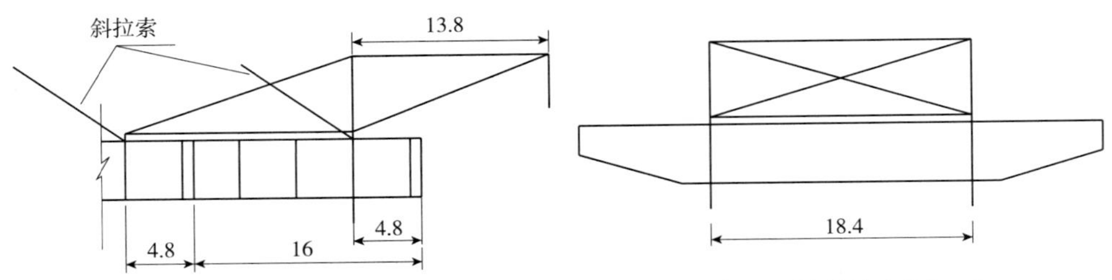

图4.3-18　布置形式3：两支点单桥面吊机拉索横隔板处布置示意图(尺寸单位：m)

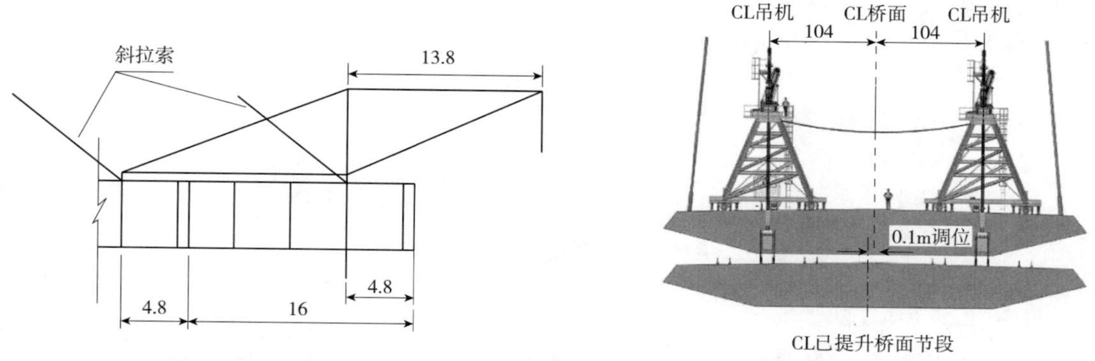

图4.3-19 布置形式4:四支点双桥面吊机拉索横隔板处布置示意图(尺寸单位:m)

②双桥面吊机布置形式确定

根据上述四种布置形式,分四种工况计算在起吊钢箱梁时梁段间的局部变形。

如图4.3-20所示结果表明:布置形式4所产生的悬臂梁端"低头"现象最轻微,在起吊梁段时引起的梁段局部竖向变形最大为2.26cm,由此悬臂端产生的转角也较小。同时,悬臂最前端同一横截面内变形差(外腹板和底板中心处位移差)为1.84cm,更容易保证待安装梁段的匹配,减少了梁段的精确匹配难度。

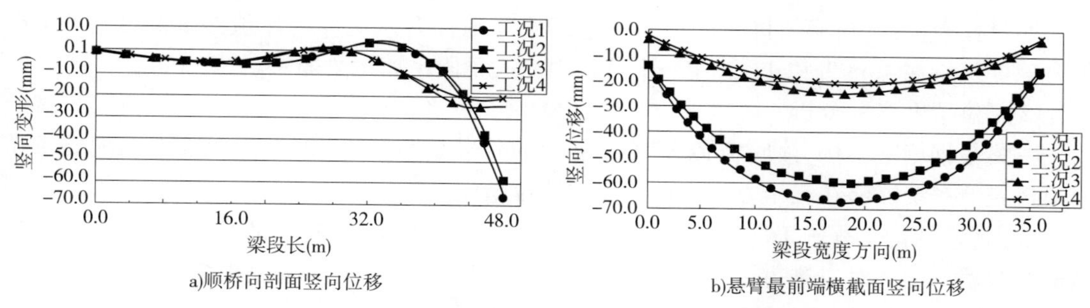

图4.3-20 四种工况下起吊钢箱梁时梁段间局部变形

(2)长索牵引角度调整装置与桥面吊机结构一体化研究

苏通大桥最长索达577m,重590kN。计算表明,斜拉索二张索力近7 000kN。采用梁端牵引、梁段张拉工艺进行长索挂设,同时采用三级软硬组合形式进行牵引张拉。牵引过程中要求张拉杆、锚头始终与索套管角度一致,以保证张拉杆不受弯折,需要在索端附近采用多个吊点进行角度控制。

若采用类似多多罗大桥的采用三台吊车调整拉索角度,会在悬臂端增加150t临时荷载,影响结构安全。因此,利用桥面吊机上弦设置角度调整装置,将吊点力通过挑梁传递至主梁(图4.3-21)。实现了调整支架与桥面吊机一体化,桥面吊机前移时,支架也行走到位,对梁端的施工空间没有太大影响。

(3)桥面吊机主要性能参数研究

①提升速度指标分析

桥位地处长江黄金水道,通航密度大,平均日通过船只2 500艘,高峰时6 000艘。为提高吊装速度，尽可能减少航道占用时间，梁段从起吊至到达桥面高度，应在 2h 内完成。因此，梁段起吊速度应保持在 40m/h 以上。

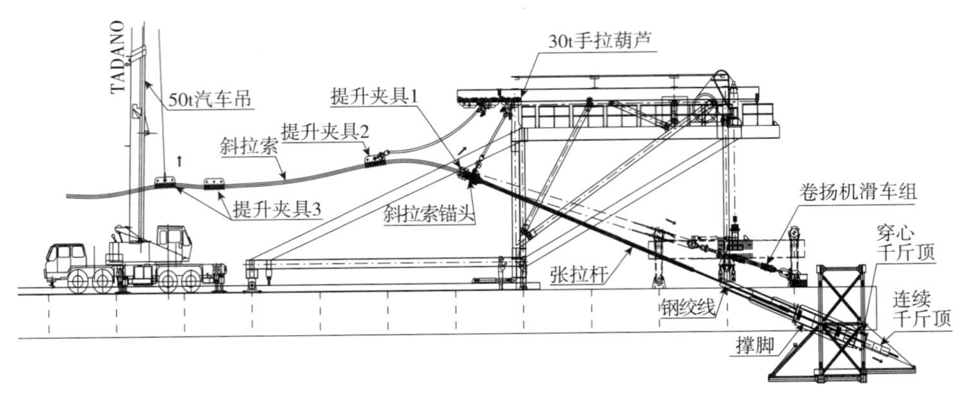

图 4.3-21　长索牵引角度调整与桥面吊机一体化

另一方面，桥位处风大浪急，波浪对梁段吊装产生的冲击将对结构安全产生的影响不可忽视。运梁船运梁时因梁重增加吃水深度约为 60cm。所以，桥面吊机提升系统应能在 1 个行程将梁段吊离运梁船。

通过比较分析，桥面吊机采用钢绞线连续千斤顶提升系统。千斤顶油缸高度为 80cm，提升速度保持在 40m/h 以上，能在一个行程内完成梁段吊离运梁船。

②调位精度指标分析

主梁是钢箱梁结构，顶底板最大厚度为 24mm，最小厚度为 12mm。无应力匹配要求桥面吊机调位系统能够在三个方向实现较高的调位精度。

根据《钢结构工程施工质量验收规范》(GB 50205—2001)中的附录 C.0.2 表规定，焊接结构组装偏差中的对口错边 Δ 应小于 $t/10$，且不大于 3mm(其中 t 为钢板厚度)。对于大桥钢箱梁，其最小对口错边量 Δ 应小于 1.2mm。

因此，调位系统的调位精度控制在 1mm 以内方可保证匹配质量满足规范要求。

(4)桥面吊机关键结构研究

吊机的关键结构包括前支点、后锚、吊具、调位和行走结构。吊机前支点是支撑吊机结构的关键部位，受力大且集中。因此，在每个吊机前支点采用 2 台带铰座和带液压机械锁功能的千斤顶扁担梁结构。同时，在同一台吊机两个前支点扁担梁之间，采用铰接横向连接杆以避免吊机结构内部产生次内力。

①吊具

吊具是连接吊机与主梁节段的关键结构，要具有承重和调整梁段纵坡的功能。为实现吊具与主梁的快速连接、保证连接质量，采用钢丝绳软连接保证吊具与主梁迅速连接。

②调位系统

吊机调位系统需具备三个方向 1mm 的调位精度，并在纵向和横向分别具有 530mm 和 30mm 的调位范围。在吊机顶部的提升千斤顶底部设置滑板，并设置两个方向的千斤顶，可以实现大范围和高精度的调位要求(图 4.3-22)。对于高度方向的调位,可以通过主千斤顶的上下运动实现。

③行走轨道

若仍采用传统的双轨道结构,每侧悬臂 2 台吊机就需布置 4 根长度超过 32m 的轨道,以及 4 台顶推千斤顶,这将导致结构自重增加。因此,提出了如下措施:分步移动:通过减短行走轨道长度,使吊机分步前移,可以有效减少行走结构规模;单点顶推:由于标准梁段长度为 16m,而吊点纵向间距为 8m。因此,可以利用梁段吊点作为后行走轨道的锚固点,采用单点顶推前移吊机。这样,吊机后行走轨道可以采用 8m 结构,而前行走轨道可以采用 4m 轨道,可极大减轻行走结构自重。

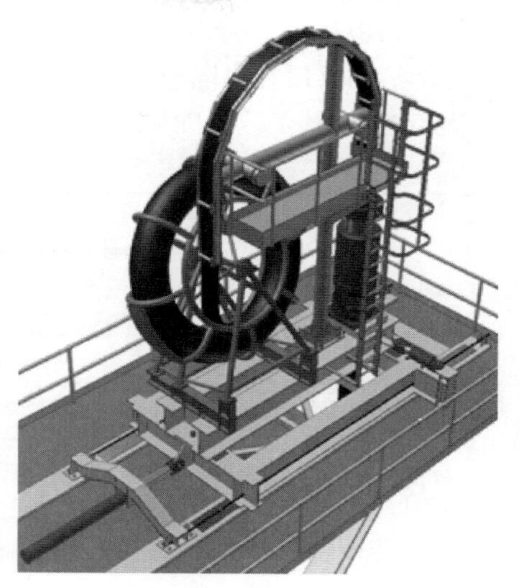

图 4.3-22 主吊点平面位置示意

4.3.2.2 标准梁段匹配技术

斜拉桥标准梁段安装采用悬臂拼装,要求在现场重现预拼装无应力线形,即通过保证构件间的几何关系来保证结构线形与受力,这对梁段间连接匹配提出了较高要求。大桥主梁标准节段超宽超重,已安装梁段与待安装节段之间存在横向变形差异,匹配时将产生变形差和残余变形,对构件无应力线形影响有待研究确定。

(1)匹配工艺的提出

针对无应力匹配要求和大桥钢箱梁的结构特点,有以下两种可行的匹配工艺。

①腹板对齐工艺

变形后的梁段在腹板处对齐、固定,然后在纵隔板处调整接缝两侧相对变形,残余的变形再逐步调整,其工艺步骤见表 4.3-1。

腹板对齐工艺步骤　　表 4.3-1

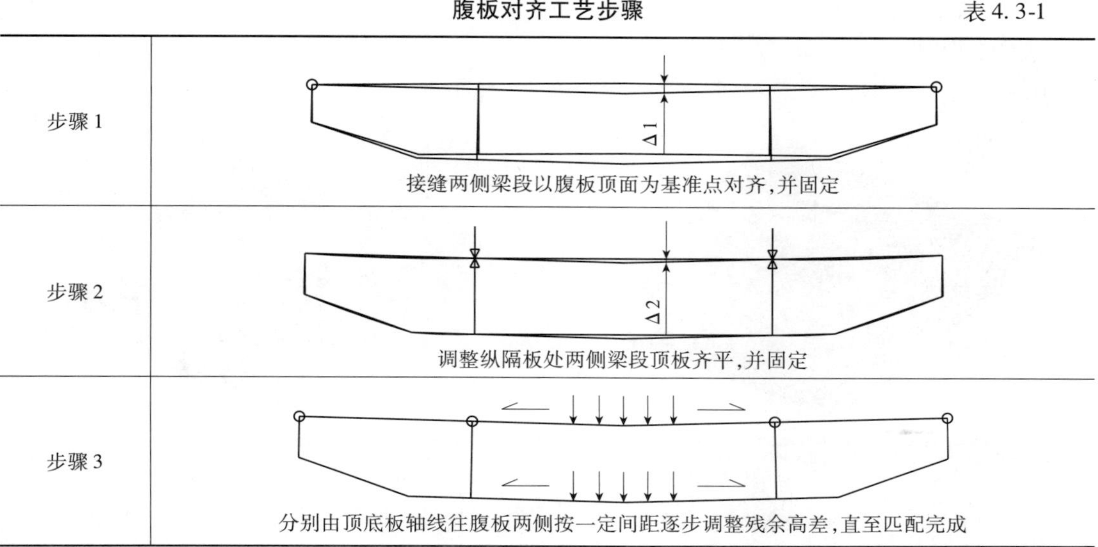

步骤 1	Δ1 接缝两侧梁段以腹板顶面为基准点对齐,并固定
步骤 2	Δ2 调整纵隔板处两侧梁段顶板齐平,并固定
步骤 3	分别由顶底板轴线往腹板两侧按一定间距逐步调整残余高差,直至匹配完成

②纵隔板对齐工艺

变形后的梁段在纵隔板处对齐、固定，然后在腹板处调整接缝两侧相对变形，残余的变形再逐步调整，其工艺步骤见表4.3-2。

纵隔板对齐工艺步骤 表4.3-2

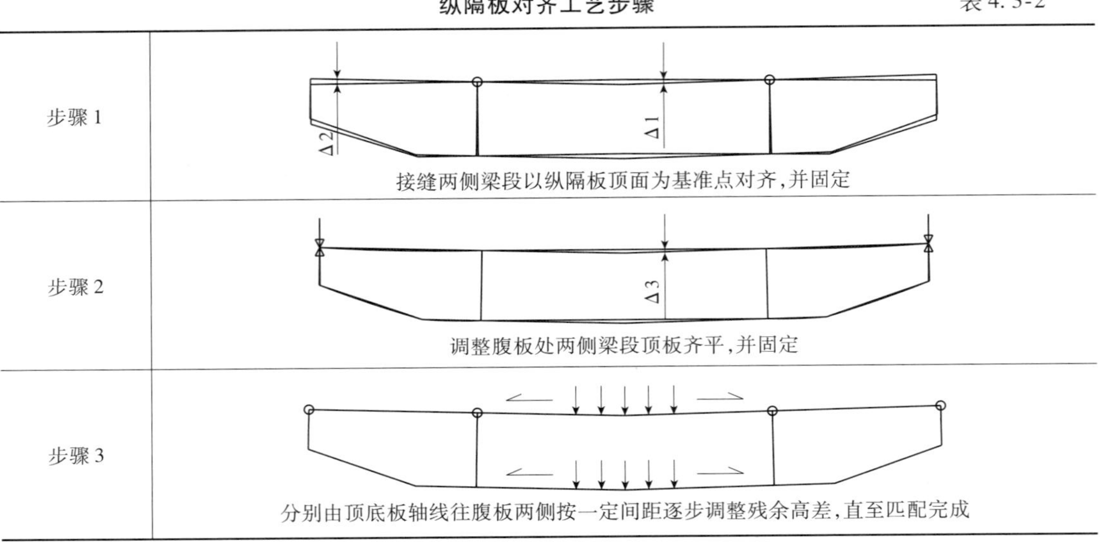

步骤	说明
步骤1	Δ1 Δ2 接缝两侧梁段以纵隔板顶面为基准点对齐，并固定
步骤2	Δ3 调整腹板处两侧梁段顶板齐平，并固定
步骤3	分别由顶底板轴线往腹板两侧按一定间距逐步调整残余高差，直至匹配完成

采用大型有限元软件对梁段不同匹配工艺进行了数值分析，对比分析梁段匹配变形和调整力，分析结果如下。

(2)变形与调整力分析

①腹板对齐工艺调整力和残余变形

采取腹板对齐工艺，纵隔板调整前，已安梁段和待安梁段之间变形差最大为7.8mm左右，出现在梁段轴线处，见图4.3-23。

在纵隔板处进行对齐调整，所需调整力为82.8kN，纵隔板调整对齐后，残余变形最大约5.4mm，出现在梁段顶板轴线处，如图4.3-24所示。

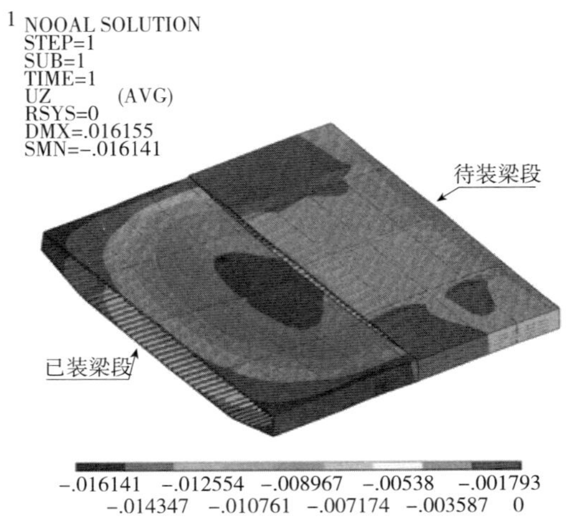

图4.3-23 纵隔板对齐调整前梁段变形

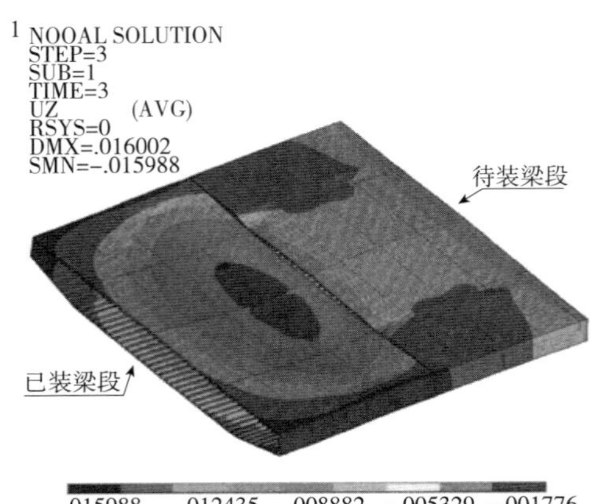

图4.3-24 纵隔板处调整对齐后梁段变形

②纵隔板对齐工艺调整力和残余变形

采取纵隔板对齐工艺，边腹板调整前，已安梁段和待安梁段之间变形差最大为6.5mm左右，出现在梁段边腹板处，如图4.3-25所示。

在腹板处进行对齐调整，所需调整力为242.3kN，腹板调整对齐后，残余变形最大为2.4mm，出现在梁段顶板轴线处，如图4.3-26所示。

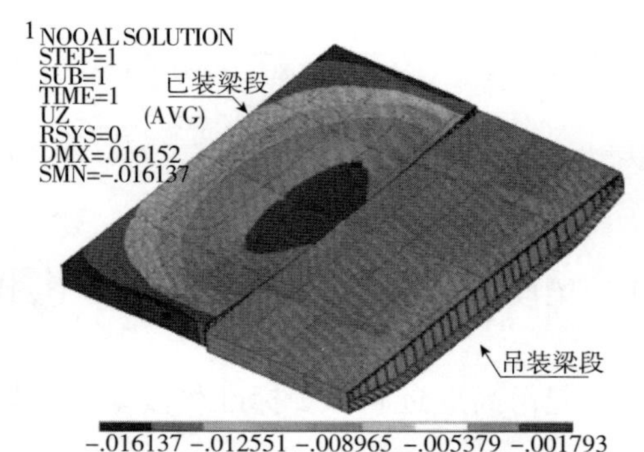

图4.3-25　腹板对齐调整前梁段变形

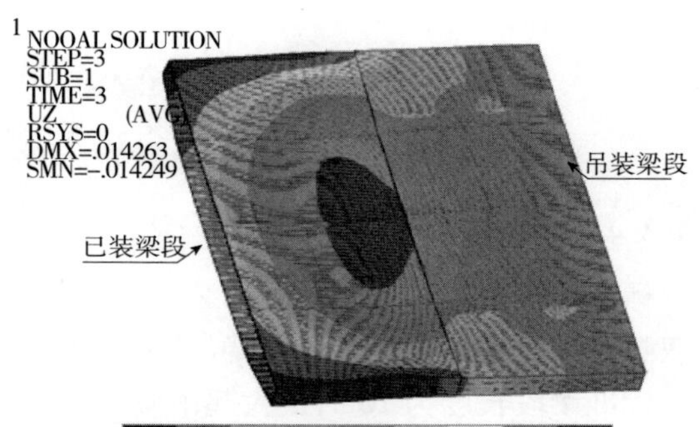

图4.3-26　腹板处调整对齐后

两种工艺对比如表4.3-3所示。

梁段匹配工艺对比　　表4.3-3

类　别	腹板对齐工艺	纵隔板对齐工艺
横向最大高差位置	主梁轴线处	腹板处
最大高差(mm)	7.8	6.5
轴线残余高差(mm)	5.6	2.4
调整强制力(kN)	83.8	242.3

因此，采用纵隔板对齐工艺变形平顺，残余变形小，更接近无应力线形匹配，标准梁段安装匹配即采用纵隔板对齐工艺。

4.3.2.3 施工期主梁应力控制技术

长悬臂施工阶段在起吊钢箱梁节段时，在施工荷载和吊装节段自重作用下，距前端约80m处主梁底板压应力较大。为缓解该区域应力，采取了对最前端三对斜拉索索力进行“二张一放”的调整措施，“二张”施工流程见图4.3-27。如图4.3-28所示，计算结果表明：采取措施后，主梁施工期结构应力控制在90MPa以内，满足安全要求。

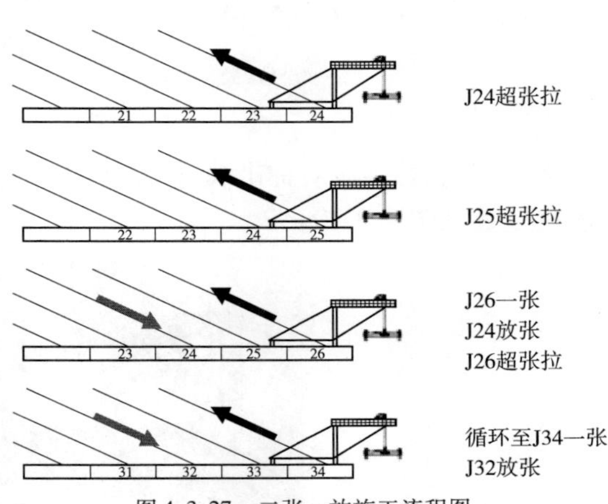

图4.3-27　二张一放施工流程图

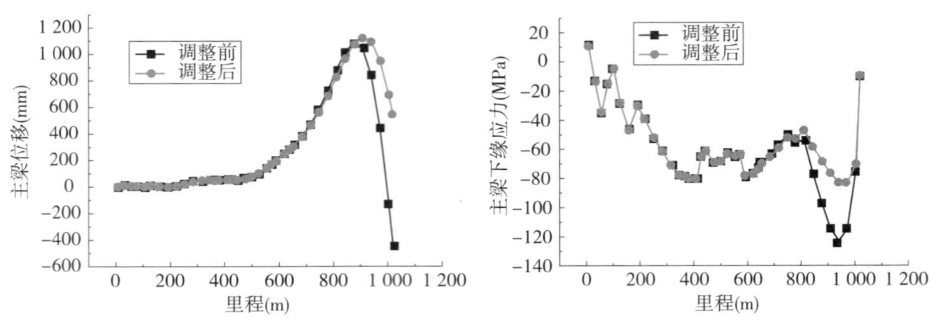

图 4.3-28　起吊 34 号梁段时采取措施前后的结果对比

4.3.2.4　现场实施

标准梁段分为双悬臂对称吊装梁段和单悬臂吊装梁段。全桥标准梁段吊装共 80 个,其中双悬臂吊装施工 32 个,单悬臂吊装施工 48 个。

标准梁段长度为 16m,最大起吊质量近 450t,最大起吊高度近 80m。标准梁段采用双桥面吊机吊装。

(1)多功能桥面吊机

桥面吊机主要由钢构架、提升系统、行走系统、调位系统、吊具及工作平台等组成,其主体结构见图 4.3-29。

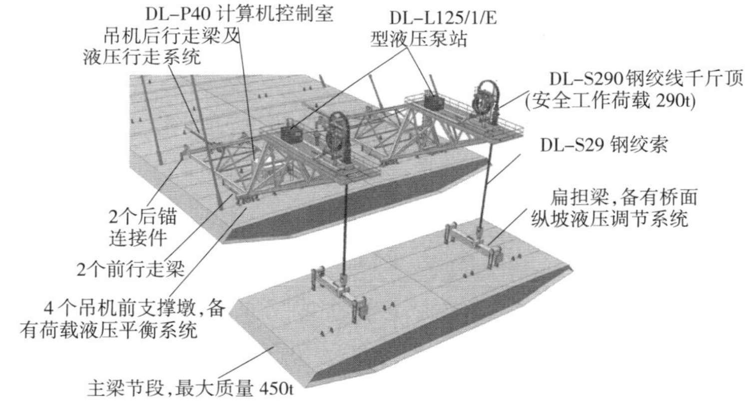

图 4.3-29　桥面吊机主体结构图

南、北侧悬臂梁段对称吊装,即每个塔 2 个作业面,每个作业面布置 2 台桥面吊机。桥面吊机布置见图 4.3-30。

图 4.3-30　长索牵引角度调整装置与桥面吊机一体

桥面吊机的主要性能参数见表 4.3-4。

桥面吊机技术参数表 表 4.3-4

项　目	参　数	备　注
最大安全工作荷载	236×2t	最大梁重 450t
平均提升速度	40m/h	
提升高度	80m	
自重	90t	含吊具重
起吊梁段时重心,位于前支撑前	4.2m	
起吊点纵向调整范围	±800mm	
起吊点横向调整范围	±100mm	
节段纵坡调整范围	±5%	采用吊具上液压缸调整
斜拉索梁端牵引角度调整范围	20°~45°	吊车配合手拉葫芦调整
节段调整精度	±1mm	任意方向
提升期间允许最大风速	20m/s	桥面高程处
行走期间允许最大风速	25m/s	桥面高程处
非工作时允许最大风速(30 年一遇)	35.4m/s	10m 高处
供电	400V、50Hz、3 相	
功率	110kW	
正常运行温度	-25~+50℃	
单机前后支点纵向距离	16.0m	
单机横向支点距离	8.4m	
每组(2 台)吊机中心线横向距离	20.8m	
运梁节段水中平面定位精度	±2.5m	

(2)梁段运输及起吊

运梁船在双悬臂施工时横江抛锚定位,在单悬臂施工时,由于主航道水流较急,运梁船采用顺江抛锚(图 4.3-31),并利用 GPS 协助定位,定位偏差控制在 ±1.0m 以内。

图 4.3-31　完成抛锚定位的运梁船

当运梁驳船定位后,与桥面吊机连接的吊具下放,将吊具与钢箱梁节段连接,然后采用连续千斤顶起吊钢箱梁。

(3)标准梁段调位及匹配

梁段调位分为初调和精调,初调在梁段吊至桥面时即可进行,一般在白天完成;精调则选择在日落后且顶、底板温差小于 2℃时进行。

①梁段初步调位及临时匹配

梁段初步调位及临时匹配操作的主要步骤如下。

a. 利用装置于吊具上的水平千斤顶调整待吊钢箱梁的纵向坡度(图 4.3-32),使其与已装梁段对应位置处上下接口的缝隙宽度大致相等,即与已装钢箱梁的纵坡基本一致。

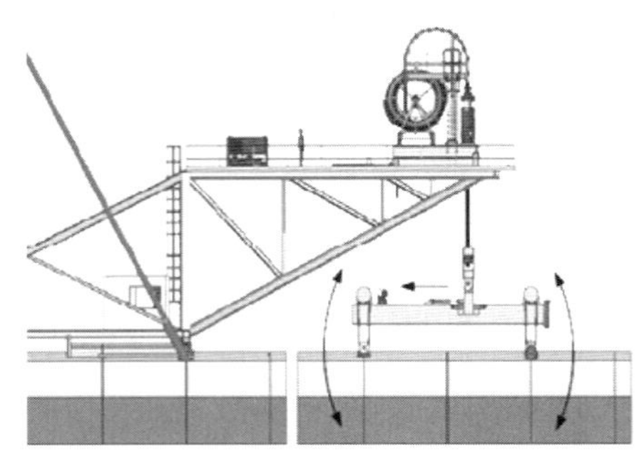

图 4.3-32　梁段纵坡调整

b. 继续提升梁段,调整高程,使其与已安梁段的表面大致齐平。

c. 利用桥面吊机前端的纵向调位千斤顶驱使钢箱梁的纵向移动,使梁段向已装钢箱梁缓慢靠拢。利用桥面吊机前端的横向调位千斤顶调整钢箱梁的横向位置,使待吊梁段与已装钢箱梁的轴线对齐(图 4.3-33)。

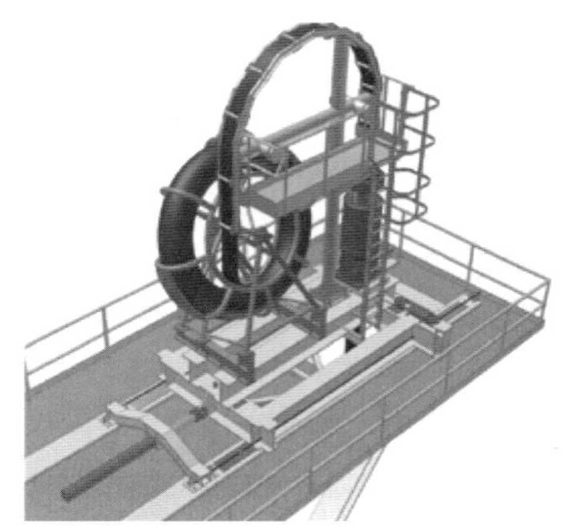
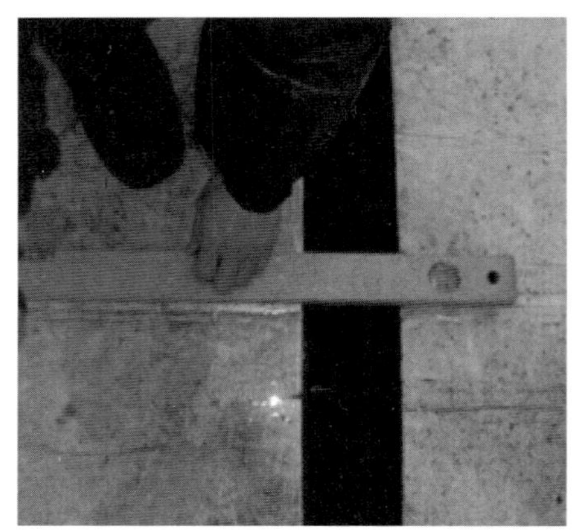

图 4.3-33　纵、横移主千斤顶调整轴线对齐

d. 根据需要微微起降吊具,使待吊梁段与已装钢箱梁的纵隔板处的顶板面对齐,同时微调吊具上水平千斤顶,使梁段间上下接口的缝隙宽度基本一致(图 4.3-34)。

图 4.3-34　微调梁段使纵隔板处止顶板齐平

e. 在止顶板上焊接交叉限位板,限制相邻梁段变位,将梁段纵隔板处匹配件通过螺栓连接(图 4.3-35),锁定主吊千斤顶。

②梁段精确调位及匹配

达到施工控制条件(钢箱梁顶、底板温差小于2℃)时进行精匹配作业。

a. 首先测量主梁悬臂前端局部线形,若局部线形不满足要求,则略放松匹配件,起动桥面吊机主千斤顶微调上下游高差和梁段前端高程,使局部线形满足要求(图4.3-36)。

图4.3-35 止顶板交叉限位、连接匹配件

b.在腹板位置布置千斤顶,调整钢箱梁轴线,使之满足要求(图4.3-37)。

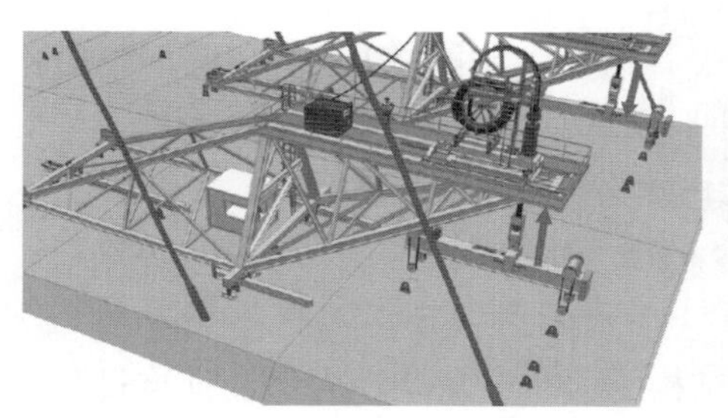

图4.3-36 微调吊装梁段上、下游高差

图4.3-37 调整吊装梁段轴线

c.复测悬臂前端局部线形与轴线,满足精度控制要求后,焊接固定止顶板处交叉限位板,拧紧匹配件螺栓,锁定千斤顶。

d.锚腹板处残余高差用马板配合80t千斤顶调整。

e.顶、底板残余高差用马板配合10t千斤顶调整。

梁段精匹配完成后进行钢箱梁节段间环缝焊接,即完成单个标准节段安装,苏通大桥标准梁段及斜拉索架设平均7d一个轮次。

4.3.3 合龙施工技术

4.3.3.1 边跨顶推技术

边跨合龙是结构体系由双悬臂转换为单悬臂施工的关键环节,在双悬臂施工时,边跨梁段同时安装,为克服温度的影响,保证边跨合龙的顺利进行,其在安装时需向岸侧设置一定预偏量。在边跨合龙时,双悬臂或已安边跨梁段需向预偏反方向移动,以实现连接合龙。

边跨合龙前,主梁双悬臂单侧长156.8m,边跨大块梁段长333.9m。边跨合龙采用顶推合龙工艺,保证悬臂拼装梁段与已安装好的大块梁段区域无应力匹配连接,同时保证线形平顺。

为保证合龙梁段能顺利吊入合龙口，边跨大块梁段在安装时需向岸侧整体偏移，以克服温度变化对合龙口长度的影响。考虑到梁段安装、匹配和焊接过程中产生的误差，边跨大块梁段安装时应向岸侧至少整体偏移200mm以上。

（1）顶推布置

边跨共3个永久墩和1个临时墩，顶推力近700t。顶推设备有两种布置方法。在1～3（6～8）号墩上各布置一套顶推设备或仅在1（8）号墩上布置一套顶推设备，其他墩上设置导向装置。前者顶推点分散，各墩所需顶推力小，设备规格小，但顶推点分散，顶推同步性控制困难。后者顶推点集中，顶推同步性容易控制，但顶推力大，所需的设备规格大。考虑到多点顶推同步控制难度大以及在端部顶推可避免设置多个顶推反力点，因此最终采用的是单墩布置方案，如图4.3-38所示。

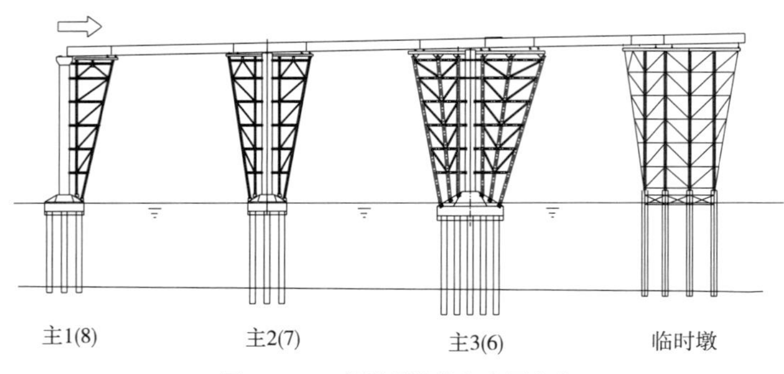

图4.3-38　单墩顶推设备布置方案

（2）顶推缓解措施

临时墩在梁段自重、水流力和风荷载作用下，结构受力非常复杂。为保证顶推过程中临时墩结构的受力安全，需采取一定的控制措施，减小作用在临时墩上的摩擦力和向塔侧的水平力。

当时提出了三种减小临时墩水平力的措施：第一种是采用摩擦系数更小的支座，减小传递至临时墩的摩擦力；第二种是将临时墩与永久墩旁的支架用撑杆连接，将临时墩的水平力传递至邻近的永久墩；第三种是在临时墩顶设置持荷顶推点，主动补偿钢箱梁传递至临时墩的摩擦力。

通过比较，采用第三个方案，即在临时墩上设置持荷辅助顶推点可以减小作用在临时墩上向塔侧的水平力，保证顶推过程中临时结构受力安全。而且，这种方法仅需增加1个顶推点共2套顶推设备，成本较低。

（3）顶推同步性控制措施

边跨大块梁段在顶推时，需要整体向塔侧移动200mm以上，要保证顶推前后边跨大块梁段轴线保持一致，必须对顶推的同步性进行控制。

①顶推距离控制

由于在1（8）号墩顶引桥与主桥伸缩缝上下游各布置了一个顶推点，因此，在顶推时，通过控制顶推千斤顶油缸的伸出量可以控制顶推的同步性。

顶推时，按照20mm一级，分级顶推，控制千斤顶油缸的累计伸出量。

②顶推导向控制

采用单点顶推，若在其他墩上不设置导向装置，大块梁段顶偏的可能性较大。因此，在1～3号墩和临时墩上设置导向装置。

在墩旁支架和临时墩顶的临时支座滑座上设置导向型钢，限制支座在滑座内只能沿导向型钢纵向滑动，以起到导向作用（图4.3-39）。

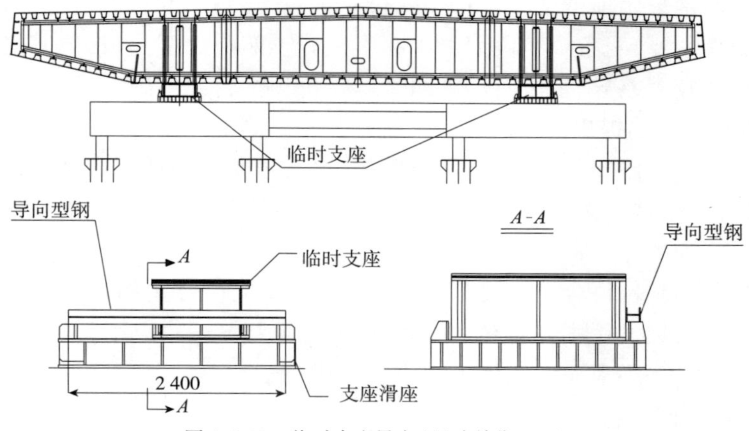

图4.3-39 临时支座导向（尺寸单位：mm）

③泵站并联

同一断面2台千斤顶并联，由一台泵站控制（图4.3-40），这样可以保证两台千斤顶顶推力的同步性。

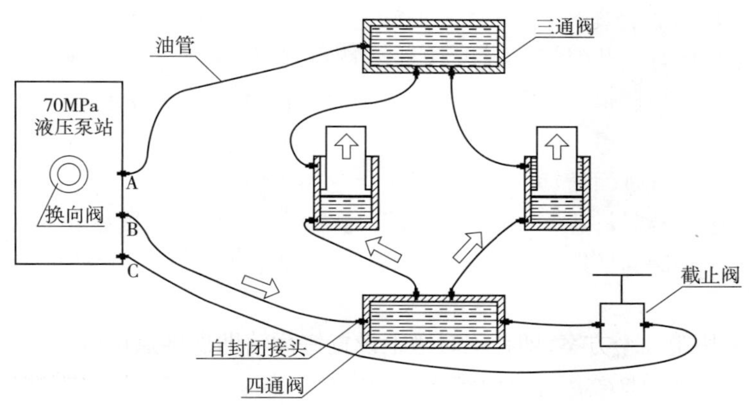

图4.3-40 大块梁段顶推控制系统示意图

通过上述三种方法的综合使用，可以控制顶推前后大块梁段轴线的一致性。

4.3.3.2 中跨合龙技术

中跨合龙施工是最为重要的施工环节之一，其施工质量直接影响结构的内力状态和运营质量。中跨合龙施工控制的重点是根据实际合龙时的温度和结构的实际状态确定最为合理的合龙姿态，通过调控合龙口的相对位置、角度以及合龙段的长度等参数，达到最佳的合龙状态。为了达到最优的合龙状态，需要根据实际施工状态，在进行仿真分析的基础上，对桥面施工荷载、临时荷载、悬臂端斜拉索等进行调整。若在施工过程中对悬臂端斜拉索进行了调整，在合龙完成后应将斜拉索恢复到调整前的状态。苏通大桥单悬臂长度达540.8m，结构受环境影响显著，中跨合龙需要解决一系列关键技术问题。

国内已建斜拉桥均采用温度配切合龙工艺，并成功实施。由于不需要调整合龙口尺寸，塔梁施工期一般采用完全固接的结构形式。受温度影响，合龙段配切后，需在温度较低时段嵌入合龙口，并要求在一天晚上完成两条合龙段接缝匹配焊接。

国外斜拉桥通常采用顶推工艺进行中跨合龙，但需要的顶推量大，拉开后的合龙口尺寸满足各种温度变化需要，两条合龙段焊缝可在多天异步匹配焊接完成，但其塔梁临时固接体系与苏通大桥存在较大差异，也没有千米跨度斜拉桥顶推合龙的施工经验。

(1)中跨合龙方法的提出

在实际施工中，受合龙时机及其自然条件的影响，合龙时的环境和结构温度均与基准温度状态必然存在差异，这必然对成桥后结构线形和受力产生影响，如何消除这种影响是中跨合龙面临的核心问题。

苏通大桥之前的斜拉桥合龙主要有两种工艺，温度配切合龙和顶推合龙。其中温度配切合龙工艺已在国内最大跨度斜拉桥——南京三桥施工中成功应用，顶推合龙工艺已在世界最大跨度斜拉桥——多多罗大桥施工中成功应用。

①方法1：温度配切合龙

温度配切合龙是目前国内常用的一种钢箱梁斜拉桥中跨合龙的方法，其主要施工要点为：调整合龙口两侧梁段，通过压重模拟合龙梁段起吊后的主梁形态，然后安装劲性骨架限制主梁运动，通过对现场合龙口的连续监测，确定合龙时机，从而确定合龙口长度，在工厂对合龙梁段进行配切(改变梁段长度)，采用桥面吊机对称起吊合龙梁段，在夜间比较稳定的温度时段内(无日照)嵌入合龙口，合龙段与两端悬臂梁段间的接缝同步匹配焊接。

温度配切合龙具有工艺经济、方便、快捷等特点，且施工工艺较为成熟，施工经验较多，但对于环境温度的依赖性很强，当实际环境温度超出设计基准合龙温度5℃以上时，合龙梁段配切量大。

相对于千米级斜拉桥而言，采用温度配切合龙的主要风险有：

a. 由于主梁施工悬臂长达540m，如果数天内温度存在较大幅度变化，合龙段起吊后，可能发生不能嵌入合龙口的情况，或合龙段配切过长，导致焊缝宽度较大，从而影响焊接质量问题。

b. 根据以往经验，即使是在气温相对稳定的后半夜，钢箱梁断面平均温度也将持续下降3~5℃，加上风的影响，钢箱梁顶、底板的温度差也会持续变化。梁体温度的变化对应于合龙口长度和形状无法确定，合龙段接缝可能难以调整匹配，或温度稳定时段过短，从而没有充分的时间进行合龙施工的风险。即便合龙段能够顺利嵌入合龙口，也存在合龙接缝过大或顶底板焊缝宽度差异过大，从而影响焊接质量的问题。

c. 接缝匹配时，对于梁体温度的持续变化，有可能导致临时匹配板在温度荷载作用下破坏。

因此，采用温度配切合龙方法，合龙时机限制于预先观测确定的温度条件和时段，结构受环境温度的影响大，缺乏主动解决措施和控制手段。

②方法2：顶推合龙

顶推合龙是国外常用的合龙方法，其主要施工要点为：在适当位置设置顶推或拉移装置，纵向顶推移动已安装的钢箱梁，使合龙口长度发生改变，然后由单侧桥面吊机起吊合龙梁段，先与一端的悬臂梁段对接施焊后，顶推梁段回移，再与另一端悬臂梁段对接施焊。

该方法充分体现了构件几何控制法的思想，不改变结构无应力线形和尺寸，对环境温度的依赖性小。由于没有改变合龙段长度，对成桥结构受力与线形影响小。但合龙梁段两侧接缝采取分步焊接，由于钢箱梁悬臂长，施工经过昼夜，周期较长，受日照影响，温度变幅大，因而需要的顶推量较大。

相对于千米级斜拉桥而言，采用顶推合龙的主要风险有：

a. 为保证主梁能够顺利顶推或拉移，可能需要放松或部分放松塔梁临时固接索力。临时索索力放松后，可能影响到结构的抗风安全性。

b. 由于顶推合龙采用单侧吊机起吊合龙段，以及先与一侧悬臂匹配焊接，再与另一侧悬臂匹配焊接的工序，施工周期长，受风振影响的风险更大。

c. 单侧吊机起吊合龙段，合龙梁段荷载全部集中在悬臂一侧，主梁变形大，造成悬臂两侧主梁形态差异大，合龙段另一条接缝调整匹配困难。

d. 顶推合龙施工周期长，经过昼夜，主梁合龙口位移量大。

e. 由于顶推量大，对临时固接受力、斜拉索索力和主梁线形影响更大。

因此，采用顶推合龙方案，主梁向岸侧位移量大，且合龙段两侧环缝采取异步焊接，作业周期长，环境条件改变对拉移后的结构影响大，悬臂两侧主梁形态差异大，调整匹配困难，但时间较为充裕，施工组织的难度有所降低。

③方法3：顶推辅助合龙

通过综合温度配切合龙和顶推合龙工艺的优点，提出一种全新的合龙工艺——顶推辅助合龙。其主要施工要点为：调整合龙口两侧梁段，在悬臂前端安装合龙梁段替代压载，然后安装劲性骨架，限制主梁相对运动，将合龙口两侧钢箱梁整体向岸侧拉移（改变合龙口长度），采用桥面吊机对称抬吊合龙梁段，在比较稳定的温度时段内（无日照），整体回移合龙口两侧钢箱梁，同步匹配焊接两条接缝，并在日出前解除塔梁临时固接。

顶推辅助合龙在不改变合龙段无应力尺寸的前提下，既不增加合龙梁段匹配难度，又缩短了匹配焊接操作耗时。

对于千米级斜拉桥而言，顶推辅助合龙主要风险在于：采用顶推辅助合龙，要求在夜间数小时内完成合龙匹配和2道主环缝焊接。如果施工受阻，合龙口焊接在第2天日出前还未能完成，可能造成合龙失败。其余风险同顶推合龙。

（2）中跨合龙方法的确定

①中跨合龙气象条件分析

a. 温度条件分析

根据施工进度安排，中跨合龙大约会在6月底至7月上旬完成，上年同期最低气温在25℃左右，最高气温在35℃左右，结构温度还会更高。而大桥设计基准温度为20℃，这就意味着中跨合龙时和设计基准温度将会存在较大差别，因此需要对中跨合龙的温度条件进行分析。

根据在已安装大块梁段上的温度监测结果可知，钢箱梁在连续多天晴天条件下的温度曲线（图4.3-41）表现出以下特点：

（a）受日照影响，钢箱梁顶板温度高于大气温度约20℃，底板温度高于大气温度约5℃，顶底板最大温差约16℃。

(b)夜间22:00~7:00是钢箱梁温度最稳定的时段,顶、底板温差在5℃以内,但顶板温度仍持续下降约5℃,底板温度持续下降约3℃,顶底板温差持续变化约2℃。

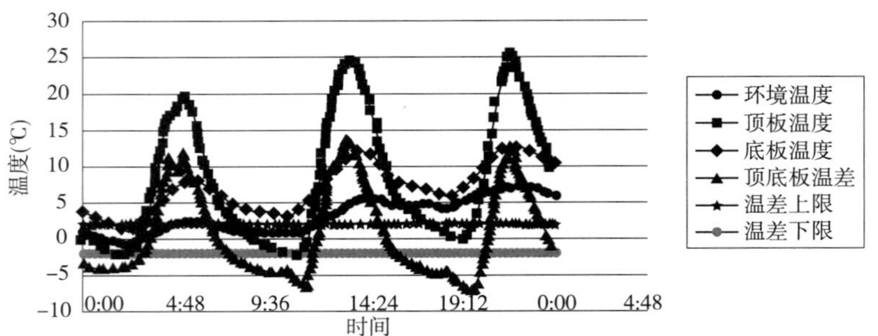

图4.3-41 晴天钢箱梁温度变化曲线

对于阴天,钢箱梁各时段温差(图4.3-42)较小,夜间顶底板温度稳定且温差较小的时段也相对较长,现场连接操作时间较宽裕。因此,选择阴天夜间合龙最有利。

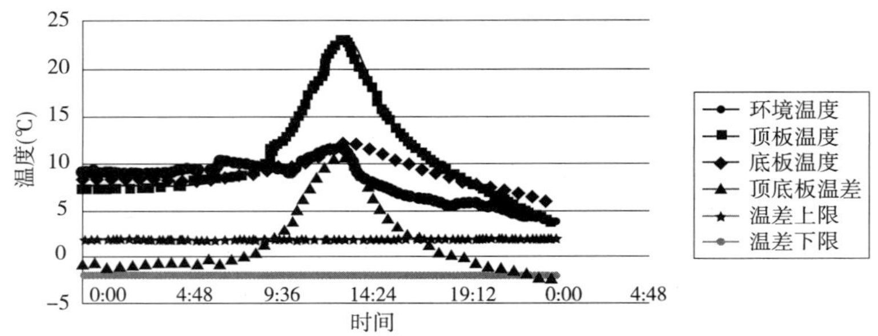

图4.3-42 阴天钢箱梁温度变化曲线

b.风速条件

对桥区风速三年的研究结果表明,6~8月桥区江面出现6级以上大风的日概率小于10.5%,出现7级以上大风的日概率小于2.2%,出现8级以上大风的日概率更小于0.6%。因此,取江面7级风作为工作风速上限。

换算到桥面高度,中跨合龙施工期间的工作风速:$V \approx 20\mathrm{m/s}$。

②结构温度反应和工况组合

实测环境温度条件下的结构温度反应,考虑一定富余后,提出结构温度在特定施工期的极端取值,作为中跨合龙量化分析的基础(表4.3-5)。

结构温度条件　　表4.3-5

项　目	量　值　(℃)	项　目	量　值　(℃)
主梁日间最高平均温度	50	主梁夜间顶底板温差变化量	2
主梁夜间最高平均温度	30	主梁连续3d平均温度变化量	5
主梁日间顶底板最大温差	25	主梁18:00时最大平均温度	37.5
主梁夜间顶底板最大温差	5	主梁18:00时顶底板最大温差	5
主梁夜间平均温度变化量	5		

为分析不同合龙工艺对施工期和成桥结构的影响，确定分析工况为：

a. 温度配切合龙方案

合龙时间一般选择在晚上，考虑到晚上结构温差较小，在研究温度配切合龙对成桥结构影响时，只考虑结构均匀升温对合龙段配切的影响。即考察的工况为结构整体升温5℃和10℃两种情况，分析整体升温对合龙段长度的影响，然后再分析合龙段长度变化对成桥结构影响。

b. 顶推合龙方案

顶推合龙实施没有时间限制，根据上面的温度条件，主梁日间最高温平均度为50℃，较设计基准温度高30℃，主梁悬臂长540.8m。考虑到温差对梁端转角影响，以及合龙段进入合龙口需一定富余，假定每侧顶推量为240mm。

c. 顶推辅助合龙方案

顶推辅助合龙在温度相对稳定的夜间实施，根据上面的温度条件，主梁在18:00时最高温平均度为37.5℃，较设计基准温度高17.5℃，主梁悬臂长540.8m。考虑温差对梁端转角影响，以及合龙段嵌入合龙口需一定富余量，假定每侧顶推量为150mm。

③对成桥结构影响

a. 温度配切合龙

当结构温度与设计基准温度差异在10℃时，其对成桥索塔纵桥向偏位影响较大，最大72mm；对跨中主梁线形影响较小，最大16mm；对成桥索力影响非常小，最大为30kN，计算结果如表4.3-6所示。

温度配切合龙对成桥结构影响结果 表4.3-6

工　况	跨中竖向位移(mm)	塔顶向跨中偏位(mm)
整体升温5℃	8	37
整体升温10℃	16	72

b. 顶推合龙、顶推辅助合龙

顶推合龙和顶推辅助合龙均没有改变合龙段尺寸，因此对成桥索力、主梁和索塔线形理论上没有影响。

④对施工期结构影响

a. 对施工期斜拉索索力影响

顶推辅助合龙对应的顶推量为150mm，顶推对斜拉索索力影响最大为70kN。顶推合龙对应的顶推量为240mm，顶推对斜拉索索力影响最大为110kN。

b. 对施工期主梁线形影响

顶推150mm对主梁竖向线形最大影响约40mm，影响最大的位置为主跨1/4跨位置。顶推240mm对主梁竖向线形最大影响约70mm，影响最大的位置也为主跨1/4跨位置。

c. 对塔梁临时固接竖向索力影响

顶推辅助合龙方案：主梁顶推150mm后，若塔梁临时固结竖向索不放松，临时索索力安全系数均大于2.0(表4.3-7)。

顶推 150mm 对竖向临时索影响 表 4.3-7

竖向索	索力（kN）	变化（kN）	拉索破断力（kN）	安全系数
AUO	3 674	345	7 425	2.0
AUI	3 730	342	7 425	2.0
ADI	3 730	342	7 425	2.0
ADO	3 675	345	7 425	2.0
JUO	3 687	315	7 425	2.0
JUI	3 723	325	7 425	2.0
JDI	3 723	325	7 425	2.0
JDO	3 688	315	7 425	2.0

编号说明：第一个字母指纵向位置，A 代表岸侧，J 代表跨中侧；第二个字母指横桥向位置，U 代表上游侧，D 代表下游侧，第三个字母指内外侧，O 代表外侧，I 代表内侧。

顶推合龙：主梁顶推 240mm 后，若塔梁临时固结竖向索不放松，临时索索力安全系数小于 2.0（表 4.3-8）。

顶推 240mm 对竖向临时索影响 表 4.3-8

竖向索	索力（kN）	变化（kN）	拉索破断力（kN）	安全系数
AUO	4 264	935	7 425	1.7
AUI	4 323	935	7 425	1.7
ADI	4 323	935	7 425	1.7
ADO	4 265	935	7 425	1.7
JUO	4 250	879	7 425	1.7
JUI	4 296	898	7 425	1.7
JDI	4 296	898	7 425	1.7
JDO	4 251	879	7 425	1.7

⑤中跨合龙方案确定

通过上述分析可知：

a. 当结构温度与设计基准温度差异在 5℃以上时，采用温度配切合龙工艺对成桥塔偏影响较大，而采用顶推合龙和顶推辅助合龙工艺对成桥线形和受力没有影响。

b. 顶推合龙采用 240mm 顶推量，若塔梁临时固接竖向索不放松，临时固接索力安全系数将低于 2.0。

c. 顶推辅助合龙采用 150mm 顶推量，即使塔梁临时固接竖向索不放松，临时固接索力安全系数仍大于 2.0。

结合施工风险分析，大桥中跨合龙采用 150mm 顶推量的顶推辅助合龙方案。

⑥顶推辅助合龙施工流程

大桥中跨合龙施工方案流程如图 4.3-43、图 4.3-44 所示。

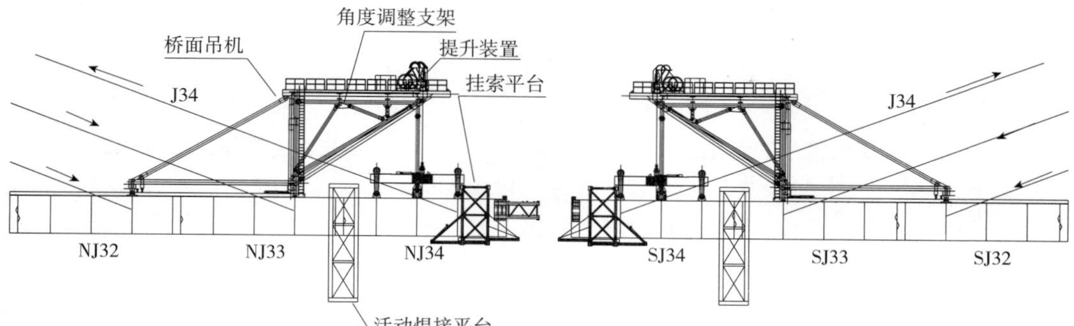

步骤一：（1）最长悬臂梁段焊接完成，第一次张拉边、中跨最外侧斜拉索（A34及J34），桥面吊机解钩。
（2）50t汽车吊拆除桥面吊机角度调整支架模块。
（3）J32和J33斜拉索放张。
（4）第二次张拉A34、J34斜拉索。

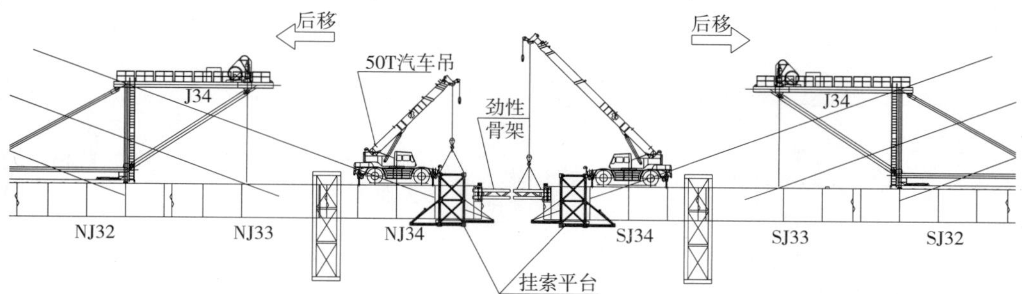

步骤二：（1）桥面吊机后移一个梁段，更换吊具（扁担梁）。
（2）汽车吊就位，拆除挂索平台，安装临时通道、劲性骨架。

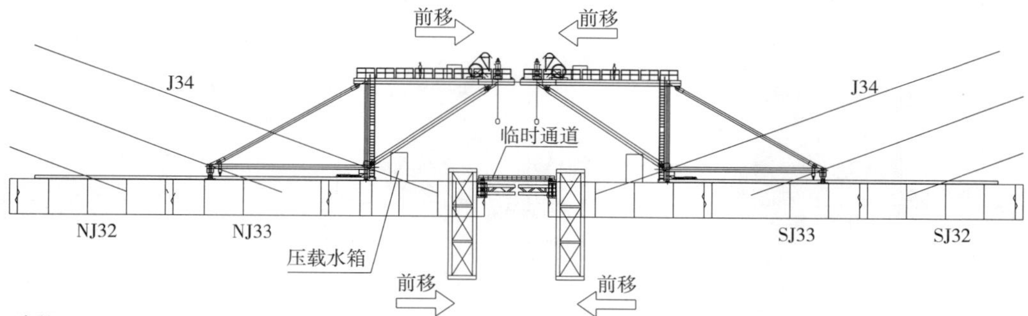

步骤三：（1）桥面吊机前移至合龙梁段的吊装位置，检查车（焊接小车）前移至合龙口附近。
（2）安装临时替代压载钢筋。

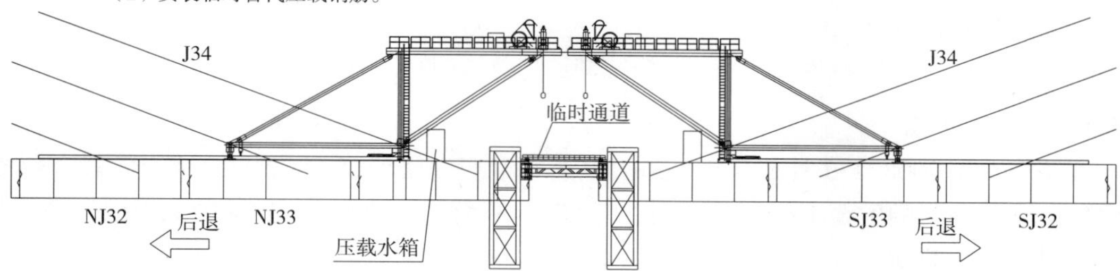

步骤四：（1）调整梁段的局部线形、合龙口宽（上下口）和轴线。
（2）合龙口两侧劲性骨架焊成整体。
（3）进行主梁局部线形和合龙段尺寸36h连续观测。
（4）连续观测数据分析，合龙段长度确定。
（5）放松塔梁临时固接竖向索50%索力，将合龙口两侧主梁分别向岸侧拉移。

图4.3-43　中跨辅助顶推合龙施工工艺流程图(一)

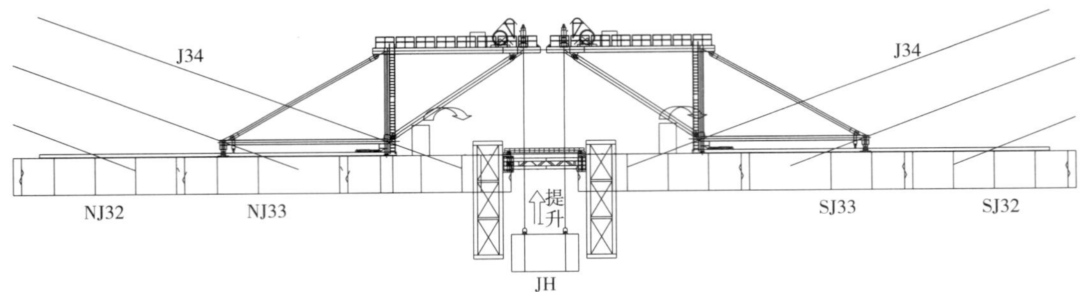

步骤五：（1）先卸除50%临时替代压载钢筋。
（2）桥面吊机抬吊合龙梁段离开驳船，卸除剩余50%临时替代压载钢筋。

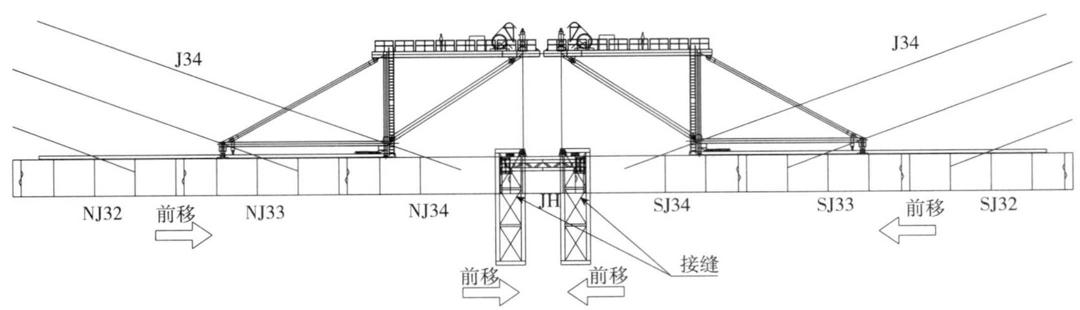

步骤六：（1）合龙段入合龙口，两侧主梁回移。
（2）检查车前移至接缝处，合龙段先与NJ34匹配连接，再与SJ34匹配连接。
（3）两条接缝同时焊接，日出之前解除塔梁临时固接。

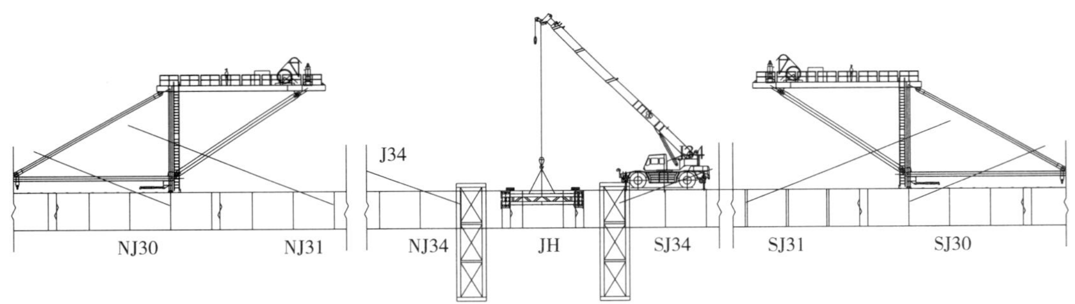

步骤七：（1）恢复调整过的斜拉索。
（2）桥面吊机后退，检查车后退，拆除劲性骨架等结构，安装合龙段风嘴。

图 4.3-44　中跨辅助顶推合龙施工工艺流程图（二）

4.3.3.3　现场实施

中跨合龙于2008年6月5日开始，6月9日吊装合龙梁段，6月12日完成合龙段全部接缝焊接。合龙期间的主要工序作业时间总计50h。中跨合龙梁段吊装工程图见图4.3-45。

主要施工参数如下。

（1）顶推量

由于环境等因素影响，实际合龙时顶推量与理论计算存在一定差异。

进入合龙口时的主梁温度：在合龙前两天，对主梁在18:00时刻的温度进行了分析，显示此刻主梁最高温度约为26℃，较理论计算的37.5℃低，而顶底板温差为5℃。

合龙阶段的索塔变形：合龙段吊装前，索塔在桥面高度处的纵向偏位约为-30mm。

综合上述因素，主梁实际顶推量为70mm（理论计算值为146mm）。

（2）顶推力

南北塔各设置8台650t千斤顶，利用塔梁固结临时纵向索，当需顶推钢箱梁时，先用千斤顶分级放松江侧纵向索，同时采用千斤顶分级张拉岸侧纵向索，当合龙段进入合龙口后，采用上述相反工艺将钢箱梁回移，使得合龙段与两侧钢箱梁连接。

主梁向岸侧顶推时，采用了650t千斤顶，全桥共16台。主梁顶推拉移过程中北塔实测纵向索索力：江侧合计3 768kN，岸侧合计10 983kN，均小于理论计算值。

图4.3-45 中跨合龙梁段吊装工程图

其中岸侧纵向索索力（10 983kN）略大于不考虑支座摩擦力的纵向索理论计算索力（10 399kN），分析其原因是：顶推时，先放松了江侧纵向索20mm，而实际纵向索此时的受力伸长量小于10mm，即放松20mm时，江侧纵向索已经完全松弛。因此，理论计算顶推力应扣除江侧纵向索全部索力，即6 870kN。

修正后的顶推力，实际摩擦力约4 113kN，说明支座摩擦系数小于0.1，且介于0.05~0.1。

（3）接缝匹配实施情况

JH与SJ34接缝宽度调整前底板止顶板处接缝差为5mm（此时顶板接缝已匹配）。

采用措施调整后，底板止顶板处接缝宽差约1mm，匹配良好。

对于JH与SJ34接缝上、下游宽度差，由于风的影响，调整前上游腹板处缝宽大于下游腹板处缝宽8mm，在止顶板处表现为5mm，采用100t千斤顶在上游腹板处张拉调整后，止顶板处残余缝宽差小于1mm。

（4）合龙效果

主跨合龙时，合龙段与两侧大悬臂相对轴线误差小于1mm，相对高程偏差1mm，顶底口焊缝间隔误差2mm。

4.4 斜拉索架设技术

由于大桥主桥索塔高达300m，斜拉索超长超重，桥面距水面超过70m，并受到气象和航运等方面的限制，为斜拉索的架设带来了很大的难度，其面临的主要难题如下：

（1）常规的斜拉索起重、牵引、张拉等架设施工设备及技术已经不能满足大桥的施工需要。

（2）千米级斜拉桥超长、超重拉索架设的牵引锚固力加大，牵引长度很大，牵引过程受力体系转换复杂。

（3）超长、超重斜拉索在架设施工过程中如何保护PE外套。

(4)架设完成的斜拉索在施工期可能产生影响结构安全和现场作业的振动,采取何种有效的临时减振措施。

4.4.1 国外斜拉索安装技术

日本多多罗大桥主跨跨径890m、塔高224m,其斜拉索最大型号为Φ7-394,最长斜拉索长约460m。其斜拉索采用150t汽车吊整体提升上桥面;大型平板车将斜拉索运至主梁前端,卷扬机向塔肢方向牵引斜拉索完成桥面展开;塔顶吊机完成斜拉索塔端挂设,软、硬组合牵引完成梁端牵引锚固及张拉。

多多罗大桥斜拉索安装施工流程见图4.4-1。

a)150t汽车吊提升上桥面

b)大型平板运至悬臂端

c)斜拉索桥面展开

d)斜拉索塔端挂设

e)3台大型汽车吊调整斜拉索梁端角度

f)卷扬牵引梁端锚头

g)软、硬组合牵引斜拉索梁端锚固

h)斜拉索梁端张拉

图4.4-1 日本多多罗大桥斜拉索张挂流程

4.4.2 大悬臂对斜拉索安装工艺的影响

分析苏通大桥27号~34号斜拉索安装完成工况对应悬臂主梁竖向位移如图4.4-2所示。悬臂钢箱梁顶底板应力分布如图4.4-3、图4.4-4所示。可以看出,悬臂端有明显的反弯现象,反弯点距离悬臂端120~140m。反弯点附近底板压应力以及顶板拉应力均为最大值。

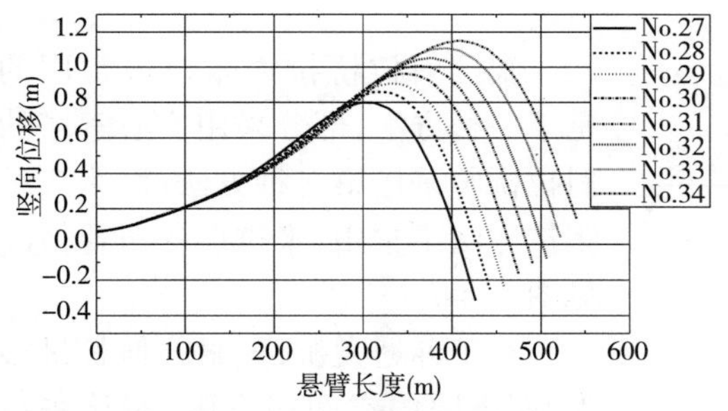

图4.4-2 节段安装完成阶段主跨悬臂竖向位移

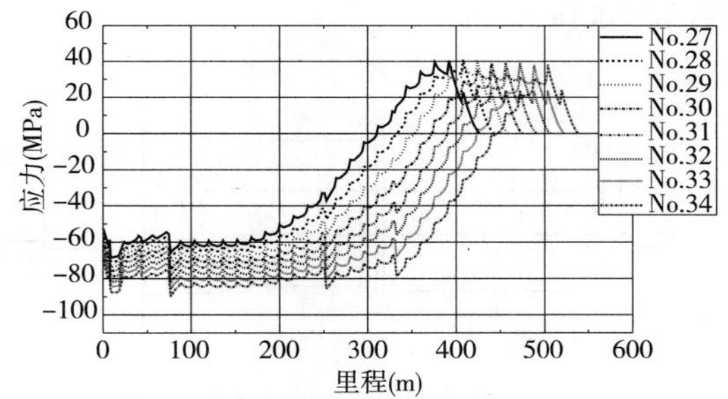

图4.4-3 悬臂顶板应力

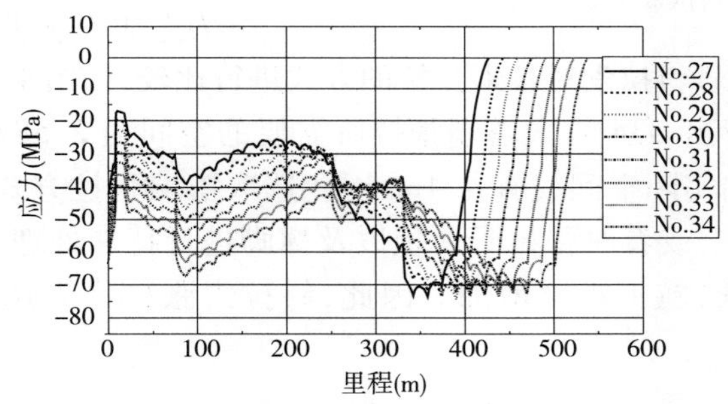

图4.4-4 悬臂底板应力

若采用从悬臂端进索,索盘以及起重设备布置在桥面吊机后侧,展索时在悬臂端采用汽车吊辅助进行展索,上述临时荷载增加,将大大增加悬臂架设梁段尤其是反弯点位置的应力水平。进索以及展索施工临时荷载作用对悬臂端顶板及底板的应力影响如图4.4-5、图4.4-6所示。因此,如果将进索及展索设备集中布置在悬臂端,反弯点附近钢箱梁底板应力过大,无法满足结构安全控制要求。

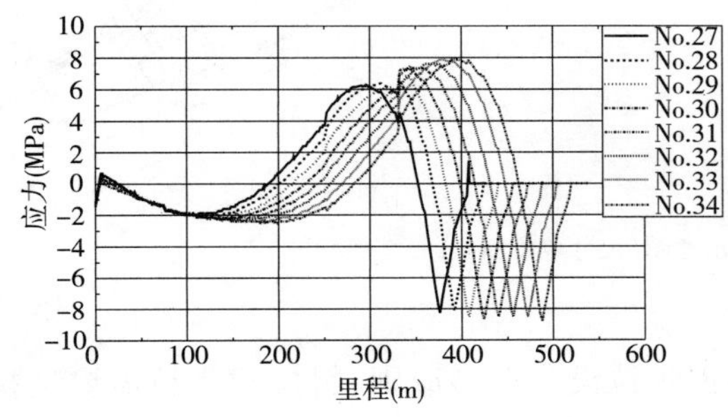

图4.4-5 临时设备对悬臂端顶板应力影响

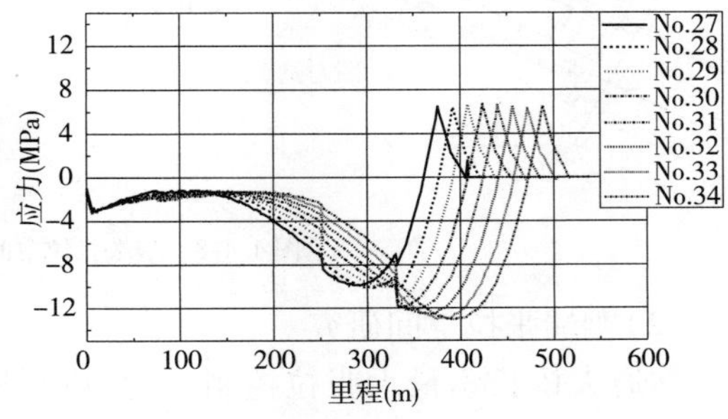

图4.4-6 临时设备对悬臂端底板应力影响

因此，苏通大桥采用近塔处桥面进索，索盘也布置在索塔附近，以减少对线形以及钢梁受力的影响。

4.4.3 超长斜拉索张拉方案比选

（1）张拉端选择

通常斜拉索的张拉方法可分为三类：塔端张拉梁端锚固、梁端张拉塔端锚固和塔、梁两端同时张拉。

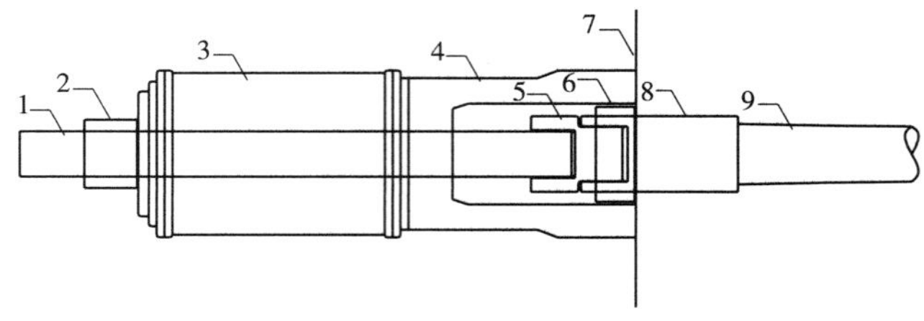

图 4.4-7　张拉设备布置图

1-张拉杆；2-张拉螺母；3-张拉千斤顶；4-张拉撑脚；5-变径螺母；6-锚固螺母；7-锚垫板；8-斜拉索锚头；9-斜拉索

我国斜拉桥拉索张拉最常用的是第一种方法，部分采用实心索塔的斜拉桥曾采用第二种方法；而第三种张拉方法不常用，张拉设备布置情况见图 4.4-7。

对于苏通大桥，长索的伸长量很大，而塔腔内空间很有限，对称张拉时设备存在空间位置冲突，给结构受力造成不利影响。

选取苏通大桥 J34 号斜拉索对长索张拉的方式进行比较，如图 4.4-8 所示。

从图 4.4-8 可以看出，J34 号索塔端张拉所需要的空间为 $2.58\text{m} \times 2 = 5.16\text{m}$，而苏通大桥 J34 号斜拉索塔端实际空间仅有 4.4m，因此选取塔端张拉方式进行施工难以满足对称同步张拉的空间要求，或者对张拉千斤顶以及撑脚进行特殊处理，如此将致使张拉千斤顶与撑脚的通用性降低，施工难度增加。因此，斜拉索张拉优先选择梁端张拉塔端锚固方法。

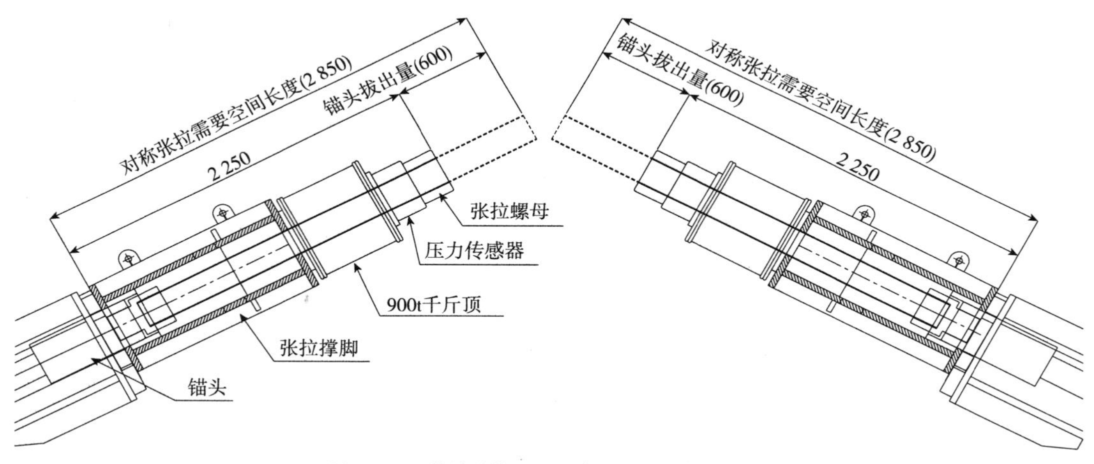

图 4.4-8　塔端张拉空间示意图(尺寸单位：mm)

（2）梁端张拉空间研究

苏通大桥长索最大张拉控制力近 700t，根据张拉设备选型原则，斜拉索张拉需要选择 800t 以上的千斤顶来完成。国内 800t 以上的千斤顶外径都在 700mm 左右，而苏通大桥锚垫板最大宽度为536mm,锚垫板横向宽度无法满足张拉要求,可采用以下两种方法予以解决。

①方法一:采用两台400t千斤顶并联,即加大张拉端撑脚结构,通过2台400t千斤顶并联张拉斜拉索,见图4.4-9。

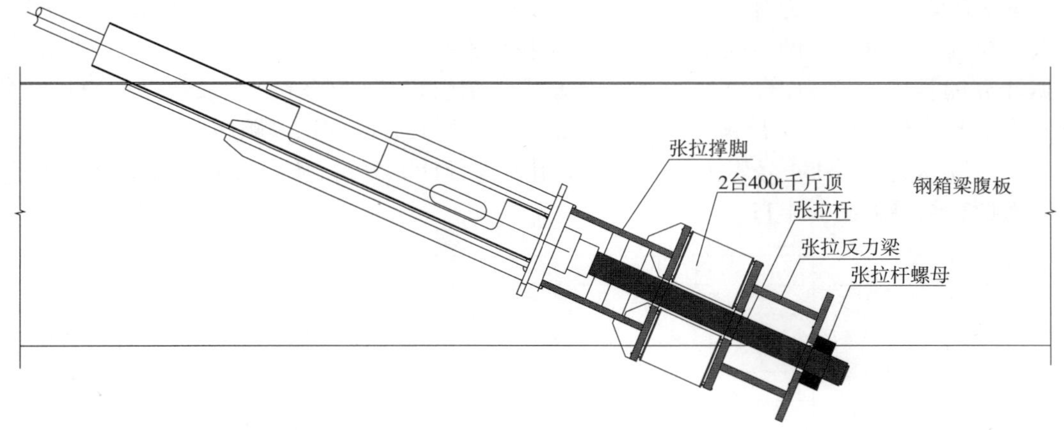

图4.4-9 采用两台400t千斤顶张拉长索

②方法二:加长撑脚,将千斤顶布置在腹板以外空间不受限的区域,采用大吨位普通千斤顶进行斜拉索张拉,如图4.4-10所示。

图4.4-10 多多罗大桥采用加长撑脚进行梁端张拉

方法一采用的400t千斤顶外径比较小(外径416mm),可直接在钢箱梁腹板侧面张拉斜拉索。但采用两台千斤顶进行张拉,其同步性控制困难,张拉反力架受力大,结构庞大,千斤顶测得的张拉力误差大。

方法二采用1台大吨位千斤顶完成斜拉索张拉,张拉过程控制容易,索力测试比较准确,但需要将张拉撑脚加长,对撑脚受力不利,设备重量和尺寸较大,施工复杂。

综合对上述两种方法的分析,苏通大桥最终采用加长撑脚进行斜拉索的梁端张拉。

4.4.4 超长斜拉索软硬组合三级牵引

(1)牵引方法研究

斜拉索牵引常规方法有两种:软牵引和硬牵引。

软牵引是指利用多股钢绞线通过特殊连接器与锚头相连,配合千斤顶完成梁端牵引锚固的方法。软牵引钢绞线具有柔性好、牵引过程角度容易调整等优点。

硬牵引是指通过特殊连接器将张拉杆与锚头相连,配合千斤顶完成梁端牵引锚固的方法。硬牵引是将张拉杆牵引过程作为一个整体共同受力,具有受力均匀、临时锚固稳定可靠等特点。

①牵引力研究

斜拉索梁端牵引锚固的关键是如何将梁端锚头牵引至梁端锚箱和锚垫板面外，拧上锚固螺母固定。

施工方案的选择，取决于拉索挂设时的最大牵引力，最大牵引力又与拉索长度、重量、倾斜角度等因素有关系。为合理选定施工方案，配备相应的挂设设备，首先应根据拉索的技术参数和拉索牵引过程中的不同工况，计算出全桥拉索在不同工况时的拉索牵引力和张拉力。根据计算的挂索牵引力，合理地选择牵引方式和牵引设备（钢丝绳、钢绞线、张拉杆、承重索）、牵引动力（卷扬机、千斤顶、吊机、手拉葫芦等）、挂索方法和锚固顺序。

下面以苏通大桥 J34 号索为例对梁端牵引力进行计算分析，从而选取合理的牵引方式，牵引力计算结果见图 4.4-11。

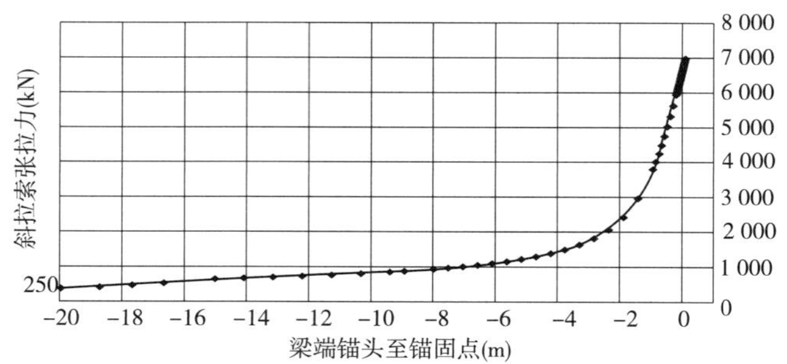

图 4.4-11　J34 号索梁端牵引力与锚头位置关系图

从牵引力计算结果可知：

a. 斜拉索梁段戴上螺帽时的锚固力接近 400t。

b. 斜拉索锚头进入梁端索套管时的牵引力超过 150t。

c. 斜拉索锚头距锚固点 20m 处牵引力仍超过 25t。

对于超长斜拉索，若仍采用传统牵引方法进行斜拉索梁端牵引、锚固，存在以下问题：

a. 若单纯采用软牵引锚固斜拉索，牵引长度超过 20m，锚固力超过 400t，斜拉索锚头中将无法容纳近 40 根钢绞线，现有千斤顶尺寸也不满足要求。同时，牵引过程中各根钢绞线受力均匀性控制困难，临时锚固可靠性差，牵引速度慢。

b. 若单纯采用硬牵引锚固斜拉索，张拉杆长度超过 20m，而张拉杆一般都由高强度钢材加工而成，直径相对较大，但同时也存在较大脆性，若张拉杆过长则容易出现弯折甚至折断，牵引过程中角度调整与控制难度大，施工风险突出。

因此，单纯采用软牵引和硬牵引都无法解决长索牵引面临的困难，需要提出全新的解决方法。

②软硬组合牵引方法的提出

为解决长索牵引距离远、牵引力大的难题，综合软、硬组合牵引各自的特点，从而可以解决上述问题。即指利用多股钢绞线通过特殊连接器与组合式多节张拉杆连接然后再与锚头相连，配合千斤顶完成梁端牵引锚固的方法，见图 4.4-12。

图 4.4-12　软、硬组合牵引图

大桥长索采取三种方法进行梁端牵引锚固的优缺点比较见表4.4-1。

长索三种牵引方法优缺点 表4.4-1

序号	工 艺	优 点	缺 点	风险	结 论
1	硬牵引	需要设备少、牵引速度相对较快	张拉杆太长,牵引过程中张拉杆容易弯曲甚至折断;入索套管过程中角度调整困难	高	容易造成施工事故,基本不可行
2	软牵引	需要设备少、角度比较容易调整	由于钢绞线数量太多、太长,牵引过程中钢绞线受力均匀性不容易控制;牵引速度慢;目前国内还没有满足牵引40束钢绞线的千斤顶	中等	不可行
3	软、硬组合牵引	角度调整方便,钢绞线数量少受力均匀性容易控制,牵引速度适中,可采用连续千斤顶牵引	需进行角度调整		可行

因此,采取软、硬组合牵引结合了软牵引的角度容易调整与硬牵引的牵引力大牵引速度快、临时锚固稳定可靠的优点,减小施工风险。

对于J21号和J34号索,梁端软硬组合牵引具体选择形式见表4.4-2。

长索软硬组合牵引具体形式 表4.4-2

序 号	索 号	钢绞线长度(m)	钢绞线数量(束)	张拉杆长度(m)
1	J21	8	7	6
2	J34	18	7	11

注:按照每根钢绞线受力按12t考虑,软牵引工作长度按4m考虑,硬牵引工作长度按照3m考虑。

(2)软、硬组合牵引连接形式研究

软、硬组合牵引示意如图4.4-13所示,需要解决以下主要问题。

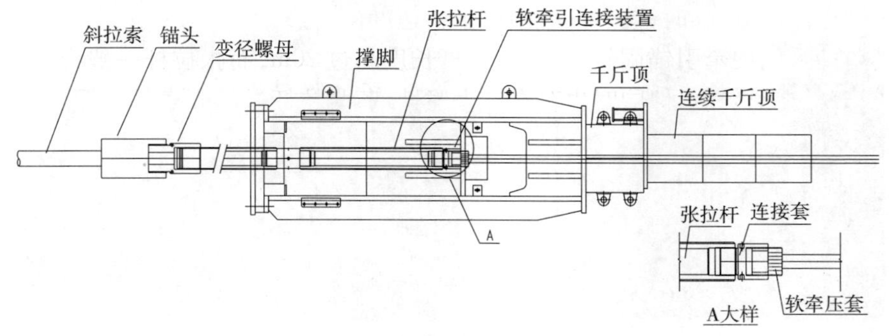

图4.4-13 软、硬组合牵引

①软、硬组合牵引连接

硬牵引张拉杆的可选择最大直径只有180mm,软、硬组合牵引采用的连接形式,应既满足受力要求又能保证施工安全快捷。

采取连接套加软牵引压套的形式进行组合牵引连接,见图 4. 4-14。连接套能够调整连接螺纹的旋转方向,软牵引完成后方便拆卸,同时也能满足要求钢绞线的布置要求。

图 4. 4-14　软、硬组合牵引连接形式

②硬牵引张拉杆重量

硬牵引张拉杆长度达 11m,若采用实心张拉杆,重量太大,而且自重弯曲也较严重,施工难度大。

为此除最后一节 4m 张拉杆采用实心结构外,其余张拉杆采用空心结构,解决重量过大的问题。

4. 4. 5　现场实施

斜拉索在工厂里制作完成并对其无应力长度精确测量后,打盘运输至桥位处,如图 4. 4-15 所示。通过位于边跨近塔区域桥面的吊索桁车整体提升上桥面并置于立式放索机上,如图 4. 4-16 所示。由于斜拉索钢盘直径大(3. 8 ~5. 5m),为保证斜拉索起吊安全,采用特制的吊具进行起吊。

图 4. 4-15　索盘运输至桥位

图 4. 4-16　桥面吊索桁车提升索盘

通过滑轨将带着索盘的立式放索机放平移出吊索桁车至主梁中央位置,如图 4. 4-17 所示。通过吊机辅助将锚头卸下,开始展索,如图 4. 4-18 所示。由于长索均很长,因此先采用卷扬机牵引、塔吊提升的方式完成桥面展开,用塔顶桁吊进行斜拉索塔端挂设。

汽车吊起吊锚头，同时起动放索机，当汽车吊提升锚头至一定高度后，将其置于锚头小车上。在梁端锚头处连接卷扬机钢丝绳，起动卷扬机，牵引梁端锚头至前端梁，部分展开斜拉索，如图4.4-19所示。

图4.4-17 放索机横移

图4.4-18 卸下梁端锚头

图4.4-19 展开斜拉索

在斜拉索中部安装索夹、提升吊具，用塔吊将斜拉索中部提升到一定的高度，使之在桥面上完全展开，如图4.4-20所示，斜拉索在展索过程中，与桥面接触部分均搁置在托索小车上，以保护斜拉索PE护套，如图4.4-21所示。

图4.4-20 塔吊辅助斜拉索展开

图4.4-21 托索小车

然后安装夹具，将塔顶门架滑车组钢丝绳与斜拉索连接，起动卷扬机提升斜拉索端部，同时塔吊下放斜拉索中部，如图4.4-22所示。塔顶门架将塔端锚头提升到塔端索套管口处后，从索套管内放出牵引钢丝绳，将其与锚头相连。起重小车纵移，手拉葫芦调整角度，塔顶卷扬机牵引塔端锚头就位，如图4.4-23、图4.4-24所示，斜拉索塔端安装完成。

图4.4-22 起吊夹具

图4.4-23 塔顶桁吊起吊锚头

图4.4-24 牵引进入索道管

超长索锚固牵引力大，采用包括桥面卷扬机及软、硬组合牵引在内的三级组合牵引系统完成其梁端挂设。

首先在梁端锚头处安装夹具、吊具，卷扬机牵引梁端锚头前行，汽车吊提升梁端锚头上导向滚轮及导向架。采用卷扬机牵引梁端锚头至桥面吊机处后，安装组合张拉杆及软牵引装置。采用依附于角度调整系统的手拉葫芦提升斜拉索锚头、张拉杆，卷扬机滑车组牵引斜拉索前行，当张拉杆中心线同索套管重合后改换连续千斤顶张拉钢绞线软牵引斜拉索，如图 4.4-25 ~ 图 4.4-28 所示。张拉杆前端牵引到位后，将牵引系统从软牵引转换至硬牵引，900t 穿心千斤顶牵引斜拉索，直至所有加长张拉杆出千斤顶面，拆除所有加长张拉杆，至此斜拉索梁端挂设完成。

图 4.4-25　卷扬机牵引

图 4.4-26　软牵引

图 4.4-27　硬牵引

图 4.4-28　角度调整

拆除加长张拉杆，安装压力传感器，开启油泵对称同步张拉斜拉索。继续张拉斜拉索至监控指定位置，拧紧锚固螺母。

4.5　施工期风振研究

4.5.1　主梁架设期风振研究

钢箱梁长悬臂架设期间抗风安全研究工作主要从两方面进行：风洞试验和数值分析。

4.5.1.1 风洞试验

为了研究大桥施工过程中长悬臂工况条件下的抗风安全性,分别进行了节段模型风洞试验和全桥气弹模型风洞试验。节段模型试验比例为1∶50,断面模拟了导流板、护坎、临时栏杆和检查车导轨等。全桥气弹模型试验模型缩尺为1∶125。最大双悬臂和最大单悬臂状态试验模型如图4.5-1所示。

a)最大双悬臂状态

b)最大单悬臂状态

图4.5-1 主桥施工期气弹模型试验

节段模型风洞试验研究表明:主梁静风阻力系数较大,在均匀流下没有观察到发散振幅现象。全桥模型风洞试验研究表明:最大双悬臂状态和最大单悬臂状态均未观察到发散振幅现象。

4.5.1.2 施工期主梁抗风安全

在最大单悬臂施工状态,主梁结构在工作状态和台风条件下的结构安全尤为重要。为此,对关键工况进行计算分析。进行结构安全评估的钢箱梁最大单悬臂状态下的平底板和斜底板上U肋位置见图4.5-2。

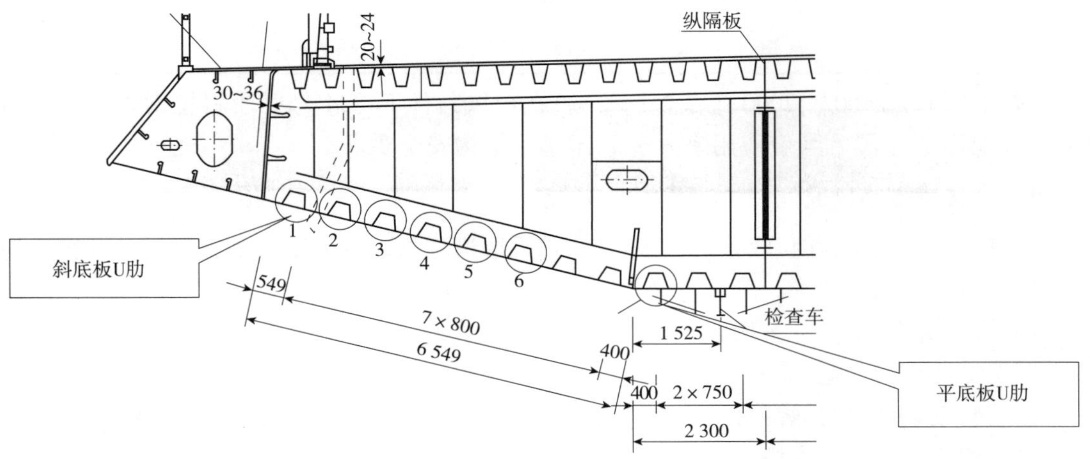

图4.5-2 底板U肋安全评估位置(尺寸单位:mm)

表4.5-1结果表明:平底板U肋强度使用率超过1.0出现在最大单悬臂端后方100m左右,主要受竖向抖振响应控制。

平底板的抗屈曲峰值使用率　表 4.5-1

荷载工况	说　明	最大使用率 U_R	
		底板 U 肋	底板翼缘
1	起吊 J33 梁段(桥面 17.5m/s)	0.95	0.57
2	J33 梁段焊接,汽车吊在悬臂前端辅助挂索 CS295(桥面 20m/s)	0.96	0.57
3	J33 梁段安装完成,斜拉索张拉完成(10m 高 35.4m/s)	0.94	0.6
4	起吊 J34 梁段(桥面 17.5m/s)	0.95	0.56
5	J34 梁段焊接,汽车吊在悬臂前端辅助挂索 (桥面 20m/s)	0.96	0.57
6	J34 梁段安装完成,斜拉索张拉完成(10m 高 35.4m/s)	1.28	0.71

从表 4.5-2 可知,斜底板 U 肋强度使用率超过 1.0 出现在索塔区主梁斜底板,主要受横向抖振响应控制。

斜底板的抗屈曲峰值使用率　表 4.5-2

荷载工况	说　明	最大使用率 U_R	
		底板 U 肋	底板翼缘
1	起吊 J33 梁段(桥面 17.5m/s)	0.64	0.38
2	J33 梁段焊接,汽车吊在悬臂前端辅助挂索 CS295(桥面 20m/s)	0.65	0.38
3	J33 梁段安装完成,斜拉索张拉完成(10m 高 35.4m/s)	1.00	0.68
4	起吊 J34 梁段(桥面 17.5m/s)	0.66	0.38
5	J34 梁段焊接,汽车吊在悬臂前端辅助挂索 (桥面 20m/s)	0.67	0.38
6	J34 梁段安装完成,斜拉索张拉完成(10m 高 35.4m/s)	1.03	0.69

按照英国 BS5400-3:2000 规范进行检核,在台风条件下,J34 号梁段斜拉索张拉完成时(最大单悬臂),主梁的强度使用率大于 1,不满足结构安全要求。

4.5.1.3　抗风措施研究

为确保结构安全,在接收到台风预警时,需采取措施保证主体结构和施工设备安全。为此,考虑了以下措施。

(1)桥面吊机后退 1 个梁段。

(2)减少或移动施工荷载。

①可移动设备,包括焊接设备、汽车吊等,移动到索塔区梁段上并做固定处理。

②检修小车后退至索塔区附近。

③移除张拉平台上的混凝土配重。

(3)其他辅助措施,如 J34 号斜拉索超张拉 500mm。

如表 4.5-3 所示,结果表明:采取以上三种措施后施工期结构抗风安全满足要求。

最大悬臂状态抗风措施效果分析 表4.5-3

部位	说　明	最大使用率 U_R	
		底板U肋	底板翼缘
底板	桥面吊机后退1个梁段	1.14	0.66
	桥面吊机后退1个梁段,减少并移出施工荷载	1.08	0.63
	桥面吊机后退1个梁段,减少并移出施工荷载,J34超张拉	0.96	0.61
斜底板	桥面吊机后退1个梁段	1.03	0.69
	桥面吊机后退1个梁段,减少并移出施工荷载	1.02	0.69
	桥面吊机后退1个梁段,减少并移出施工荷载,J34超张拉	0.99	0.67

4.5.2 斜拉索施工期振动控制

斜拉桥施工阶段可能出现的斜拉索振动主要有风雨激振、涡激共振、谐振三类。斜拉索振动会引起桥面振动,影响作业舒适度及量测精度。当振动幅度过大时,会使得斜拉索与索套管发生碰撞,可能损坏PE护套甚至损坏结构,因此,斜拉索施工期的振动控制很重要。

斜拉索护筒表面上的永久压痕凹坑可以抑制施工期可能出现的拉索风雨激振。由于外置阻尼装置在上部结构架设完成后才安装,所以施工期的拉索涡激共振和谐振是振动控制的重点,必须采用相关减振措施,以减小施工期可能出现的拉索振幅。

4.5.2.1 斜拉索自振频率

斜拉索的垂度通常只有斜拉索长度的1/100,因此可不考虑其端部效应,其自振频率可用下式大致计算:

$$f_n = \frac{n}{2 \times l} \times \sqrt{\frac{T}{m}} \qquad (\mathrm{Hz})$$

式中:n——振阶;

l——索长;

T——索力;

m——索单位长度质量。

如边跨和主跨索长、索倾斜角、索有效截面积和首阶自振频率等基本数据见表4.5-4、表4.5-5。

主跨斜拉索基频 表4.5-4

编号	索长(m)	索力(kN)	索倾斜角(°)	索有效截面积(mm^2)	外直径(mm)	单位重量(N/m)	基频(Hz)
J01	152.853	3 195	87.180	5 811	116	489.00	0.828
J02	154.182	3 046	81.433	5 811	116	489.00	0.801
J03	157.059	2 840	75.842	5 349	112	447.98	0.794
J04	162.768	2 767	70.725	5 349	112	447.98	0.756
J05	169.358	2 780	65.760	5 349	112	447.98	0.728

续上表

编号	索长 (m)	索力 (kN)	索倾斜角 (°)	索有效截面积 (mm^2)	外直径 (mm)	单位重量 (N/m)	基频 (Hz)
J06	178.810	2 843	61.305	5 349	112	447.98	0.697
J07	189.151	2 785	57.338	5 349	112	447.98	0.652
J08	200.214	2 971	53.714	5 811	116	489.00	0.609
J09	211.934	3 051	50.540	5 811	116	489.00	0.583
J10	224.262	3 247	47.512	7 197	127	601.02	0.513
J11	236.875	3 378	44.937	7 197	127	601.02	0.495
J12	249.852	3 571	42.619	7 197	127	601.02	0.483
J13	263.089	3 767	40.606	7 197	127	601.02	0.471
J14	276.760	3 900	38.687	7 197	127	601.02	0.456
J15	290.618	4 005	36.913	7 658	130	641.97	0.425
J16	304.702	4 102	35.279	8 582	139	720.97	0.387
J17	318.959	4 147	33.808	7 658	130	641.97	0.394
J18	333.310	4 185	32.552	7 658	130	641.97	0.379
J19	347.870	4 222	31.318	7 658	130	641.97	0.365
J20	362.680	4 325	30.001	8 582	139	720.97	0.334
J21	377.406	4 295	29.073	8 582	139	720.97	0.320
J22	392.309	4 311	28.105	8 582	139	720.97	0.309
J23	407.319	4 424	27.186	8 582	139	720.97	0.301
J24	422.434	4 658	26.337	8 582	139	720.97	0.298
J25	437.683	4 890	25.481	9 275	142	770.01	0.285
J26	452.905	4 987	24.783	9 275	142	770.01	0.278
J27	468.196	5 005	24.117	9 275	142	770.01	0.270
J28	483.767	5 231	23.164	10 891	152	912.01	0.245
J29	499.126	5 392	22.641	10 891	152	912.01	0.241
J30	514.570	5 574	22.092	10 891	152	912.01	0.238
J31	530.028	5 841	21.607	10 891	152	912.01	0.236
J32	545.539	6 154	21.131	10 891	152	912.01	0.236
J33	561.255	6 475	20.504	12 046	161	1 002.95	0.224
J34	576.767	6 286	20.193	12 046	161	1 002.95	0.215

边跨斜拉索 表4.5-5

编号	索长（m）	索力（kN）	索倾斜角（°）	索有效截面积（mm^2）	外直径（mm）	单位重量（N/m）	基频（Hz）
A01	153.147	3 155	87.179	7 197	127	601.0	0.741
A02	154.908	3 234	81.465	7 197	127	601.0	0.741
A03	158.189	2 991	75.946	5 811	116	489.0	0.774
A04	164.324	2 789	70.899	5 349	112	448.0	0.752
A05	171.227	2 795	66.051	5 349	112	448.0	0.722
A06	180.986	2 826	61.711	5 349	112	448.0	0.687
A07	191.631	2 819	57.822	5 349	112	448.0	0.648
A08	202.936	3 081	54.296	5 811	116	489.0	0.612
A09	214.884	3 019	51.197	5 811	116	489.0	0.572
A10	227.395	3 586	48.268	7 197	127	601.0	0.532
A11	240.224	3 428	45.689	7 197	127	601.0	0.492
A12	253.340	3 387	43.447	7 197	127	601.0	0.464
A13	266.730	3 791	41.458	7 197	127	601.0	0.466
A14	280.489	3 747	39.622	7 197	127	601.0	0.441
A15	294.455	3 947	37.884	7 658	130	642.0	0.417
A16	308.544	4 098	36.395	7 658	130	642.0	0.405
A17	322.959	4 203	34.861	8 582	139	721.0	0.370
A18	337.432	4 165	33.565	8 582	139	721.0	0.353
A19	352.175	4 290	32.193	8 582	139	721.0	0.343
A20	366.880	4 404	31.144	8 582	139	721.0	0.333
A21	381.717	4 374	30.143	8 582	139	721.0	0.319
A22	396.678	4 485	29.178	8 582	139	721.0	0.311
A23	411.716	4 579	28.295	8 582	139	721.0	0.303
A24	423.399	4 635	27.670	8 582	139	721.0	0.296
A25	435.070	5 047	27.149	9 275	142	770.0	0.291
A26	446.675	5 055	26.753	9 275	142	770.0	0.284
A27	458.407	5 158	26.257	9 275	142	770.0	0.279
A28	470.257	5 197	25.669	9 275	142	770.0	0.273
A29	481.964	5 239	25.308	9 275	142	770.0	0.268
A30	493.721	5 203	24.929	9 275	142	770.0	0.261
A31	505.682	6 067	24.329	10 891	152	912.0	0.252
A32	517.436	6 132	24.041	10 891	152	912.0	0.248
A33	529.219	6 112	23.773	10 891	152	912.0	0.242
A34	541.140	6 739	23.395	12 046	161	1 003.0	0.237

随施工过程索力的变化，斜拉索的基频不断改变。斜拉索的首阶振频随着施工阶段进行的变化如图 4.5-3、图 4.5-4 所示。

由图 4.5-3 和图 4.5-4 可见，在斜拉索一次张拉完成时，其基频很小，二次张拉完成后，基频增加到整个施工阶段的最大值，接着随后续主梁施工逐渐减小直至稳定状态。在施加二期恒载后，斜拉索基频增加。在活载作用下，成桥后的斜拉索基频变幅约为 +20% 和 -10%。

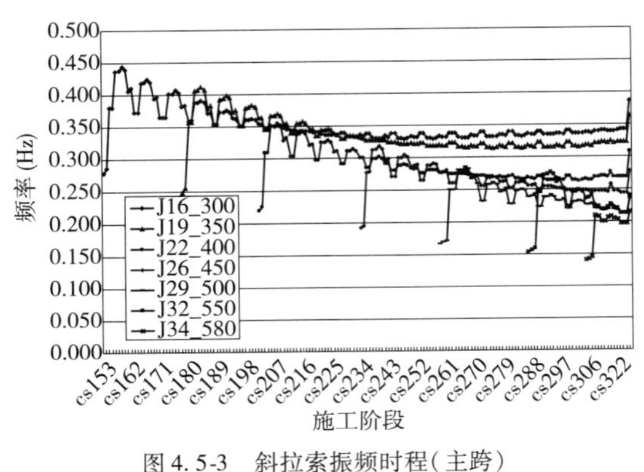

图 4.5-3　斜拉索振频时程（主跨）

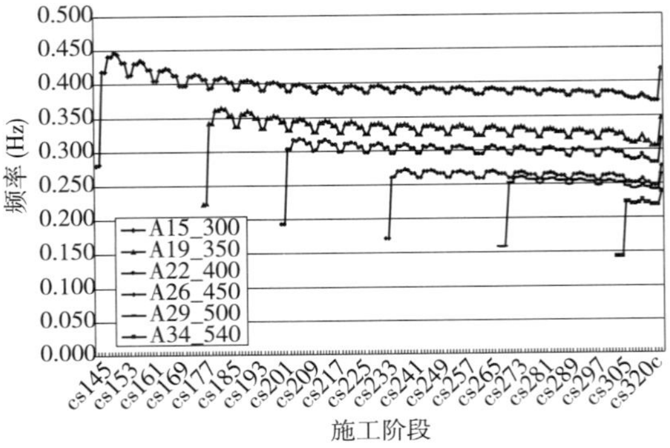

图 4.5-4　斜拉索振频时程（边跨）

4.5.2.2　斜拉索振动

（1）涡激振动

当涡流在斜拉索两边脱落时，造成拉索振动，共振风速（U_n）可用下式计算。

$$U_n = \frac{f_n \times D}{S_t} \qquad (\text{m/s})$$

式中：f_n——拉索振频；

D——拉索直径；

S_t——Strouhal 数。

假设成桥后的 Stroughol 数为 0.18，计算了主跨和边跨斜拉索在涡激共振时的共振风速，分别如图 4.5-5、图 4.5-6 所示。

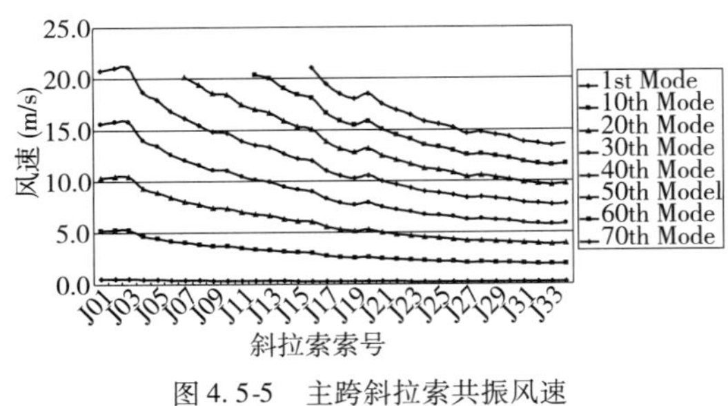

图 4.5-5　主跨斜拉索共振风速

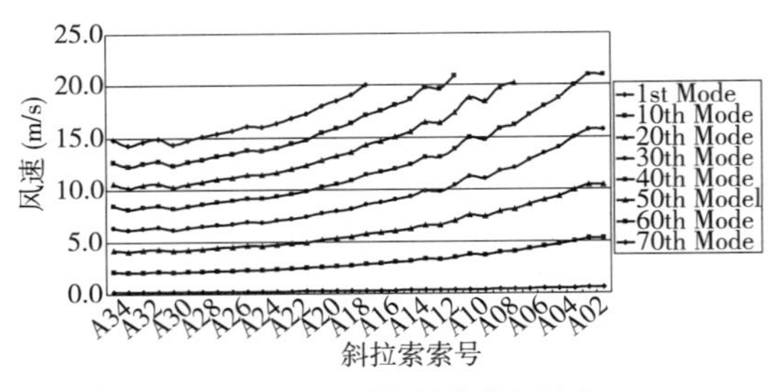

图 4.5-6　边跨斜拉索共振风速

涡激共振可在任何斜拉索振型下，即任何风速下发生。由于斜拉索的振频会随施工的进行而改变，所以其共振风速也随施工变化而改变。

由图 4. 5-6 可见,在风速 5 ~ 15m/s 时,主跨最短拉索 J01 会在第 10 ~ 第 29 阶振型时出现涡振,风速增量约为 0. 52m/s。主跨最长拉索 J34 会在第 26 ~ 第 77 阶振型时出现涡振,风速增量约为 0. 2m/s。

利用 Scruton 数和振幅的关系计算了由于涡激振动的斜拉索共振振幅,详列于表 4. 5-6。

由于表 4. 5-6 列出的振幅对任何振型都是一样的(刚度较高的较高振型斜拉索适用于较高风速),对于在较高振型(波长较短)才出现振动的斜拉索,需检核拉索在锚头出口的应力超标可能性和疲劳程度。

斜拉索涡激共振振幅 表 4. 5-6

平行钢丝索	D(mm)	S_c	A/D	A(mm)
139	112	8. 92	0. 037	4. 1
151	116	9. 08	0. 036	4. 1
187	127	9. 31	0. 034	4. 4
199	130	9. 49	0. 033	4. 4
223	139	9. 32	0. 034	4. 8
241	142	9. 54	0. 033	4. 7
283	152	9. 86	0. 032	4. 8
313	161	9. 67	0. 033	5. 3

最短拉索和最长拉索在可工作风速 15m/s 下,可能出现的锚头出口处拉索张力和倾斜角增加,详列于表 4. 5-7。结果显示应力和疲劳程度都在容许范围内。

如果拉索振动超出特定范围,可能造成斜拉索的内应力超标和拉索在锚头出口处产生疲劳现象。在不同波长情况下,计算了最长斜拉索的索力增加量,如表 4. 5-7 所示。

涡激振动造成斜拉索的索力增加量和倾斜角 表 4. 5-7

索 号	长度(m)	振幅(mm)	索 力 比	角 度 (°)
J05	5. 0	6. 1	1. 01	0. 22
J34	7. 5	7. 9	1. 02	0. 19

(2)谐振

当斜拉索受到桥梁其他部位如索塔或主梁由于涡激和紊流造成的振动激励,会出现谐振现象。

斜拉索谐振由两类振动组成。一类是由于锚固点垂直于斜拉索轴线的周期性运动造成的直线振动,激励频率需与拉索振频相同;另一类是由于斜拉索锚固点沿拉索轴线的周期性运动造成的参数振动,激励频率为斜拉索振频的一半。

斜拉索谐振的响应如表 4. 5-8 所示。其中响应值为 1. 5 倍半均方值(RMS),其中侧向(L_1)和竖向(V_1,V_2)单位为(mm),扭转(T_1)单位为(°)。在紊流中最大单悬臂下的响应(抖振响应)以及涡激振动的 Stroughal 数为 1. 664。

斜 拉 谐 振 响 应　　　　表 4. 5-8

<table>
<tr><th rowspan="2">响应类型</th><th rowspan="2">振　型</th><th colspan="2">动力响应 $h=0.003$</th></tr>
<tr><th>15m/s</th><th>45m/s</th></tr>
<tr><td rowspan="4">抖振响应</td><td>L_1</td><td>93</td><td>930</td></tr>
<tr><td>V_1</td><td>18</td><td>220</td></tr>
<tr><td>V_2</td><td>21</td><td>252</td></tr>
<tr><td>T_1</td><td>0. 013</td><td>0. 159</td></tr>
<tr><td>涡激振动</td><td>T_1</td><td colspan="2">0. 071 at 17. 0m/s</td></tr>
</table>

为了研究斜拉索在何种形态下出现谐振，如图 4. 5-7 所示为各根拉索在前三阶振型下拉索振频和激励频率。

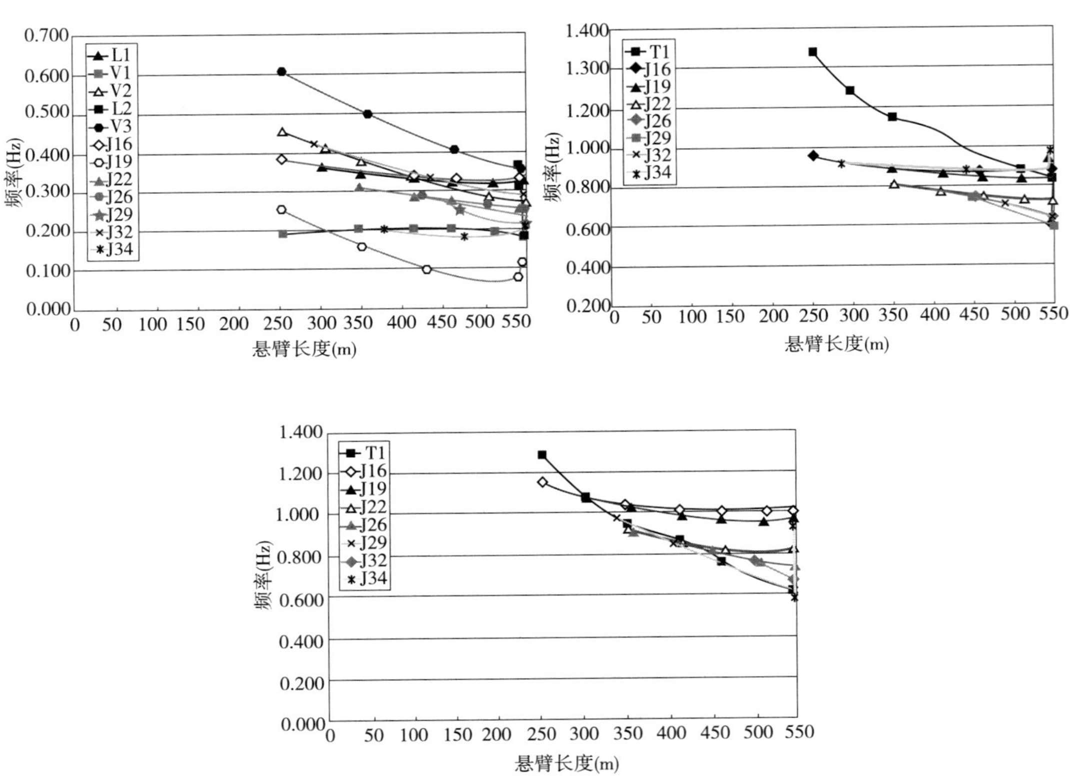

图 4. 5-7　主桥梁和斜拉索振动频率

表 4. 5-9 总括了由图 4. 5-7 显示的可能出现的斜拉索谐振。

表 4. 5-9 指出，斜拉索与主梁首阶扭转振动（T_1）发生参数共振，以及与第二、第三阶扭转振动发生线性共振。

斜拉索内部共振　　表 4.5-9

类　别			悬臂安装阶段	合龙前	合　龙　后		
					不含二期恒载	含二期恒载	成桥后
L1	主梁		没有内部共振				
	拉索						
V1	主梁		~0. 183 2	0. 183 2	0. 188 8	0. 187 8	0. 178 2
	拉索	M1	—	J34	J34	—	—
V2	主梁		~0. 288 6	0. 288 6	0. 238 9	0. 234 9	0. 220 9
	拉索	M1	< J21	J21	J27	J27	J33-34
L2	主梁		—	—	0. 319 4	0. 316 5	0. 282 7
	拉索	M1	—	—	J19	J20	J27
V3	主梁		~0. 357 0	0. 357 0	0. 338	0. 338 2	0. 319 3
	拉索	M1	< J15	J15	J16	J16	J22
T1	主梁		~0. 632 2	0. 632 2	0. 630 8	0. 625 2	0. 584
	拉索	M1	< J20	J19-20	J19-20	J19-20	J24
		M2	< J20	J19-20	J19-20	J19-20	J24
		M3	—	J34	J33	J32	—

由于 J20 斜拉索首阶竖向振动长度较短，具有较大振幅（支撑点移动较大），为一最不利工况，作分析斜拉索与主梁第二阶竖向振型的谐振。

平行钢丝索的内在阻尼约为 0. 003 对数衰减，其对应动力响应的放大因子变得非常大。但是索力随振幅增加而增加，所以斜拉索的振频增加而远离激励的频率，使最终放大因子变得较小。

用以上方法计算了 J20 斜拉索的两种共振风速，列于表 4. 5-10。

J20 斜拉索的谐振振幅　　表 4. 5-10

振幅（mm）	索　力　比	阶　　段	角度（°）	
扭振响应	15m/s	650	1. 025	0. 22
	45m/s	2 200	1. 100	0. 70

由于 J27 斜拉索与第三阶扭转振动，其长度较短且具有较大振幅（支撑点移动），为一最不利工况，分析斜拉索与主梁扭转振动谐振。

采用上述方法分析了 J27 斜拉索两种共振风速，列于表 4. 5-11。

J27 斜拉索的谐振振幅（第三阶）　　表 4. 5-11

风　　速	振幅（mm）	索　力　比	角度（°）
涡激振动风速	625	1. 035	0. 46
扭振响应（45m/s）	850	1. 055	0. 62

由以上结果可得，在 15m/s 风速下，斜拉索谐振产生的斜拉索应力和疲劳问题均远小于容许值。但是在台风工况下，仍有足够应力强度且无疲劳现象，但需对在台风下斜拉索进行抑振。

当振幅（支撑点移动）小且斜拉索振频接近激励力时，对斜拉索增加阻尼可明显减少谐振振幅。但是，当振幅（支撑点移动）较大和斜拉索振频远离激励振频时，增加阻尼不能有效减低斜拉索的谐振振幅。如图4.5-8所示。

当主梁悬臂长度逐渐接近最大单悬臂时，需准确地量测主梁振频，并仔细检核可能会与主梁产生共振的斜拉索。如有需要，改变该斜拉索的振频，达到控制斜拉索振幅的目的。

4.5.2.3 斜拉索抑振

对斜拉索在涡激振动和谐振情况下的振幅研究可以看出，从斜拉索的应力和疲劳角度上来看，是没有安全隐患的。但考虑对心理因素的影响和一些不能预见的大振动振幅，需要进行施工阶段抑振。通常减少斜拉索振动的方法主要有四种，即增加阻尼、增加质量、减少激励力和避开激励力的频率。考虑到这些抑振措施不是基于安全性的需要，而是施工期暂时性的预案，因此采用了通常应用的辅助索法进行施工期抑振。

辅助索材料可以是钢或纤维。钢索比尼龙索刚度大，可限制斜拉索在连接点的移动，设置第二根辅助索可传递内力到相邻拉索。另一方面，尼龙索较柔，比钢索具有较大的阻尼作用，允许斜拉索在连接点移动，由辅助索的伸缩达到增加阻尼的目的。

通过对不同材料的纤维索的制振效果进行比较，发现尼龙索可吸收较多能量，最适合作为辅助纤维索材料。尼龙索的弹性模量为1 200MPa，约为钢索弹性模量16 500MPa 的1/87.5。尼龙索的破坏强度为275MPa，约为钢索破坏强度 1 570MPa 的 1/5.8。如图 4.5-9 所示。

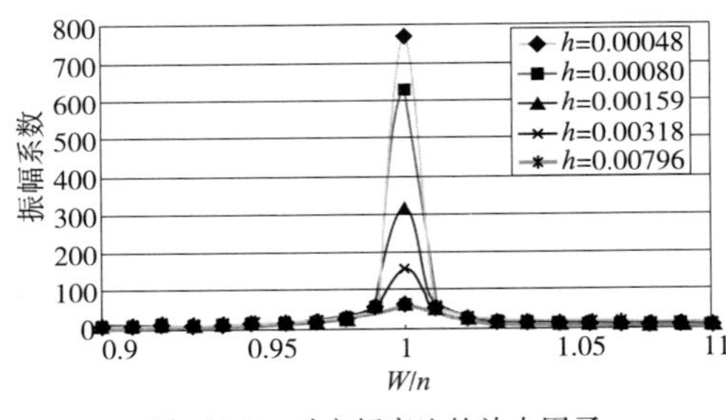

图4.5-8 对应频率比的放大因子

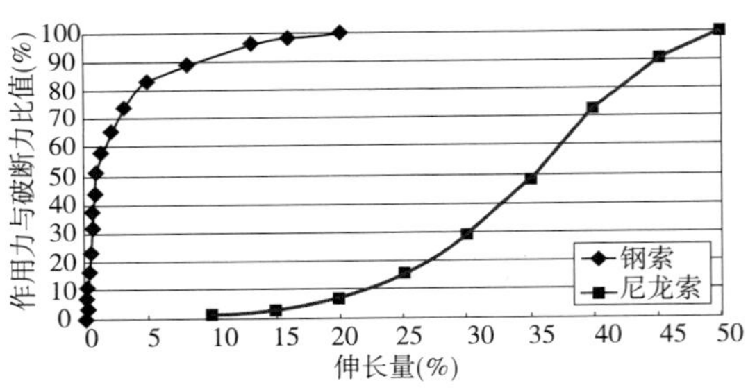

图4.5-9 纤维索和钢索伸长量与轴力

（1）第一辅助索

对 J29 号斜拉索（长 500m），应用如表 4.5-12所列不同辅助索，对其动力特性进行了研究。

辅助索的物理特性 表4.5-12

直径（mm）	EA（kN）	长度（m）	刚度（kN/m）	破坏强度（kN）
尼龙索（E = 1 200MPa）				
12	136	5.942	22.8	31.0
16	241		40.6	51.4
20	377		63.4	78.4
24	543		91.4	107.0
钢索（E = 105 000MPa）				
22.4	34 800	5.942	5 857	332.0

不同刚度(材料和直径)辅助索连接点相对 J29 斜拉索(500m)的首阶至第三阶的频率和振型比,如图 4.5-10、图 4.5-11 所示。

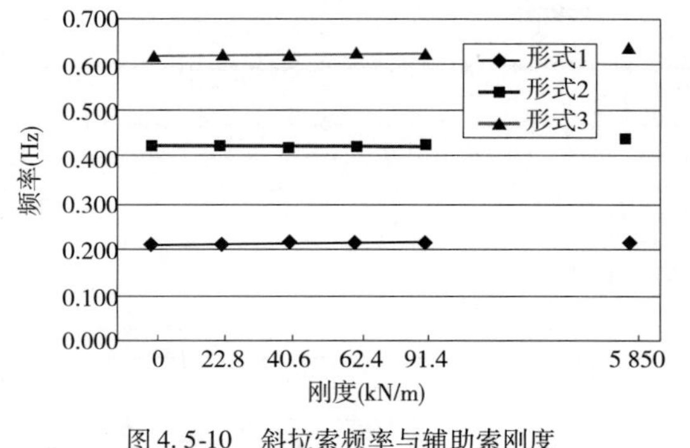

图 4.5-10 斜拉索频率与辅助索刚度

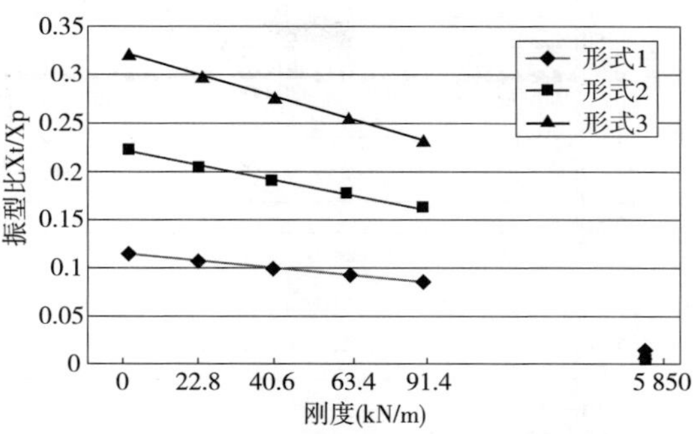

图 4.5-11 J29 斜拉索辅助索刚度与振型比 X_t/X_p

由图 4.5-10 和图 4.5-11 可见,当辅助索刚度增加,斜拉索振频变化不大,但振型比变化大。与斜拉索连接的钢辅助索在连接点处几乎没有振幅,钢辅助索可改变 3% 振频但不能提供额外阻尼。而与斜拉索连接的尼龙辅助索在连接点处只有小振幅,仅减少约小于 1.5% 的振频,但由于其伸缩的作用对斜拉索提供了额外阻尼。

假设与 J13 斜拉索(长 260m)类似布置的斜拉索的内在阻尼由 0.3% 对数衰减增加到 1.0% 对数衰减,同样计算了直径为 24mm 的首根尼龙辅助索可对 J16、J19、J22、J26、J29、J32 和 J34 斜拉索增加的阻尼,并进行了对比。

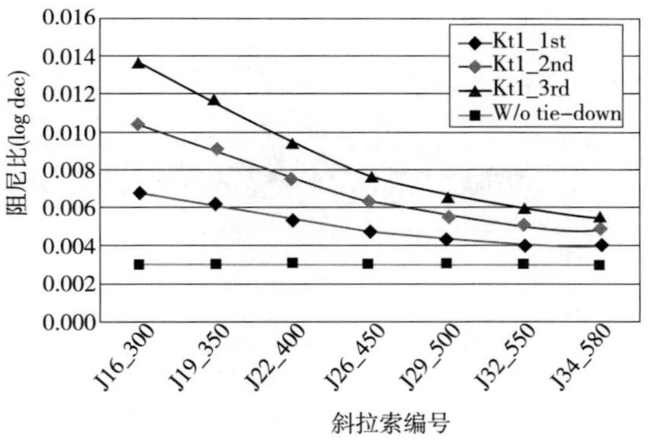

图 4.5-12 有制振索的斜拉索阻尼

由图 4.5-12 可见,辅助索对较高阶振型和短索的阻尼增加效应更显著。主要是因为在较高振型和短索时连接点对峰值的振幅比较大,以及长索质量较大,而只安装首根尼龙索不能对长索在低阶振型时提供足够的阻尼。

(2)第二辅助索

由于第二辅助索与相邻约 2% 频率差异的斜拉索连接,第二辅助索的工作原理与首根辅助索不同。

由图 4.5-12 可见,钢辅助索弹性变形很小,由相邻斜拉索相互约束达到增加质量和阻尼的效果,从而将振动传递到相邻的斜拉索上。尼龙辅助索则不能从相邻斜拉索达到增加质量和阻尼的效果,也不能将振动传递到相邻斜拉索,仅由于它自身的伸缩对斜拉索增加了额外阻尼。图 4.5-13 为简化的两个自由度时程图。

在简化的两个自由度时程分析模型中,两个质量块的动力特性代表 J28 和 J29 斜拉索首阶振动。除此以外,还有针对性地增加阻尼比,以缩短达到最大振幅的时间及增加激励力,以增大其振动响应,同时没有考虑辅助索阻尼比。

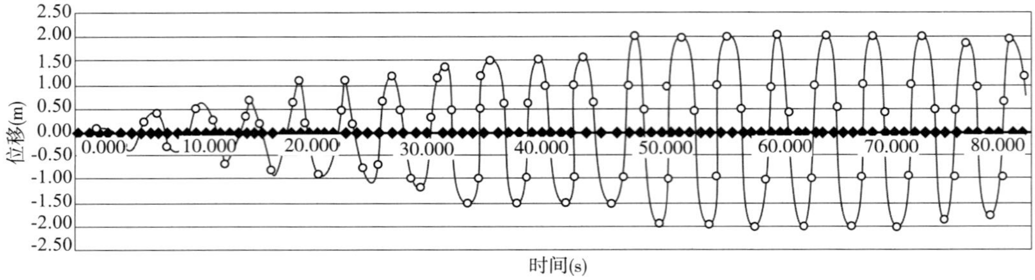

a)无辅助索的振动时程

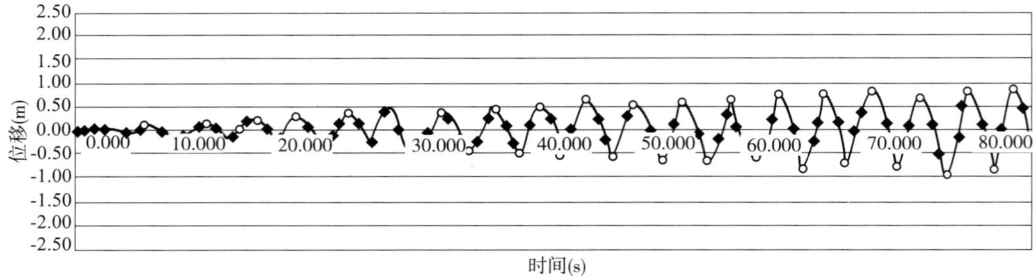

b)钢辅助索的振动时程

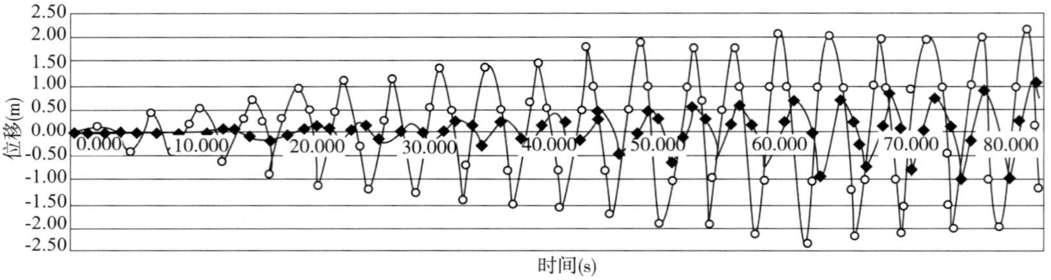

c)尼龙辅助索的振动时程

图 4.5-13　第二根辅助索的效应

时程分析 a)为没有第二辅助索的工况，蓝色为目标斜拉索驱动振动，而红色为相邻斜拉索驱动。时程分析 b)为设置了第二根钢辅助索工况，其中两根斜拉索同时驱动以及相邻斜拉索振动存在相位差。时程分析 c)为设置了第二根尼龙辅助索工况，目标斜拉索驱动而相邻斜拉索不振动，引致辅助索在早期阶段不断伸缩，并开始慢慢地在斜拉索振动驱动下在后期一起振动。分析模型 c)中并未考虑尼龙辅助索本身的阻尼，因此实际振幅可能更小。

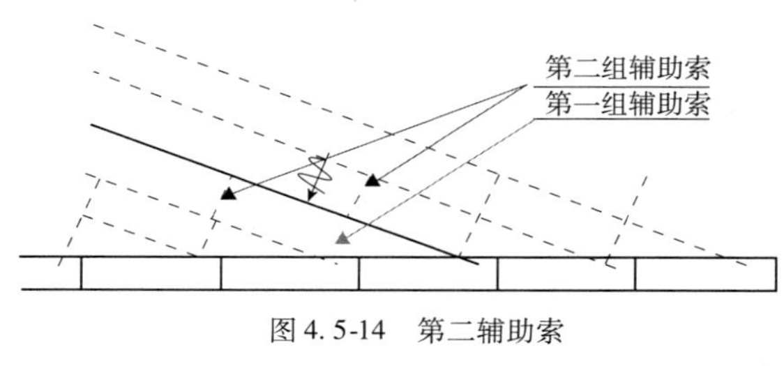

图 4.5-14　第二辅助索

在图 4.5-14 中，用两根辅助索连接相邻斜拉索，当其中一根实线的斜拉索在涡激振动和其他桥梁部分(索塔和主梁)的振动带动下摆动，可从与其相连没有振动的斜拉索获得阻尼。

假设与斜拉索 J13(长 300m)类似布置的斜拉索的内在阻尼由 0.3% 对数衰减增加到

1.0%对数衰减,24mm 直径首根和第二根尼龙辅助索可对斜拉索 J16、J19、J22、J26、J29、J32 和 J34 增加的阻尼情况进行对比研究。

由图 4.5-15 可见,Kt1 为设有首根辅助索并含 0.3%内在阻尼的斜拉索总阻尼,Kt2 为设有两根辅助索的总阻尼。辅助索对高阶振型和短索提供较多阻尼,主要是由于在高阶振型和短索中,相对峰值的振幅比较大和长索质量较大的原因。对于尼龙辅助索,即使设置两根辅助索,对长索的低阶振型也无法提供足够的阻尼。

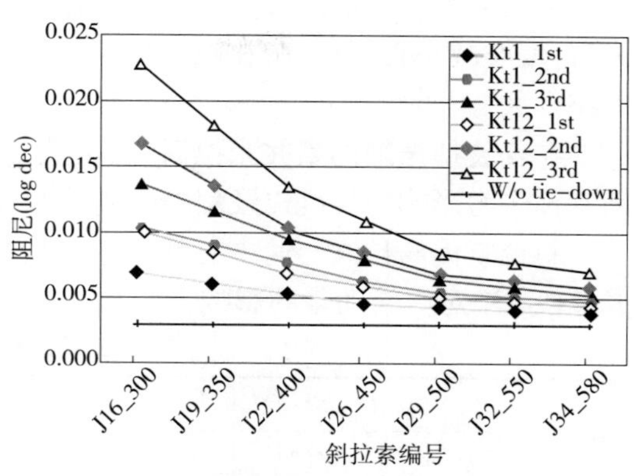

图 4.5-15 安装了首根和第二根尼龙辅助索的斜拉索阻尼

(3)辅助索的设置

两根辅助索均需为 24mm 直径尼龙索,由 4 根左捻丝和 4 根右捻丝组成,考虑预张力为 40 kN(为破坏力的 33%)。

斜拉索设计是考虑在成桥状态下斜拉索与套管中心线一致。施工期斜拉索相对成桥状态松弛,因此在整个施工过程中,斜拉索会偏离套管中心线。对 300m、350m、400m、450m、500m、550m 和 580m 长的斜拉索与套管偏心量如图 4.5-16、图 4.5-17 所示。

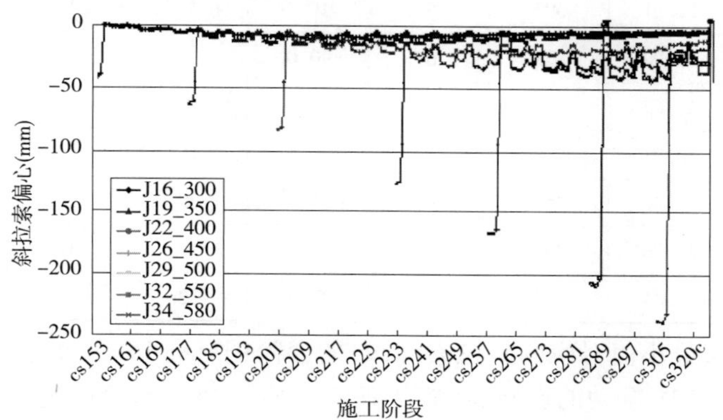

图 4.5-16 主跨斜拉索在施工期的偏心量

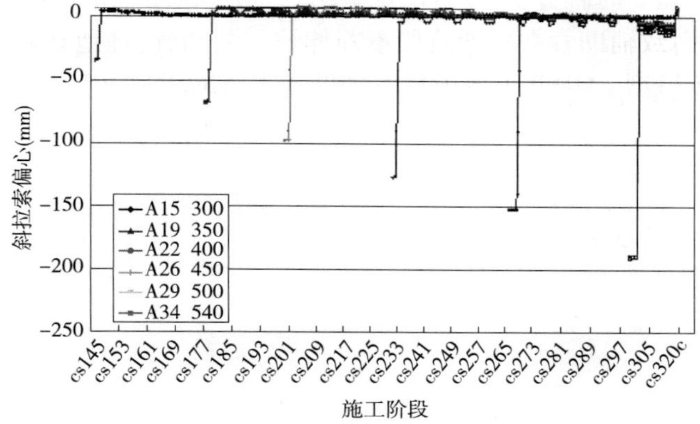

图 4.5-17 边跨斜拉索在施工期的偏心量

由图4.5-16和图4.5-17可见，斜拉索一次张拉完成阶段，拉索偏心非常大，二次张拉完成后，偏心减小直至稳定，在施加二期恒载后，偏心量降至零。主跨侧斜拉索偏心量较边跨斜拉索大。

在安装抑振辅助索并张拉后，连接点处的斜拉索会向下移，因此，计算了斜拉索由于辅助索预张力影响的挠度以及斜拉索离开套筒中心的额外偏心量。

斜拉索偏离拉索套筒中心线的总静力偏心量如表4.5-13所示，其中 O_1 为一次张拉完成节段，O_2 对应辅助索的影响）。

施工期斜拉索离套管偏心量　　表4.5-13

类别	斜拉索		套筒		净空 D	偏心量(mm)			利余净空
	D(mm)	θ(°)	D(mm)	L(mm)	mm	O_1	O_2	共	mm
J16	139	36.26	338	1 848	90.5	15	12	27	64
J19	130	32.43	328	2 140	90.0	19	17	36	54
J22	139	29.45	338	2 450	90.5	28	22	50	40
J26	142	26.41	353	2 817	96.5	39	30	69	27
J29	152	24.61	373	3 124	101.5	48	38	86	15
J32	152	23.14	373	3 349	101.5	48	36	84	18
J34	161	22.31	393	3 557	107.0	41	33	74	33
A15	130	38.90	328	1 675	90.0	7	11	18	72
A19	139	33.65	338	2 060	90.5	13	17	30	61
A22	139	30.71	338	2 330	90.5	16	21	37	53
A26	142	28.40	353	2 599	96.5	20	28	48	48
A30	142	26.76	353	2 796	96.5	18	34	52	44
A34	161	25.41	393	3 012	107.0	22	32	54	53

表4.5-13可见，最小值对应的斜拉索(J29)的套筒仍有约15mm的剩余空间。但考虑到制作误差、安装误差以及振动的影响，在施工期斜拉索可能会与套筒边缘发生接触碰撞，因此建议在套筒口采用弹性材料如橡胶片等措施，避免拉索套筒和斜拉索外表摩擦而使HDPE损坏。

在一次张拉完成后的短时间内，斜拉索倾向靠在套筒边缘，建议在套筒出口处上设置临时支撑块支撑斜拉索，减小套筒变形和避免斜拉索外表HDPE损坏。

第5章 施 工 控 制

5.1 概述

中国现代斜拉桥的研究工作起步于20世纪70年代,1975年,四川省云阳县跨径为76m的云阳桥和上海市松江区跨径为54m新五桥的建成,标志着中国斜拉桥建设的新篇章。随着近几十年的桥梁建设技术发展,国内斜拉桥的跨径纪录不断被刷新;与此同时,桥梁工程师们意识到作为高次超静定结构的斜拉桥,其采用的施工及控制方法与成桥结构状态是密切相关的。因此,在现代控制论的指导思想下,斜拉桥的施工控制理论逐渐完善。就现代控制论观点而言,可将施工控制方法归纳为开环控制、闭环反馈控制和自适应控制;施工控制理念同样经历了单控、双控和全过程控制的发展历程。2007年,我国颁布的《公路斜拉桥设计细则》(JTG/T D65-01—2007)明确规定,对斜拉桥必须进行施工控制。

作为千米级斜拉桥,普遍存在结构体系及桥位处环境因素复杂、施工工序繁多、施工期结构刚度低、施工过程结构安全性问题突出、结构成桥状态影响因素复杂、结构施工过程及成桥状态对于误差极为敏感等鲜明特点。以苏通大桥为例,仅主梁几何线形而言,影响因素及结构响应具有如下特点:

(1)主梁制造重量误差为2%时,线形将偏离设计目标线形近190mm。

(2)大悬臂状态下,索梁温差达到1℃时,将导致主梁线形50mm的偏差。

(3)在施工现场环境风的影响下,大悬臂状态下前端主梁顶面的绝对高程在短时间内可能出现200mm偏差,甚至有更大的波动。

(4)当斜拉索索力测试误差达到5%时,大悬臂状态下前端主梁的位移误差将达到150mm。

由此可以得知,斜拉桥关键构件的制造误差、安装误差、测试误差以及现场环境因素的变动将对千米级桥梁结构响应造成显著影响,从而影响控制过程的结构真实状态把握和控制决策的制订,因而对千米级斜拉桥施工控制提出了新挑战。

综上所述,作为涉及多个领域的系统工程,千米级斜拉桥施工控制体系必须在把握结构施工期行为特点的基础上,亟须对控制理念的拓展、精细化控制体系的构建、精度控制指标的确立、数字化构件控制的集成等方面进行系统研究。本章通过苏通长江大桥施工控制体系的成功实施,阐述了具有普遍意义的千米级斜拉桥施工控制体系。

5.2 几何控制法的基本思想及理论基础

千米级斜拉桥结构体系更为纤柔,施工期结构响应对环境因素十分敏感,施工过程无法有效保证斜拉索索力、主梁及索塔线形等测试数据的可靠性;同时,施工误差的影响因素显著增多,易于导致不合理的控制结果。因此,多多罗大桥和诺曼底大桥等世界大跨径斜拉桥施工控制中引入了全过程控制的理念,特别是多多罗大桥采用了“精度控制”概念,即以构件的几何形态作为控制手段,对构件的制造和安装过程进行全过程控制。苏通长江大桥施工控制在充分解析和吸取国外成功实施的案例的基础上,形成了“几何控制法的大跨度斜拉桥自适应控制体系”。

5.2.1 几何控制法基本思想

在把握桥梁结构施工期力学行为的前提下,如何有效修正结构误差对桥梁结构的影响一直是大跨径斜拉桥施工控制的核心问题。

几何控制法基本思想是指通过全过程精确控制结构构件的无应力尺寸与形状,以及控制和被控制系统的相互适应来实现桥梁结构的最终状态控制。将构件制造纳入施工控制范畴是我国桥梁施工控制理念的重大拓展,从制造源头控制结构尺寸误差和掌握结构参数的误差分布规律,为现场安装误差调整提供可靠数据;通过对结构参数的识别和已完成安装结构的误差评估,对未完成阶段的构件无应力尺寸进行修正,从而确保施工期桥梁结构安全和成桥状态满足设计要求的终极目标。

5.2.2 几何控制法理论基础

几何控制法的理论基础概括为:几何体系一定的弹性结构在某一时刻的内力和变形状态唯一地取决于此刻结构所受的作用体系,而与此前结构构件的安装历程、作用的施加和变迁历程无关。

5.2.2.1 几何控制法的几何非线性静力平衡方程

(1)平面杆系单元刚度分析

局部坐标系下的平面梁单元 ij 如图 5.2-1 所示,单元上作用着轴向力 N,在不考虑剪应变的作用下,即假定轴向力的大小不受侧向挠度 v 的影响。在局部分析中,采用局部坐标系来表达梁单元的单元力与位移之间的关系。

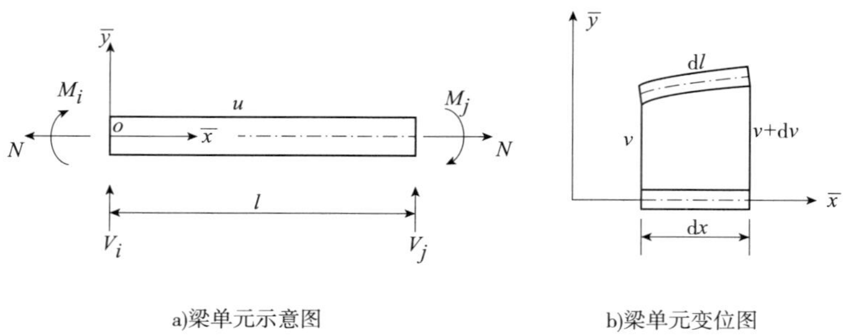

图 5.2-1　局部坐标系下的梁单元及梁的变位图

由于挠度 v 在梁的中轴线上将引起附加应变。取梁单元一微段 dx,那么微段 dx 在产生

挠度 v 后，其单元长度将变化为：

$$dl=\sqrt{dx^2+\left(\frac{dv}{dx}dx\right)^2}=dx\sqrt{1+\left(\frac{dv}{dx}\right)^2} \tag{5.2-1}$$

利用二项式定理，将式(5.2-1)展开并略去高次项，得到挠度 v 在梁中轴线上引起的附加应变。梁单元的应变公式为：

$$\varepsilon_x=\frac{du}{dx}-y\frac{d^2v}{dx^2}+\frac{1}{2}\left(\frac{dv}{dx}\right)^2 \tag{5.2-2}$$

式中，右端第一项是由轴向力引起的应变；第二项是由弯矩引起的应变，与所在截面形心的距离 y 有关；第三项是由梁弯曲变形所引起的附加应变，它反映了弯曲变形与轴向变形的耦连关系，此项为非线性应变量。

(2)梁单元应变能及$\frac{\partial U^e}{\partial\{\delta\}^e}$计算

根据杆系单元应变能公式，把式(5.2-2)中各项应变沿梁单元轴向方向进行应变能积分，并展开可以得到：

$$\begin{aligned}U^e=&\frac{1}{2}\int_l\int_A E\left\{\left(\frac{du}{dx}\right)^2+y^2\left(\frac{d^2v}{dx^2}\right)^2+\frac{1}{4}\left(\frac{dv}{dx}\right)^4-2y\left(\frac{du}{dx}\right)\left(\frac{d^2v}{dx^2}\right)\right.\\&\left.-y\left(\frac{d^2v}{dx^2}\right)\left(\frac{dv}{dx}\right)^2+\left(\frac{du}{dx}\right)\left(\frac{d^2v}{dx^2}\right)\right\}dAdx\end{aligned} \tag{5.2-3}$$

(3)杆系单元几何曲率

以杆系单元安装时刻且没有荷载作用的曲率作为单元几何曲率的计算起点。在杆端荷载作用下，则单元变形后的几何曲率可由单元两端结点的位移来计算。根据图5.2-2，杆系单元长度为 l，在荷载作用下杆系单元结点位移分别为$\{\bar{u}_i,\bar{v}_i,\bar{\theta}_i\}$和$\{\bar{u}_j,\bar{v}_j,\bar{\theta}_j\}$，在考虑已知的变形后杆系单元两端结点位移条件下，杆系单元变形曲线及形态采用三次曲线来表达。

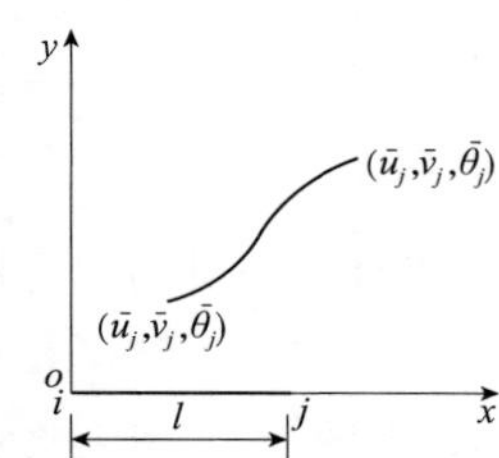

图5.2-2 局部坐标系下杆系单元变形示意

$$\bar{v}(x)=\frac{x^3}{l^3}(2\bar{v}_i-2\bar{v}_j+l\bar{\theta}_i+l\bar{\theta}_i)+\frac{x^2}{l^2}(-3\bar{v}_i+3\bar{v}_j-2l\bar{\theta}_i-l\bar{\theta}_j)+\bar{\theta}_i x+\bar{v}_i \tag{5.2-4}$$

$$\bar{\theta}(x)=\frac{3x^2}{l^3}(2\bar{v}_i-2\bar{v}_j+l\bar{\theta}_i+l\bar{\theta}_i)+\frac{2x}{l^2}(-3\bar{v}_i+3\bar{v}_j-2l\bar{\theta}_i-l\bar{\theta}_j)+\bar{\theta}_i \tag{5.2-5}$$

杆系单元变形后的几何曲率 $K(x)$ 为：

$$K(x)=\bar{v}''(x)=\frac{6x}{l^3}(2\bar{v}_i-2\bar{v}_j+l\bar{\theta}_i+l\bar{\theta}_i)+\frac{2}{l^2}(-3\bar{v}_i+3\bar{v}_j-2l\bar{\theta}_i-l\bar{\theta}_j) \tag{5.2-6}$$

(4)几何控制法的几何非线性静力平衡方程

在考虑杆系单元几何形态(单元无应力长度 l_0 和无应力曲率 K_0)的情况下，通过最小势能原理，分别得到轴向应变能、弯曲应变能和附加应变能的计算公式。考虑单元几何形态改变所引起的单元等效节点力向量为：

$$[l_0]=[l_d]+[l_\sigma] \tag{5.2-7}$$

式中：

$$\{l_d\}=\frac{E}{l}\begin{bmatrix}-A(l-l_0)\cos\alpha-I(K_{i0}-K_{j0})\sin\alpha\\-A(l-l_0)\sin\alpha+I(K_{i0}-K_{j0})\cos\alpha\\K_{i0}lI\\A(l-l_0)\cos\alpha+I(K_{i0}-K_{j0})\sin\alpha\\A(l-l_0)\sin\alpha-I(K_{i0}-K_{j0})\cos\alpha\\-K_{j0}lI\end{bmatrix},\{l_\sigma\}=\frac{N}{l}\begin{bmatrix}\frac{l^2(-\sin\alpha)}{20}(7K_{i0}+3K_{j0})\\\frac{l^2(\cos\alpha)}{20}(7K_{i0}+3K_{j0})\\\frac{l^3}{60}(3K_{i0}+2K_{j0})\\\frac{l^2\sin\alpha}{20}(7K_{i0}+3K_{j0})\\\frac{l^2(-\cos\alpha)}{20}(7K_{i0}+3K_{j0})\\\frac{-l^3}{60}(2K_{i0}+3K_{j0})\end{bmatrix} \tag{5.2-8}$$

式中： I——单元的抗弯惯性矩；

K_{i0}和K_{j0}——单元i和j端的无应力曲率。

式(5.2-8)为一般形式，对于斜拉索而言，将其中的无应力曲率效应置零即可。此时，全过程控制条件下结构的几何非线性平衡方程可表示为：

$$([K_D]+[K_\sigma])\{\delta\}+\{L_0\}=\{F\} \tag{5.2-9}$$

式中：$[K_D]$——可由单元的弹性刚度矩阵组集而得；

$[K_\sigma]$——反映了结构构件或单元的刚度情况，可由各单元几何刚度矩阵组集而得；

$\{L_0\}$和$\{F\}$——与单元无应力长度和无应力曲率相关的等效荷载向量及结构构件所受的外荷载向量。

在不考虑无应力长度和无应力曲率等几何状态量效应的情况下，式(5.2-9)即退化为传统的几何非线性平衡方程的形式。式(5.2-9)表明，可以通过将单元几何形态改变所引起的效应等效为节点荷载的形式，建立结构形成过程各状态与最终状态之间的数值关系，实现从构件制造到结构最终完成整个过程中各阶段的分析计算，从而为全过程控制的实施奠定理论和分析方法基础。

5.2.2.2 几何控制法基本原理

由几何控制法理论基础和几何控制法的静力平衡方程[式(5.2-9)]可以得知，只要精确控制结构构件的无应力状态，即可达到对桥梁结构状态在施工阶段过程的控制，特别是对成桥恒载阶段的桥梁结构状态的高精度控制；同时，几何控制法也适用于几何非线性条件的桥梁结构控制。

综上所述，桥梁结构构件在没有制造误差和安装误差的情况下，只要在施工过程中保证了三个条件(结构体系不变、结构作用体系不变、构件安装时刻构件的无应力状态与成桥理想目标状态所对应的构件无应力状态相一致)，那么在考虑几何非线性的条件下，成桥恒载阶段桥梁结构的内力状态与几何线形就是理想的目标状态。因此，只要精确控制构件的无应力状态，就能满足施工控制的精度要求。

5.2.2.3 几何控制法实施特点

在以往的钢斜拉桥施工控制中，现场施工控制的主要方式是主梁绝对高程的几何线形控制和斜拉索索力控制的“双控”模式；几何控制法主要体现在梁段安装的无应力线形控制和斜拉索无应力索长控制，而绝对高程和索力状况仅作为控制效果的参考数据。如果施工方案和各结构参数均未发生变化，那么两种控制方式的效果是一致的，仅仅是控制指标的表达方式有所不同。具体到钢斜拉桥的现场控制，则有以下特点。

（1）根据几何控制法基本原理，只要桥梁结构处于弹性状态，在施工过程中不必对临时荷载和温度的不确定性所导致的结构响应进行控制调整；一旦成桥状态临时荷载的拆除和温度回归至设计基准温度，那么桥梁结构状态也将回归至设计目标状态。

以苏通长江大桥为计算实例，假设桥面吊机荷载分别增加200kN和300kN时进行施工全过程分析计算。

①合龙前线形及调整。

在大悬臂施工阶段，南北塔江侧30号梁段至34号梁段主梁几何线形如图5.2-3所示。

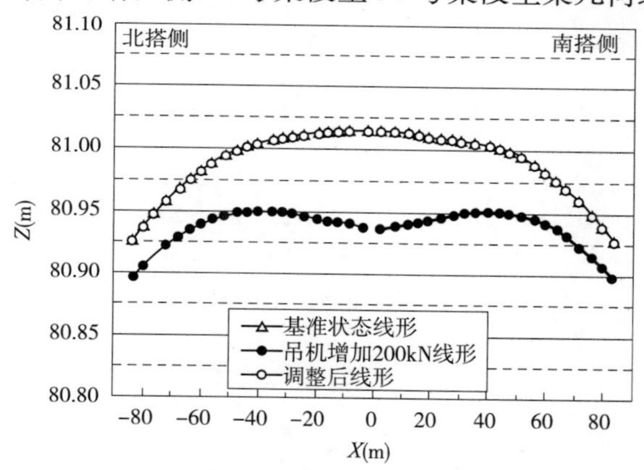

a)吊机荷载增加200kN主梁几何线形

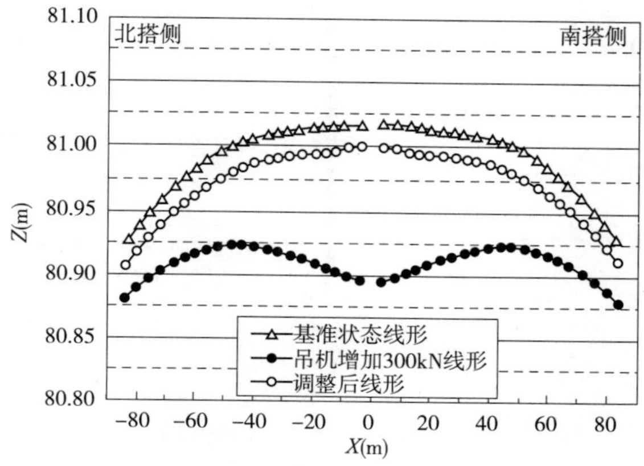

b)吊机荷载增加300kN主梁几何线形

图5.2-3 吊机荷载变化对大悬臂施工阶段的线形影响

由图5.2-3可以得知，在大悬臂施工阶段时，对主梁几何线形的最大影响量分别达到－82.4mm和－119.3mm；同时，中跨合龙段的相邻梁段相对几何线形关系与基准状态明显不一致。通过索长调整方式来确保调整后的主梁相对几何线形基本符合基准状态下的相对几何线形关系，调整后的主梁几何线形如图5.2-3所示。图中，主梁的调整后线形与基准状态线形基本重合。

②成桥状态及施工过程。

在中跨合龙工况完成后，将调整斜拉索索长恢复到基准状态索长。在成桥恒载状态且吊机荷载拆除中，吊机荷载变化对主梁几何线形和北索塔塔顶偏位影响量如图5.2-4所示。

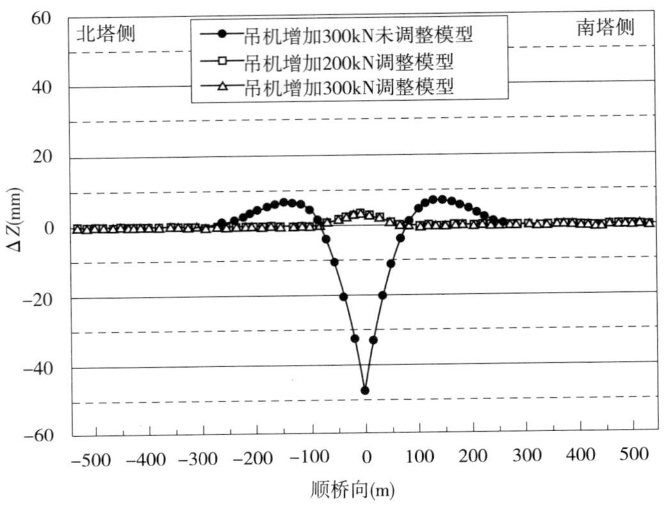

a)吊机荷载变化对主梁几何线形影响

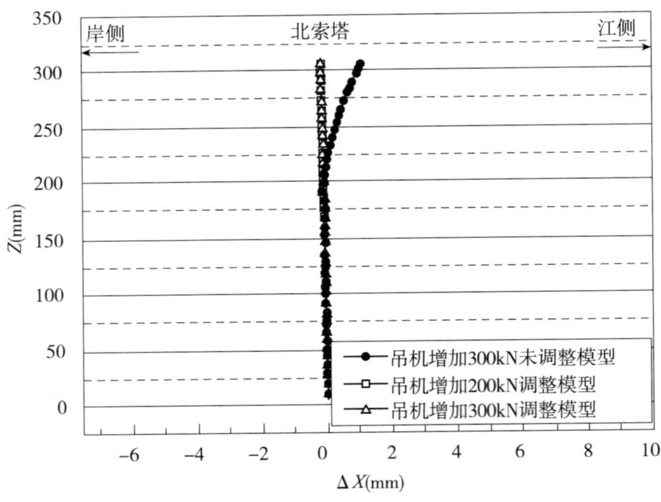

b)吊机荷载变化对塔偏影响

图5.2-4　吊机荷载变化对成桥状态的线形和塔偏影响

由图5.2-4可以看出，当吊机荷载分别增加200kN和300kN时，在成桥恒载状态下，对中跨主梁几何线形最大影响量分别达到3.2mm和2.3mm，塔顶偏位最大影响量达到为-0.1mm和-0.2mm。相对于主跨为1 088m和索塔高度为300.4m而言，这部分影响量是非常小的。这部分影响量的存在，是因为在合龙梁段与相邻梁段的相对几何线形关系的调整结果与基准状态下的相对几何线形关系存在微小的偏差所导致的计算收敛误差。因此，在几何控制法中，施工临时荷载参数的变化不会对桥梁结构成桥状态产生影响。

同时，由图5.2-4还可以得知，当吊机荷载增加300kN且在合龙阶段前未进行无应力线形的调整；在成桥状态下，对中跨主梁几何线形最大影响量达到了-48.1mm，塔顶偏位最大影响量为1.1mm。

根据以上分析方式，NJ20号梁段线形、斜拉索索力、主梁上缘应力和下缘应力的施工过程影响时程如图5.2-5～图5.2-8所示。

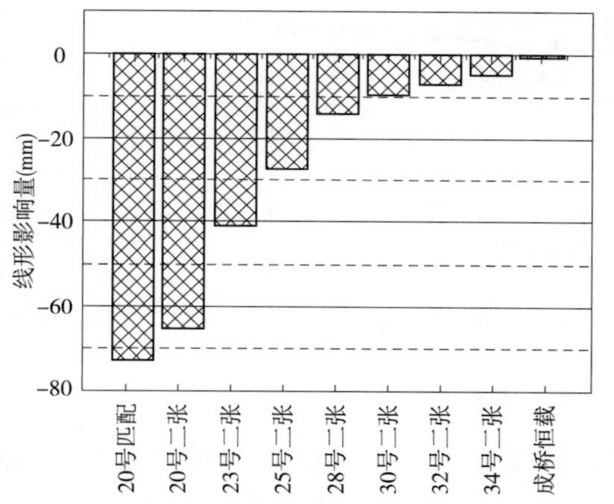

图5.2-5　NJ20号梁段前端点线形影响时程

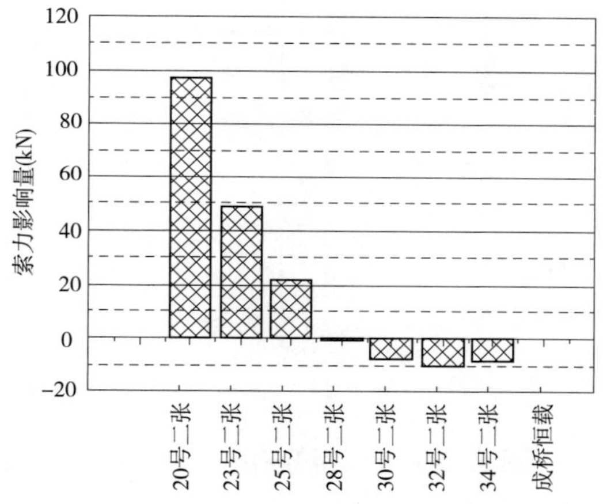

图5.2-6　NJ20号拉索索力影响时程

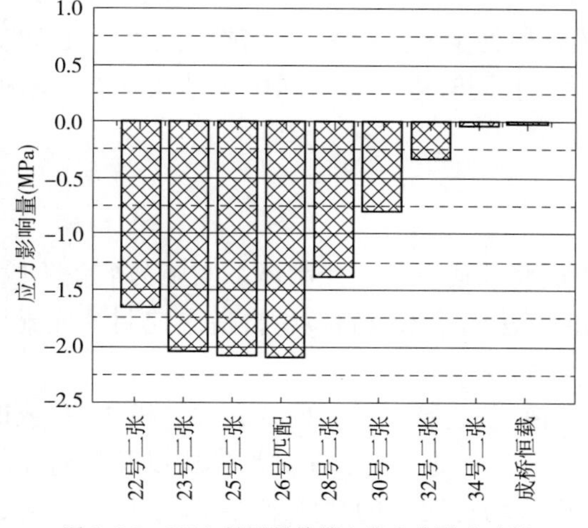

图5.2-7　NJ20号梁段前端上缘应力影响时程

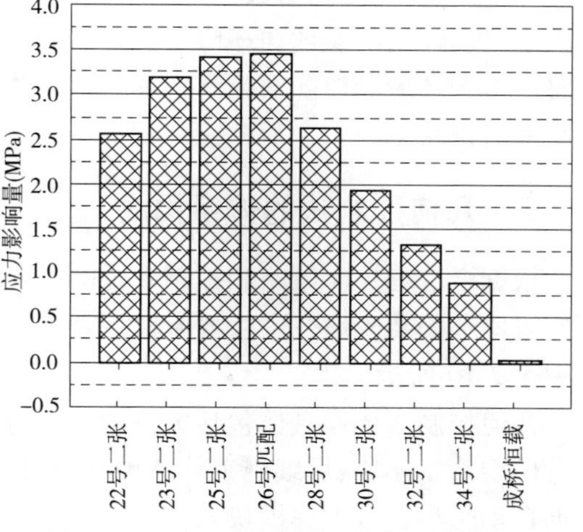

图5.2-8　NJ20号梁段前端下缘应力影响时程

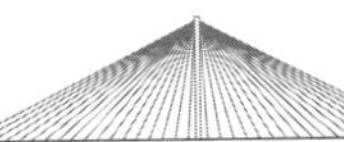

由此可以看出，根据几何控制法基本原理，虽然施工临时荷载参数的变化对施工过程的桥梁结构状态影响较为明显，但施工临时荷载拆除不会对桥梁结构成桥状态产生影响。

（2）只要桥梁结构处于弹性状态，即使在斜拉索张拉阶段，几何控制法充分发挥了斜拉索主动调节功能，即结构参数发生变化时（如主梁重量等），采用斜拉索无应力索长作为控制指标，将使得桥梁结构状态逼近于基准目标状态。

在 NJ20 号主梁自重增加 2% 的情况下，采用几何控制法和传统索力控制方法进行成桥几何线形的对比分析，成桥状态下主梁线形影响量如图 5.2-9 所示。

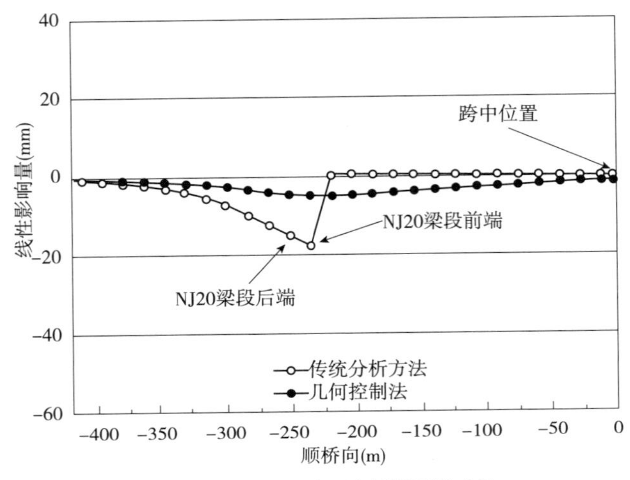

图 5.2-9　成桥状态下主梁线形影响量

由图 5.2-9 可以得知，由于主梁自重增加必然导致梁段发生下挠，塔端和梁端锚点间距增加；在基准状态的无应力索长不变条件下，则意味着斜拉索弹性伸长量增大，那么斜拉索的索力值必然增大，从而使得主梁线形逼近基准目标线形。

综上所述，在结构参数一致的情况下，几何控制法与传统控制方法的效果是一致的；当考虑现场实际结构参数和环境参数下，只要桥梁结构处于弹性状态，几何控制法可不必调整临时荷载和环境参数的变化对桥梁结构状态的影响，同时也确保实际桥梁结构状态不断逼近基准目标状态。

5.2.3　几何控制法的体系构成

根据全过程控制策略和控制系统的实施流程，将几何控制法控制体系实施为准备阶段、制造阶段和安装阶段三个主要阶段。基于几何控制法的千米级斜拉桥自适应控制系统流程如图 5.2-10 所示。

几何控制法体系具体包括关键构件制造控制模块、关键工况结构状态评估模块、参数识别及模型修正模块、后续施工状态预测模块、结构施工全过程安全性对策模块以及几何控制数据自动采集及数据库模块六大功能模块。各模块均有明确的功能划分，既相互独立又紧密联系，共同组成完整意义的大跨径斜拉桥施工系统。

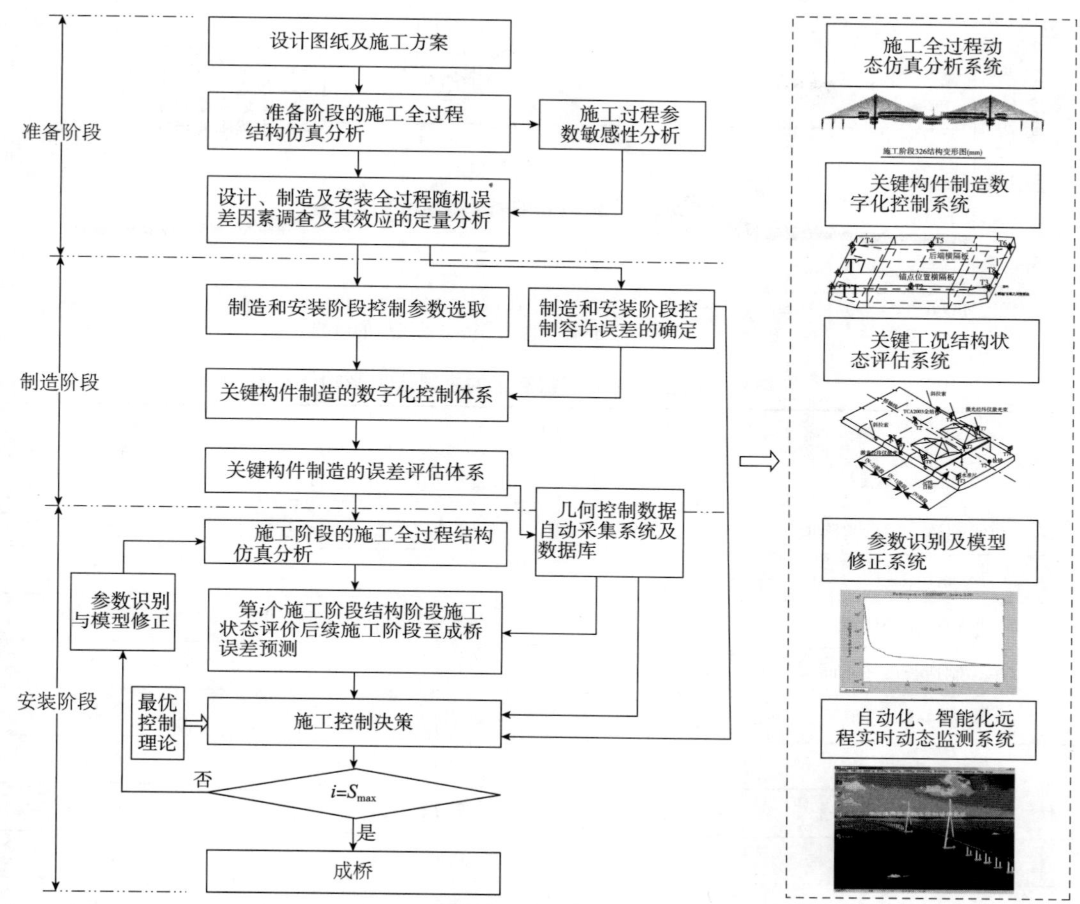

图 5.2-10　几何控制法的大跨度斜拉桥自适应控制体系流程

5.3　控制参数及响应特性

千米级斜拉桥施工体系是一个庞大且复杂的系统工程，由于施工期各种不确定性因素的影响，误差是客观存在且不可避免的。目前主要通过参数敏感性分析把握全过程的结构状态关于各种不确定参数发生变化的“敏感度”，从而明确关键控制参数来指导施工控制的关注重点及决策制订。

5.3.1　参数敏感性分析

5.3.1.1　单参数敏感性

根据几何控制法的基本原理，以全过程的桥梁结构响应作为关注对象，分别按几何参数、荷载参数、刚度参数及其他参数等 10 类结构参数进行单参数敏感性分析。其中，结构参数不确定性对成桥状态主梁线形的影响如图 5.3-1 所示，对成桥状态主梁应力的影响如表 5.3-1所示。

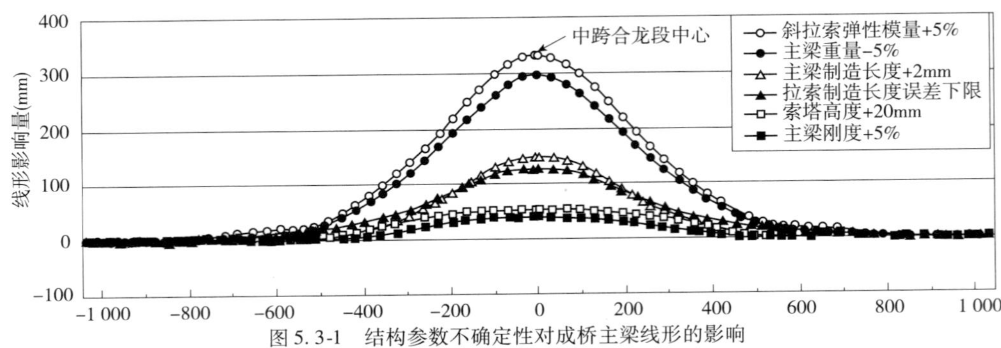

图 5.3-1 结构参数不确定性对成桥主梁线形的影响

结构参数变化对成桥状态下的主梁应力影响　　表 5.3-1

影响因素	主梁上缘应力(MPa)		主梁下缘应力(MPa)	
	压应力增量	拉应力增量	压应力增量	拉应力增量
斜拉索制造长度误差限值	1.0	-1.1	1.8	-1.7
索塔高度	1.1	-1.2	1.7	-1.5
塔轴线初始偏离	2.8	-3.0	4.9	-4.7
主梁制造长度 ±2mm	1.8	-1.5	2.2	-2.0
主梁重量 ±5%	3.9	-4.0	3.7	-4.1
斜拉索重量 ±5%	0.5	-0.6	0.5	-0.7
斜拉索弹性模量 ±5%	3.4	-3.2	5.2	-5.6
主梁刚度 ±5%	0.5	-0.4	0.5	-0.8
索塔刚度 ±10%	0.4	-0.6	0.9	-0.4

通过几何控制法的单参数敏感性分析可以得知:在成桥状态下,影响主梁线形的敏感性因素为斜拉索刚度、主梁重量、主梁制造长度和斜拉索制造长度。

由表可以得知:影响主梁内力的敏感性因素为主梁重量、斜拉索刚度和塔轴线初始偏离参数,其他参数影响很小。

相对于传统的张拉索力控制方式而言,几何控制法的斜拉索刚度不确定性对桥梁结构的影响尤为突出。

5.3.1.2 多参数敏感性

千米级斜拉桥的形成体系是十分复杂的时变系统,在施工过程中容易同时受到各种不确定性影响,从而使得桥梁结构的力学行为呈现一定的随机性。因此,必须考虑系统多个参数不确定性在施工过程中同时发生变化的情况下,对施工阶段和成桥阶段的桥梁结构几何线形和内力状态的影响程度,即多参数敏感性分析(Multi-Parameter Sensitivity Analysis,MPSA)。

(1)参数样本和计算模型

根据几何控制法单参数敏感性分析可以得知,关键敏感性因素包括斜拉索刚度和主梁重量这两类参数。基于蒙特卡罗—有限元法的分析思路,采用 Latin 超立方抽样法(Latin Hypercube Sampling,LHS),结合这两类参数的制造误差概率统计,进行施工全过程的多参数敏感性分析。其中,主梁自重和斜拉索弹性模量的分布类型及概率分布函数如表 5.3-2 所示,参数抽样点示意如图 5.3-2 所示。

输入参数的概率分布统计 表 5.3-2

输入参数	分布类型	均值	标准差	变异系数	概率分布函数
主梁自重	正态	1.02	0.015	0.014 7	$F_G(x)=\frac{1}{0.015r_k\sqrt{2\pi}}\int_{-\infty}^{+\infty}\exp\left[-\frac{(t-1.02r_k)^2}{0.00045r_k^2}\right]dt$
拉索弹模	正态	193.8	1.200	0.006 2	$F_C(x)=\frac{1}{1.2\times\sqrt{2\pi}}\int_{-\infty}^{+\infty}\exp\left[-\frac{(t-193.8)^2}{2.88}\right]dt$

注:表中主梁自重的均值是以各梁段平均值与相应梁段的标准值之比来进行统计的,其中 r_k 为梁段的标准值;斜拉索弹性模量的均值和标准差单位为 GPa。

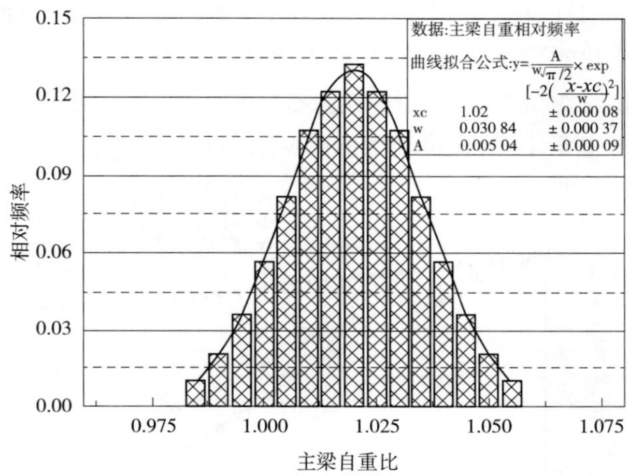

a) 主梁自重抽样点示意图

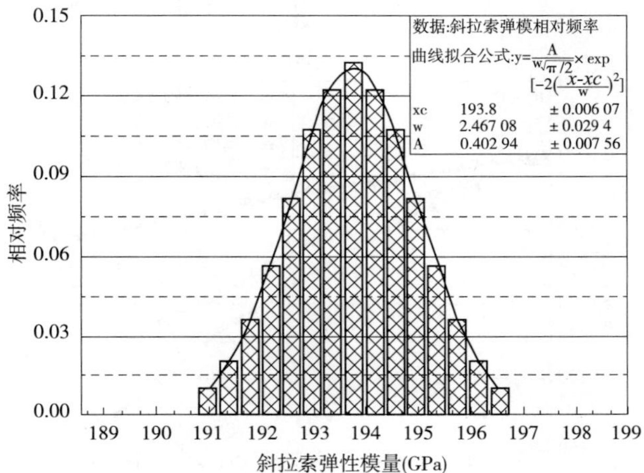

b)拉索弹性模量抽样点示意图

图 5.3-2 输入参数抽样点示意图

进行1 000个抽样点的提取,并进行随机组对形成输入参数的随机样本。根据输入参数的随机样本,在其他输入参数不发生变化的情况下,分别建立以下三种计算模型:

①主梁自重增加2%的计算模型,称之为模型1。

②斜拉索弹性模量采用193.8GPa的计算模型,称之为模型2。

③主梁自重增加2%和斜拉索弹性模量采用193.8GPa的计算模型,称之为模型3。

(2)计算结果分析

①叠加效应。

在保证结构体系转换的几何形态一致的条件下(如边跨合龙和中跨合龙),三种计算模型在大悬臂阶段和成桥阶段的主梁几何线形情况对比如图5.3-3所示。

由图5.3-3可以得知,在满足基准状态几何形态的条件下,在大悬臂阶段和成桥阶段,模型1和模型2计算结果之和与模型3的计算结果基本吻合。在成桥阶段,模型1和模型2计算结果之和与模型3的计算结果相比,最大仅有0.3mm的差别。由此可以得出,当各输入参数同时发生较小变化时,对桥梁结构在施工阶段和成桥阶段中的影响量基本与各输入参数单独发生相应变化时对桥梁结构的影响量之和相一致,即在同一个施工阶段内,多个输入参数在较小范围内发生变化时,桥梁结构的响应近似满足线性叠加的关系。

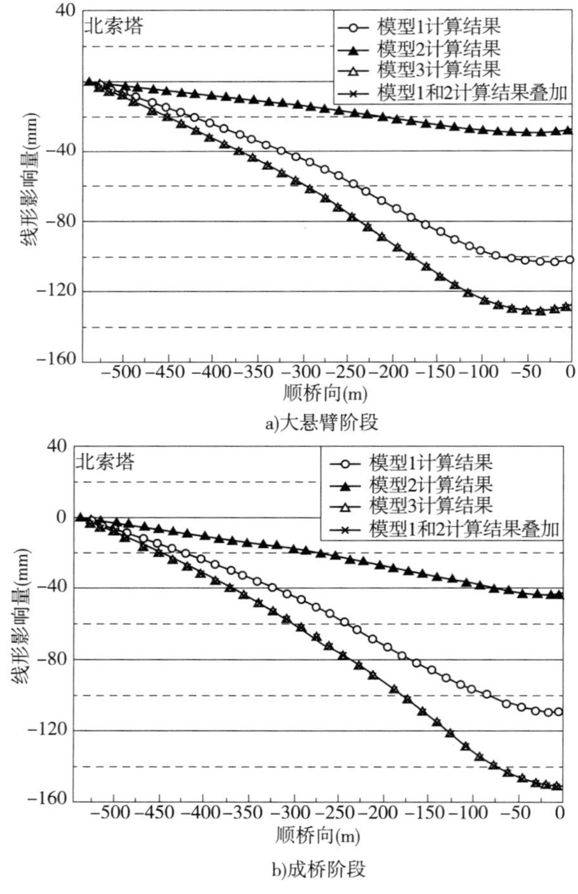

图5.3-3 主梁几何线形情况对比图

②正态分布效应。

通过对1 000个随机样本的求解,考察不同长度的斜拉索在相应阶段的索力情况,其中NJ34号拉索索力统计如图5.3-4所示。

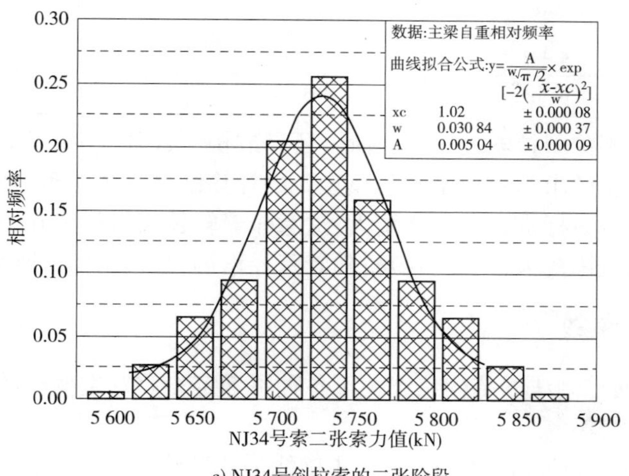

a) NJ34号斜拉索的二张阶段

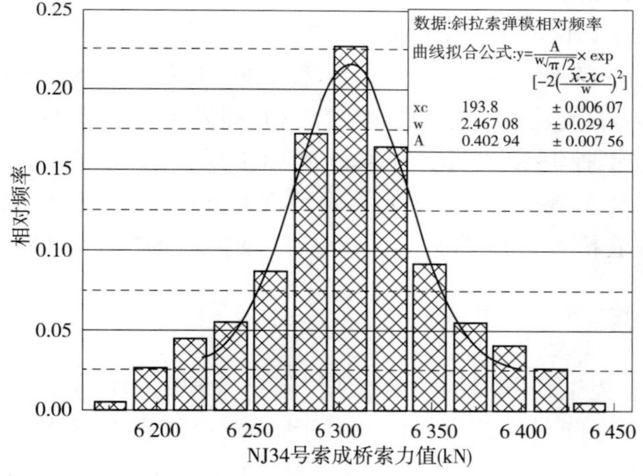

b) NJ34号斜拉索的成桥阶段

图5.3-4 斜拉索索力统计

不同长度的斜拉索在二张阶段及成桥阶段的索力均值、标准差及在保证率95%以上的变异范围如表5.3-3、表5.3-4所示。

斜拉索二张索力的统计结果 表5.3-3

拉索编号	模型3结果	统计均值(kN)	标准差(kN)	变异范围(kN)
NJ4号	2 687.8	2 688.0	16.6	±33.5
NJ10号	2 955.0	2 955.2	29.2	±57.2
NJ23号	4 571.8	4 571.6	31.0	±63.1
NJ34号	5 730.6	5 730.7	47.6	±100.8

斜拉索成桥索力的统计结果　　表 5.3-4

拉索编号	模型 3 结果	统计均值(kN)	标准差(kN)	变异范围(kN)
NJ4 号	2 674.2	2 674.5	21.7	±44.1
NJ10 号	3 258.7	3 258.7	30.7	±61.6
NJ23 号	4 444.6	4 445.1	35.9	±72.7
NJ34 号	6 305.1	6 305.7	47.1	±100.0

由此可以看出,不论斜拉索处于二张阶段还是成桥恒载阶段,拉索的索力分布均满足正态分布规律;随机样本的求解均值基本与模型 3 的计算结果基本一致;随着主梁梁段和斜拉索索长的增加,拉索索力标准差也随之增大,这意味着较长的斜拉索在影响因素发生变化的作用下,索力的变化范围更大,这是斜拉桥随着跨径增加,其结构体系刚度减小所决定的。

5.3.2　关键控制参数

通过全过程几何控制法的结构状态关于各种不确定参数发生变化的单参数和多参数敏感性分析结果可以得知:

(1)在施工全过程的数值分析下,影响主梁线形的敏感性因素为斜拉索刚度、主梁重量、主梁制造长度、斜拉索制造长度;影响主梁内力的敏感性因素为主梁重量、主梁焊缝不均匀收缩、斜拉索刚度。其中,几何控制法的斜拉索刚度不确定性对桥梁结构的影响尤为突出。

(2)基于几何控制法的基本原理,当各结构参数同时发生较小变化时,对桥梁结构的影响基本等同于结构参数单独发生变化的影响量之和,即满足线性叠加效应。

(3)几何控制法关键控制参数为斜拉索刚度和主梁自重,根据苏通长江大桥的制造评价,其制造偏差呈正态分布规律;当多参数不确定性呈正态分布时,桥梁结构影响响应也呈现正态分布规律,并随着桥梁跨径增加,结构响应的变异范围也随之增大。

5.4　控制精度标准

控制精度标准是监控工作开展的重要依据,制定合理的精度标准是千米级斜拉桥施工控制所面临的一个关键性问题。若控制精度过于宽松,可能会引起施工误差累积,从而导致结构偏离理想施工状态和最终目标状态;反之,若控制精度过于严格,在客观存在的参数不确定性和施工误差条件下,难免需要在施工阶段反复调整,施工进度难以保证。因此,确定合理的控制精度标准十分重要。

5.4.1　控制精度现状

(1)相关规范

目前公路斜拉桥施工过程及成桥状态控制精度的相关规范包括《公路斜拉桥设计细则》(JTG/T-D65-01—2007)、《公路桥涵施工技术规范》(JTG/T F50—2011)和《公路工程质量检验评定标准第一册土建工程》(JTG F80/1—2004),其主要依据是近几十年来国内修建中大跨斜拉桥的控制精度,而对于千米级斜拉桥未有明确的控制精度标准。

①《公路斜拉桥设计细则》(JTG/T-D65-01—2007)规定的施工过程控制精度:钢梁的已成梁段及成桥后主梁高程误差应不大于 $\pm L/10\ 000$,其中 L 为跨径;索塔的倾斜度控制在 $H/$

3 000 以内，且不大于 30mm 或设计文件规定值，H 为承台以上塔高；斜拉索索力与设计的允许误差需满足设计要求，且不宜大于 5%，钢绞线斜拉索索力误差宜控制在 2% ~8%。在条文说明中，给了供参考的部分斜拉桥各构件施工精度的具体规定，比如南京长江二桥（主跨 628m），索塔混凝土塔柱倾斜度为 $H/3\ 000$，塔柱节段轴线容许偏差 ±10mm，断面尺寸容许偏差 ±20mm，斜拉索锚点高程容许偏差 ±10mm，斜拉索锚具轴线偏位 ±5mm；岳阳洞庭湖大桥（跨径布置为 130m +310m +310m +130m），施工立模高程容许误差 ±5mm，索张力容许误差 ±5%，已浇梁段高程容许误差 ±40mm，索力容许误差 ±3%。

②《公路桥涵施工技术规范》（JTG/T F50—2011）有关规定仅包括了斜拉桥索塔和悬臂浇筑或拼装混凝土梁和结合梁的质量标准，其中钢筋混凝土索塔施工质量如表 5.4-1 所示。

钢筋混凝土索塔 表 5.4-1

项　目	规定值或允许偏差（mm）	项　目	规定值或允许偏差（mm）
混凝土强度	在合格标准内	锚固点高程	±10
地面处水平偏位	10	系梁高程	±10
倾斜度	塔高的 1/3 000，且不大于 30 或设计要求	孔道位置	10，且两端同向
断面尺寸	±20		

③《公路工程质量检验评定标准》（JTG F80/1—2004）规定了包括混凝土索塔、钢斜拉桥的箱梁段制作和箱梁的悬臂拼装实测项目内容，其中钢斜拉桥箱梁段的悬臂拼装实测项目如表 5.4-2 所示。

钢斜拉桥箱梁的悬臂拼装实测项目 表 5.4-2

<table>
<tr><th>项次</th><th colspan="2">检查内容</th><th colspan="2">规定值或允许偏差</th><th>检查方法和频率</th><th>权　值</th></tr>
<tr><td rowspan="2">1</td><td colspan="2" rowspan="2">轴线偏位（mm）</td><td>$L \leq 200m$</td><td>10</td><td rowspan="2">经纬仪：每段检查 2 点</td><td rowspan="2">1</td></tr>
<tr><td>$L > 200m$</td><td>$L/2\ 000$</td></tr>
<tr><td rowspan="2">2</td><td rowspan="2">索力（kN）</td><td>允许</td><td colspan="2">满足设计要求和施工控制要求</td><td rowspan="2">测力仪：测每根索力</td><td rowspan="2">3</td></tr>
<tr><td>极值</td><td colspan="2">设计规定，未规定时与设计值相差 10%</td></tr>
<tr><td rowspan="3">3</td><td rowspan="3">梁锚固点或梁顶高程（mm）</td><td>梁段</td><td colspan="2">满足施工控制要求</td><td rowspan="3">水准仪：测量每个锚固点或梁段两端中点</td><td rowspan="3">2</td></tr>
<tr><td rowspan="2">合龙后</td><td>$L \leq 200m$</td><td>±20</td></tr>
<tr><td>$L > 200m$</td><td>±20，$L/1\ 000$</td></tr>
<tr><td>4</td><td colspan="2">梁顶水平度（mm）</td><td colspan="2">20</td><td>水准仪：测梁顶四角</td><td>1</td></tr>
<tr><td>5</td><td colspan="2">相邻节段匹配高差（mm）</td><td colspan="2">2</td><td>尺量：每段</td><td>2</td></tr>
</table>

续上表

<table>
<tr><th>项次</th><th colspan="2">检查内容</th><th>规定值或允许偏差</th><th>检查方法和频率</th><th>权值</th></tr>
<tr><td rowspan="3">6</td><td rowspan="3">连接</td><td>焊接尺寸</td><td rowspan="2">符合设计要求</td><td>量规:检查全部</td><td rowspan="3">3</td></tr>
<tr><td>探伤</td><td>超声:检查全部;射线:按设计规定,设计无规定按10%抽样</td></tr>
<tr><td>高强螺栓扭矩</td><td>±10%</td><td>测力扳手;抽查5%且不少于2个</td></tr>
</table>

(2)相关文献

关于斜拉桥的控制精度标准,国内学者也进行大量的研究调研工作,2000年,铁科院史永吉研究员对修建的斜拉桥的资料进行了统计分析,给出了其施工控制精度目标值及实际测试值,如表5.4-3、表5.4-4所示。

修建的斜拉桥主梁跨中拱度精度控制实例(截至2000年) 表5.4-3

桥梁	跨长(m)	目标控制值(mm)	实测值(mm)	说明
A	490	135	89	$\pm[25+0.25(L-50)]$
B	485	150	42	$\pm[0.625X]$
C	460	223	70	$\pm\{0.5[25+(L-40)]\}$
D	420	118	20	$\pm[25+0.25(L-50)]$
E	420	118	37	$\pm[25+0.25(L-50)]$
F	405	200	53	$\pm0.5L$
G	355	200	20	
H	350	200	50	$\pm[25+X]$
I	350	175	30	$\pm0.5L$
L	238	119	63	$\pm0.5L$
Q	140	80	20	$\pm[10+X]$
S	43	20	20	$\pm0.5L$

修建的斜拉桥塔顶变位精度控制实例(截至2000年) 表5.4-4

桥梁	塔高(m)	目标控制值(mm)	实测值(mm)	说明
C	172	86	45	$\pm H/2\,000$
H	160.5	100	18	
E	152.3	76	24	$\pm H/2\,000$
B	146.3	50	—	
D	139.3	70	27	$\pm H/2\,000$

续上表

桥　　梁	塔高(m)	目标控制值(mm)	实测值(mm)	说　　明
A	122.8	100	36	
F	122	100	18	
I	114	100	46	
Q	45	45	10	$\pm H/1\,000$
L	44.5	45	10	$\pm H/1\,000$
S	15	15	10	$\pm H/1\,000$

学者郝超根据修建的斜拉桥施工实绩及数值分析，参考国内外相关资料，结合南京二桥的施工监控，给出了大跨径钢斜拉桥施工精度控制目标值，主要包括以下几方面。

①主梁拱度

$$S_g = \pm[25 + 0.5(X - 25)] \tag{5.4-1}$$

式中：S_g——主梁拱度控制误差(mm)；

X——距最近支点距离(m)。

②主梁塔顶变位

$$\left.\begin{aligned} S_t &= \pm\frac{H}{2\,000} \qquad (H \geqslant 100\text{m 时}) \\ S_t &= \pm\frac{H}{1\,000} \qquad (H < 100\text{m 时}) \end{aligned}\right\} \tag{5.4-2}$$

式中：S_t——主梁塔顶沿桥轴向控制变位(mm)；

H——塔高(自支承横梁顶计算，mm)。

③斜拉索预拉力

$$S_c = \pm 0.1T_0 \qquad (H \geqslant 100\text{m 时}) \tag{5.4-3}$$

式中：S_c——斜拉索拉力控制误差；

T_0——恒载情况下斜拉索计算拉力(kN)。

5.4.2　精度数值分析

根据几何控制法单参数和多参数敏感性分析的计算结论，明确了斜拉索刚度、主梁重量、主梁制造长度、斜拉索制造长度为关键控制参数；同时，考虑其他客观存在的结构刚度参数(如主梁刚度和索塔刚度)的不确定性因素和多参数不确定性对结构影响的线性叠加效应。结合国内外相关资料，根据制造厂商和设计单位以往的经验和前期制造工作的评估情况，通过数值分析和事件发生概率的统计方式，确定了千米级斜拉桥施工期控制精度标准。

其中需要注意的是，斜拉索实际制造阶段测试主要流程为预张拉至对应斜拉索0.6倍的极限荷载，以0.1倍极限荷载为级逐级卸载，最后稳定在0.3倍的极限荷载，通过测试并计算分析得到斜拉索的制造无应力索长；测试工作中同时进行拉索的弹性模量测试和应力状态的索长测试，因此实测拉索制造误差已包含斜拉索刚度不确定引起的误差。精度分析的结构参数如表5.4-5所示。

精度分析的结构参数　　表 5.4-5

误　差	基准状态	变化范围
单根斜拉索制造长度	按设计值	$L\leqslant 200\text{m}, \Delta L < \pm(L/10\,000)$ $L > 200\text{m}, \Delta L < \pm(L/20\,000)$
单个主梁制造长度	按设计值	±2mm
单个主梁重量	按设计值	±2%
主梁刚度	$E = 2.1 \times 10^5$ MPa	±2%
索塔刚度	$E = 4.56 \times 10^4$ MPa	±5%

以成桥几何线形的精度分析为例，根据结构参数的精度分析（成桥影响如表 5.4-6 所示），考虑最不利组合和事件发生概率的情况下，成桥状态下的精度分析如图 5.4-1 所示。

成桥状态下的精度分析结果　　表 5.4-6

结构参数	精度范围	索塔应力(MPa)		主梁应力(MPa)		主梁成桥线形变化(mm)	拉索应力(MPa)	塔偏(mm)
		岸侧	江侧	上缘应力	下缘应力			
拉索长度	允许上限	−0.2	0.2	−1.1 ~ 0.7	−0.7 ~ 1.8	−123.2 ~ 2.5	−3.8 ~ 5.0	27.5
	允许下限	0.2	−0.2	−0.6 ~ 1.0	−1.7 ~ 0.5	−1.3 ~ 127.9	−4.9 ~ 4.0	−28.6
主梁长度	−2mm	−0.1	0.1	−0.7 ~ 1.8	−2.2 ~ 0.7	−142.4 ~ 0.4	−1.1 ~ 2.1	−0.7
	+2mm	0.1	−0.1	−1.5 ~ 0.5	−0.7 ~ 2.0	−0.5 ~ 147.6	−1.5 ~ 0.6	0.2
主梁重量	−2%	0.2	−0.3	−1.7 ~ 0.0	−1.6 ~ 1.5	−2.6 ~ 121.8	5.8 ~ 9.8	−27.1
	+2%	−0.2	0.3	0.0 ~ 1.5	−1.4 ~ 1.5	−115.9 ~ 2.2	−10.0 ~ −5.8	26.0
主梁刚度	−2%	0.0	0.0	−0.3 ~ 0.2	−0.2 ~ 0.4	−7.2 ~ 0.6	−0.8 ~ 0.8	2.4
	+2%	0.0	0.0	−0.2 ~ 0.2	−0.1 ~ 0.3	−1.0 ~ 11.7	−0.8 ~ 0.7	−4.5
索塔刚度	−5%	0.0	0.0	−0.2 ~ 0.1	−0.1 ~ 0.2	−4.4 ~ 0.7	−1.3 ~ 1.3	0.8
	+5%	0.0	0.0	−0.3 ~ 0.2	−0.2 ~ 0.5	−1.1 ~ 14.5	−1.1 ~ 1.3	−1.7

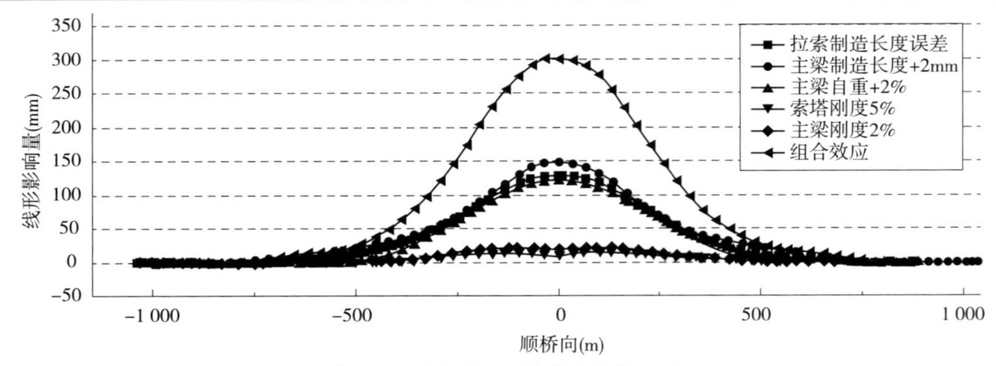

图 5.4-1　成桥状态下的精度分析(mm)

通过精度分析可以得知,考虑各结构参数的组合效应,成桥状态下主梁几何线形的最大影响位于跨中处,影响量达到了300.4mm。因此,可根据精度分析的计算结果来确定千米级斜拉桥几何线形的控制精度。

5.4.3 苏通大桥控制精度

根据苏通大桥的施工方案和实施细则,明确了各施工阶段的控制精度标准。

5.4.3.1 大块梁段施工阶段

为了将大块梁段最终安装线形误差控制在允许范围之内,切实实现几何指标控制目标,必须对大块梁段吊装及安装全过程的各个施工阶段进行有效的误差控制,制定科学合理的误差标准。

(1)边跨大块梁段

边跨大跨梁段的精确调整到位及大块梁段焊接完成控制精度如表5.4-7所示。

大块梁段精确调整到位及大块梁段焊接完成时控制标准 表5.4-7

序号	控制内容	控制标准
1	控制点高程允许误差(高程误差ΔZ)(非永久支座处)	≤±10mm
2	横桥向高程相对偏差(上下游控制点相对偏差)	≤15mm
3	桥轴线偏差(非永久支座处)	≤±5mm
4	永久支座处轴线偏差	≤±2mm
5	相邻段轴线偏差	≤±2mm
6	控制点纵向偏差	≤±20mm
7	相邻段索锚点纵向间距现场安装偏差	≤±2mm
8	上下缘焊缝宽度偏差	≤6mm

其中,以高程误差(ΔZ)及横桥向轴线误差(ΔY)为主要控制目标,由于顺桥向大块梁段在边跨合龙过程中要进行顶推施工,故不作为主要控制目标,仅为辅助控制目标值。

(2)大块梁段吊装及调整过程

大块梁段吊装及调整过程中主要控制上下游控制点高差,控制精度标准不小于20mm,架设阶段控制精度标准如表5.4-8所示。

大块梁段吊装及调整过程控制标准 表5.4-8

序号	控制内容	控制标准
1	控制点高程允许误差(高程误差ΔZ)(非永久支座处)	≤±5mm
2	横桥向高程相对偏差(上下游控制点相对偏差)	≤10mm
3	桥轴线偏差(非永久支座处)	≤±3mm
4	永久支座处轴线偏差	≤±2mm
5	相邻段轴线偏差	≤±2mm
6	控制点纵向偏差	≤±15mm
7	相邻段索锚点纵向间距现场安装偏差	≤±2mm
8	上下缘焊缝宽度偏差	≤6mm

(3)永久支座安装

永久支座属永久结构,故支座安装控制标准更为严格,其安装过程要求精细准确。永久支座安装控制标准如表5.4-9所示。

永久支座安装控制标准　　表5.4-9

序　号	控制内容	控制标准
1	永久支座高程误差(ΔZ)	≤ ±2mm
2	顺桥向误差(ΔX)	≤ ±3mm
3	横桥向轴线误差(ΔY)	≤ ±2mm

5.4.3.2　标准梁段施工阶段

(1)局部坐标系下安装定位测量控制标准

①局部测量定位高程误差≤ ±5mm。

②上游和下游测量点的相对高程误差≤5mm。

③主梁的轴线与已成的相邻梁段偏差≤ ±2mm。

(2)阶段完成全局坐标系下竣工测量控制标准

①上游和下游测量点高程平均值误差≤L/3 000(L为悬臂的长度),如果L/3 000≤±15mm,取±15mm。

②相邻节段相对误差≤10mm。

③上游和下游测量点的相对高程误差≤10mm。

④主梁的轴线偏差:悬臂长200m以内,容许偏差≤ ±L/20 000(mm);当1/20 000L≤±5mm时,容许偏差取5mm;悬臂长200~300m时,容许偏差为±(0.15L-20)(mm);当悬臂长大于300m时,容许偏差不大于±L/12 000(mm);以上L均为主梁悬臂的长度,单位为m。

5.4.3.3　成桥恒载阶段

在20 °C设计基准温度下,在成桥状态下桥梁结构的控制目标主要包括主梁几何线形、索塔偏移、斜拉索索力和主梁轴线,其控制标准如表5.4-10所示。

成桥状态下控制标准　　表5.4-10

控制内容		控制标准	备　注
主梁几何线形	主梁中跨	≤ ±(0.45X+50)mm	X为距塔中心线距离(m)
	索塔中心线至边跨	≤ ±(0.22X+50)mm	X为距塔中心线距离(m)
	辅助墩至边跨	≤ ±[25+0.5(X-25)]mm	X为距辅助墩中心线距离(m)
塔顶偏移		≤ ±H/2 000mm	H为索塔高度(m)
斜拉索索力		≤ ±10% ×T_0 kN	T_0为成桥状态索力理论值
主梁轴线(中跨)		≤ ±(10+0.1X)mm	X为距塔中心线的距离(m)

苏通长江公路大桥成桥状态下主梁几何线形的控制标准为1 088m,主跨跨中最大允许误差为±295mm,300m边跨跨中最大允许误差为±88mm,100m边跨跨中最大允许误差为±38mm。同时要求主梁几何线形无明显折角、光滑圆顺。塔顶偏移最大允许误差为

±150mm。成桥状态下几何线形的控制标准如图 5. 4-2 所示。

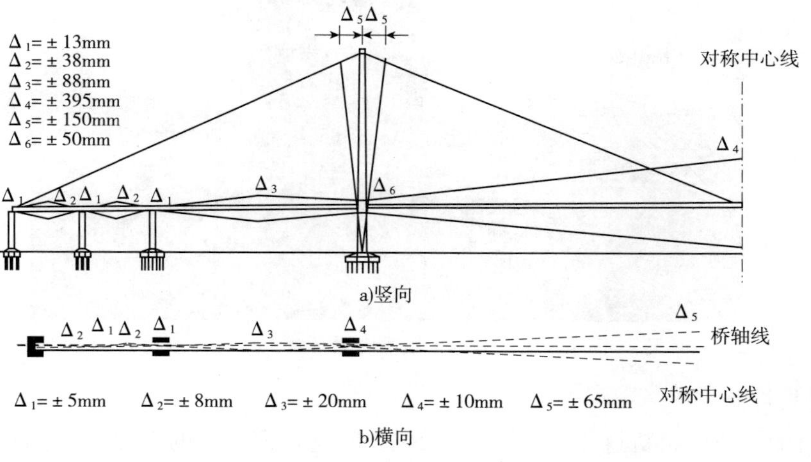

图 5. 4-2 成桥状态几何线形控制精度标准(mm)

5. 5 构件制造控制

5. 5. 1 钢箱梁的制作技术及控制方法

(1)几何控制法对钢箱梁制作的要求

钢箱梁的制造控制对成桥线形是否能够达到设计线形极其重要。国内目前较为广泛采用长线制作、拼装一体化技术,为此研发了一整套满足几何控制要求的钢箱梁制作技术和规程。规程规定了不同制造阶段的制造要求及标准,以及质量保证措施。即在制造过程中严格按照制造程序的要求,并执行严格的检查,来保证在不同阶段均能满足控制精度要求。钢箱梁的制造分为两个阶段,第一阶段在制造工厂生产板单元,第二阶段在预制拼装场地胎架上组拼成为钢箱梁节段。

在第一个制造阶段,由于制造条件和设备容易得到控制,其板单元能够在较好的条件下制造。在这个制造阶段,需要严格控制锚固点的位置、焊接变形和横隔板的总体情况。在第二个阶段,制造条件的不确定性大大增加,如焊接变形带来的不确定性,尤其大块梁段的组拼。

第二阶段的组拼,是在连续的整体胎架上完成组装、焊接及预拼装。最重要的控制参数有:锚固点位置、主梁线形(梁段间夹角)、轴线、梁长。

(2)主梁线形控制

钢箱梁节段制造在胎架上完成。在每轮次制造之前,按照制作线形调整胎架的线形,使其与构件制造无应力线形一致。在整个组拼过程中,对胎架的线形进行监测。胎架的线形决定了钢箱梁的制造无应力线形。胎架主体结构的线形不能每次都进行调整,因此在每轮次拼装之前,通过调整胎架上牙板的高度来调整线形。胎架及压板示意图和图 5. 5-1 所示。

图 5.5-1　胎架及压板

(3)梁长控制

在钢箱梁节段的组拼过程中,梁段与梁段之间均预留一定的空隙(工艺缝),缝隙的宽度略大于所需要的焊缝宽度。

在梁段安装阶段为重现制造无应力线形,需使用止顶板来实现。在每个焊缝口焊接4对止顶板,分别位于顶板和底板的上下游侧。当钢箱梁组拼完成后,控制止顶板之间的距离,四个止顶板之间的距离需相同,记为Δ。在安装阶段,将其中一个梁段朝向另一个梁段平移Δ,这样能够重现制造时梁段间的夹角,也即重现了制造无应力线形。当然,假如在安装过程中需要修正无应力线形,则在顶板或底板的止顶板之间插入一定厚度的垫片,即可改变梁段间的夹角,从而改变无应力线形。

主跨合龙段的长度对于成桥梁长的控制是至关重要的。制造时将合龙段加长300mm,用于补偿可能发生的其他梁段总长小于理论长度时的长度误差。在合龙之前,根据现场监测及分析确定最终合龙段所需长度,将合龙段切割为最终的长度。

(4)几何控制点

几何线形的控制需通过几何控制点测量和其他辅助的尺寸测量来实现。每个钢箱梁梁段上均设有一定数量的控制点。无论在组拼阶段、预拼装阶段还是现场安装阶段,均使用相同的几何控制点,并在钢箱梁表面清晰地标记出来,保证在每个阶段都能很容易地被识别。每个标准梁段均设有8个几何控制点,控制点位于钢箱梁的顶板表面,形成与主梁的纵轴线分别平行与垂直的方向线,参见图5.5-2。

为了获得各个锚固点的空间位置,就需要在组拼完成后对各个锚固点进行测量。锚固点亦作为控制点,位于锚孔中心线与锚板外表面的交点位置,如图5.5-3所示。

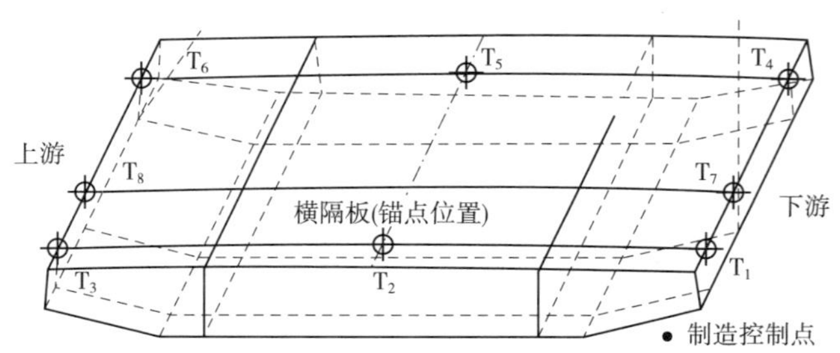

图 5.5-2　标准梁段顶面的控制点

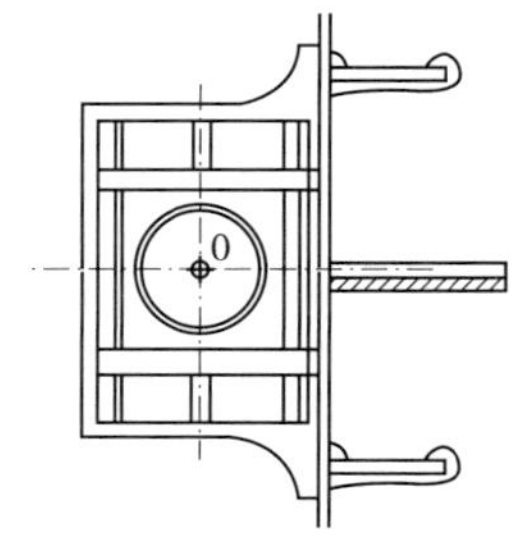

图 5.5-3　锚固点的控制点

(5)制造测量

在测量之前,控制点已经明确标记出来。测量过程中需要监测钢箱梁温度。顶板和底板的温度差异要求小于2℃,当温差不满足要求时,不能进行测量。最好的测量时机是夜间日出前,以减小温度梯度对测量精度的影响。

单个钢箱梁节段的测量与预拼装测量同步进行。制造阶段测量采集到的数据包括:顶板上的控制点坐标、锚固点坐标、工艺缝宽度和焊缝宽度、钢箱梁温度和环境温度。

根据所采集到的数据,计算无应力线形、梁段的累积长度、锚固点坐标、顶板轴线匹配结果,并与容许误差进行比较。依据制造阶段的测量数据,重新建立全局坐标系下的无应力线形,并据此对安装阶段的斜拉索无应力长度进行修正。

(6)苏通大桥示范

①实测数据的评估结果。

所有的锚固点坐标均需要与理论制造数据比较。梁段的长度定义为当前梁段的锚固点与后面一个梁段锚固点之间的距离,计算时取用上游锚点之间距离与下游锚点之间距离的平均值。钢箱梁无应力线形误差情况如图5.5-4所示。

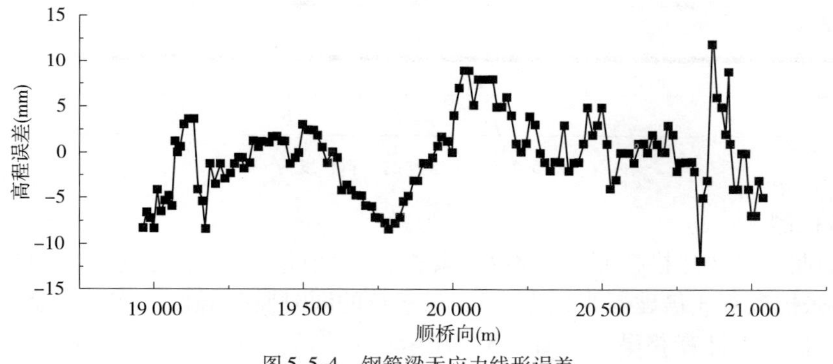

图5.5-4 钢箱梁无应力线形误差

②钢箱梁的重量控制。

当钢箱梁组拼完成后,采用一组压力传感器组成的称重设备对所有的钢箱梁梁段进行称重。梁段的称重选择在涂装完成和装船之前进行,其结果互相校核,若发现问题可及时解决。为了确定斜拉索的最终安装长度,采用一个统一的重量误差系数对原来理论计算得到的主梁重量进行修正。钢箱梁重量概率统计如图5.5-5所示。

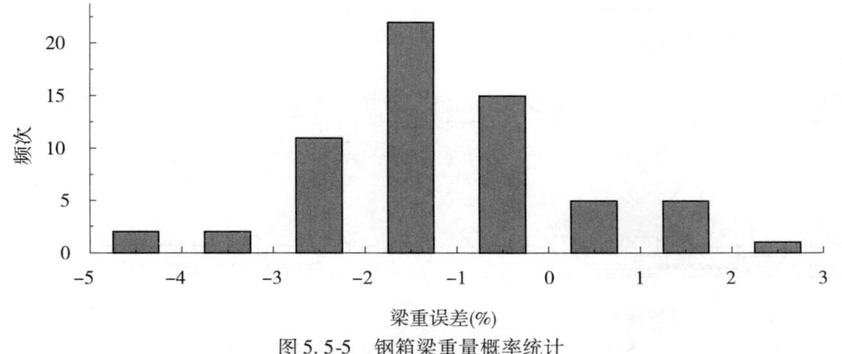

图5.5-5 钢箱梁重量概率统计

5.5.2 斜拉索的制作控制方法

为了能够将成桥线形控制在误差允许范围内，斜拉索的制造无应力长度控制极其重要。根据敏感性分析的成果，即使是容许误差范围内的斜拉索制造长度误差，也将显著地影响到成桥线形。因此应严格控制斜拉索的制造误差，通过精确量测得到的斜拉索的制造误差，在安装阶段可通过调整螺母得到修正。

在拉索制造过程中，根据前一批次制造的成品索的弹性模量，及高强平行钢丝索的单位长度重量，重新计算后续斜拉索无应力索长。标准丝用来控制斜拉索的制造长度，它位于斜拉索中心。标准丝的下料长度如图 5.5-6 所示。

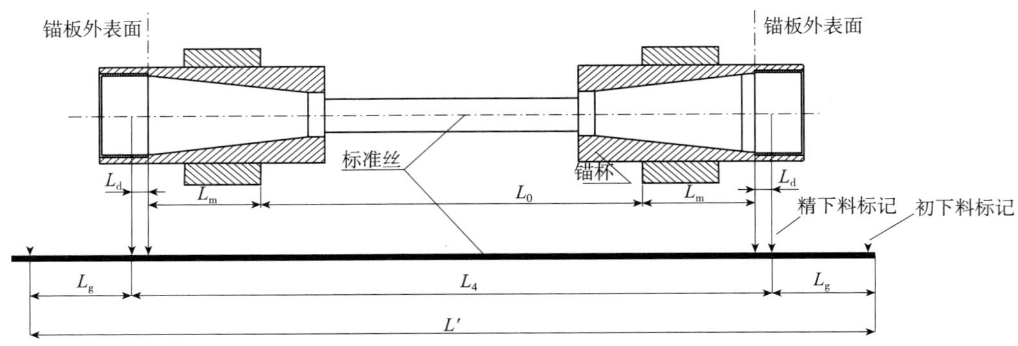

图 5.5-6　标准丝的下料长度

(1)制造控制

斜拉索的制造需要严格控制以下参数：索长、弹性模量、斜拉索重量。测量斜拉索长度时，将斜拉索张拉到 0.3 倍破断张拉力，在测量索长的同时监测温度。实际制造弹性模量通过分级张拉整根拉索计算获得。如图 5.5-7 所示。

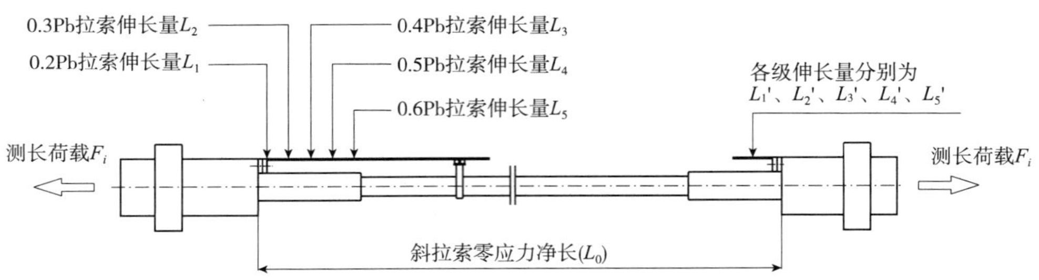

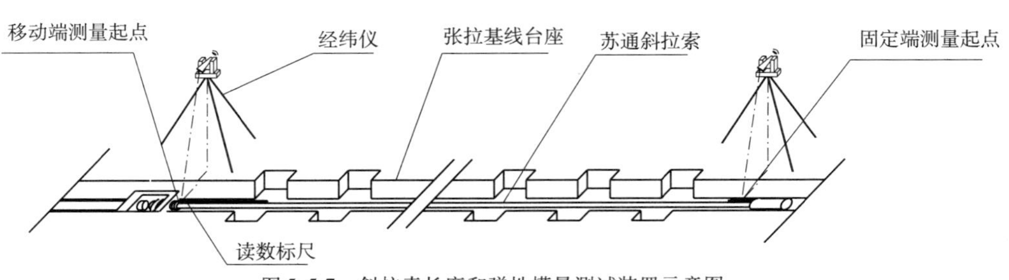

图 5.5-7　斜拉索长度和弹性模量测试装置示意图

(2)斜拉索重量

斜拉索的重量包括斜拉索本身重量和锚头重量。斜拉索本身重量采用单位长度重量进行记录,分别对不同型号的斜拉索重量进行采样测试。

(3)苏通大桥项目示范

所有斜拉索的制造绝对误差均小于35mm,斜拉索的弹性模量平均值为193.8GPa,斜拉索的质量参见表5.5-1。

斜拉索的质量表 表5.5-1

型号	单位索长质量(kg)		
	制造质量	理论质量	偏差
PES7-139	45.271	44.798	1.1%
PES7-151	49.328	48.900	0.9%
PES7-187	60.474	60.102	0.6%
PES7-199	64.431	64.197	0.4%
PES7-223	72.223	72.097	0.2%
PES7-241	77.644	77.001	0.8%
PES7-283	91.129	91.201	-0.1%
PES7-313	101.110	100.295	0.8%

5.5.3 钢锚箱的制作与安装控制方法

钢锚箱安装控制的目的是:满足钢锚箱安装精度要求;为了提供索塔上锚固点的真实位置与成桥后理论锚固点的误差,斜拉索安装时拉索无应力长度需考虑其影响进行修正。

钢锚箱安装精度要求:为了控制斜拉索锚固点位置偏差,锚箱中心线的整体误差容许值为20mm;首节钢锚箱倾斜度的容许误差为1/3 000。钢锚箱截面中心线与混凝土截面中心线的相对位置偏差应不大于±5mm。

若按照目前国内外钢塔柱/钢锚箱施工理念,现场安装误差主要来源于制造精度、首节段/底座安装精度两部分。苏通大桥钢锚箱制造和安装中出现的最大误差见表5.5-2,数据表明:在未考虑施工误差的情况下,30个钢锚箱安装完成时的总体倾斜度累计误差已经超出了20mm设计要求。为实现锚箱安装精度控制在允许包络范围内,必须在钢锚箱中间设置调整段,对钢锚箱安装过程进行监控,根据监控结果做出必要的调整措施。

钢锚箱安装精度分析 表5.5-2

误差来源	精度要求	塔顶误差(mm)
首节钢锚箱安装	轴线偏位:±5	±5
	垂直度:±H/3 000	±27
钢锚箱制作	垂直度:±H/4 000	±20
塔顶最大误差包络(mm)		±52

(1)钢锚箱制作

钢锚箱构件制作尺寸控制的主要目标:锚箱垂直对接且不需做螺栓连接点调整,确保斜拉索锚垫板位于正确的位置和方向,以及钢锚箱总体制作垂直度。在钢锚箱制作过程中,引入了精度控制理念,即根据已完成制作的钢锚箱单节段的长度、端面垂直度及预拼装等控制点的测量结果,建立数字化仿真线形控制模型,动态显示已完成的制作线形误差,预测钢锚箱的总拼装误差,及时给出修正信息,并根据预测结果指导后续节段的加工,实现对钢锚箱总体制作线形的控制。钢锚箱制作、预拼装控制点布置和测量控制如图 5.5-8 所示。

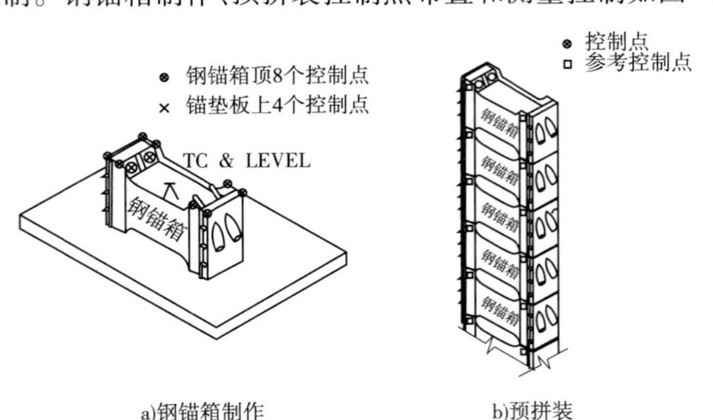

图 5.5-8　钢锚箱制作控制总体示意图

(2)钢锚箱现场安装

由于钢锚箱在安装过程中不可避免地出现偏差,需预测未来钢锚箱可能出现的最大误差,以通过调整进行纠偏,确保钢锚箱安装过程中偏差趋势能够得到控制。

钢锚箱安装允许误差限值较小,而测量误差、钢锚箱之间连接施工误差等客观存在,调整措施就显得非常重要。为避免矫枉过正,调整原则为:控制钢锚箱的总体线形,避免待安装钢锚箱向单向偏差继续发展。

(3)苏通大桥工程示范

苏通大桥钢锚箱分 8 组安装,每组钢锚箱节段之间设置 12mm 厚垫片,通过打磨垫片厚度进行线形调整。实施过程中,北索塔只在 8 号与 9 号、15 号与 16 号钢锚箱间打磨了垫片厚度,南索塔在 11 号与 12 号钢锚箱间打磨了垫片厚度。钢锚箱安装精度控制在 20mm 以内。如图 5.5-9 所示为北索塔斜拉索锚固点顺桥向误差。

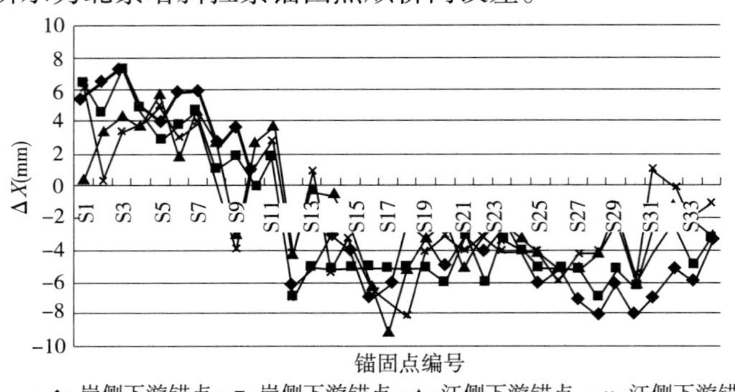

图 5.5-9　北索塔斜拉索锚固点顺桥向误差

5.6 现场安装控制系统

对于超大跨径斜拉桥，几何控制的基本方法是控制斜拉索的无应力长度，并在施工过程中监测斜拉索的索力，使得在后续施工中对已安装的斜拉索进行调整的数量降到最低。

有关悬臂梁段的施工，对以下两个施工参数需要进行详细分析和控制：

(1)相邻梁段之间的夹角，控制着主梁的局部线形。

(2)斜拉索无应力长度，控制着主梁的整体线形。

5.6.1 梁段局部线形控制

(1)基本原则

待安装梁段与已安装梁段之间匹配的原则是保证无应力线形的要求。也就是说，安装无应力线形的目标是预拼装无应力线形加上必要的修正量。在现场安装阶段，可以通过预拼装阶段使用的临时连接件(主要是止顶板)来重现预拼装无应力线形。

局部线形控制原则：在以匹配件保证主梁安装可靠连接的同时，通过测量检查主梁局部线形(即夹角)实现安装线形的双重控制，相互检验。现场的局部测量是通过如图5.6-1所示的控制点进行的。

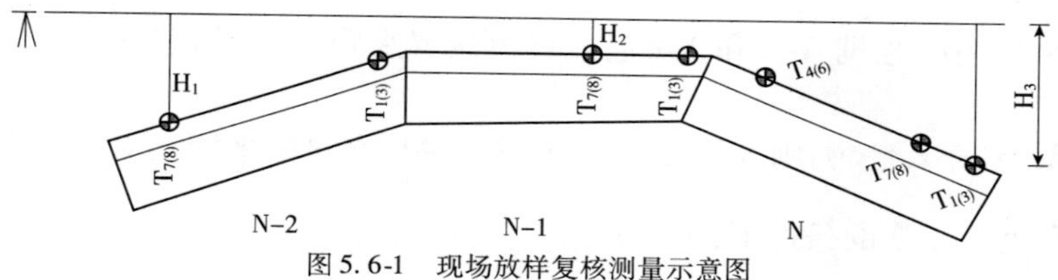

图5.6-1 现场放样复核测量示意图

新梁段匹配的复核测量范围为悬臂端的前三个梁段(图5.6-2)，其原则如下：

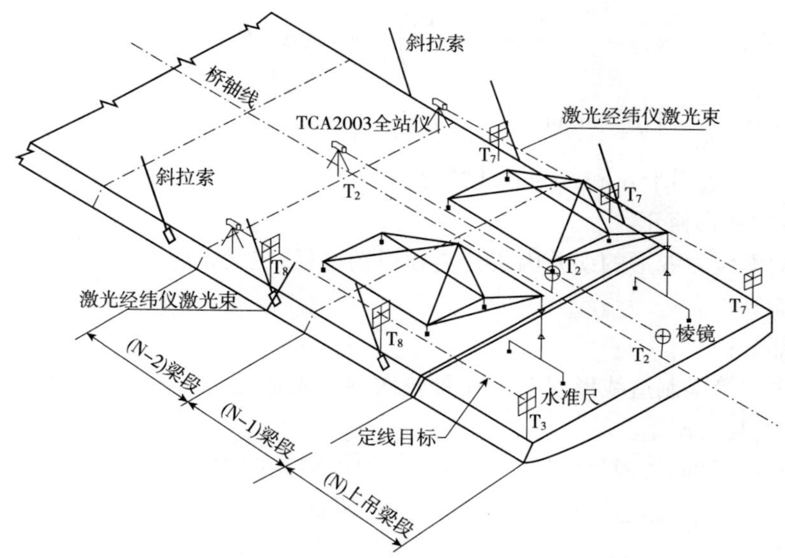

图5.6-2 现场放样复核测量立体示意图

①待安装梁段与已安装梁段的纵隔板必须对齐。

②待安装梁段与已安装梁段的匹配复核测量，使用 T_2 点测量来复核轴线是否对齐，使用待安装梁段的 T_1/T_3 点及已安装梁段的 T_7/T_8 点进行夹角的复核测量。

③焊缝的宽度不应影响焊接质量。

作为总体指导性原则，将临时连接件（主要是止顶板）相互匹配并保证焊缝宽度后，梁段基本上能够满足无应力线形的要求。后续的精确匹配过程主要是用来复核预拼装测量，若发现问题，现场及时做出适当的调整修正。现场放样复核测量指令需考虑以下因素：

①考虑预拱度、超长和制造误差的预拼装线形。

②用于补偿不均匀焊接收缩和由于马板定位约束所造成角度偏差的夹角修正量。

③待安装梁段与已安装梁段的理论不匹配量。

④能够确定的先前安装完成梁段的无应力线形误差。

（2）匹配阶段计算公式

假设现匹配 N 梁段，已成梁段为 N-1 和 N-2 梁段，在 N-2 梁段控制点顺桥向坐标和高程为 (x_1, z_1)，在 N-1 梁段控制点顺桥向坐标和高程为 (x_2, z_2)，在 N 梁段控制点顺桥向坐标和高程为 (x_3, z_3)；在测量仪器的水平测量中，在 N-2 梁段控制点水准尺读数为 W_1，在 N-1 梁段控制点水准尺读数为 W_2，在 N 梁段控制点水准尺读数为 W_3。

以图 5.6-3 为例，根据 N-2 和 N-1 已成梁段位置来顺接 N 梁段，图中 $\alpha = \arctan\left(\frac{z_1 - z_2}{d_1}\right)$，在整体坐标系中 $(z_1 - z_2) < 0$，则 $\alpha < 0$；$\beta = \arctan\left(\frac{z_3 - z_2}{d_2}\right)$，在整体坐标系中 $(z_3 - z_2) < 0$，则 $\beta < 0$。在保证连接角度 ε 不变的条件下，可以知道：

$$\begin{gathered}\varepsilon = \pi + \alpha + \beta \Leftrightarrow \pi + \left(\frac{w_2 - w_1}{d_1}\right) + \left(\frac{w_2 - w_3}{d_2}\right) = \pi + \alpha + \beta \Leftrightarrow \\ w_3 = -\frac{d_2}{d_1} \times w_1 + \left(\frac{1 + d_2}{d_1}\right) \times w_2 - [(\alpha + \beta) \times d_2]\end{gathered} \tag{5.6-1}$$

式中：$\alpha = \arctan\left(\frac{z_1 - z_2}{d_1}\right)$，$\beta = \arctan\left(\frac{z_3 - z_2}{d_2}\right)$。

公式（5.6-1）适用于 α 和 β 为其他情况。

（3）无应力线形修正

根据影响无应力线形的误差因素分类和识别过程，主梁无应力线形修正包括：

①安装前修正。

包括两部分：

a. 每轮次钢箱梁制造线形误差。在每轮次钢箱梁制造完毕后，及时评价主梁制造线形偏差，在现场安装时调整。

b. 主要参数识别后，通过安装分析得到新的主梁无应力线形。由于已制造梁段无法进行修正，只能对后续未制造梁段无应力线形进行调整。

②安装中修正。

制造阶段，对于安装时顶底板焊接不均匀收缩，不设置预补偿量。在主梁安装时，通过在底板止顶板处增减垫片，可实现对主梁无应力线形的修正。

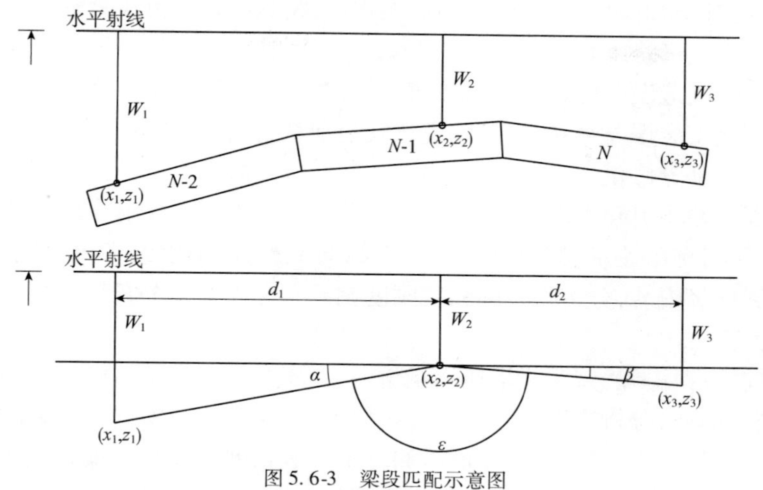

图 5. 6-3　梁段匹配示意图

5. 6. 2　斜拉索安装无应力长度控制

(1)基本原则

斜拉索的无应力长度是通过锚杯上的螺母位置来确定的。根据实际安装的塔端和梁段锚固点位置误差，对计算模型获得的理论无应力长度进行修正，确定最终安装的斜拉索无应力长度。

除此之外，还对钢箱梁重量和结构刚度进行误差识别，并对这部分误差所产生的索长改变量进行修正。随着钢箱梁悬臂的加长，这两项误差趋势识别的可信度逐步提高，并对具有较高可信度的系统性误差进行修正，即修正斜拉索的无应力长度。

总的说来，斜拉索无应力长度的修正主要依据以下两方面因素：

①物理参数：梁重、斜拉索弹性模量、斜拉索重量、结构刚度。

②几何参数：索塔锚点坐标、主梁锚点坐标（主要是索塔锚点高度误差和主梁长度误差），如图 5. 6-4 所示。

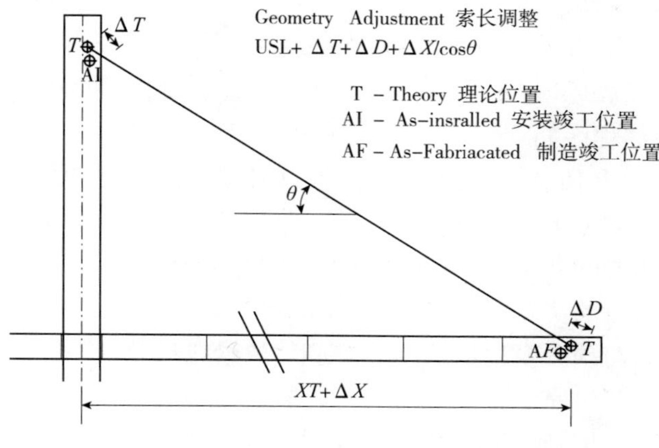

图 5. 6-4　斜拉索无应力长度

(2)索长修正

根据这些误差产生的时间和对结构的影响程度,将这些误差分类处理。

①主梁安装前全部修正。

a. 梁端锚固点制造误差可在主梁安装前获得,在主梁安装前统一修正。

b. 塔端锚固点安装误差可在成塔后、主梁安装前获得,在主梁安装前统一修正。

②主梁安装中部分修正。

a. 索塔刚度偏差将引起索塔纵向和竖向变形偏差。对于抗弯刚度偏差,在接近最大双悬臂阶段,通过不对称吊装主梁节段,测量索塔纵向变形,可识别索塔抗弯刚度偏差。由于此时部分斜拉索已经安装,分析得到的索塔刚度偏差在带入安装分析模型后,仅对后续拉索安装长度进行修正。

b. 索塔竖向刚度偏差表现为索塔压缩量偏差,在安装较多主梁,即上部结构荷载足够大时,才能检测到。因此,分析得到的索塔压缩量偏差,仅对后续拉索安装长度进行修正。

c. 在梁段安装数量累计较多后,才能检测主梁安装长度和焊缝收缩较大偏差。因此,分析得到的主梁长度和焊缝收缩偏差,仅对后续拉索安装长度进行修正。

③主梁安装前、安装中综合修正。

a. 由于钢箱梁加工时间的限制,主梁重量在主梁安装前只能部分获得,梁重偏差对斜拉索无应力长度的影响可在主梁安装前进行新一轮的安装分析予以修正。主梁安装过程中逐步获得的其他梁段重量偏差,只能分批对后续拉索安装长度进行修正。

b. 斜拉索弹模、自重荷载集度和长度在主梁安装前也只能部分获得,这部分偏差对斜拉索无应力长度的影响可在主梁安装前进行新一轮的安装分析予以修正。主梁安装过程中逐步获得的其他斜拉索参数偏差,只能分批对后续拉索安装长度进行修正。

5.6.3 误差分析与调整

对于每一个安装周期都要分析梁段之间匹配夹角与斜拉索无应力长度。根据实际的悬臂安装数据,以及钢箱梁和斜拉索实际制造数据,更新正装计算模型,并预测后续施工的几何线形和成桥目标。每一施工周期的评估选择在二次张拉后进行,评估内容包括误差识别及提供后续修正或调整建议。

5.6.3.1 评估程序

在每一安装周期完成后,对几何线形和索力进行测试(测试的同时监测环境状况),进行安装状态评估。评估的程序如下:

(1)检查环境数据、几何点、内力监测点数据,评估测量和测试数据的可靠性。

(2)分析评估实际的施工荷载。

(3)计算竣工的梁段间夹角,并更新和检查无应力线形。

(4)根据已安装梁段的实际安装信息,更新预测模型。

(5)比较竣工数据与预测模型数据(索塔变形、主梁线形及索力)。

(6)分析研究误差产生原因。

(7)继续进行预测分析到成桥状态,评估索力和线形误差。

(8)如果有必要,提出下一安装周期的梁段间夹角及斜拉索无应力长度的修正建议。

5.6.3.2 模型修正

在主梁施工之前的原始分析模型可以看作原始参考分析模型，所有主要的制造指令包括钢箱梁无应力制造理论线形和斜拉索制造长度都是采用原始参考分析模型进行计算的。

当发现主梁重量、斜拉索重量、斜拉索弹性模量、主梁刚度、索塔刚度等结构参数出现系统性偏差后，更新原始参考分析模型中的上述参数，则得到更新后的参考分析模型。根据更新后的参考模型，计算可得到一组新的斜拉索无应力长度和钢箱梁无应力线形。

当结构参数的系统性误差能够明确识别出来时，才能更新参考模型。对上述结构参数进行误差识别时，需要充足的有效数据。

5.6.3.3 误差处理及预测

施工过程结构行为预测及误差处理方法的建立以参数敏感性分析及参数识别结果为基础，是斜拉桥自适应施工控制系统重要的组成部分之一，以保证成桥后的主梁线形及结构的受力状态符合设计期望。在分析千米级斜拉桥的结构行为特点基础上，在对施工过程结构行为预测及误差处理与方法的合理选取、模型修正求解的高效精确算法、测试误差特性等关键问题进行系统研究的基础上提出了基于 D-S 证据理论数据融合的灰色神经网络方法，其流程如图 5.6-5 所示。

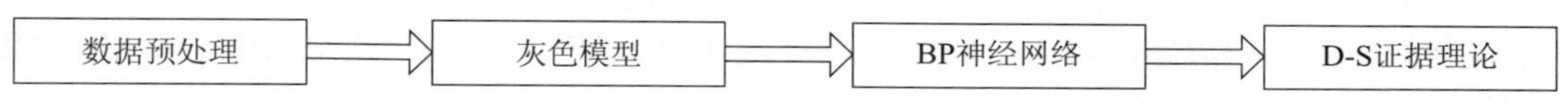

图 5.6-5 基于灰色神经网络的 D-S 证据理论预测模型的流程图

苏通长江大桥 16 号梁段完成线形误差和梁段超长量预测误差如图 5.6-6、图 5.6-7 所示。

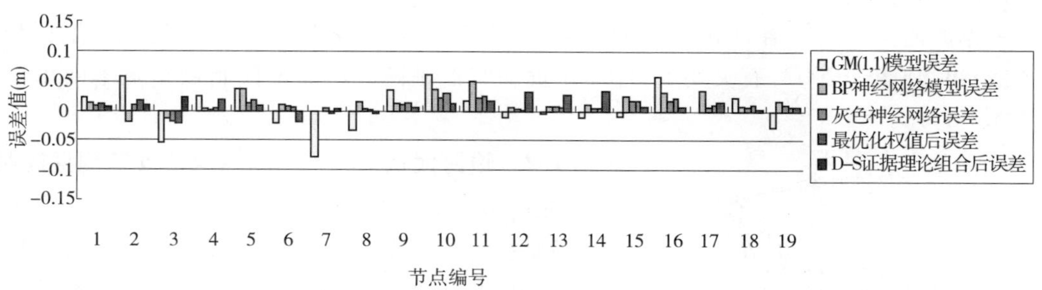

图 5.6-6 梁段线形各模型预测线形数据误差对比图

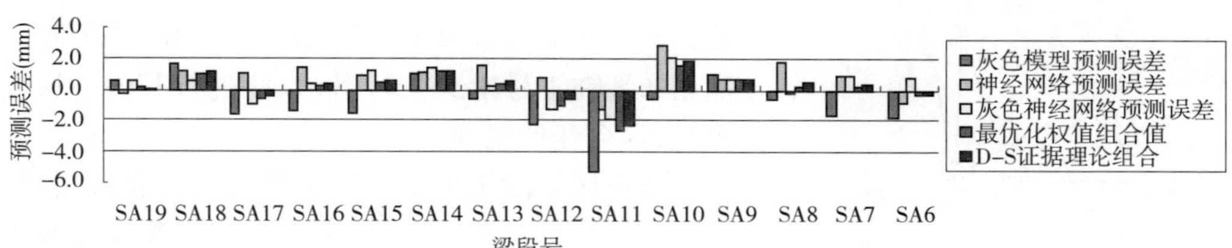

图 5.6-7 梁段超长量各模型预测误差汇总图

综上所述,斜拉桥实际施工控制过程有如下鲜明特点:

(1)该过程中的误差在很大程度上属于非平稳随机过程,在测试数据有限的情况下难以准确确定误差的关键参数。

(2)由于误差的非平稳性,若对于施工过程中的误差不及时进行修正和处理,有可能导致发散的控制结果,尤其对于超大跨度斜拉桥,甚至有可能导致施工过程中的安全性显著降低。

(3)斜拉桥施工过程中,及时对于误差进行修正和处理是必要的,但科学的修正决策建立在对于误差性质的准确把握上。在测试数据量有限、误差性质难以精确获知的情况下如何制订科学合理的误差修正决策是千米级斜拉桥施工控制面临的重大课题。

5.7 自动化、智能化动态几何监测系统

苏通长江大桥位于长江下游,常年平均风速大,日照及季节温差大,结构轻柔受环境影响大。为此,研究和开发钢箱梁安装期间塔、梁动态几何测量与监测系统,以加强对整个施工过程的控制和重要施工环节的精确监测。通过实时动态几何监测数据,分析并预测各种不利组合条件的施工状态,评价施工安全,规避不利施工条件,正确指导施工。

充分利用全球定位系统 GPS、测量机器人、数据通信、网络传输等现代先进技术进行系统集成,结合苏通大桥施工期测点布置及控制、索塔和钢箱梁实时动态几何监测需要,研发实现基于 GPS 和测量机器人的远程实时动态监测系统,该系统具有高精度、连续、实时、全天候、自动监测等特点,弥补并克服了常规测量技术在异常天气和夜间作业困难的局限性。

5.7.1 测点布置及测量控制

5.7.1.1 加密控制网

根据苏通大桥上部结构施工几何控制测量需要、施工工艺以及现场情况,按《工程测量规范》(GB 50026—2007)有关要求,合理布置加密控制网点。加密控制点布置平面示意图如图 5.7-1 所示。

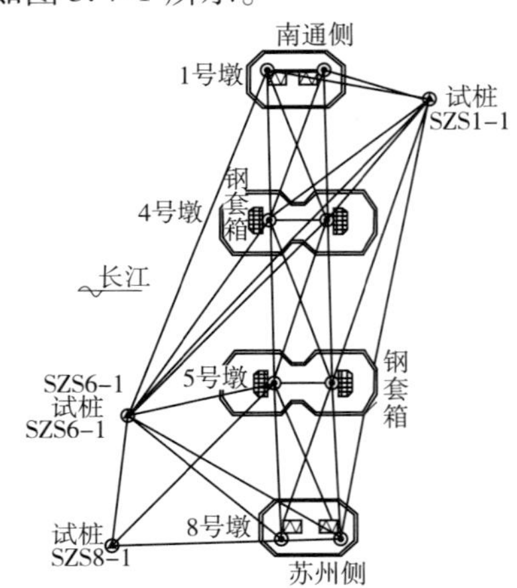

图 5.7-1 加密控制点布置平面示意图

图示:◬-首级控制网起算点;

⊙-加控制点(位于墩顶、试桩和 A 梁段)

5.7.1.2 边跨大块梁段及索塔区梁段安装测量控制

通过布设支架系统和承台变形观测点,并安装变形观测棱镜,对支架系统变形进行测量。边跨大块梁安装支架系统变形监测点布置示意图如图 5.7-2 所示。

测站布置采用相对布置:安装 1 号墩墩顶钢箱梁,测站布置在 2 号墩或 3 号墩;安装 2 号墩墩顶钢箱梁,测站布置在 1 号墩或 3 号墩,以此进行其他各墩支架系统、承台变形观测。

索塔区梁段作为主桥钢箱梁安装的基准梁段,梁段精确定位至关重要。由于箱梁高,安装纵坡较大且定位精度要求高,钢箱梁的平面位置调整与高程调整总是相互影响,必须反复多次才能使其里程、轴线、相

对高差、高程满足设计及规范要求。当索塔区梁段各自定位后，须对其进行联测，了解钢箱梁中心测点之间的间距、高差以及桥轴线偏差情况。索塔区梁段钢箱梁安装定位示意图见图5.7-3。

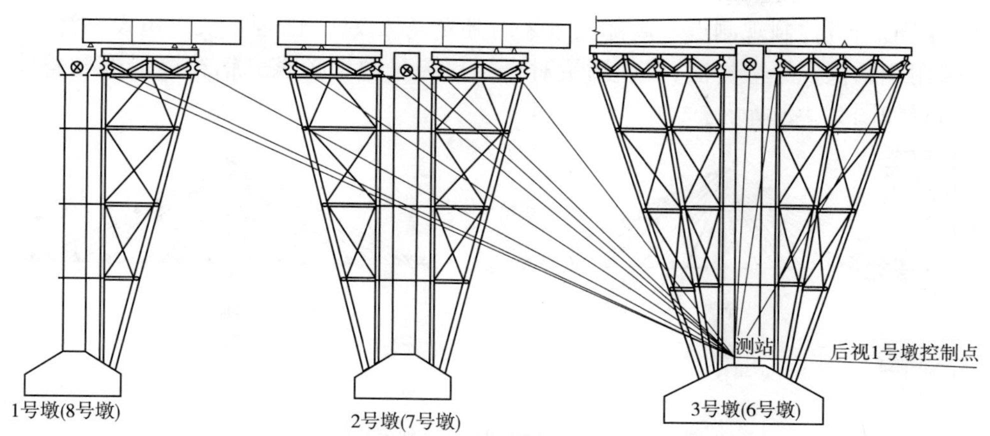

图5.7-2 边跨大块梁段安装支架系统变形监测点布置示意图

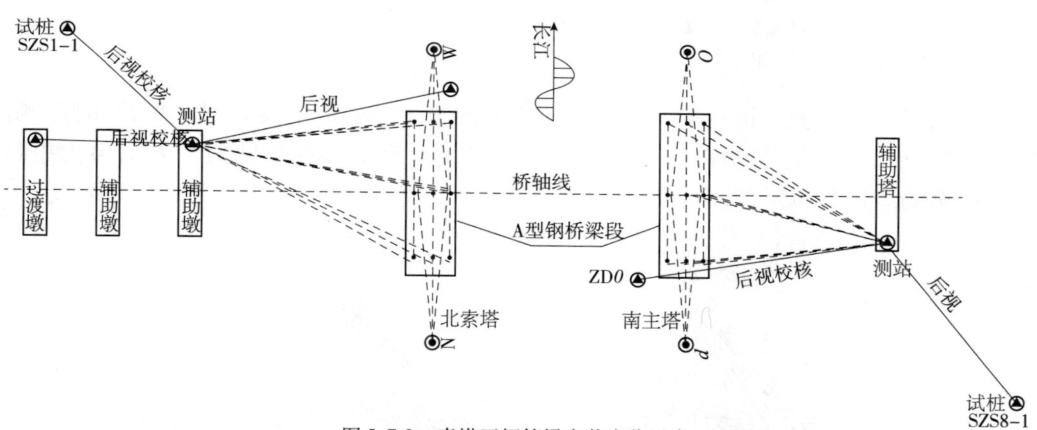

图5.7-3 索塔区钢箱梁安装定位示意

图示：⊚-索塔人洞施工加密控制点；⊙-首级控制点；·-A型钢箱梁安装控制点

边跨大块钢箱梁安装几何测量控制示意图如图5.7-4所示。

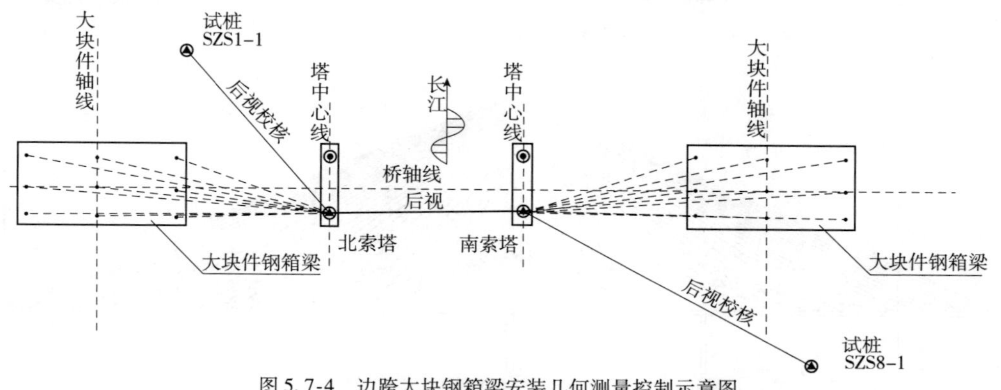

图5.7-4 边跨大块钢箱梁安装几何测量控制示意图

注：⊚-首级控制点；⊙-施工加密控制点；·-大块件钢箱梁安装控制点

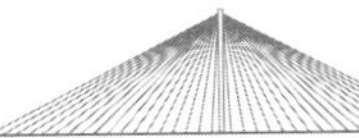

5.7.1.3 悬臂施工主梁安装测量控制

根据几何控制法的特点，建立固定总体坐标系统（独立坐标系统）和局部坐标系统（里程坐标系统）。线形测量控制观测点布置于桥中线及上下游两侧钢箱梁外腹板处，每个断面布置3个线形测量控制观测点。局部测量采用激光经纬仪法，以全站仪自由设站法校核；全局测量采用全站仪三维坐标法，GPS测量对全站仪测量数据校核。钢箱梁局部和整体几何测量点布置如图5.7-5所示。

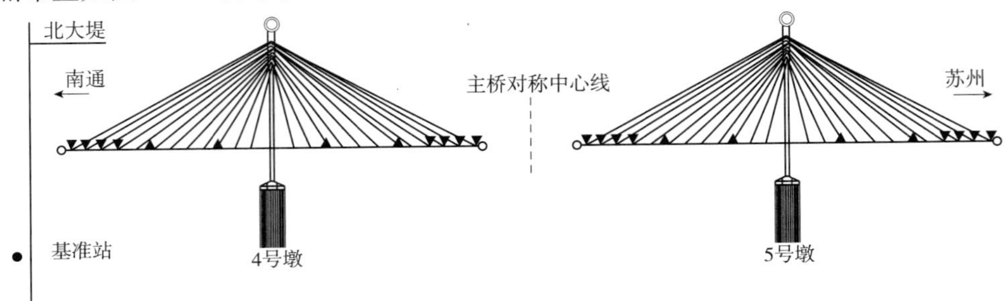

图5.7-5 钢箱梁局部及整体几何测量点布置

注：◎-全局索塔GPS几何线形测量点（流动站）；○-全局钢梁GPS几何线形测量点（流动站）；●-全局索塔、钢箱梁GPS测量（基准站）；▲-全局钢箱梁节段安装几何线形测量点；▼-局部钢箱梁节段安装几何线形测量点（最前4段，上下游对称安装全站仪棱镜）。

全局测量是为了测量钢箱梁节段安装完成后的整个已安装主梁几何线形，同时监测风、温度、索塔变形以及高程。边跨合龙之前主梁全局线形测量示意图见图5.7-6，最大单悬臂阶段主梁全局线形测量示意图如图5.7-7所示。

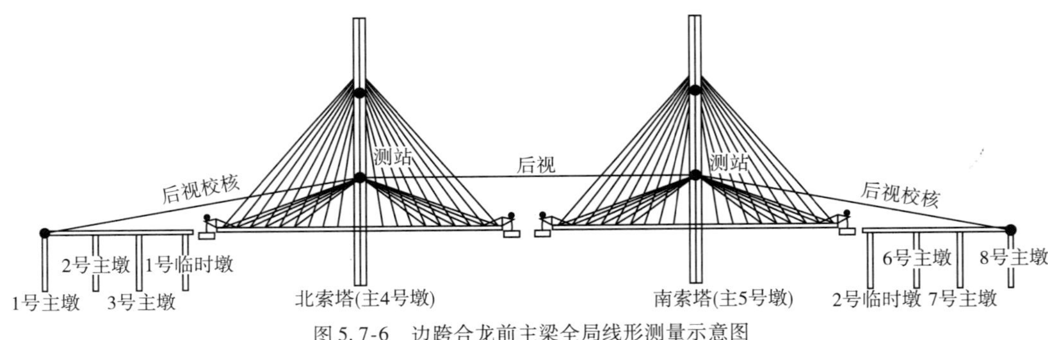

图5.7-6 边跨合龙前主梁全局线形测量示意图

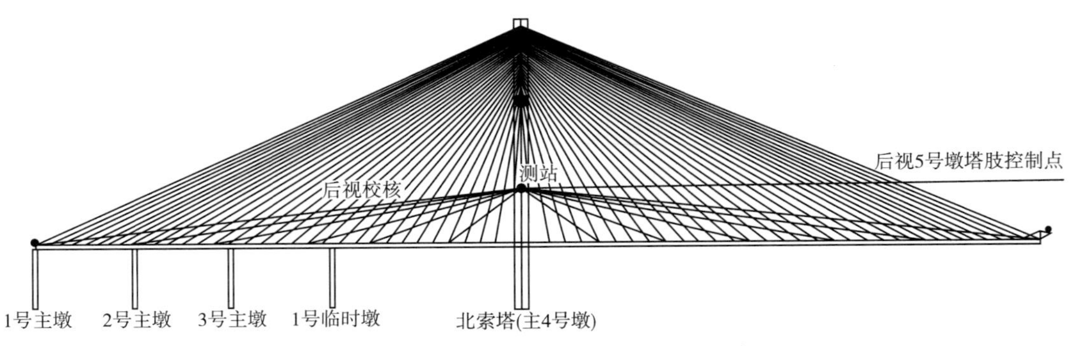

图5.7-7 最大单悬臂阶段主梁全局线形测量示意图

5.7.2 远程 GPS 实时动态监测系统

GPS 监测点布置在索塔顶和钢箱梁安装期的桥面上。其中,南、北索塔顶上各布设 1 个 GPS 监测点。桥面上的 GPS 监测点根据钢箱梁安装进程逐步增加和移位。远程 GPS 实时动态几何监测系统示意图如图 5.7-8 所示。

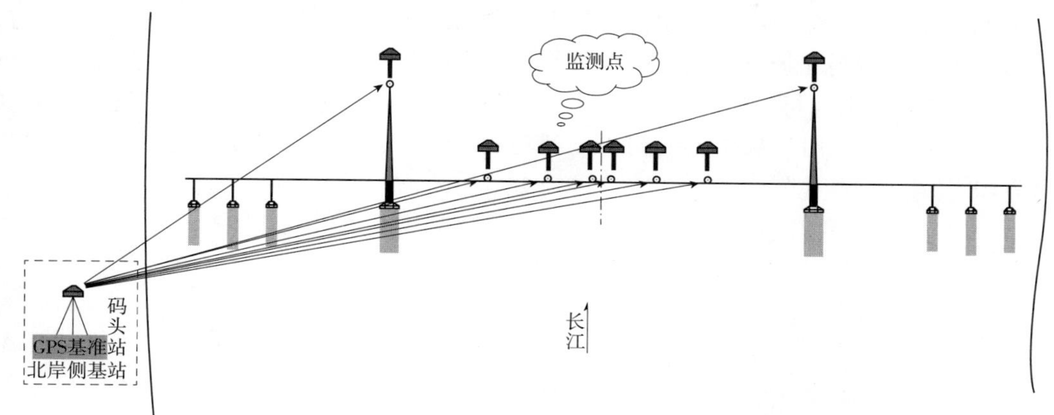

图 5.7-8 远程 GPS 实时动态几何监测系统示意图

系统的通信组网采用点对多点的无线扩频通信专用网络。考虑到总控室、GPS 基准站、索塔顶和整个桥面相互之间的距离与通视情况,以及钢箱梁安装过程中桥面机械设备的干扰,为确保整个通信网络的质量和最佳组网方案,特在南索塔顶布置了一个通信中继站。GPS 实时动态监测系统通信组网示意图如图 5.7-9 所示。

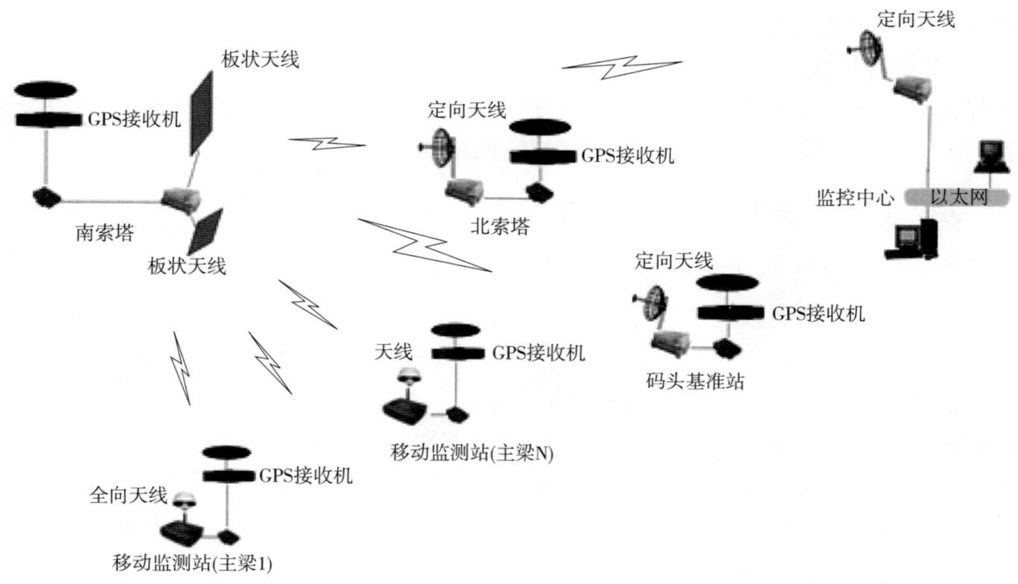

图 5.7-9 GPS 实时动态监测系统通信组网示意图

远程 GPS 实时动态监测系统软件主要由以下几个模块构成。

(1)数据采集、预处理及显示模块

通过软件设置,建立数据采集计算机(设置在监控中心)与 GPS 监测系统之间的网络连接,实时获取各 GPS 监测点输出的数据,进行预处理,并实时将结果显示在计算机屏幕上,设置以 3D 轨迹、2D 轨迹和数据的方式显示监测数据。

(2)数据后处理模块

对于桥梁监测系统来说,其数据信息量大,数据分析及处理过程复杂,且为充分了解桥梁变形特征,须对特殊工况下的数据进行深入的事后处理,并形成施工监测报表。该模块可以方便地对指定数据进行坐标转换,数据平滑、拟合、均值化处理,数据滤波,快速傅里叶变换(FFT)等,还附加了对气象数据的初步处理功能。GPS 数据后处理模块主要功能菜单如图 5.7-10 所示。

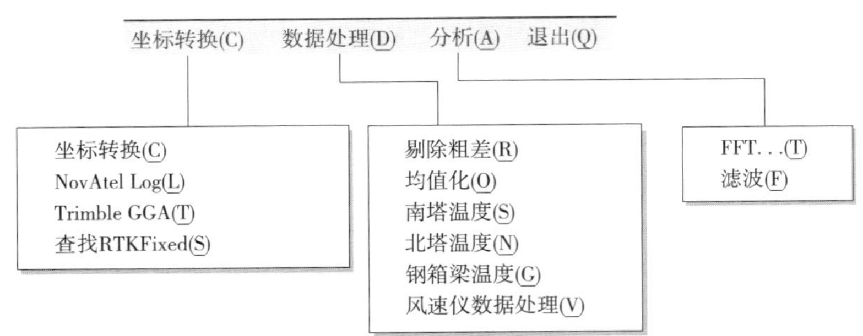

图 5.7-10　GPS 数据后处理模块主要功能菜单

(3)桥梁监测数据库管理模块

对桥梁进行动态监测是一个长期的过程,对监测数据建立动态数据库,并进行监测数据的定期更新、备份和恢复。数据采集处理模块在后台自动完成,无需用户干预。

(4)远程管理模块

远程管理模块确保用户在监控中心方便地对系统进行远程管理,在某些监测点,由于不可预料的原因出现故障时,准确确定故障点的位置及其原因。

5.7.3　基于测量机器人的动态监测系统

钢箱梁安装期,根据索塔和桥面线形监测需要,采用测量机器人实时动态监测系统监测索塔及桥面线形。提出两种测量机器人实时动态监测系统模式进行监测:一种是定点跟踪法,即固定某一监测点进行连续、动态的快速跟踪测量;另一种是定时扫测法,即对视场范围内的所有监测点进行定时的快速扫描测量。

定点跟踪法通过对某一监测点进行连续、快速的跟踪测量,采集大量数据,然后进行统计分析与计算,求得该固定监测点的平衡位置(三维坐标)和动态特征。采用定点跟踪法快速跟踪测量的采样率可以达到 0.3s,适宜于动态环境施工下的变形监测,但是该方法在观测过程中,一台仪器仅能对一个监测点进行测量。

定时扫测法是在较短的时间内,对视场范围内的所有监测点进行正倒镜测量,采集有效数据,然后进行统计分析与计算,求得各个监测点的平衡位置(三维坐标)。考虑到钢箱梁受环境影响产生的抖动,每一监测点应进行不少于 4 测回的观测,而且每一监测点的观测时间控制在 2min 以内,但是,如果监测点的动态环境恶劣,该方法就无法保证所有监测点的测量结果的时间同步性,因此,该方法的应用宜选择相对稳定的外界环境。

测量机器人实时动态监测系统的应用,要求所有监测点上布置反射棱镜。在钢箱梁安装期间,根据钢箱梁安装测量、施工监测方案以及测站通视情况,采用测量机器人三维坐标法对索塔变形进行定时扫测示意图如图 5.7-11 所示。其中,测量机器人的测站分别设置在索塔南、北侧的辅助墩和过渡墩上,分别以索塔横梁上的两个施工加密控制点作为后视与校核点,每一索塔布置了 14 个监测点。

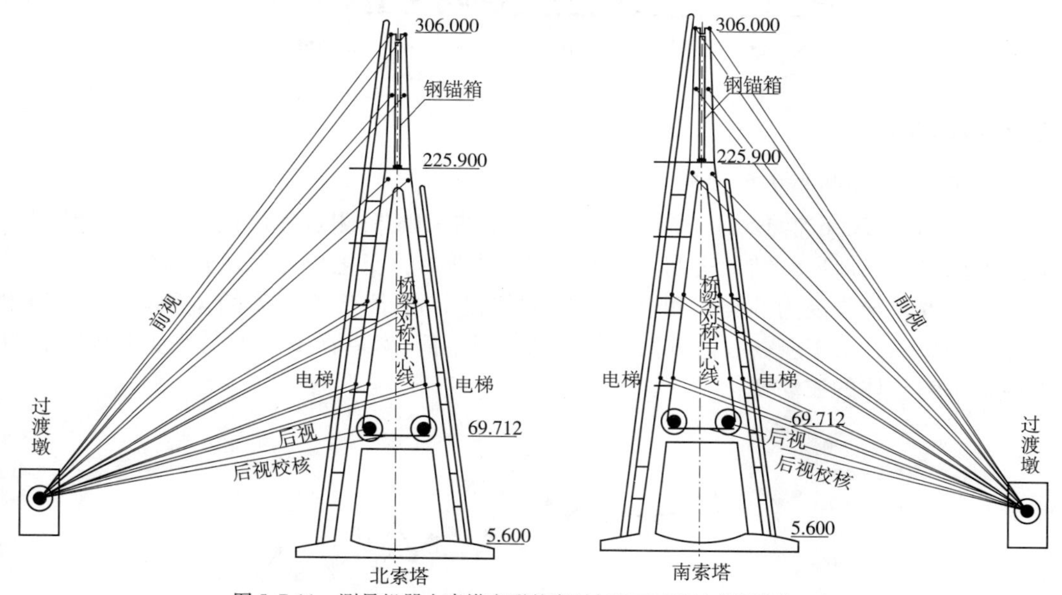

图 5.7-11 测量机器人索塔变形的定时扫测示意图(高程单位:m)

注:◉-施工加密控制点

根据钢箱梁安装测量、施工监测方案以及测站通视情况,对箱梁顶面变形进行定时扫测示意图如图 5.7-12 所示。

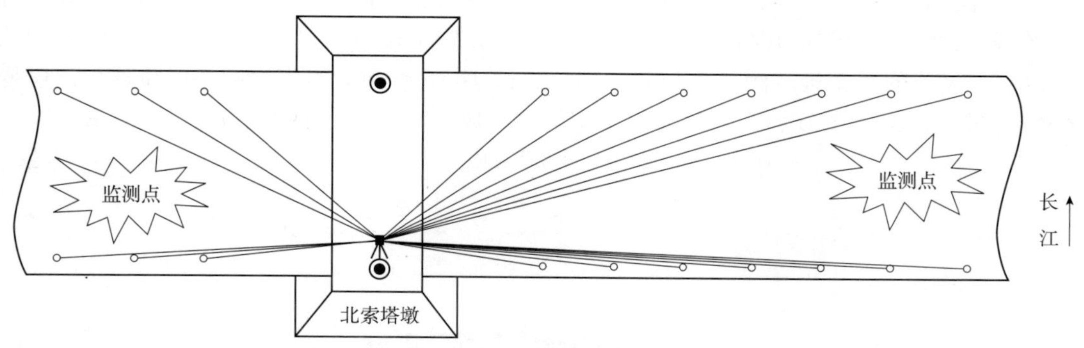

图 5.7-12 测量机器人桥面变形的定时扫测示意图

为快速精确监控主塔及主梁的空间几何位置及其变化,实时指导施工,针对 Leica TCA2003 测量机器人编制了机载的自动监测软件,该软件可上传到仪器内存中,与仪器系统软件融为一体。软件在仪器上运行的主界面如图 5.7-13 所示。

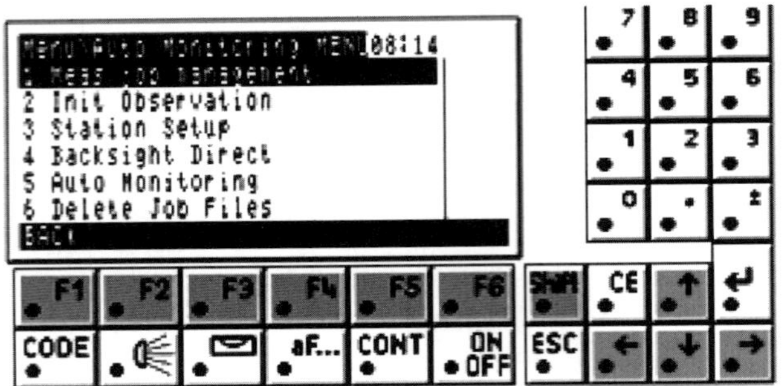

图 5.7-13　测量机器人机载软件运行主界面(Windows 环境模拟)

5.7.4　监测成果

(1)GPS 和测量机器人的监测成果对比

图 5.7-14 为 2006 年 12 月 ~2007 年 4 月北索塔 GPS 监测点和临近塔顶的测量机器人监测点的监测成果对比。结果表明,两种方法监测成果的变化趋势呈现较强的一致性。其微小的系统性差异是因为两类监测点在索塔的位置不同,测量机器人的监测点位低于 GPS 监测点位约 29m。由于所获取监测数据所在的工况不同,索塔在不同工况下变形较明显,两条曲线显示为整体的波动变化。

图 5.7-14　GPS 和测量机器人的监测结果对比

(2)索塔顶位移与温度、风速变化的相应关系

实时监测目的是为了获得监测点在纵桥向、横桥向和垂直方向等方向上的位移,并结合工况信息以及温度、风速、风向等气象数据,进一步分析位移与工况的关系、位移与温度的关系、位移与风速的关系等。图 5.7-15 为 2006 年 12 月 15 日南北索塔顶顺桥向位移与温度变化关系,图 5.7-16 为 2007 年 4 月 15 日南索塔顶与风速变化的相应关系。

图　5.7-15

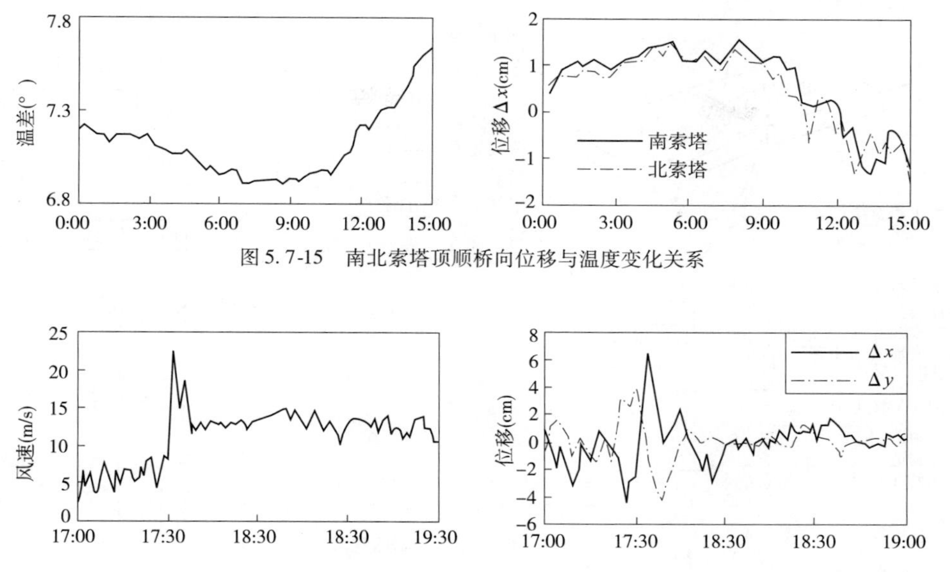

图 5.7-15 南北索塔顶顺桥向位移与温度变化关系

图 5.7-16 南索塔顶位移与风速变化关系

(3)动态特性分析

GPS 监测系统以高采样率(10Hz)运行,各监测点的监测数据,经过频谱分析可以得到点位的振频和振幅,如果与理论数据及不同工况、不同时段的谱曲线进行比较,可以判断各施工阶段(或异常天气条件下)桥梁结构的变形状态。例如:2007 年 5 月 16 日有较强的横向风,对监测数据序列进行频谱分析,结果反映,J31 号梁段监测点横桥向在 0.090 8Hz 处有 6.5mm 振动。图 5.7-17 为钢箱梁 J31 号梁段 GPS 监测点受横桥向风速影响下横桥向的频谱图。

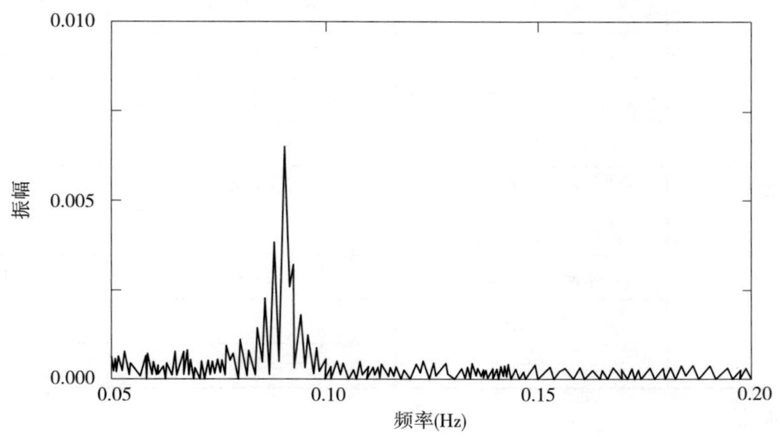

图 5.7-17 钢箱梁 J31 号梁段横桥向频谱分析

5.8 苏通大桥应用成果

(1)数据存储与传送

图 5.8-1 给出了制造单位与现场的信息流情况。

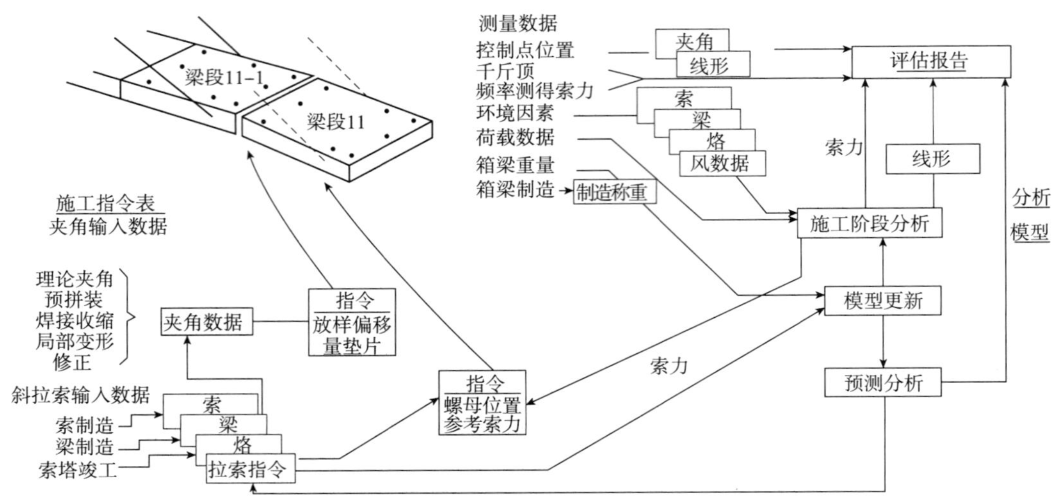

图 5.8-1　现场几何控制信息流

(2)参数识别

参数识别结果见表 5.8-1。

参 数 识 别 结 果　　　　表 5.8-1

分　类	名　称	确定性识别方法	灰色神经网络法
几何因素	拉索制作长度(mm)	-17.3 ~ 35.6	—
	钢箱梁累计长度(mm)	现场实测每节段不等	—
	索塔高度(mm)	北塔 +10mm 南塔 -20mm	—
	索塔倾斜度	1/10 000 以内	—
	主梁焊缝顶底板不均匀收缩	+2.1mm(底板焊缝收缩大)	—
荷载因素	梁重	-1.4%	-1.6%
	斜拉索自重	+0.66%	—
	临时荷载	—	+13.5t
结构刚度	斜拉索刚度($\times 10^5$ MPa)	193.8	193.2
	主梁刚度	—	3.9%
	索塔刚度	+24%	—

(3)误差调整

在边跨合龙后到 21 号索的中等悬臂状态期间,南、北侧主梁线形出现了系统性的误差趋势,如图 5.8-2 所示为北半桥钢箱梁下游几何控制点实测线形与预测线形的偏差。

通过对边跨合龙后的线形误差发展趋势的分析研究,发现产生上述偏差的原因,主要分为以下两类:

①明确的误差,如主梁自重、主梁长度和索塔锚点误差。

②不明确误差,如斜拉索扭转、环境和施工荷载的不确定性。

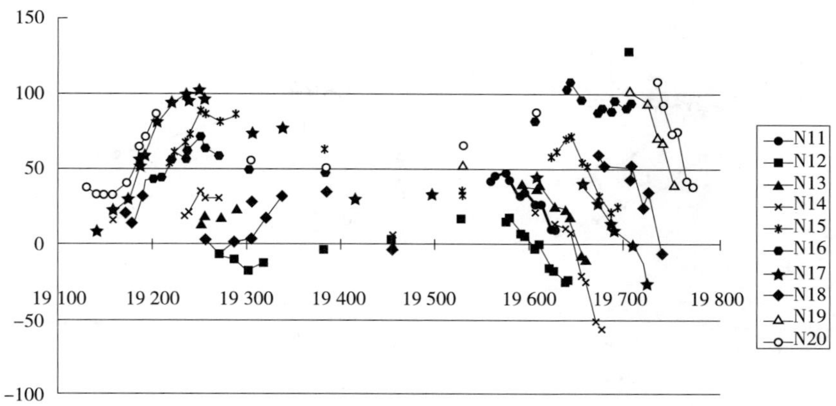

图 5.8-2　中等悬臂长度施工期间北跨钢箱梁下游侧几何控制点偏差

对于明确误差，根据不同误差分别计算斜拉索的改正量：

①主梁长度误差（主梁 X 方向误差）参见图 5.8-3。在计算主梁长度误差时，采用两种不同方法：计算现场实测的 X 坐标，并与模型中的长度进行比较；使用钢箱梁制造测量数据及现场的焊接收缩量实测值来计算梁长误差。如图 5.8-3 所示，两种方法计算的结果表现出相同的误差趋势。

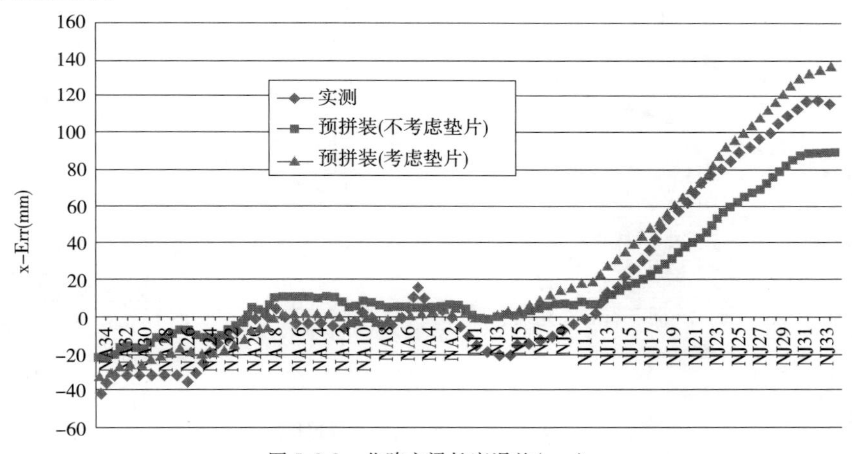

图 5.8-3　北跨主梁长度误差（mm）

②识别索塔高度误差（索塔锚点的 Z 坐标误差）时，使用了不同阶段的测量数据及索塔竣工时的测量数据，确定北索塔的高程误差为 +10mm，南索塔的高程误差为 -20mm。

③与模型中的主梁重量相比，分析发现主梁的实测重量要比计算值小 -1.4%。

对于不明确误差，可能只是暂时存在的，不会对成桥后拉索无应力长度产生较大影响，不需要修正斜拉索的无应力长度，但在后续施工中需要密切监测。

（4）控制成果

①施工过程主梁应力

北索塔侧 NJ22 和 NJ27 梁段的应力实测与理论值对比情况如图 5.8-4 和图 5.8-5 所示，图中应力受拉为正。

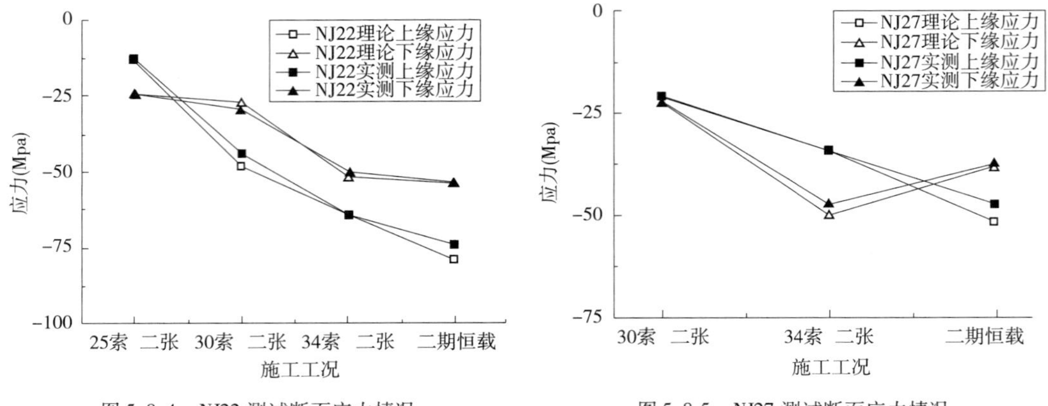

图 5.8-4 NJ22 测试断面应力情况

图 5.8-5 NJ27 测试断面应力情况

由上图可以得知,在施工过程中实测应力变化趋势与理论值趋势基本一致,实测数据与理论计算结果吻合较好。

②边跨合龙

北索塔边跨合龙阶段,NA9 ~ NA13 梁段几何线形情况如图 5.8-6 所示(图中坐标为局部测量坐标系)。

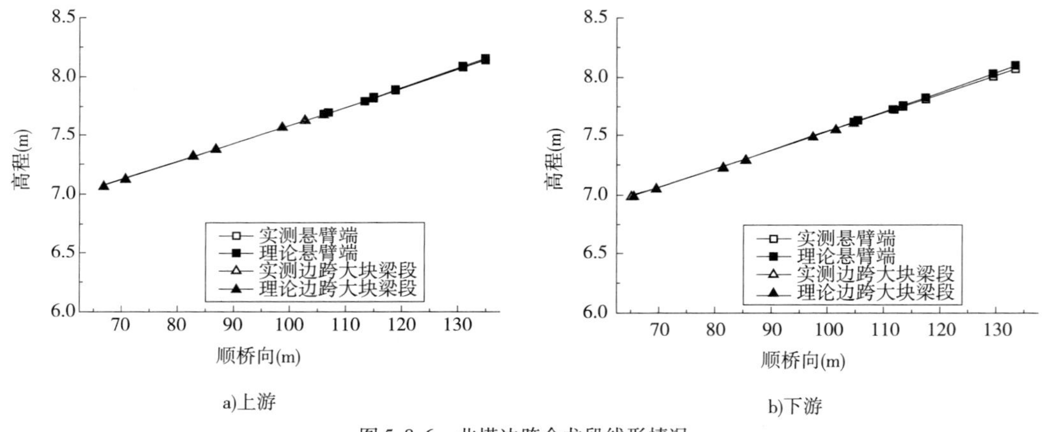

a)上游

b)下游

图 5.8-6 北塔边跨合龙段线形情况

由图 5.8-6 可以得知,北索塔边跨 NA11H 合龙后线形平顺,满足设计要求。

③中跨合龙

中跨合龙后的主梁关键控制点的高程误差如图 5.8-7 和图 5.8-8 所示。

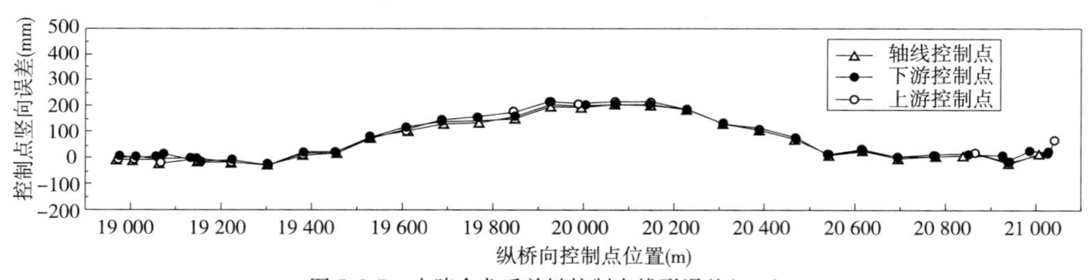

图 5.8-7 中跨合龙后关键控制点线形误差(mm)

由上图可以得知,中跨合龙阶段梁段控制点高程误差范围为 -30.6mm ~218.6mm,桥轴线误差在 -19.9 ~ +32.0mm,主梁线形平顺。

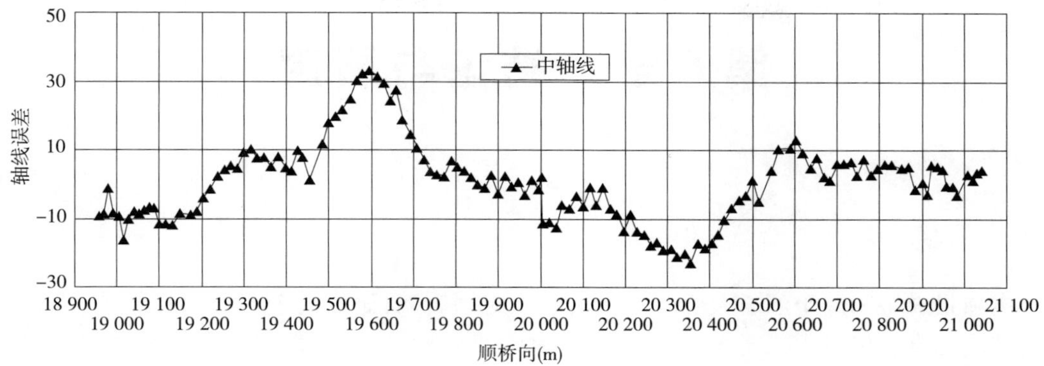

图 5.8-8 中跨合龙后关键控制点轴线误差(mm)

中跨合龙阶段斜拉索的索力误差情况如图 5.8-9 所示。

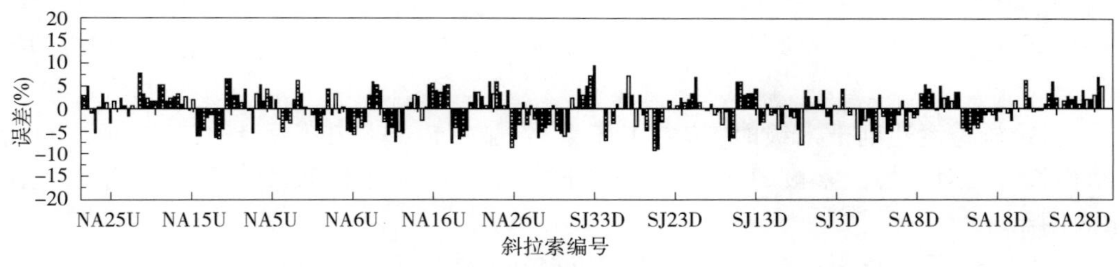

图 5.8-9 中跨合龙后索力误差

由图 5.8-9 可以得知,中跨合龙状态各斜拉索索力误差在 -9.0% ~ +8.9%,均小于10%容许误差。

④成桥二期恒载状态

二期恒载完成后,成桥状态梁段控制点高程误差在 -38.6 ~ +261.6mm;桥轴线误差在 -24.2 ~ +11.0mm,主梁线形平顺。

斜拉索索力误差范围在 ±9.5%以内,即所有斜拉索索力误差均小于10%。成桥状态索塔线形偏差绝对值在 -8.0 ~21.6mm,索塔线形匀顺。

第6章　结论与展望

6.1　总结

本项目成果来源于苏通大桥的工程实践。应用表明：研发的千米级斜拉桥施工与控制成套技术已直接保障了苏通大桥在2007年台风期来临前（比计划工期提前5个月）实现全桥合龙。该技术推动并丰富了大跨度桥梁控制理论、方法的研究与发展，推动并丰富了大跨度桥梁施工工艺的研究和发展，推动了自动化监测系统及其配套软件的研制与生产，并推动了桥梁工程施工控制数字化的研究和发展。本成果已经在上海长江大桥、鄂东长江公路大桥、荆岳长江公路大桥、九江长江二桥等大跨度斜拉桥建设中推广应用。具体的创新内容如下。

（1）系统地提出了千米级斜拉桥施工全过程自适应几何控制方法，并建立了相应的控制体系。

当斜拉桥跨度达到千米级时，施工工序繁多，施工误差易于积累且其不良效应更为显著；结构长、柔，对环境因素极为敏感，现场测试数据的准确性和可靠性受限，给施工控制带来很大困难。

对于大跨径钢箱梁斜拉桥，目前国内施工控制方法以现场安装控制为主，依赖于现场测试数据；国外施工控制方法以控制构件初始几何长度为主，为开环或闭环控制。为保证控制精度，系统地提出并建立了斜拉桥施工全过程自适应几何控制方法与体系。

该技术的主要创新为：与国内传统控制技术相比，在控制方式上由索力调控变为索、梁和塔的初始几何构形调控，将对较大的物理量测试误差的控制变为对较小的初始几何量误差的控制；在过程上扩展到构件工厂制造与安装全过程控制，从制造"源头"控制结构构形误差和掌握结构参数的误差分布规律。与国外控制方法相比，将构件的初始几何长度控制扩展到了构件三维几何构形控制，由开环或闭环控制发展为更先进的自适应控制。

为实现实时的全过程几何控制，研发了斜拉桥施工全过程非线性仿真分析系统和数字化制造安装几何参数控制体系；为实现自适应控制并提高几何控制精度，揭示结构参数变异的影响规律，正确分析系统误差，提出了参数识别及结构行为预测的灰色神经网络方法；为提高监测速度和精度，建立了自动化、智能化的实时动态几何监测系统。

（2）创建了深水、急流、潮汐河段条件下大型群桩基础全钢护筒施工控制技术，研发了钢吊箱多点同步控制整体下沉和定位施工控制技术。

在深水、急流、潮汐河段条件下，大型群桩基础采用传统钢管桩作支撑平台，钢管桩与钢护筒间距小，易造成河床较大冲刷；且单桩自由长度长、稳定性差，难以形成施工平台；同时钢混组合变截面桩新结构的应用，对钢护筒沉设提出了更高的精度要求。为此，创建了大型群桩基础全钢护筒施工控制技术，并研发了悬臂导向架定位装置，将桩的倾斜度由 1/100 提高到 1/200，优于国内外现有控制精度，由钢护筒形成的平台整体刚度较钢管桩平台提高了 6 倍以上，结构整体稳定性好，节约平台钢材约 50%。该技术适用于各种复杂水文条件下大型群桩基础施工。

国内外常采用大型起重船或在施工平台上采用机械装置下沉大型钢吊箱。这些传统技术受起重船能力或机械装置同步性制约，风险高，规模受限，定位精度差。为此，研发了多点同步控制整体下沉和定位施工控制技术，实现了世界上最大钢吊箱的整体下沉，将定位精度由传统的 50mm 提高到 20mm。该技术突破了大型钢吊箱的规模和重量制约，适用于江河及外海大型水上基础施工。

(3)系统地提出基于随动修正的索塔施工监测与控制技术。

随着索塔高度的增加，受环境因素影响越来越大，当索塔达到 300m 时，完全通过规避环境因素（选择夜间或阴天）的测控手段难以实现索塔施工精度，难以满足施工控制对索塔斜拉索锚固点位置的高精度要求。为此提出了基于随动修正的超高索塔施工监测与控制技术，在测量控制点附近设置参考点（棱镜），并将其修正至基准位置，建立参考点与各测量控制点相对关系，实时追踪参考点位置，快速获得测量控制点的位置，确保索塔施工控制精度与进度。

(4)研发了基于全过程自适应几何控制法的构件制作与架设施工控制关键技术。

针对钢锚箱结构刚度小、安装时线形控制难度大的特点，研发了钢锚箱现场线形调整装置，实现了实时调整，保证钢锚箱安装精度与进度。

为实现钢箱梁节段的精确匹配以及超长斜拉索的挂设导向，减少大悬臂状态下梁端荷载，研发了具有重量分布合理、钢箱梁变形小的集拉索牵引导向于一体的双桥面吊机系统，提高了节段匹配的高精度和施工期结构的安全性。

国内温度配切合龙技术施工速度快，但改变了钢箱梁初始几何构形，对千米级斜拉桥成桥结构线形和受力产生较大影响，国外异步顶推合龙技术不改变钢箱梁几何构形，但工序多、时间长、风险大，为此提出了中跨辅助顶推合龙控制技术，利用塔梁临时固结装置，同步顶推合龙口两侧钢箱梁，不改变主梁初始几何构形，提高了控制精度，降低了风险。

6.2 展望

苏通长江大桥（主跨 1 088m）完成斜拉桥的首次千米跨越后，不久后香港昂船洲大桥（主跨 1 018m）和俄罗斯海参崴大桥（主跨 1 104m）也相继建成。随着时间的推移，斜拉桥建设技术必将继续向前发展，未来斜拉桥建造技术可能在以下几个方面实现突破。

(1)斜拉桥跨度将进一步提高，随着高性能材料的发展及其工程应用技术的进步，斜拉桥的跨越能力将继续提升，基于现有的材料钢斜拉桥的跨越可超过 1 400m，若斜拉索采用碳纤维材料，主梁采用高强度钢材和高性能混凝土的组合结构，跨越能力还具有极大的提升空间，有望达到 2 000m 以上。

(2)千米级多塔斜拉桥，和悬索桥相比，斜拉桥无需锚碇，虽然单跨跨越能力和悬索桥还有一定差距，但完全可以通过多塔连跨布置来弥补，嘉绍大桥首次在多塔斜拉桥中采用了刚性铰和塔区托架，为解决长联主梁的温度效应问题和多塔斜拉桥的刚度问题提供了可行的思路。未来在一些宽阔海峡连接工程或者外海连岛工程中可能会采用千米级多塔斜拉桥。

(3)超深水基础施工技术,深水基础是大跨度桥梁施工的关键,随着千米级斜拉桥应用范围的扩大,对深水基础施工技术的要求也越来越高,目前国外基础施工最大水深已达到60m,国内最大的深水基础水深为40m,而琼州海峡最大水深超过80m,台湾海峡最大水深超过100m,世界范围内的其他海峡桥梁工程均需超深水基础施工技术的突破。预制基础(如沉井)在深水基础中具有明显优势,未来可能出现适用水深100m的深水沉井施工技术。

(4)组合结构桥塔,目前大跨度斜拉桥通常采用RC桥塔或钢塔,塔梁锚固区局部采用钢混组合结构,RC桥塔存在容易开裂的问题,影响桥塔的耐久性,而全部采用钢结构的桥塔则造价昂贵,同时稳定性成为控制结构设计的条件,综合两者的优点,组合结构桥塔可能成为大跨度斜拉桥的高塔的有力竞争方案。

(5)外海综合施工设备,随着大跨度桥梁应用从内河和近海向宽阔海峡和离岸发展,提升装备的外海独立生存能力。未来可能开发出受风浪影响小的海上作业平台,高度集合施工工艺和装备,实现一套装备同时完成下部结构和上部结构的安装。

参 考 文 献

[1] 林元培. 斜拉桥[M]. 北京:人民交通出版社,2004.

[2] 日本道路协会. 道路桥示方书. 同解说Ⅱ钢桥编[M]. 日本:丸善株式会社,2002.

[3] 李国豪. 桥梁结构稳定与振动[M]. 北京:人民铁道出版社,1992.

[4] 项海帆. 高等桥梁结构理论[M]. 北京:人民交通出版社,2000.

[5] 秦顺全. 桥梁施工控制——无应力状态法理论与实践[M]. 北京:人民交通出版社,2007.

[6] 项海帆. 中外新建桥梁中的技术创新比较. 中国土木工程学会桥梁及结构工程分会编. 第十七届全国桥梁学术会议论文集(上册)[M]. 北京:人民交通出版社,2006.

[7] 范立础. 世界最大跨径的斜拉桥——法国诺曼弟(Normandy)大桥的设计与施工[J]. 重庆交通学院学报,1995,3(14):P1-8.

[8] 东神户大桥上部结构施工及架设精度控制(上)[J]. 杜亚凡,译. 国外桥梁,1994,1:P7-15.

[9] 楼庄鸿. 日本斜拉桥的设计与施工[J]. 国外桥梁,1996,3(16):P33-38.

[10] M. Virlogeux. Erection of Calbe-stayedBridge: The control of the Desired Geometry[J]. International Conference A. I. P. C. Deauville,1994,Volume 2:321-350.

[11] N. Hirahara. Erection of Superstructure of Tatara Bridge (Report Ⅰ)-Tower Erection and Large Block Erection of Deck at Tower[J],Honshi Technical Report,1997,21(5).

[12] Y. Manabe,N. Hirahara,N. Mukasa,M. Yabuno. Accuracy Control on the Construction of Tatara Bridge[C]. IABSE Conf. Malmö. 1999:332-335.

[13] F. Sakai,A. Isoe,A. Umeda. A New Methodology for Control of Construction Accuracy in Cable-stayed Bridge[C]. Proc. 3th EASEC, Shanghai: Tongji University Press, 1991: 847-855.

[14] F. Sakai,S. Tanaka. Construction Control System for Cable-stayed Bridges[C]. IABSE Proc. Zurich,1988:181-190.

[15] Y. Manabe,N. Hirahara,N. Mukasa,M. Yabuno. Accuracy Control on the Construction of Tatara Bridge[J]. IABSE Conference,Malmö. 1999:332-335.

[16] Le Mao,Jean-Louis. Building the Normandy Bridge. Construction of the Two Pylons,Presented at Ponts Suspendus et à Haubans[J]. Cable-stayed and Suspension Bridges,Deauville, 1994,10:12-15.

[17] Lucas J. M. Temperature in the Box Girder of the Normandy Bridge,Structural Engineering International[J]. 2005,No. 3,Vol. 15.

[18] 史永吉,曾志斌,白玲. 大跨度钢斜拉桥施工精度控制目标值的建议[J]. 中国铁道科学,2001,22(6):87-90.

[19] 郝超. 大跨度钢斜拉桥的施工监控及其目标精度值[J]. 中国公路学报,2003,16(1):54-57.